MACRO ECONOMIA

TEORIA E APLICAÇÕES DE POLÍTICA ECONÔMICA

Grupo
Editorial
Nacional

O GEN | Grupo Editorial Nacional – maior plataforma editorial brasileira no segmento científico, técnico e profissional – publica conteúdos nas áreas de ciências sociais aplicadas, exatas, humanas, jurídicas e da saúde, além de prover serviços direcionados à educação continuada e à preparação para concursos.

As editoras que integram o GEN, das mais respeitadas no mercado editorial, construíram catálogos inigualáveis, com obras decisivas para a formação acadêmica e o aperfeiçoamento de várias gerações de profissionais e estudantes, tendo se tornado sinônimo de qualidade e seriedade.

A missão do GEN e dos núcleos de conteúdo que o compõem é prover a melhor informação científica e distribuí-la de maneira flexível e conveniente, a preços justos, gerando benefícios e servindo a autores, docentes, livreiros, funcionários, colaboradores e acionistas.

Nosso comportamento ético incondicional e nossa responsabilidade social e ambiental são reforçados pela natureza educacional de nossa atividade e dão sustentabilidade ao crescimento contínuo e à rentabilidade do grupo.

ORGANIZADORES:

Luiz Martins Lopes
Marcio Bobik Braga
Marco Antonio Sandoval de Vasconcellos
Rudinei Toneto Junior

MACRO ECONOMIA

TEORIA E APLICAÇÕES DE POLÍTICA ECONÔMICA

Equipe de professores da USP

AMAURY PATRICK GREMAUD | CARLOS ANTONIO LUQUE
CELSO LUIS MARTONE | FÁBIO AUGUSTO REIS GOMES
LUIZ MARTINS LOPES | MARCIO BOBIK BRAGA
MARCO ANTONIO SANDOVAL DE VASCONCELLOS
RUDINEI TONETO JUNIOR | SAMUEL DE ABREU PESSOA
SERGIO NARUHIKO SAKURAI | SILVIA MARIA SCHOR

4ª edição

Rua Conselheiro Nébias, 1384
Campos Elísios, São Paulo, SP – CEP 01203-904
Tels.: 21-3543-0770/11-5080-0770
faleconosco@grupogen.com.br
www.grupogen.com.br

Designer de capa: Caio Cardoso
Imagem de capa: monsitj | iStockphoto
Editoração Eletrônica: Caio Cardoso

CIP-BRASIL. CATALOGAÇÃO NA PUBLICAÇÃO
SINDICATO NACIONAL DOS EDITORES DE LIVROS, RJ

M148

> Macroeconomia : teoria e aplicações de política econômica / Luiz Martins Lopes ... [et al.]. – 4. ed. – São Paulo : Atlas, 2018.
>
> Apêndice
> Inclui bibliografia e índice
> ISBN 978-85-97-01727-4
>
> 1. Macroeconomia. I. Lopes, Luiz Martins. II. Título.

18-49119

CDD: 339
CDU: 330.101.541

Material Suplementar

Este livro conta com os seguintes materiais suplementares:

- Capítulos 13, 14, 15, 17, 18 e 19 da 3ª edição (para todos).

O acesso aos materiais suplementares é gratuito. Basta que o leitor se cadastre em nosso *site* (www.grupogen.com.br), faça seu *login* e clique em Ambiente de Aprendizagem, no menu superior do lado direito.

É rápido e fácil. Caso tenha dificuldade de acesso, entre em contato conosco (gendigital@grupogen.com.br).

GEN-IO (GEN | Informação Online) é o repositório de materiais suplementares e de serviços relacionados com livros publicados pelo GEN | Grupo Editorial Nacional, maior conglomerado brasileiro de editoras do ramo científico-técnico-profissional, composto por Guanabara Koogan, Santos, Roca, AC Farmacêutica, Forense, Método, Atlas, LTC, E.P.U. e Forense Universitária. Os materiais suplementares ficam disponíveis para acesso durante a vigência das edições atuais dos livros a que eles correspondem.

SOBRE OS AUTORES

Amaury Patrick Gremaud

Professor do Departamento de Economia da Faculdade de Economia, Administração e Contabilidade de Ribeirão Preto da Universidade de São Paulo (FEA-RP/USP). Economista, Mestre e Doutor pela USP. Coordenador do curso de Economia da FEA/USP – Ribeirão Preto. Professor do Programa de Pós-graduação em Integração da América Latina (Prolam) da USP. Diretor da Escola Técnica e de Gestão da USP. Ex-Diretor da Escola de Administração Fazendária (ESAF), do Ministério da Fazenda, 2002-2004, e do Instituto Nacional de Estudos e Pesquisas Educacionais Anísio Teixeira (INEP), Ministério da Educação (MEC), onde foi Coordenador do Exame Nacional do Ensino Médio (ENEM), entre 2004-2008. É coautor dos livros *Economia brasileira contemporânea*, publicado pelo GEN | Atlas, *Manual de economia – Equipe de professores da USP* e *Introdução à economia*, publicados pela Editora Saraiva.

Carlos Antonio Luque

Professor titular do Departamento de Economia da FEA/USP. Economista, Mestre, Doutor, Livre-docente e Professor Titular pela USP. Secretário adjunto de Planejamento do Estado de São Paulo nas gestões Mário Covas e Geraldo Alckmin. Ex-presidente da Ordem dos Economistas do Brasil e do Conselho Regional de Economia de São Paulo. Presidente da Fundação Instituto de Pesquisas Econômicas desde 2007. É coautor dos livros *Manual de economia – Equipe de professores da USP* e *Introdução à economia*, publicados pela Editora Saraiva.

Celso Luiz Martone

Professor Titular do Departamento de Economia da FEA/USP. Economista Mestre e Doutor em Economia pela USP. Pós-graduação *Master of Arts* da Universidade de Chicago, EUA. Áreas de concentração: Macroeconomia, Economia Internacional e Economia Monetária.

Fábio Augusto Reis Gomes

Professor Associado do Departamento de Economia da FEA-RP/USP, Ribeirão Preto. Bacharel em Economia pela Universidade Federal de Minas Gerais (UFMG), Mestre e Doutor em Economia pela EPGE-FGV/RJ. Professor associado do Departamento de Economia da FEA-RP/USP e pesquisador da Fundace. Ex-Diretor-adjunto da Escola de Governo Professor Paulo Neves de Carvalho da Fundação João Pinheiro/MG, Ex-coordenador do curso de graduação em Economia do INSPER e ex-membro titular da Comissão Coordenadora do Programa de Pós-graduação em Economia Aplicada – FEA-RP.

Luiz Martins Lopes (Org.)

Professor aposentado do Departamento de Economia da FEA/USP. Bacharel, Mestre e Doutor em Economia pela USP. Pesquisador e Coordenador de Cursos da Fundação Instituto de Pesquisas Econômicas (Fipe). Áreas de concentração: Macroeconomia e Economia Monetária.

Márcio Bobik Braga (Org.)

Professor do Departamento de Economia da FEA-RP/USP. Mestre, doutor e Livre-Docente pela FEA/USP. Professor do Programa de Pós-Graduação Interunidades em Integração da América Latina (Prolam/USP). Ex-Diretor da Fundação para o Desenvolvimento da Pesquisa em Administração, Economia e Contabilidade (Fundace), de Ribeirão Preto. É coautor do livro *A nova contabilidade social*, publicado pela Editora Saraiva.

Marco Antonio Sandoval de Vasconcellos (Org.)

Professor Sênior do Departamento de Economia da FEA/USP. Economista, Mestre e Doutor pela USP. Ex-Presidente do Conselho Regional de Economia de São Paulo. Coordenador de projetos e cursos da Fundação Instituto de Pesquisas Econômicas (Fipe) e coautor dos livros *Fundamentos de economia, Economia fácil, Macroeconomia para gestão empresarial* e *Manual de comércio exterior e negócios internacionais*, publicados pela Editora Saraiva. É autor de *Economia: micro e macro* e coautor de *Economia brasileira contemporânea* e *Manual de microeconomia*, publicados pelo GEN | Atlas.

Rudinei Toneto Jr. (Org.)

Professor Titular do Departamento de Economia da FEA-RP/USP. Mestre e Doutor em Economia pela FEA/USP. Ex-Presidente da Fundação para Pesquisa e Desenvolvimento da Administração, Contabilidade e Economia (Fundace), de Ribeirão Preto. Ex-Assessor Econômico da Prefeitura de Ribeirão Preto. Foi Chefe do Departamento de Economia e Diretor da FEA-RP/USP. Ex-Presidente da coordenadoria de Administração Geral (CODAGE) da USP. É coautor do livro *Economia brasileira contemporânea*, publicado pelo GEN | Atlas.

Samuel de Abreu Pessoa

Ex-Professor da Fundação Getulio Vargas (FGV-RJ). Bacharel em Física, Mestre e Doutor em Economia pela USP. Pesquisador do Instituto Brasileiro de Economia (IBRE) da FGV-RJ e colunista do jornal *Folha de S.Paulo*.

Sergio Naruhiko Sakurai

Professor Associado do Departamento de Economia da FEA-RP/USP. Bacharel, Mestre e Doutor em Economia pela USP. Pesquisador e Docente dos cursos de pós-graduação da Fipe e da Fundace. Pesquisador visitante na Universidade de Illinois em Urbana-Champaign (EUA) e Universidade de Cambridge (Inglaterra). É coautor dos livros *Manual de economia – Equipe de professores da USP* e *Introdução à economia*, publicados pela Editora Saraiva.

Silvia Maria Schor

Professora do Departamento de Economia da FEA/USP. Bacharel em Ciências Sociais, Mestre e Doutor em Economia pela USP. Pesquisadora da Fipe, nas áreas de Habitação de Interesse Social e População em Situação de Rua.

APRESENTAÇÃO

Este livro objetiva apresentar de forma clara e didática os principais conceitos e modelos que fazem parte da moderna análise macroeconômica. O livro foi elaborado por uma equipe de professores da área de economia da USP de São Paulo e de Ribeirão Preto. Baseou-se nos programas ministrados nas disciplinas de Teoria Macroeconômica da grande maioria dos centros de graduação do país e solicitados em exames ou concursos públicos.

Em relação à edição anterior, os Capítulos 13 a 16, 18 e 19 foram suprimidos desta quarta edição, por tratar-se de capítulos com forte formalismo matemático da teoria apresentada nos capítulos anteriores, e que normalmente são utilizados como opção de leitura complementar para cursos de pós-graduação em Economia. Foi mantido nesta quarta edição apenas o anterior Capítulo 17, "Extensões do modelo de crescimento", como Apêndice do Capítulo 12, "Crescimento a longo prazo". Entretanto, esses capítulos estão disponibilizados, tanto para consulta como para impressão, no *site* da Editora (www.grupogen.com.br). Outra alteração em relação à terceira edição refere-se à colocação da Introdução daquela edição, "Teoria macroeconômica: evolução e situação atual", como capítulo final do livro.

Esta edição foi dividida em treze capítulos, que correspondem às Partes I e II da edição anterior.

Os dois primeiros capítulos, 1 e 2, apresentam conceitos e questões introdutórias à análise macroeconômica, levando-se em conta dois conjuntos de sistemas: os denominados *lados real e monetário da economia*. Esses capítulos podem também ser utilizados em cursos de introdução à macroeconomia.

Os Capítulos 3 a 12 apresentam os principais modelos macroeconômicos, começando com o denominado *modelo clássico*, passando pelo modelo keynesiano, seja na sua versão simples – modelo keynesiano simplificado, ou generalizado –, modelo *IS/LM* para uma economia aberta, até o modelo mais geral, denominado de modelo de oferta e demanda agregadas. Também apresentam-se abordagens mais modernas em relação aos ciclos econômicos, além de determinados aspectos relacionados às decisões de consumo e investimentos, buscando principalmente os fundamentos microeconômicos para tais decisões.

Cada capítulo ou modelo discute as principais questões relacionadas à aplicação de políticas macroeconômicas como mecanismo de estabilização.

Este livro também foi concebido pensando em um público mais amplo e que busca aprovação em concursos públicos; e aqui se destaca o exame para o mestrado em economia realizado pela Associação Nacional dos Centros de Pós-graduação em Economia (ANPEC). Esse destaque pode ser percebido a partir dos exercícios resolvidos apresentados ao final de cada capítulo, e que foram solicitados nas provas de macroeconomia do referido exame nos últimos anos.

A realização deste trabalho teve o apoio, em suas várias edições, de inúmeros colegas, aos quais não poderíamos deixar de registrar nossos agradecimentos. Contamos com a inestimável colaboração dos mestrandos do IPE-USP Eduardo Correia de Souza e Maurício Sandoval de Vasconcellos, na revisão de texto e exercícios, e Francisco Carlos Barbosa dos Santos, na elaboração de tabelas e gráficos. Na terceira edição, destaca-se a colaboração dos Professores Fernando Botelho (que também colaborou nas edições anteriores), Mauro Rodrigues, da FEA-USP, e Vladimir Ponczek, da Escola de Economia da FGV-SP, na revisão de vários capítulos do livro.

Nesta 4ª edição, agradecemos também aos inúmeros comentários e sugestões do Prof. Ronaldo Nazaré, da Universidade Federal de Ouro Preto (UFOP-MG), e à ex-aluna Nazaré Braga, do MBA-USP em Economia de Empresas, ministrado na Fundação Instituto de Pesquisas Econômicas (Fipe).

Agradecemos também à Editora GEN | Atlas, uma vez que este livro faz parte de uma série de publicações que vêm sendo estimuladas pela Editora, permitindo maior divulgação dos trabalhos elaborados pelos Professores do Departamento de Economia da FEA dos *campi* da USP de São Paulo e de Ribeirão Preto.

Finalmente, somos gratos a todos os alunos e participantes que, ao longo desses anos, vêm assistindo às aulas, palestras e discussões, que nos permitiram a experiência e a motivação para a elaboração deste livro.

São Paulo, novembro de 2017

Luiz Martins Lopes, Márcio Bobik Braga, Marco Antonio Sandoval de Vasconcellos, Rudinei Toneto Jr.

(Organizadores)

PREFÁCIO À 4ª EDIÇÃO

A presente edição é fruto de mais de duas décadas de existência do *Manual de Macro-economia: nível básico e nível intermediário* da Equipe dos Professores da FEA-USP no mercado de livros para a graduação ou mesmo para a pós-graduação em Economia. Seu nome foi alterado. Agora o livro denomina-se *Macroeconomia: teoria e aplicações de política econômica. Equipe de professores da USP.* Mantém-se o objetivo de apresentar os principais modelos macroeconômicos de forma intuitiva e didática, porém sem descuidar da formalidade matemática, nem dos aspectos teóricos importantes necessários à análise macroeconômica.

Esta **nova edição** apresenta importantes mudanças em relação à terceira edição. Inicialmente, devem-se destacar as inúmeras sugestões de professores e alunos de graduação e pós-graduação em Economia. Essas contribuições permitiram-nos pensar e implementar inúmeras alterações no texto, de forma a torná-lo mais moderno e ao mesmo tempo didático. Para tanto, foram realizadas inúmeras mudanças estruturais.

Conforme destacado na apresentação, a maior alteração, em relação à edição anterior, refere-se às Partes III, "Macroeconomia intermediária" (correspondente naquela edição aos Capítulos 13 a 16), e IV, "Tópicos especiais" (Capítulos 18 e 19 na terceira edição), que foram suprimidas da atual edição. Trata-se de capítulos com forte formalismo matemático da teoria apresentada nos capítulos anteriores, e que normalmente são utilizados como opção de leitura complementar para cursos de pós-graduação em Economia. Foi mantido no livro impresso apenas o Capítulo 17, "Extensões do modelo de crescimento", como Apêndice do Capítulo 12, "Crescimento a longo prazo". Ressaltamos, entretanto, que esses capítulos estão disponibilizados, tanto para consulta como para impressão, no *site* da Editora: <www.grupogen.com.br>.

Outra alteração em relação à edição anterior refere-se à colocação do primeiro capítulo daquela edição, "Teoria macroeconômica: evolução e situação atual", ao final do livro, como Capítulo 13.

Além de uma detalhada revisão dos capítulos, praticamente todos os exercícios foram atualizados, incorporando questões do *Exame Nacional da ANPEC* de anos mais recentes. Outros exercícios foram incluídos com base na experiência dos autores no ensino da economia nos dois níveis de graduação.

Dois novos autores foram incluídos nesta edição. São os professores e pesquisadores Livres--Docentes Sérgio Sakurai e Fábio Gomes, ambos da Faculdade de Economia, Administração e Contabilidade do *campus* da Universidade de São Paulo de Ribeirão Preto (FEA-RP/USP). Aliás, este é um projeto bem-sucedido de cooperação entre duas escolas de economia da Universidade de São Paulo.

Enfim, buscamos aproveitar os aspectos positivos das edições anteriores e ao mesmo tempo incorporar mudanças a partir da utilização do livro por professores e alunos. Esperamos que esta nova edição tenha atendido, ao menos em parte, as sugestões apresentadas pelos leitores.

Luiz Martins Lopes, Márcio Bobik Braga, Marco Antonio Sandoval de Vasconcellos, Rudinei Toneto Jr.
(Coordenadores)

SUMÁRIO

CAPÍTULO 3

O MODELO CLÁSSICO OU A MACROECONOMIA ANTES DE KEYNES, 67

Rudinei Toneto Jr.

INTRODUÇÃO À ANÁLISE MACROECONÔMICA: CONCEITOS, RELAÇÕES E DILEMAS

Márcio Bobik Braga

INTRODUÇÃO

O presente e o próximo capítulos são introdutórios, porém de extrema importância para o bom entendimento da macroeconomia. Isso porque o estudo inicial de alguns conceitos, questões, dilemas, métodos e instituições se impõe para o entendimento dos modelos que serão estudados nos demais capítulos deste livro; mas não apenas. Ambos os capítulos visam apresentar ao leitor uma visão geral, porém não superficial, do que se entende por análise macroeconômica, seus objetivos, sua praticidade e suas limitações. Ou seja, podem ser lidos sem a necessidade de uma continuação.

Do que trata a macroeconomia? Antes de responder a essa pergunta, podemos formular outras: o que determina o comportamento da produção agregada de um país? Como reduzir o desemprego da mão de obra? O que causa a inflação e como combatê-la? Como utilizar as políticas macroeconômicas (política fiscal e monetária, por exemplo) para melhorar o bem-estar da sociedade? O que explica o comportamento da taxa de câmbio? Como fazer um país crescer sem inflação? São questões como essas, dentre outras, que a análise macroeconômica busca responder.

Em termos gerais, pode-se definir a macroeconomia como a área da economia que estuda comportamento das denominadas variáveis macroeconômicas como o produto interno de um país (ou o Produto Interno Bruto), a inflação, o desemprego, a taxa de câmbio, a taxa de juros etc., todas variáveis agregadas; mas não apenas. Também tem como objetivo entender as relações entre essas variáveis e propor alternativas de regulação ou intervenção que possam elevar o bem-estar da sociedade.

Na definição da macroeconomia, é importante considerar alguns aspectos metodológicos. Muitos economistas afirmam que existe certa imprecisão na análise macroeconômica. Essa imprecisão pode ser explicada pelo fato de essa análise estar preocupada com movimentos agregados ou sociais. Consideram que esses movimentos tornam as previsões macroeconômicas mais imprecisas quanto comparadas com aquelas realizadas em microeconomia. Em relação a este ponto, existe a denominada **Crítica de Lucas** (em referência aos trabalhos do economista Robert Lucas, prêmio Nobel em Economia no ano de 1995), que discute as dificuldades na realização de previsões macroeconômicas com base em dados históricos. Segundo essa crítica, o passado não é necessariamente uma boa referência para o futuro. Isso porque, quando utilizamos os métodos estatísticos ou econométricos, supomos que os parâmetros a serem estimados sejam estáveis.

Mas, em macroeconomia, essa estabilidade pode não existir.[1] É comum também a ocorrência de eventos não antecipados e que têm impactos significativos sobre o desempenho macroeconômico. Tomemos como exemplo o atentado às torres gêmeas nos Estados Unidos ocorrido em 2001. Essa tragédia levou aquele país a aumentar seus gastos com segurança e intervenções militares, estratégia que acabou contribuindo para o aumento da dívida pública norte-americana. Isso jamais poderia ser previsto nos modelos macroeconômicos e, entretanto, acabou influenciando o comportamento macroeconômico não apenas nos Estados Unidos, mas também em vários outros países. Outro exemplo foi a quebra, no ano de 2008, do Lehman Brothers, um dos maiores bancos de investimento dos Estados Unidos. Um dia antes da quebra, esse banco era classificado como um dos mais seguros do mundo pelas denominadas agências de classificação de risco. Podemos listar vários outros resultados não previstos como aqueles decorrentes da crise do petróleo nos anos 1970, da crise da dívida externa na América Latina a partir dos anos 1980, das crises cambiais dos anos 1990, da crise enfrentada pela Grécia na primeira metade deste século, da crise imobiliária nos Estados Unidos etc.

Outro ponto importante a ser considerado diz respeito à dificuldade em se alcançar duas ou mais metas com os instrumentos de política econômica disponíveis. Conforme estudaremos neste capítulo e ao longo do livro, um dos principais dilemas na macroeconomia é a dificuldade em se combater a inflação sem gerar desemprego. O problema torna-se ainda mais complexo quando consideramos que ambos os fenômenos impõem custos à sociedade. Outro exemplo diz respeito às dificuldades em se conduzir a política monetária em um regime de câmbio fixo (implicações do denominado **modelo Mundell-Fleming**, a ser estudado no Capítulo 6). Neste caso, cabe à autoridade econômica escolher qual a meta prioritária; e essa escolha envolve questões políticas nem sempre fáceis de serem tratadas pelos economistas.

As dificuldades aqui consideradas são ainda reforçadas pela diversidade de modelos existentes na análise macroeconômica. A adoção de um ou outro modelo depende de como os economistas entendem a realidade. Considerando que a Economia é uma Ciência Humana Aplicada, é difícil o consenso em relação a determinados aspectos teóricos ou na utilização de determinados instrumentos de política macroeconômica. Discutiremos esse ponto no final deste Capítulo.

Apesar de todas as limitações, dificuldades e diversidades, pode-se afirmar que a macroeconomia explica muita coisa. São décadas de pesquisas e evidências empíricas. Hoje sabemos mais sobre o comportamento macroeconômico de um país do que há um século. Temos melhor compreensão dos fenômenos do desemprego, da inflação, dos efeitos das políticas macroeconômicas etc.

O objetivo deste capítulo e do livro consiste em apresentar de forma mais precisa todas essas questões.

1.1 O PRODUTO AGREGADO

Uma das principais variáveis estudadas em macroeconomia é o **produto agregado**, também conhecido como **Produto Interno Bruto (PIB)** ou **Produto Nacional Bruto (PNB)**. Deixando de lado, por enquanto, as especificidades conceituais (por exemplo, a diferença entre PIB e PNB), podemos definir o **produto agregado** como sendo o **valor total de todos os bens e serviços finais produzidos em uma economia em determinado período de tempo**. Esta definição contempla vários aspectos importantes. Em primeiro lugar, o produto agregado, apesar de dar uma noção da produção real ou física (número de aviões produzidos, a quantidade em toneladas da safra de soja etc.), tem sua medida apresentada em valores monetários. Isso porque é impossível somar o volume da produção de soja com a quantidade de aviões produzidos no país. Mas é possível somar o valor da produção de soja com o valor da produção de aviões. Nesse sentido,

---

[1] Uma discussão interessante sobre esse ponto pode ser encontrada em Blanchard e Fischer (1993).

o produto agregado pode subir ou pela elevação dos preços ou pela elevação da produção ou por ambos os fenômenos. Essa questão será considerada mais adiante. Segundo, devemos considerar não apenas a produção de bens, mas também a de serviços, que são atividades que cada vez mais ocupam espaço na distribuição setorial da produção.[2] Terceiro, no cálculo do produto agregado, é considerada apenas a produção final realizada na economia, ou seja, a produção agregada total (a soma de tudo que se produziu na economia) menos o consumo intermediário utilizado no processo produtivo. O exemplo mais conhecido é o do pneu em um carro. Ambos os bens, pneu e carro, são produzidos por diferentes empresas. Poder-se-ia considerar, na produção agregada, o valor da produção de ambos os bens. Entretanto, considerar o valor do pneu seria considerá-lo duas vezes, pois, no valor do carro, já está computado o valor desse bem intermediário. O problema aqui considerado é conhecido como o de **dupla contagem** e, para evitá-lo, deve-se descontar da produção total da economia a produção ou o consumo intermediário.[3] Finalmente, deve-se prestar atenção à expressão **em determinado período de tempo**. O produto é uma **variável fluxo**, ou seja, representa um processo produtivo que ocorre ao longo de determinado período de tempo (na prática, os países divulgam a taxa de crescimento do produto agregado de um ano para o outro, com intervalos intermediários como prévias mensais, bimestrais etc.). Isso se contrapõe ao conceito de **variável estoque**, como o total da riqueza da sociedade, o total da dívida pública (neste caso, o déficit público seria uma variável fluxo) ou a quantidade de moeda na economia.

Feitas essas observações preliminares, podemos agora nos aprofundar melhor no conceito do produto agregado utilizando três óticas: a primeira já foi sugerida no parágrafo anterior – a **ótica da produção**. Mas também existem duas outras possibilidades: entender a produção pelas **óticas da renda e da demanda**.

1.1.1 O produto agregado sob as três óticas: produção, renda e demanda

Até agora, discutimos o produto agregado pela **ótica da produção**. Isso seria redundante se não fosse pelo conceito de **valor adicionado**. Conforme discutido, se o produto agregado representa a produção final, então estamos considerando a diferença entre o valor total da produção de todos os bens e serviços menos o **consumo intermediário** no processo produtivo (insumos, matérias-primas, componentes intermediários etc.). Isso nos leva a outro conceito de produto agregado: a soma dos valores adicionados em cada etapa dos processos produtivos. Um exemplo numérico pode ajudar na compreensão dessa definição. Vamos considerar o conhecido exemplo do processo de fabricação de pães. Suponha uma economia hipotética que possua quatros setores que produzem quatro produtos, mas apenas um bem final: pão. Considere ainda as seguintes informações: o setor 1 produz sementes no valor de R$ 200 e as vende para o setor 2; o setor 2 produz trigo no valor de R$ 500 e o vende para o setor 3; o setor 3 produz farinha no valor de R$ 800 e a vende para o setor 4; o setor 4 produz pães no valor de R$ 1.000 e os vende ao consumidor final. Pergunta-se: qual o PIB dessa economia? Exatamente o valor da produção do único bem final: R$ 1.000. Note que esse valor também é igual à soma dos valores adicionados em cada etapa produtiva.

No Quadro 1.1, apresentamos o valor adicionado em cada etapa produtiva. Note que o valor do PIB é exatamente igual à soma dos valores adicionados.

---

[2]   No caso do Brasil, a participação dos serviços no PIB gira em torno 60% com tendência de crescimento. A distribuição setorial da produção pode ser encontrada nas estatísticas do Instituto Brasileiro de Geografia e Estatística (IBGE).

[3]   O pneu que é vendido nas lojas para reposição, entretanto, é considerado como a produção final.

Quadro 1.1 Valores adicionados no processo de fabricação de pães

Setor	Valor adicionado
1 – sementes	200
2 – trigo	300
3 – farinha	300
4 – pães para o consumo final	200
Total	1.000

Existe também a possibilidade de analisarmos o produto agregado pela **ótica da renda**, ou seja, pela ótica da remuneração dos fatores de produção. Os fatores de produção podem ser divididos em cinco grupos: a mão de obra, que recebe salários; o capital físico e a terra, que recebem a remuneração denominada aluguéis; o capital financeiro, que recebe juros; e a capacidade empresarial, que recebe o lucro. Dadas essas definições, podemos então considerar que os frutos da produção final têm como destino a remuneração dos fatores de produção. Nesse sentido, não há distinção entre o produto agregado e a renda agregada. Voltando ao nosso exemplo, podemos considerar o padrão de distribuição da renda do Quadro 1.2, que evidentemente é uma dentre inúmeras outras possibilidades.

Quadro 1.2 Distribuição do produto entre os fatores de produção

Produto agregado = 1.000
Distribuição da renda agregada:
Salários = 400 Juros = 300 Lucros = 200 Aluguéis = 100 Total = 1.000

Trata-se da distribuição funcional da renda, que mostra a participação de cada fator de produção na renda total da economia. É possível também considerar a distribuição da renda dentro de cada setor da economia. Por exemplo, é de se esperar que os aluguéis sejam mais importantes na produção agrícola do que na produção de determinados bens e serviços que sejam intensivos em mão de obra.

Finalmente, temos a denominada **ótica da demanda**. Ela pode ser mais bem compreendida levando-se em conta que toda produção tem como objetivo atender a demanda. Essa demanda, em macroeconomia, pode ser dividida em categorias. Uma possibilidade, que é utilizada nos modelos macroeconômicos, é a divisão da demanda entre o consumo "das famílias", a demanda por " bens de capitais" (ou seja, os investimentos produtivos), a "demanda do governo" além das "exportações líquidas das importações". Considerando Y como representante do produto ou renda agregada, C do consumo agregado das famílias, I dos investimentos, G dos gastos do governo, X das exportações de bens e serviços e M das importações de bens e serviços, podemos então considerar a seguinte relação:

$$Y = C + I + G + X - M \tag{1}$$

Essa relação nos mostra que o produto agregado é igual à demanda agregada, representada em (1) pelo lado direito da equação. Essa e outras relações decorrem do denominado **sistema de contas nacionais**, que será apresentado no Anexo deste capítulo. O grande desafio consiste em entender cada uma das variáveis da equação (1). Por exemplo, podemos supor que o consumo seja função da renda, o investimento função da taxa de juros e as exportações líquidas, da taxa de câmbio. Quando fazemos isso, estamos passando da parte conceitual para a análise teórica.

Deve-se considerar que os investimentos (I) representam a demanda por bens de capital (no Brasil considerada como "formação bruta de capital fixo", que inclui gastos com a depreciação dos bens de capital) mais a variação de estoques. Ou seja, I representa demanda de máquinas, equipamentos, materiais de construção etc., além da variação dos estoques na economia. O que explica o fato de o investimento ser um componente da demanda agregada? Tomemos como exemplo a construção de uma fábrica. Essa construção implica na demanda de uma série de bens como tijolos, ferro, aço, materiais elétricos etc. Ou seja, a realização de um investimento implica a demanda de vários bens, denominados **bens de capitais**. Uma definição pouco usual, mas útil, seria considerar os bens de capital como bens destinados não ao consumo final, mas à produção de outros bens ou serviços.

A equação (1) pode ser entendida de outra forma. Para tanto, vamos inicialmente considerar uma economia mais simples, ou seja, fechada e sem governo. Nesse caso, nossa equação (1) se torna:

$$Y = C + I \tag{1'}$$

A equação (1') possibilita-nos chegar a outro conceito importante em macroeconomia: o da poupança agregada. Define-se poupança como sendo a renda não consumida. Representando a poupança pela letra S, podemos então considerar essa definição a partir da seguinte relação:

$$Y - C = S \tag{2}$$

Combinando as equações (1') e (2) obtemos:

$$S = I \tag{3}$$

Ou seja, poupança é igual a investimento. Trata-se, na verdade, de uma forma alternativa para a equação (1').

Retornando à realidade, podemos agora considerar o caso mais geral, considerando uma economia aberta e com governo. Inicialmente, vamos considerar que o governo cobra das famílias impostos que representaremos pela letra T. Por outro lado, a expressão $(X - M)$ pode ser entendida como sendo o déficit em transações correntes, que inclui não apenas a exportação líquida de bens, mas também receitas e gastos, serviços e rendas, como veremos na Seção 1.2. Logo, podemos considerar que:

$$Y - C = S + T \tag{4}$$

ou:

$$Y = C + S + T \tag{4'}$$

Combinando esta equação (4') com a equação (1) e após algumas manipulações, obtemos:

$$S + T + M = I + G + X$$

ou:

$$I = (T - G) + S + (M - X) \tag{5}$$

A equação (5) representa de forma mais geral que a identidade poupança é igual a investimento. Se considerarmos que $M > X$, ou seja, que dependemos da poupança externa para o financiamento do déficit em transações correntes, que $(T - G)$ representa, de forma geral, a poupança do governo e S a poupança privada, temos então uma ideia mais realista da identidade aqui considerada. Ou seja, podemos considerar três categorias de poupança: a poupança privada, a pública e a externa. Podemos ainda ampliar a equação e dividir os investimentos entre os que são realizados pelo setor público e pelo setor privado.

Resumindo, temos então as relações apresentadas no Quadro 1.3, também conhecidas como identidades macroeconômicas básicas.

Quadro 1.3 As principais identidades macroeconômicas

Produto agregado = soma dos valores adicionados em cada etapa do processo produtivo

Produto agregado = renda agregada = salários + juros + lucros + aluguéis

Produto agregado = demanda agregada = consumo + investimento + gastos do governo + exportações – importações.

Poupança total da economia = investimento total da economia

Essas relações ou identidades serão fundamentais para a construção de vários modelos macroeconômicos que serão estudados neste livro.

Podemos também explicar as relações do Quadro 1.3 a partir do denominado **fluxo circular da renda**. Trata-se da seguinte lógica: as famílias ofertam os fatores de produção para as empresas que remuneram esses fatores. As famílias utilizam essa remuneração para a compra de bens e serviços fornecidos pelas empresas que, por sua vez, necessitam dos fatores de produção e assim por diante. É exatamente essa dinâmica que justifica, pelo menos de forma intuitiva, as relações ou identidades aqui propostas.[4]

1.1.2 O Produto Interno Bruto, a renda nacional e outros conceitos correlatos

Nos modelos macroeconômicos, quando usamos a letra Y, estamos nos referindo ao produto ou à renda agregada de forma abstrata. Ao nos aproximarmos da realidade, deparamos com alguns detalhes que devem ser considerados nesse conceito. Em primeiro lugar, Y pode representar o Produto Interno Bruto (PIB) ou Produto Nacional Bruto (PNB). A diferença entre os dois

---

[4] Uma discussão interessante sobre o fluxo circular da renda pode ser encontrada em Schumpeter (1982).

depende das rendas recebidas e das rendas enviadas ao exterior. No caso do PIB, consideramos a renda gerada dentro do território nacional. No caso do PNB, consideramos a renda que realmente pertence ao país. Nesse sentido, temos que:

PNB = PIB + renda enviada ao exterior – a renda recebida do exterior

Existem ainda outros detalhes nas definições de produto agregado e que decorrem da complexidade da atividade produtiva. Além dos conceitos de PIB e PNB, o produto agregado pode ser também representado apenas pela remuneração dos fatores de produção, ou seja, a **custo de fatores (cf)**. Por outro lado, podemos valorar o PIB a **preços de mercado (pm)**. Isso porque o governo pode alterar o preço dos bens cobrando impostos indiretos ou ofertando subsídios (que podem ser definidos como um imposto negativo). Nesse sentido, podemos considerar o PIB a preços de mercado (**PIBpm**) como sendo o PIB a **custo de fatores (PIBcf)** mais os impostos diretos (que elevam o preço do produto) menos os subsídios (que reduzem o preço do produto final). Podemos também justificar o termo **bruto** no PIB. A utilização desse termo decorre do fato de que parte da produção é destinada a repor o desgaste das máquinas, equipamentos, estradas, pontes etc. Esse desgaste é denominado **depreciação**. Se desconsiderarmos essa despesa, teremos o conceito de Produto Interno ou Nacional Líquido. Na verdade, podemos ter várias combinações: o **PIBpm**, o **PILcf**, o **PNBpm**, o **PNLcf** etc. Lembrando que o termo "produto" pode ser substituído pela palavra "renda", conforme discutido anteriormente. Todos esses conceitos decorrem da análise do denominado sistema de contas nacionais, que será apresentado no Anexo deste capítulo.

A partir dessas definições, podemos ampliar a análise considerando mais dois conceitos que representam situações ideais: o de pleno emprego e o da taxa natural de desemprego, ambos correlatos.

1.1.3 O pleno emprego e a taxa natural de desemprego

Uma importante referência em vários modelos macroeconômicos é o denominado **produto de pleno emprego**, que será representado neste livro como *Yp*.

Podemos definir *Yp* como aquela produção em que os fatores de produção estão sendo plenamente utilizados. Quando o produto agregado está abaixo do produto de pleno emprego, dizemos que a existe desemprego, em geral representado pelo desemprego de mão de obra. Quando está acima, dizemos que a economia opera em uma situação de superemprego.

O pleno emprego (*Yp*) pode ser mais bem compreendido quando substituímos a expressão produção agregada (*Y*) pela taxa de desemprego, que neste capítulo será representada pela letra *U*. Essa taxa mede o número de pessoas desempregadas na economia e será estudada com detalhes no Capítulo 7. A partir desse conceito, podemos definir a **taxa natural de desemprego** ou *Un*. Ela está relacionada a uma situação particular em que quem busca emprego o consegue. Essa taxa nunca é zero. Por mais que não ocorram situações de desemprego involuntário, sempre existe uma parte da mão de obra que está se deslocando de um emprego para o outro e esse deslocamento pode durar algum tempo. Também existem aqueles que, por idade ou escolaridade, entram no mercado de trabalho. Entre entrevistas, organização de documentos etc., o início do emprego pode demorar algum tempo. No agregado da força de trabalho, esses fenômenos implicam algum desemprego, denominado em macroeconomia de **desemprego friccional**.[5]

---

[5]   Existem ainda aqueles que, por motivos diversos, não querem trabalhar. Esse tipo de desemprego também afeta a taxa natural de desemprego.

A partir do conceito de taxa natural de desemprego, podemos então considerar que **o pleno emprego consiste naquela produção agregada em que a taxa de desemprego é igual a sua taxa natural**. Trata-se de uma importante referência na formulação de políticas econômicas. Por exemplo, se a economia está abaixo do pleno emprego, então existe desemprego voluntário. Trata-se de uma situação que, dados os seus impactos sobre a sociedade, pode e deve ser modificada.

Deve-se destacar que a taxa natural de desemprego difere entre os países e depende do quadro institucional que regula o mercado de trabalho, como o seguro-desemprego, a renda mínima etc. Existem também diferentes metodologias no cálculo dessa taxa. Levando-se em conta as várias possibilidades conceituais, consideraremos neste livro o conceito geral ou o abstrato.

1.2 A MACROECONOMIA ABERTA

Os países integram um complexo sistema de relações comerciais, produtivas e financeiras internacionais. Para a macroeconomia, importam algumas dessas relações como o comércio de bens e serviços, além da transferência de rendas para o exterior. Importa também saber o volume de recursos que entrou ou saiu do país sob a forma de investimentos diretos estrangeiros, empréstimos ou capitais financeiros. Todas essas informações estão presentes em uma grande conta denominada **balanço de pagamentos**. Pode-se definir o balanço de pagamentos como o instrumento de registro contábil de todas as relações econômicas entre os residentes e os não residentes de um país.[6]

No Quadro 1.4 é apresentada a estrutura básica do balanço de pagamentos e algumas explicações importantes.

Quadro 1.4 Estrutura simplificada do balanço de pagamentos

I – Balança de Transações Correntes
1. Balança Comercial
1.1 exportações
1.2 importações
2. Serviços
2.1 transportes
2.2 viagens internacionais
2.3 seguros
2.4 serviços financeiros
2.5 outros serviços
3. Renda Primária
3.1 juros
3.2 lucros
3.3 Serviços diversos (*royalties*, assistência técnica etc.)
3.4 remunerações de trabalhadores
3.5 outras rendas
4. Renda Secundária

(continua)

---

[6] Residentes são as pessoas, governo e empresas instaladas no país, incluindo aquelas de capital estrangeiro, além das embaixadas e consulados. Por exclusão, temos os não residentes.

(continuação)

II – Conta Capital
III – Conta Financeira

1. Investimento direto no exterior
2. Investimento direto no país
3. Investimento em carteira
  Ativo
  Passivo
4. Derivativos
  Ativo
  Passivo
5. Outros investimentos
  Ativo
  Passivo
6. Ativos de reserva

IV – Erros e Omissões

Em primeiro lugar, podemos perceber o agrupamento das diversas transações em quatro grupos ou subcontas: as transações correntes, a conta capital, a conta financeira e os erros e omissões. Cada grupo tem o seu significado, mas duas se destacam: a conta de transações correntes e a conta financeira.

A conta de transações correntes representa as operações que envolvem: (i) o comércio de bens, ou seja, as exportações e importações, (ii) as transações que envolvem pagamentos ou recebimentos por serviços como fretes, seguros, despesas com turismo etc. e (iii) o pagamento e o recebimento de rendas como salários, juros, lucros e aluguéis. No caso das rendas secundárias, consideram-se as transferências unilaterais da renda, como a transferência de renda entre pessoas sem contrapartida comercial ou financeira. Essa conta também é denominada transferências unilaterais. Todas essas contas possuem saldos positivos ou negativos. No caso da balança comercial, o saldo é a diferença entre exportações e importações de bens. No caso das outras contas, o saldo representa a diferença entre as receitas (entrada de recursos) e despesas (saída de recursos). O saldo em transações correntes é o saldo final de todas essas contas ou subcontas.

Aqui podemos voltar à questão do $(X - M)$ na equação (1). Se estivermos interessados no PIB, então faz sentido considerar essa diferença como sendo o saldo do balanço de pagamentos em transações correntes. No caso do PNB, devemos excluir toda a renda enviada e incluir toda a renda recebida do exterior. Ou seja, devemos considerar apenas os saldos da balança comercial e de serviços, excluindo toda a renda líquida enviada ao exterior (renda enviada menos a renda recebida ou receitas menos despesas). Importante destacar que o termo $(X - M)$ da equação (1) não representa a balança comercial como erroneamente alguns consideram.

A conta de capital representa as transações envolvendo transferências unilaterais de ativos não financeiros, incluindo os bens de capital. Registram-se nessa conta, por exemplo, as transferências de máquinas e equipamentos de uma mesma empresa em diferentes países.

A conta financeira inclui os investimentos diretos estrangeiros, além de todas as operações financeiras realizadas entre residentes e não residentes. Essas operações podem assumir várias formas como empréstimos, créditos comerciais ou aplicações financeiras. As operações de cada conta são registradas na forma de ativos e passivos. No ativo são registrados os empréstimos ou investimentos diretos estrangeiros e as diversas formas de aplicações financeiras (títulos, ações, derivativos etc.) realizadas por residentes em outros países (dúbio). No passivo temos o inverso. Há ainda uma conta particularmente importante, denominada **ativos de reservas**. Essa conta representa a **variação das reservas internacionais** em moedas conversíveis do país, particularmente em dólares americanos. Deve-se destacar que as mudanças nas relações financeiras internacionais ocorridas nas últimas décadas tornaram mais importantes as contas que representam os investimentos financeiros de curto prazo, também conhecidos como capitais especulativos ou investimento em carteira e que são direcionados para a compra de títulos públicos e ações, além dos denominados derivativos, aplicações essas que derivam do comportamento de outros ativos financeiros.[7]

Finalmente, temos a conta **erros e omissões**. Como o balanço de pagamentos segue as regras contábeis como a das partidas dobradas, podem ocorrer algumas diferenças no cálculo do saldo total. Tais diferenças são lançadas nessa conta residual.[8]

No Apêndice A, apresentaremos uma forma mais geral do balanço de pagamentos, que pode ser útil na análise de alguns conceitos como o saldo total do balanço de pagamentos, que não mais pode ser visualizado diretamente na atual metodologia adotada pelo Brasil e aqui apresentada.

Voltemos a uma discussão importante e que diz respeito ao conceito de poupança externa. Define-se poupança externa como o saldo deficitário do balanço de pagamentos em transações correntes. Esse conceito pode ser mais bem entendido em uma situação na qual o país não possui reservas. Se esse país apresenta um déficit em transações correntes, deverá então financiar esse déficit com a conta de capital ou financeira. A entrada de recursos nesse conjunto de contas representa, em última análise, a poupança de não residentes. No caso de um superávit nessa conta, temos uma poupança externa negativa, ou seja, trata-se de uma situação em que o país está financiando o resto do mundo.

Outro conceito importante que decorre das relações externas entre os países é o da **taxa de câmbio**, representada neste livro pela letra "*e*". Podemos definir a taxa de câmbio como sendo o preço, em moeda nacional, de uma unidade monetária da moeda estrangeira. As mais importantes são aquelas moedas denominadas de conversíveis, que são aceitas para pagamentos internacionais. Considerando o dólar e o real, a taxa de câmbio pode ser representada pela expressão:

$$e = \text{R\$/US\$ } 1 \tag{6}$$

Podemos considerar, por exemplo, a possibilidade de $e = 1,00$, ou seja, 1 dólar é comprado, no mercado doméstico, por 1 real. Se *e* sobe para $e' = 2,00$, então podemos afirmar que o real se desvalorizou em relação ao dólar. Porém, se *e* passa para $e'' = 0,85$, temos uma valorização da moeda estadunidense em relação à moeda nacional. Esses movimentos são importantes, pois, além de modificarem os preços relativos, podem beneficiar os exportadores ou importadores. Surge então a seguinte questão: o que determina *e*? Para respondermos essa pergunta, devemos considerar que, apesar de *e* representar uma taxa de troca entre moedas, também pode ser considerada como um preço: o preço, em reais, de US$ 1,00. Essa última possibilidade conceitual nos remete ao

---

[7]   Como exemplo, podemos considerar os fundos cambiais, ou seja, fundos cuja carteira é composta de papéis cuja rentabilidade deriva da taxa de câmbio. Incluem-se também nesta categoria os denominados mercados futuros, dentre outras formas de aplicações.

[8]   Sobre detalhes das contas do balanço de pagamento no Brasil, ver Bacen (2014).

mercado cambial. Nesta perspectiva, devemos considerar os fatores relacionados à oferta e demanda por dólares no mercado doméstico de divisas.

Podemos agrupar os fatores que influenciam o mercado cambial (ou de divisas) em dois grupos: um caracterizado pelos fatores comerciais e outro pelos fatores financeiros. Os fatores comerciais representam a entrada ou saída de dólares por meio das exportações e importações (ou, de uma forma mais precisa, por meio das transações correntes). Como exemplo, podemos citar o *boom* das *commodities* durante a primeira década deste século. Se por um lado esse *boom* contribuiu, via preço, para o aumento das exportações brasileiras, por outro resultou em uma forte valorização do real em relação ao dólar, dada a grande entrada dessa divisa no país.

Podemos considerar como os fatores financeiros o diferencial entre as taxas de juros no Brasil e nos EUA ou o risco das aplicações financeiras; ou seja, todos os fatores que fazem entrar o sair dólares a partir de transações financeiras. Esse fato explica, por exemplo, por que crises políticas podem elevar a taxa de câmbio no país. Isso decorre do fato de a crise poder resultar em um aumento do risco das aplicações financeiras, o que pode gerar fuga de dólares do país.

Outra questão importante diz respeito aos denominados regimes cambiais, definidos a partir das regras de intervenção da autoridade monetária no mercado cambial. Em um extremo, temos o regime de câmbio fixo, que pode ser definido como o sistema em que o banco central tem o monopólio de compra e venda de divisas no mercado doméstico. É esse monopólio que garante a taxa de câmbio fixa, desde que o banco central atenda toda oferta ou demanda do mercado de divisas do país. No outro lado extremo, podemos ter o regime de câmbio flutuante, onde não há intervenção por parte do banco central. Nesse caso, a taxa de câmbio é determinada pelo mercado. Temos também vários regimes intermediários, onde as intervenções do banco central são condicionadas por metas, como as desvalorizações que acompanham a taxa de inflação do país, dentre outras possibilidades. No Capítulo 6 discutiremos melhor essas e outras questões relacionadas com o conceito de taxa de câmbio.

1.3 O CONCEITO DE INFLAÇÃO E AS VARIÁVEIS NOMINAIS E REAIS

Um dos fenômenos mais importantes tanto sob o ponto de vista da análise quanto da formulação de políticas macroeconômicas é a inflação. Para definirmos inflação, precisamos antes entender o conceito de nível geral de preços, que representaremos, ao longo deste livro, pela letra P.[9] Define-se P como uma representação média dos preços da economia. Na prática, P é calculado a partir de uma amostra definida pelo padrão de consumo de uma determinada população representativa. Essa população é escolhida de acordo com a faixa de renda, como, por exemplo, pessoas que ganham de um a dez ou vinte salários mínimos. No Brasil, esse índice é calculado por várias instituições de pesquisa. Temos, por exemplo, o índice geral de preços calculado pela Fundação Getulio Vargas (FGV), o índice de nacional de preços ao consumidor calculado pelo Instituto Brasileiro de Geografia e Estatística (IBGE), o índice de preços ao consumidor da Fundação Instituto de Pesquisas Econômicas (Fipe), dentre outros. A diferença entre esses índices está na amostra. Se no curto prazo eles podem representar diferentes taxas de inflação, no longo prazo a tendência é que essas diferenças tendam a zero.

Podemos então definir a inflação, que representaremos neste livro pelo símbolo π, como a variação do índice geral de preço da economia, ou seja:

---

[9] Aqui não estamos preocupados com as causas da inflação, mas com as definições em torno do fenômeno. As causas serão estudadas ao longo do livro.

$$\pi = (P_{t+1} - P_t)/P_t \tag{7}$$

Onde t representa a variável tempo. Em termos gerais, podemos considerar:

$$\pi = \Delta P/P \tag{7'}$$

Podemos então compreender melhor os efeitos da inflação sobre o valor nominal das variáveis macroeconômicas. Esse ponto pode mais bem ser compreendido a partir do conceito de produto agregado. Como se trata de um valor nominal, podemos considerar:

$$Y = P \cdot Q \tag{8}$$

Onde Y = produto nominal, P = índice geral de preços e Q = a produção física ou real da economia (ou seja, a produção real).[10] Se estamos interessados na taxa de variação do produto real, podemos então considerar a seguinte relação:

$$Q = Y/P \tag{8'}$$

Logo, para o cálculo do produto real (Q), devemos dividir o produto nominal (Y) pelo nível geral de preços (P). Essa regra, aliás, vale para outras variáveis macroeconômicas, como na definição da oferta de encaixes reais (M^s/P, onde M^s representa a oferta monetária) ou no cálculo do salário real (W/P, onde W representa o salário nominal). O Quadro 1.5 nos ajuda a esclarecer melhor essas definições.

Quadro 1.5 Produto nominal e produto real

Período ou tempo (t)	Produto agregado nominal (a)	Variação	Índice de preços (b)	Inflação	Produto real agregado (a)/(b)	Variação
1	1.000	–	1,00	–	1.000,00	–
2	1.100	10%	1,05	5%	1.047,62	4,76%
3	1.150	4,5%	1,08	2,86%	1.064,82	1,64%
4	1.200	4,3%	1,12	3,70%	1.071,43	0,62%

Nesse exemplo, podemos notar que as taxas de crescimento do produto real são bem menores do que as taxas de crescimento do produto nominal; e essa diferença é explicada pela inflação. Deve-se destacar também que, na base (ou seja, o período 1), o índice é igual a 1 (ou 100 se o pesquisador preferir). É possível, entretanto, mudar a base a partir de uma simples regra de três, o

---

[10] Rigorosamente, deveríamos considerar o símbolo de somatório antes da multiplicação $P.Q$; podemos, entretanto, considerar P e Q como vetores de preços e quantidades cujo resultado é um número: o produto agregado.

que não altera a taxa de variação do produto real. No caso do PIB brasileiro, o índice de preços é denominado **deflator implícito.**[11]

A partir do conceito de inflação podemos definir, por exemplo, a taxa real de juros, que representaremos por **r**. Nesse caso, temos:

$$r = i - \pi^e \tag{9}$$

Onde π^e representa a taxa de inflação esperada para o futuro. Assim, se uma pessoa pretende realizar uma aplicação financeira por um ano, ela pode calcular, aproximadamente, a taxa real de juros a ser recebida (ou seja, *ex-ante*) a partir da sua expectativa sobre a inflação para o ano. Por exemplo, se a aplicação promete render 12% no ano e ao mesmo tempo a inflação esperada é de 7% nesse período, então a taxa de juros real será igual 5% ao ano (ou seja, o aplicador espera ter um ganho financeiro real de 5%).

Podemos também calcular a taxa real de juros após o fim da aplicação financeira (ou seja, *ex-post*). Nesse caso, temos:

$$r = i - \pi \tag{9'}$$

No exemplo numérico anterior, suponha que a inflação efetiva tenha sido de 10%. Nesse caso, a taxa real de juros recebida terá sido de apenas 2% no ano, aproximadamente.

O conceito de inflação esperada nos leva à seguinte questão: como os agentes formam as expectativas em relação ao futuro? Esse ponto é particularmente importante para o entendimento do próprio fenômeno da inflação, que será estudado no Capítulo 7. Muitos economistas argumentam que os agentes formam as expectativas com base em todas as informações disponíveis e aprendem com os seus erros, o que nos leva ao conceito das expectativas racionais. Outros olham para o passado como forma de prever o futuro, o que resulta no conceito de expectativas adaptativas. O fato é que as expectativas importam e podem ser autorrealizáveis. Por exemplo, se os empresários esperam que a economia vá crescer de forma consistente nos próximos anos, então eles podem aumentar os seus investimentos produtivos, o que contribui para o crescimento do PIB no presente. Outro exemplo diz respeito à formação da taxa de câmbio. Se os agentes acham que a taxa de câmbio vai subir no futuro, eles podem realizar operações de compra de dólares, comportamento que pode resultar num aumento da taxa de câmbio no presente. Ou seja, as expectativas podem levar a ações dos agentes econômicos que acabam fazendo com que elas tenham influência sobre o comportamento de determinadas variáveis no presente.

1.4 AS POLÍTICAS MACROECONÔMICAS: OBJETIVOS E POLÊMICAS

A partir dos conceitos até aqui estudados, podemos considerar agora as formas de intervenção do governo na economia, o que nos remete às denominadas políticas macroeconômicas e às

---

[11]   Existem três importantes índices teóricos de preços, denominados de Laspeyres, Paasche e Fisher. Os dois primeiros diferem em relação aos pesos dados a cada preço presente no índice. O último é representado pela média geométrica dos dois primeiros. Para detalhes teóricos sobre esses índices, ver Simonsen e Cysne (2007).

polêmicas em torno dos seus resultados, que contemplam custos e benefícios. Tomemos como exemplo as políticas monetária e fiscal.[12]

A política monetária consiste no controle da quantidade de meios de pagamento ou, em termos gerais, da quantidade de moeda na economia. No mínimo dois são os objetivos dessa política: estimular a economia **ou** controlar a inflação. Essa dicotomia pode ser entendida a partir dos denominados mecanismos de transmissão da política monetária. Considere, por exemplo, uma contração dos meios de pagamento. Essa contração, ao reduzir a liquidez, eleva as taxas de juros na economia. Por sua vez, tais elevações reduzem o consumo das famílias e os investimentos produtivos (Capítulos 4 e 5). Se considerarmos a equação (1), percebemos que a redução de C e I, mantidos os outros componentes da demanda agregada constantes, implica na redução de Y, o que gera aumento do desemprego na economia. É exatamente a queda da demanda e o consequente aumento do desemprego que provoca a redução dos preços e salários na economia. Nessa dinâmica, podem-se perceber os o custo do combate à inflação: o aumento do desemprego e suas consequências sociais, e a queda nos investimentos produtivos.

Alguns economistas, particularmente aqueles que simpatizam com a abordagem monetarista, acreditam que os benefícios do combate à inflação compensam os custos impostos à sociedade: somente um país com baixa inflação tem condições de crescer. Para esses economistas, o desemprego é algo transitório e necessário e pode ser compensado com o crescimento do produto no futuro. Outros têm opinião contrária. Acreditam que os custos sociais decorrentes do aumento do desemprego não compensam a redução da inflação. Além disso, a consequente redução dos investimentos pode reduzir as chances de crescimento no futuro. Trata-se de um debate ainda em aberto. As evidências empíricas, entretanto, apontam que os países com inflação baixa, particularmente aqueles com níveis altos de renda, utilizam de forma ativa a política monetária para o combate da inflação.

Todo esse debate sobre a política monetária acaba levando-nos a outro: a questão da independência do banco central. Muitos acreditam que um banco central independente tornaria crível uma política de combate à inflação. Isso porque, com a independência, a autoridade monetária não sofreria pressões políticas para emitir moeda, particularmente em ano eleitoral, em que os governos podem optar pela expansão monetária, dados os impactos positivos dessa expansão sobre o nível de atividade econômica.

A segunda política é a política fiscal. Trata-se, em geral, de políticas que alteram os gastos do governo ou os impostos e subsídios **impostos** à sociedade. O objetivo dessa política é o estímulo, via demanda, do nível de atividade econômica, processo que pode ser entendido a partir da expressão (1), onde a política fiscal se manifesta via alterações em G. Ou seja, existe na macroeconomia uma visão otimista acerca do papel do governo na atividade econômica. Essa visão está presente principalmente nos modelos keynesianos que prescrevem o aumento da demanda como forma de reduzir o desemprego. Mas essa não é a única visão. Um aumento dos gastos públicos, em geral, não é acompanhado pelo crescimento das receitas tributárias, o que leva o governo a tomar empréstimos da sociedade via emissão de títulos. Esse aumento da demanda por empréstimos tende a elevar as taxas de juros da economia, o que poderá reduzir os investimentos privados.[13]

Existe ainda outro problema relacionado com o aumento dos gastos do governo: o aumento da dívida pública. Esse aumento pode elevar o risco dos títulos públicos, levando os compradores

---

[12] Podemos considerar também a política cambial, que consiste nas regras de intervenção do Banco Central no mercado de câmbio. Por motivos didáticos, o exemplo contempla apenas as duas. Estudaremos as possibilidades da política cambial no Capítulo 6.

[13] Essa não é a única explicação para a relação entre gastos públicos e taxa de juros. Nos próximos capítulos serão exploradas outras possibilidades.

desses títulos a exigirem taxas de juros mais altas. Além disso, uma trajetória inconsistente da dívida pública pode levar o governo a decretar moratória da sua dívida por não poder pagar os juros ou mesmo o valor de face dos títulos. Para evitar essa trajetória, uma política fiscal expansionista no presente pode obrigar o governo a elevar os impostos e/ou reduzir os gastos no futuro. Trata-se de um custo que pode não ser percebido no presente, mas ocorrerá no futuro, talvez para as próximas gerações.

Voltando à questão geral, pode-se afirmar que a escolha de uma ou outra política, ou mesmo a não intervenção do Estado na economia, como sugere o modelo clássico que será estudado no próximo capítulo, depende de como o formulador das políticas macroeconômicas avaliam os custos e benefícios; e o resultado dessa avaliação depende de critérios que não são facilmente captados pela ciência econômica, como os interesses políticos ou mesmo os privados. Existem ainda as discordâncias teóricas, comuns nas ciências humanas.

Neste capítulo, deixamos em aberto várias questões e dúvidas. Por exemplo, não discutimos os fatores que estimulam o consumo ou a realização de investimentos produtivos. Também não discutimos as causas da inflação. Essas e outras dúvidas, entretanto, serão esclarecidas ao longo do livro. No Anexo deste capítulo, serão discutidos com mais detalhes o sistema de contas nacionais e o balanço de pagamentos no Brasil, além da matriz insumo-produto.

EXERCÍCIOS RESOLVIDOS

1. Considere os seguintes dados:

   a) Importações de bens e serviços: 100

   b) Renda líquida enviada ao exterior: 35

   c) Salários pagos pelas empresas às famílias: 350

   d) Juros líquidos pagos pelas empresas às famílias: 30

   e) Aluguéis pagos pelas empresas às famílias: 20

   f) Lucros distribuídos pelas empresas às famílias: 15

   g) Depreciação: 50

   h) Lucros retidos pelas empresas: 10

   i) Outras receitas correntes do governo: 60

   j) Impostos diretos pagos pelas empresas ao governo: 20

   k) Transferências do governo às empresas: 15

   l) Impostos indiretos recebidos pelo governo: 80

   m) Subsídios: 20

   n) Exportação de bens e serviços: 50

   o) Consumo das famílias: 400

   p) Consumo do governo: 60

   q) Variação de estoques: 30

   Calcule:

   a) o PIB a preço de mercado;

   b) o PIB a custo de fatores;

   c) a formação bruta de capital fixo.

Solução

Este exercício contempla o sistema de contas nacionais em sua versão original, que é apresentado no Anexo. Entretanto, o exercício pode ser resolvido considerando as identidades macroeconômicas básicas estudadas neste capítulo. Nesse sentido temos que:

a) PIB a preço de mercado: (b) + (c) + (d) + (e) + (f) + (g) + (h) + (i) + (j) + − (k) + (l) − (m) = 635

b) PIB a custo de fatores: (b) + (c) + (d) + (e) + (f) + (g) + (h) + (i) + (j) + (k) = 575

c) formação bruta de capital fixo: (PIB a preço de mercado) − (n) − (o) − (p) − (q) + (a) = 195

2. Considere os seguintes dados referentes às transações de determinado país com o resto do mundo (em milhões de unidades monetárias):

a) Importações de produtos: 400

b) Exportações de produtos: 200

c) Pagamento de fretes ao exterior: 10

d) Pagamento de seguros ao exterior: 5

e) Remessa de lucros ao exterior: 20

f) Remessa de juros ao exterior: 30

g) Transferências do exterior recebidas pelos agentes domésticos: 15

h) Recebimento de investimentos diretos realizados por empresas estrangeiras: 100

i) Envio ao exterior de pagamento referente à amortização da dívida externa: 50

j) Reinvestimento de lucros realizados por não residentes no país: 50

k) Investimento de curto prazo realizado por não residentes no país: 150

Pede-se o saldo da balança comercial, da balança de serviços e o saldo total do balanço de pagamentos.

Solução

Inicialmente, podemos organizar os lançamentos a partir do quadro a seguir:

Operação	(a)	(b)	(c)	(d)	(e)	(f)	(g)	(h)	(i)	(j)	(k)	Total
Exportações de produtos		+200										+200
Importações de produtos	−400											−400
Fretes			−10									−10
Seguros				−5								−5
Lucros					−20					−50		−70
Juros						−30						−30
Transferências unilaterais correntes							+15					+15

(continua)

(continuação)

Operação	(a)	(b)	(c)	(d)	(e)	(f)	(g)	(h)	(i)	(j)	(k)	Total
Investimentos diretos								+100				+100
Amortizações									−50			−50
Reinvestimentos[14]										+50		+50
Investimentos de curto prazo											+150	+150
Variação de reservas	+400	−200	+10	+5	+20	+30	−15	−100	+50		−150	50

Balança comercial = +200 − 400 = −200

Balança de serviços (ou serviços não fatores) = −10 − 5 = −15

Balança de rendas (ou serviços fatores) = −20 − 50 − 30 = −100

Transferências unilaterais correntes = +15

Saldo do BP em conta corrente = −200 − 15 − 100 + 15 = −300

Movimento de capitais = 100 − 50 + 50 + 150 = 250

Saldo total do BP = −300 + 250 = −50

Deve-se destacar que, neste exercício, consideramos o balanço de pagamentos em uma versão anterior àquela utilizada atualmente no Brasil. A atual metodologia será discutida no Apêndice A.

3. Considere a identidade $Y + M = C + I + G + X$. Podemos, a partir de hipóteses, fazer com que os parâmetros do lado direito da equação sejam funções de outras variáveis (exceto G). Se estabelecermos quais são essas as variáveis, teremos um entendimento mais detalhado acerca dos fatores que exercem influência sobre a demanda agregada e, consequentemente, do produto agregado Y (ou da oferta agregada $Y + M$), pelo menos do lado da demanda. Quais variáveis você colocaria nas funções consumo, investimento e exportações? Quais conclusões podem ser tiradas a partir dessas funções?

Esta questão demanda que o leitor construa funções que possam explicar cada um dos componentes da direita da identidade considerada. A seguir, seguem algumas possibilidades:

Os determinantes do consumo agregado:

Renda (+)

Taxa de juros (−)

Crédito (+)

Expectativas (+)

Estoque de Riqueza (+)

Etc.

---

[14] Note que esta transação deve ser registrada da seguinte forma: registra-se um débito na conta de lucros e um crédito na conta de investimentos.

Os determinantes dos investimentos agregados:

Taxa de juros (–)

Renda (+)

Crédito (+)

Expectativas (+)

Etc.

Os determinantes das exportações:

Taxa de câmbio (+)

Renda externa (+)

Etc.

Os sinais entre parênteses podem ser considerados como os das derivadas parciais das funções consumo, investimento e exportações. Por exemplo, tudo mais constante, um aumento na taxa de juros provoca redução nos investimentos produtivos. Por outro lado, uma elevação do crédito, tudo mais constante, eleva o consumo das famílias. Ao longo do livro, explicitaremos essas funções.

4. Classifique as sentenças a seguir como verdadeira ou falsa:

a) **(Exame Anpec 2006)** O PIB corresponde ao valor adicionado de todos os produtos e serviços produzidos em um país, sendo que, por valor adicionado, entende-se o valor da produção mais o consumo dos bens intermediários.

Falsa: o valor adicionado corresponde ao valor da produção MENOS o consumo dos bens intermediários, justamente para se evitar o problema da dupla contagem.

b) **(Exame Anpec 2005)** Quando crescem as remessas de juros ao exterior, aumenta o déficit na conta de capitais do balanço de pagamentos, *ceteris paribus.*

Falsa: a remessa de juros ao exterior é computada com sinal negativo na balança de rendas do balanço de pagamentos e, como contrapartida, é computada com sinal positivo na conta de capitais compensatórios. Tem-se, portanto, uma variação positiva da conta de capitais e uma variação negativa no saldo em transações correntes do balanço de pagamentos.

c) **(Exame Anpec 2013)** O aumento do preço dos produtos importados vendidos no país eleva o deflator implícito de preços do PIB deste país.

Falsa: a variação nos preços de produtos importados vendidos no país não terá qualquer efeito sobre o deflator de preços do PIB, ainda que tenha impacto sobre os índices de preços ao consumidor. Como o deflator implícito do PIB é a razão entre PIB nominal e PIB real, mudanças nos preços de produtos importados não terão impacto, já que não são produtos finais produzidos internamente.

d) **(Exame Anpec 2008)** Um bem é produzido em 2000 e vendido em 2001. Este bem contribui para o PIB de 2000, não para o PIB de 2001.

Verdadeira: este produto entrará na conta "Variação de estoques" do ano de 2000 e, portanto, contribuirá para o PIB de 2000.

e) Tanto o Sistema de Contas Nacionais como o Balanço de Pagamentos têm como semelhança o fato de registrarem os valores como fluxo. Como diferença, o Balanço de Pagamentos registra apenas transações internacionais, ao passo que o Sistema de Contas Nacionais registra apenas transações domésticas.

Falsa: de fato, ambos registram valores que são transacionados durante determinado intervalo de tempo (um ano ou um semestre, por exemplo) e registram, portanto, valores como fluxo. Contudo, embora o Balanço de Pagamentos registre apenas transações internacionais, o Sistema de Contas Nacionais registra tanto as transações internacionais como também as domésticas, como o pagamento de salários às famílias domésticas e o pagamento de impostos ao governo, por exemplo.

f) **(Exame Anpec 2014)** A renda nacional de um país é calculada subtraindo-se a depreciação e os impostos indiretos do Produto Interno Bruto.

Falsa: a partir do Produto Interno Bruno a preços de mercado (PIBpm), a dedução da depreciação geraria o Produto Interno Líquido a preços de mercado (PILpm). Se fosse deduzido o valor de impostos indiretos menos os subsídios (note que a sentença menciona apenas os impostos indiretos), chegaríamos ao Produto Interno Liquido a custo dos fatores de produção (PILcfp).

REFERÊNCIAS

BACEN – Banco Central do Brasil. *Estatísticas do setor externo*: adoção da 6ª edição do Manual de Balanço de Pagamentos e Posição Internacional de Investimentos. Brasília, 2014. Disponível em: <https://www.bcb.gov.br/ftp/infecon/nm1bpm6p.pdf>. Acesso em: 11 nov. 2017.

BLANCHARD, O. J.; FISCHER, S. *Lectures on macroeconomics*. The MIT Press, 1993.

BECKERMAN, W. *Introdução à análise da renda nacional*. Rio de Janeiro: Zahar, 1979.

FIBGE – Fundação Instituto Brasileiro de Geografia e Estatística. *Sistema de contas nacionais consolidadas* – Brasil. Rio de Janeiro, 1990. Série Relatórios Metodológicos, v. 8.

GREMAUD, A. P.; VASCONCELLOS, M. A. S.; TONETO JR., R. *Economia brasileiro contemporânea*. 8. ed. São Paulo: Atlas, 2017.

KEYNES, John Maynard. *A teoria geral do emprego, do juro e da moeda*. São Paulo: Atlas, 1992.

PAULANI, L.; BRAGA, M. B. *A nova contabilidade social*: uma introdução à macroeconomia. 4. ed. São Paulo: Saraiva, 2012.

SIMONSEN, M. H.; CYSNE, R. P. *Macroeconomia*. 3. ed. São Paulo: Atlas, 2007.

SCHUMPETER, J. *A. teoria do desenvolvimento econômico*. São Paulo: Atlas, 1982. Coleção Os Economistas.

VASCONCELLOS, M. A. S. *Economia micro e macro*. 4. ed. São Paulo: Atlas, 2007.

UNITED NATIONS. *A system of national accounts*. New York, dec. 2016. Disponível em: <https://unstats.un.org/unsd/snaama/Introduction.asp>. Acesso em: 11 nov. 2017.

ANEXO – O SISTEMA DE CONTAS NACIONAIS

A1. O SISTEMA DE CONTAS NACIONAIS – VERSÃO ORIGINAL

O Sistema de Contas Nacionais, criado pelo economista Richard Stone no final da década de 1940 pode ser apresentado a partir de quatro contas. Tais contas representam a demanda pela produção, a renda agregada e sua utilização, a poupança da economia, determinadas operações realizadas pelo país com o resto do mundo, além de outras informações relativas ao processo produtivo agregado. Recebem as seguintes denominações:

i.   **Conta Produto Interno Bruto** (produção).

ii. **Conta Renda Nacional Disponível Líquida** (apropriação da renda).

iii. **Conta Transações Correntes com o Resto do Mundo**.

iv. **Conta de Capital** (conta de fechamento que apresenta a identidade poupança = investimento).

Os lançamentos das transações são feitos de acordo com o tradicional método das partidas dobradas.

Como complemento, apresentamos também a Conta Corrente das Administrações Públicas. Essa conta apresenta as principais relações do governo com as famílias e empresas. Também revela os gastos do governo, a fonte de recurso para esses gastos e os decorrentes déficits ou superávits. Vejamos com mais detalhes cada uma dessas contas.

i. Conta Produto Interno Bruto

Apresenta, no lado do débito, o pagamento das unidades produtivas aos fatores de produção, incluindo os impostos indiretos (menos os subsídios); e, no lado do crédito, o que as empresas receberam dos agentes que adquiriram os bens e serviços finais. Com base nessa conta, temos o conceito de Produto Interno Bruto ou da Despesa Interna Bruta a preços de mercado.

Quadro 1   Conta Produto Interno Bruto (unidades produtoras)

Débito	Crédito
7. Salários 8. Excedente Operacional Bruto 9. Impostos Indiretos 10. (–) Subsídios	1. Consumo das Famílias (ou Consumo Pessoal) 2. Consumo do Governo 3. Investimentos em Bens de Capital (ou Formação Bruta de Capital Fixo) 4. Variação de Estoques 5. Exportações de bens e serviços não fatores 6. (–) Importações de bens e serviços não fatores
Produto Interno Bruto a Preços de Mercado	Despesa Interna Bruta a Preços de Mercado

Nessa conta, o Excedente Operacional Bruto é definido como a diferença entre o Produto Interno Bruto a custo de fatores e o total de salários, ou seja, representa o total de juros, aluguéis e lucros gerado no processo produtivo.

Cabe destacar que as empresas estatais são consideradas na conta de produção, pois vendem bens e serviços no mercado, como as empresas privadas.

ii. Conta Renda Nacional Disponível Líquida

Essa conta descreve, no lado do débito, como as famílias e o governo utilizam a renda recebida (destinada ao consumo ou à poupança), e no lado do crédito, a distribuição da renda entre as famílias e o governo mais o resultado líquido dos recebimentos e transferências com o exterior. A depreciação entra desse lado com o sinal negativo. Com base nessa conta, podemos mensurar a utilização da Renda Nacional Disponível Líquida, bem como sua apropriação.

Quadro 2 Conta Renda Nacional Disponível Líquida[15] (apropriação da renda)

Débito	Crédito
1. Consumo das Famílias 2. Consumo do Governo 14. **Saldo:** Poupança Interna	7. Salários 8. Excedente Operacional Bruto 9. Impostos Indiretos 10. (–) Subsídios 11. (–) Depreciação 12. (–) Renda Enviada ao Exterior 13. Renda Recebida do Exterior
Utilização da Renda Nacional Disponível Líquida	Apropriação da Renda Nacional Disponível Líquida

iii. Conta Transações Correntes com o Resto do Mundo

Nessa conta, são registrados como débitos os gastos dos não residentes com os bens e serviços produzidos internamente, ou seja, as exportações de bens e serviços, as transferências líquidas de rendas ao resto do mundo, além da poupança externa, igual ao saldo do balanço de pagamentos em transações correntes. Mais precisamente, a poupança externa representa o déficit em transações correntes, que deve ser financiado com a entrada de capitais físicos e, principalmente, financeiros.

Quadro 3 Conta Transações Correntes com o resto do mundo

Débito	Crédito
5. Exportações de bens e serviços não fatores 13. Renda Recebida do Exterior 15. **Saldo:** Poupança Externa	6. Importações de bens e serviços não fatores 12. Renda Enviada ao Exterior
Utilização dos Recebimentos Correntes	Recebimentos Correntes

---

[15] No Brasil, como não tem sido calculada a depreciação, esta conta é denominada Conta Renda Nacional Disponível Bruta.

Deve-se destacar que os recebimentos e pagamentos são indicados do ponto de vista do resto do mundo. Assim, as importações, por exemplo, representam pagamentos aos países fornecedores, a crédito destes.

iv. Conta de Capital

A conta de capital tem como objetivo consolidar os lançamentos dentro das regras contábeis. Em termos práticos, ela representa operações de outras contas sem contrapartida. No débito, são lançados os gastos com a formação de capital, incluindo a depreciação (lançada com sinal negativo); e, no crédito, a fonte dos recursos para os investimentos, ou seja, a poupança dos agentes econômicos (famílias, governo, empresas e setor externo), representando o saldo das contas anteriores. Em última análise, mostra a identidade poupança = investimento.

Quadro 4 Conta de Capital

Débito	Crédito
3. Investimento em Bens de Capital 4. Variação de Estoques 11. (–) Depreciação	14. Poupança Interna 15. Poupança Externa
Total da Formação de Capital	Financiamento da Formação de Capital

Considerando a regra das partidas dobradas, ou seja, o equilíbrio interno que é representado pela igualdade entre débito e crédito em cada conta, e o equilíbrio externo, que garante que cada lançamento em crédito em uma conta deve ter como contrapartida um ou mais lançamentos em débito em outras contas, podemos perceber que elas permitem um modo alternativo de representar as identidades macroeconômicas básicas, com a vantagem de poder detalhar determinados conceitos como a distribuição funcional da renda, a demanda agregada, as fontes de financiamento dos investimentos dentre outros conceitos e processos.

A conta complementar do governo

Complementando as quatro contas apresentadas, temos a Conta Corrente das Administrações Públicas, onde são discriminadas as transações correntes do governo. São lançadas nessa conta as transações que mostram a participação do governo na geração da renda e produto (consumo do governo, impostos indiretos e subsídios), juntamente com as transferências destinadas ao setor privado e ao exterior. Também são discriminados os impostos diretos, as contribuições previdenciárias e o item "outras receitas correntes do governo", que estão embutidos nos itens de renda (salários, juros, aluguel e lucros). No sistema de quatro contas, todos os rendimentos pagos às famílias são considerados *em termos brutos*, ou seja, são acrescidos dos encargos sociais e ainda não deduzidos o Imposto de Renda (imposto direto), a renda líquida enviada ao exterior e outras receitas do governo (aluguéis, participação no lucro ou prejuízo de empresas estatais, juros etc.).[16] Também são incluídos os juros da dívida pública, que são também considerados transferências do governo ao setor privado.

---

[16] No antigo sistema de cinco contas, os impostos diretos, as transferências do governo e outras receitas correntes do governo aparecem de forma explícita, e os itens de renda (salários, juros, aluguéis e lucros) são contabilizados em termos líquidos. Ver Simonsen e Cysne, op. cit., Capítulo 3.

Como o próprio nome da conta demonstra, são lançadas apenas as despesas correntes do governo (salários dos funcionários públicos, transferências, compras de materiais nacionais e importados etc.). As despesas de capital do governo (investimento público) são somadas aos investimentos privados, compondo o item "Investimento em Bens de Capital", dentro da Conta Produto Interno Bruto.

Quadro 5 Conta Corrente das Administrações Públicas

Débito	Crédito
Consumo Final das Administrações Públicas (salários, inclusive encargos, mais compras de bens e serviços) Subsídios Transferências de Assistência e Previdência Juros da Dívida Pública **Saldo:** Poupança em Conta Corrente do Governo	Impostos Indiretos Impostos Diretos Outras Receitas Correntes Líquidas do Governo
Utilização da Receita Corrente	Total da Receita Corrente

Poupança do governo, poupança do setor privado e poupança interna

A poupança interna (no Brasil, chamada poupança bruta), que é o saldo da Conta Renda Nacional Disponível Líquida, não discrimina qual parcela da poupança é do governo e qual é do setor privado. Assim, para obter a **poupança do setor privado**, devemos subtrair da poupança interna a poupança do governo (esta última obtida da Conta Corrente das Administrações Públicas). Assim:

Poupança do Setor Privado = Poupança Interna (ou Bruta) – Poupança do Governo

A poupança do governo (déficit ou superávit) não deve ser associada ao conceito de **déficit ou superávit primário do governo**, pois este inclui todas as transações do setor público (com exceção dos juros nominais da dívida pública), enquanto a poupança do governo no Sistema de Contas Nacionais se refere apenas às transações correntes, ou despesas de custeio (salários, material de consumo etc.), não incluindo os gastos do setor público em bens de capital.[17]

A2. O NOVO SISTEMA DE CONTAS NACIONAIS NO BRASIL[18]

Até 1998, o sistema adotado no Brasil baseava-se nas quatro contas, relativas à produção, apropriação (ou utilização de renda) e acumulação (ou formação de capital) dos agentes econômicos (famílias, empresas, setor público e setor externo, como mostramos anteriormente).

A partir daquele ano, as contas nacionais sofreram alterações significativas. Uma delas foi integrar ao sistema a matriz insumo produto, seguindo orientação da Organização das Nações Unidas (ver United Nations, 2016, nas Referências do Capítulo 1).

---

[17] Sobre os vários conceitos de déficit ou superávit do governo, veja o Capítulo 11.

[18] Extraído de Gremaud, Vasconcellos e Toneto Jr. (2017). Para maior detalhamento, ver Paulani e Braga (2012).

O novo sistema é composto pela "Tabela de Recursos e Usos de Bens e Serviços" (TRU) e pelas chamadas "Contas Econômicas Integradas" (CEIs).

A TRU apresenta a oferta total da economia como o somatório da produção e importações e, simultaneamente, como o somatório do consumo intermediário e da demanda final. Apresenta ainda a decomposição do valor adicionado nas categorias de renda e nos impostos e subsídios sobre a produção e os produtos. Todas as suas informações são desagregadas por setor, mostrando as compras intermediárias que os setores e unidades empresariais efetuam entre si para obterem os insumos necessários à produção de bens e serviços, guardando assim semelhança com a matriz insumo-produto (Apêndice B).

Já as CEIs guardam semelhança com o sistema anterior. Este sistema integrado é apresentado por meio de três grandes grupos. O primeiro grupo é constituído pela conta de bens e serviços, que resume informações da TRU. O segundo grupo compõe-se de três contas: a conta de produção, que equivale à conta PIB no sistema antigo; a conta renda, que se divide em quatro subcontas – de geração, de alocação de distribuição secundária da renda e de seus usos –, as quais equivalem à conta renda nacional disponível bruta do sistema antigo; e a conta de acumulação, que equivale à conta de capital do sistema antigo. Por fim, o terceiro grupo contém a conta das operações correntes com o resto do mundo, equivalente à conta que leva o mesmo nome no sistema antigo. Apresentamos a seguir os três grupos para o ano de 2014.

Quadro 6 Contas de Produção, Renda e Capital – 2014 – R$ 1.000.000 (valores correntes)

Usos	Operações e saldos	Recursos
Conta 1 – Conta de produção		
4.914.870	Produção	9.887.604
	Consumo intermediário	
	Impostos sobre produtos	820.742
	Subsídios aos produtos	(–) 14.523
5.778.953	Produto Interno Bruto	
Conta 2 – Conta da renda		
2.1 – Conta de distribuição primária da renda		
2.1.1 – Conta de geração da renda		
	Produto interno bruto	5.778.953
2.515.369	Remuneração dos empregados	
2.514.992	Residentes	
377	Não residentes	
893.218	Impostos sobre a produção e a importação	
(–) 30.875	Subsídios à produção	
2.401.241	Excedente operacional bruto e rendimento misto bruto	
488.951	Rendimento misto bruto	
1.912.290	Excedente operacional bruto	

(continua)

(continuação)

Usos	Operações e saldos	Recursos
2.1.2 – Conta de alocação da renda		
	Excedente operacional bruto e rendimento misto bruto	2.401.241
	Rendimento misto bruto	488.951
	Excedente operacional bruto	1.912.290
	Remuneração dos empregados	2.516.215
	Residentes	2.514.992
	Não residentes	1.223
	Impostos sobre a produção e a importação	893.218
	Subsídios à produção	(–) 30.875
140.401	Rendas de propriedade enviadas e recebidas do resto do mundo	25.164
5.664.562	Renda nacional bruta	
2.2 – Conta de distribuição secundária da renda		
	Renda nacional bruta	5.664.562
6.255	Outras transferências correntes enviadas e recebidas do resto do mundo	11.891
5.670.198	Renda disponível bruta	
2.3 – Conta de uso da renda		
	Renda disponível bruta	5.670.198
4.745.278	Despesa de consumo final	
924.920	Poupança bruta	
Conta 3 – Conta de acumulação		
3.1 – Conta de capital		
	Poupança bruta	924.920
1.148.453	Formação bruta de capital fixo	
39.030	Variação de estoque	
333	Transferências de capital enviadas e recebidas do resto do mundo (1)	888
(–) 262.008	Capacidade (+) ou Necessidade (–) líquida de financiamento	

Fonte: IBGE, Diretoria de Pesquisas, Departamento de Contas Nacionais. Disponível em: <www.ibge.gov.br/estatisticas-novoportal/economicas/contas-nacionais/>. Acesso em: 25 abr. 2018.

Quadro 7 Conta de Bens e Serviços – 2014 – R$ 1.000.000 (valores correntes)

Recursos	Operações e saldos	Usos
9.887.604	Produção	
790.183	Importação de bens e serviços	
820.742	Impostos sobre produtos	
(–) 14.523	Subsídios aos produtos	
	Consumo intermediário	4.914.870
	Despesa de consumo final	4.745.278
	Formação bruta de capital fixo	1.148.453
	Variação de estoque	39.030
	Exportação de bens e serviços	636.375
11.484.006	**Total**	**11.484.006**

Fonte: IBGE, Diretoria de Pesquisas, Coordenação de Contas Nacionais. Disponível em: <www.ibge.gov.br/estatisticas-novoportal/economicas/contas-nacionais/>. Acesso em: 25 abr. 2018.

Quadro 8 Operações Correntes com o Resto do Mundo – 2014 – R$ 1.000.000 (valores correntes)

Usos	Operações e saldos	Recursos
Conta 1 – Conta de bens e serviços do resto do mundo com a economia nacional		
636.375	Exportação de bens e serviços	
	Importação de bens e serviços	790.183
153.808	Saldo externo de bens e serviços	
Conta 2 – Conta de distribuição primária da renda e transferências correntes do resto do mundo com a economia nacional		
	Saldo externo de bens e serviços	153.808
1.223	Remuneração dos empregados	377
25.164	Rendas de propriedade	140.401
7.589	Juros	48.870
3.375	Dividendos	66.348
14.200	Lucros reinvestidos de investimento direto estrangeiro	25.092
	Desembolsos por rendas de investimentos	91
	Rendimento de investimentos atribuído a detentores de apólices de seguros	91
	Rendimento de investimentos a pagar sobre direitos de pensão	
	Rendimento de investimentos atribuído a acionistas de fundos de investimento	
11.891	Outras transferências correntes enviadas e recebidas do resto do mundo	6.255
191	Prêmios líquidos de seguro não vida	624
18	Indenizações de seguro não vida	450
724	Cooperação internacional	571
10.958	Transferências correntes diversas	4.610
262.563	Saldo externo corrente	

(continua)

(continuação)

Usos	Operações e saldos	Recursos
Conta 3 – Conta de acumulação do resto do mundo com a economia nacional		
3.1 – Conta de capital		
888	Saldo externo corrente	262.563
	Transferências de capital enviadas e recebidas do resto do mundo (1)	333
	Variações do patrimônio líquido resultantes de poupança e de transferência de capital	262.008
262.008	Capacidade (+) ou Necessidade (–) líquida de financiamento	

Fonte: IBGE, Diretoria de Pesquisas, Departamento de Contas Nacionais. Disponível em: <www.ibge.gov.br/estatisticas-novoportal/economicas/contas-nacionais/>. Acesso em: 25 abr. 2018.

Pode-se notar que o novo sistema apresenta, de forma semelhante, os conceitos e identidades presentes no sistema anterior, porém de forma mais detalhada e mais adequada às necessidades atuais.

APÊNDICE A

O BALANÇO DE PAGAMENTOS

O balanço de pagamentos de um país representa o resumo contábil das transações econômicas que esse país faz com o resto do mundo, durante certo período de tempo. Com base nessas informações, é possível avaliar a situação econômica internacional do país.

No Brasil, o balanço de pagamentos é elaborado pelo Banco Central com base nos registros das transações efetuadas entre residentes no país e residentes em outras nações. Na contabilização desses registros, adotaremos a seguir um sistema mais geral que é uma forma alternativa de representação da metodologia apresentada na seção 1.2.

Nesses registros, toda transação que cria um direito constitui um crédito. As exportações, por exemplo, são lançadas como crédito. Por outro lado, as importações são lançadas como débito, assim como os juros pagos ao exterior. De modo geral, podemos considerar que toda entrada de divisas corresponde a um crédito e toda saída a um débito, conforme os exemplos indicados:

Créditos:

- exportações de bens e serviços;
- recebimento de doações e indenização de estrangeiros;
- recebimento de empréstimos de estrangeiros;
- recebimento de reembolso de capital do estrangeiro;
- vendas de ativos para estrangeiros;
- recebimento de fretes etc.

Débitos:

- importações de bens e serviços;
- pagamentos de doações e indenizações a estrangeiros;
- pagamentos de capital emprestado por estrangeiros;
- reembolsos de capital a estrangeiros;
- compras de ativos de estrangeiros;
- pagamentos de fretes etc.

Sob a ótica do balanço de pagamentos, as transações internacionais podem ser de duas espécies: as transações autônomas (ou espontâneas) e as transações compensatórias (ou induzidas).

As **transações autônomas** são realizadas normalmente e acontecem por si mesmas. Tais transações são motivadas pelos interesses dos agentes (empresas, consumidores, governo). Já as **transações compensatórias** são destinadas a financiar o saldo final das transações autônomas. Ao final de determinado período, pode não existir igualdade entre os créditos e os débitos quanto às transações voluntárias. Com base nesse superávit (ou déficit), o governo é induzido a realizar uma série de transações (compensatórias) com o intuito de equilibrar (ou "zerar") as contas do balanço de pagamentos.

A estrutura do balanço de pagamentos é apresentada no Quadro A.1.[19]

Quadro A.1 O Balanço de Pagamentos

A. Balança de transações correntes
A.1 Balança comercial
A.1.1 Exportações
A.1.2 Importações
A.2 Conta Serviços e Rendas
A.2.1 Serviços
A.2.1.1 Transportes
A.2.1.2 Viagens
A.2.1.3 Seguros
A.2.1.4 Financeiros
A.2.1.5 Computação e Informações
A.2.1.6 *Royalties* e Licenças
A.2.1.7 Aluguel de Equipamentos
A.2.1.8 Serviços Governamentais
A.2.1.9 Outros

(continua)

---

[19]   Desde janeiro de 2001, o balanço de pagamentos brasileiro passou a seguir a quinta edição do Manual de Balanço de Pagamentos do FMI. Em relação à estrutura anteriormente adotada, apenas mudaram-se algumas nomenclaturas (Balanço de Serviços passou para Conta Serviços e Rendas, Movimento de Capitais passou a chamar-se Conta Capital Financeiro) e adotou-se uma apresentação mais detalhada de alguns itens, principalmente na Conta Capital e Financeira.

(continuação)

A.2.2 Rendas
A.2.2.1 Salários e Ordenados
A.2.2.2 Renda de Investimentos
A.2.2.2.1 Renda de Investimentos Diretos
A.2.2.2.2 Renda de Investimentos em Carteira
A.2.2.2.3 Renda de Outros Investimentos
A.3 Transferências unilaterais correntes
B. A Conta Capital e Financeira
B.1 Conta Capital
B.2 Conta Financeira
B.2.1 Investimento Direto (líquido)
B.2.1.1 Participação no Capital
B.2.1.2 Empréstimo Intercompanhias
B.2.2 Investimento em Carteira
B.2.2.1 Ações
B.2.2.2 Títulos de Renda Fixa
B.2.3 Derivativos
B.2.4 Outros Investimentos
C. Erros e Omissões
A + B + C. Resultado do Balanço de Pagamentos
D. Variação das Reservas internacionais

Em comparação à atual metodologia adotada pelo Brasil, não há mudança nos principais resultados. As alterações ficam por conta principalmente na forma como os lançamentos são realizados. Em uma metodologia adotada anteriormente, as operações relacionadas à entrada de recursos eram lançadas com o sinal positivo, enquanto as relacionadas às saídas, com o sinal negativo. Também traziam informações sobre o saldo total do balanço de pagamentos e sua conta espelho: a variação das reservas. Além da questão dos sinais, a atual metodologia contempla lançamentos em ativos e passivos, permitindo extrair melhores informações sobre a poupança líquida externa, além de informações detalhadas das operações financeiras do país com o resto do mundo. Cabe destacar que a atual metodologia não contempla o saldo total do balanço de pagamentos (apesar de ser possível, com as informações disponíveis, calculá-lo).[20]

---

[20]   Para detalhes, consultar Bacen (2014).

APÊNDICE B

NOÇÕES SOBRE A MATRIZ INSUMO-PRODUTO

Outro esquema para se aferir o resultado da atividade econômica de um país é a **Matriz Insumo-Produto** (ou **Matriz de Relações Intersetoriais**, ou **Matriz de Leontief**), criada pelo economista russo, naturalizado norte-americano, Wassily W. Leontief.

A matriz insumo-produto representa uma radiografia da estrutura da economia, pois mostra o que cada setor de atividade compra e vende para outros setores (por exemplo, o que o ramo de calçados vende para outros setores e consumidores e o que gasta com couro, energia etc.). Assim, considera também bens e serviços intermediários (intersetoriais).

O sistema de contas nacionais, visto anteriormente, não traz esse tipo de informação, já que considera apenas bens finais. Outra diferença é que nas contas nacionais é utilizado método contábil das partidas dobradas. Na matriz insumo-produto, cada setor é relacionado duas vezes:

- em linha (para onde cada setor vende);
- em coluna (o que cada setor gasta).

A matriz permite estabelecer **coeficientes técnicos de produção** a_{ij}, isto é, quanto o setor j necessita de produto i (em R$). Exemplo: se o setor de farinha produz R$ 100.000 e compra R$ 20.000 de trigo, o coeficiente técnico é:

$$a_{ij} = \frac{X_{ij}}{X_j} = \frac{\textit{quanto o setor j compra do setor i}}{\textit{valor da produção setor j}}$$

$$a_{ij} = \frac{20.000}{100.000} = 0,2$$

(B.1)

Assim, se houver expansão de RS 60.000 na produção de farinha, é de se esperar que esse setor demande mais R$ 12.000 de trigo (0,2 de 60.000).

O conhecimento desses coeficientes permite fazer previsões da produção de cada setor, fixadas algumas metas de demanda. Possibilita visão imediata dos prováveis resultados da utilização de diversas alternativas de política econômica sobre a atividade produtiva. Por exemplo, se as autoridades resolverem incentivar a produção agrícola, é possível estimar o impacto desse incentivo sobre os setores dos quais a agricultura compra insumos, e sobre os salários, lucros, importações etc. do próprio setor. Tais coeficientes refletem a estrutura da economia, e não apresentam grandes variações a curto e médio prazos, o que os torna importantes indicadores para previsões.

Infelizmente, a exigência de dados mais desagregados que o do sistema de contas nacionais torna difícil sua elaboração ano a ano.

Esquematização simplificada da matriz

Dividimos a economia nacional em n setores de produção. Representamos por X_j o valor da produção anual do setor j. Uma parte desse produto é demandada por vários setores da economia nacional como meios de produção (demandas intersetoriais). Parte do produto X_j, distribuída nos vários setores de produção, é representada por $X_{i1}, X_{i2},... X_{in}$; a outra parte da produção é destinada diretamente ao consumo final (demanda final) D_j.

Quadro B.1 Matriz

Demandas intersetoriais	Demanda final	Valor bruto da produção
$X_{11}, X_{12} \ldots X_{1n}$	D_1	X_1
$X_{21}, X_{22} \ldots X_{2n}$	D_2	X_2
...	.	.
...	.	.
$X_{n1}, X_{n2} \ldots X_{nn}$	D_n	X_n

Supondo três setores de atividade, a matriz é disposta como se segue:[21]

Quadro B.2 Matriz de três setores

Origem da produção	Destino da produção			Demanda final $(C + I + G + X)$	Valor bruto da produção
	Demandas intermediárias (ou intersetoriais)				
	Agricultura (setor 1)	Indústria (setor 2)	Serviços (setor 3)		
Agricultura (setor 1)	X_{11}	X_{12}	A_{13}	D_1	X_1
Indústria (setor 2)	X_{21}	X_{22}	A_{23}	D_2	X_2
Serviços (setor 3)	X_{31}	X_{32}	X_{33}	D_3	X_3
Importações	M_1	M_2	M_3		
Valor adicionado (salários + juros + aluguéis + lucros)	VA_1	VA_2	VA_3		
Valor bruto da produção	X_1	X_2	X_3		

Cálculo do produto interno e da renda interna bruta

Para calcular o PIB (RIB), com base na matriz, há duas alternativas:

a) soma dos valores adicionados: Renda Interna Bruta (RIB) = ΣVA_j;

b) soma das demandas finais, menos a soma das importações:
Produto Interno Bruto (PIB) = $\Sigma D_j - \Sigma M_j$

---

[21] Todos os valores estão a **preços de mercado**, ou seja, incluem impostos indiretos e subsídios. Incluem ainda os custos de comercialização dos produtos (basicamente, custos de transporte). Com isso, o valor bruto da produção X_j corresponde ao próprio faturamento ou receita de vendas de cada setor.

Cálculo dos coeficientes técnicos a_{ij}

Como foi visto:

$$a_{ij} = \frac{X_{ij}}{X_j} = \frac{quanto\ o\ setor\ j\ compra\ do\ setor\ i}{valor\ da\ produção\ setor\ j} \tag{B.1}$$

Como esses coeficientes se referem aos gastos de cada setor, eles são calculados por coluna, na vertical. Assim:

$$a_{11} = \frac{X_{11}}{X_1} \qquad a_{21} = \frac{X_{12}}{X_2} \qquad a_{13} = \frac{X_{13}}{X_3}$$

$$a_{21} = \frac{X_{21}}{X_1} \qquad a_{22} = \frac{X_{22}}{X_2} \qquad a_{23} = \frac{X_{23}}{X_3}$$

$$a_{31} = \frac{X_{31}}{X_1} \qquad a_{32} = \frac{X_{32}}{X_2} \qquad a_{33} = \frac{X_{33}}{X_3}$$

Os coeficientes técnicos permitem calcular os efeitos diretos de alterações na demanda sobre o produto do setor. Para calcular também os efeitos totais (diretos e indiretos), é preciso processar matematicamente a matriz, o que é feito no último tópico.

Coeficientes de importação M_j

Podemos também calcular os coeficientes de importação de cada setor, ou seja, qual a parcela de importações do setor, sobre o valor total da produção desse setor:

$$m_j = \frac{M_j}{X_j} \tag{B.2}$$

Supondo três setores, tem-se:

$$m_1 = \frac{M_1}{X_1} \qquad m_2 = \frac{M_2}{X_2} \qquad m_3 = \frac{M_3}{X_3} \tag{B.3}$$

Tratamento matemático

Para a manipulação matemática da matriz, devemos colocá-la na forma de sistema de equações. De forma simplificada, e supondo apenas três setores, temos:

$$X_1 = X_{11} + X_{12} + X_{13} + D_1$$
$$X_2 = X_{21} + X_{22} + X_{23} + D_2 \tag{B.4}$$
$$X_3 = X_{31} + X_{32} + X_{33} + D_3$$

Os coeficientes de produção ($a_{ij} = X_{ij}/X_j$) podem ser dispostos numa matriz quadrada.

$$\begin{bmatrix} a_{11} & a_{12} & a_{13} \\ a_{21} & a_{22} & a_{23} \\ a_{31} & a_{32} & a_{33} \end{bmatrix} \tag{B.5}$$

Se substituirmos os coeficientes técnicos em (B.4), temos:

$$\begin{aligned} X_1 &= a_{11} X_1 + a_{12} X_2 + a_{13} X_3 + D_1 \\ X_2 &= a_{21} X_1 + a_{22} X_2 + a_{23} X_3 + D_2 \\ X_3 &= a_{31} X_1 + a_{32} X_2 + a_{33} X_3 + D_3 \end{aligned} \tag{B.6}$$

Isolando as demandas finais D_j, temos:

$$\begin{aligned} D_1 &= (1 - a_{11}) X_1 - a_{12} X_2 - a_{13} X_3 \\ D_2 &= (1 - a_{22}) X_2 - a_{21} X_1 - a_{23} X_3 \\ D_3 &= (1 - a_{33}) X_3 - a_{31} X_1 - a_{32} X_2 \end{aligned} \tag{B.7}$$

Essas relações podem ser dispostas matricialmente:

$$\begin{bmatrix} D_1 \\ D_2 \\ D_3 \end{bmatrix} = \left(\begin{bmatrix} 1 & 0 & 0 \\ 0 & 1 & 0 \\ 0 & 0 & 1 \end{bmatrix} - \begin{bmatrix} a_{11} & a_{12} & a_{13} \\ a_{21} & a_{22} & a_{23} \\ a_{31} & a_{32} & a_{33} \end{bmatrix} \right) \begin{bmatrix} X_1 \\ X_2 \\ X_3 \end{bmatrix} \tag{B.8}$$

Temos, então:

$$D = (I - A) \cdot X \tag{B.9}$$

ou

$$X = (I - A)^{-1} \cdot D \tag{B.10}$$

onde: X = o vetor do valor bruto da produção

I = a matriz identidade

A = a matriz dos coeficientes técnicos

D = o vetor de demandas finais

Assim, estabelecidas as metas de Demanda Final (D), de acordo com as prioridades de governo, o planejador econômico, conhecendo os coeficientes técnicos A, tem condições de estimar o impacto provável sobre a produção (X) dos vários setores da atividade.

O SISTEMA MONETÁRIO: A OFERTA E A DEMANDA POR MOEDA

Rudinei Toneto Jr.

INTRODUÇÃO

Como destacado no capítulo anterior, a agregação das diferentes mercadorias, produções individuais, em um conceito amplo do tipo Produto Nacional, só é possível pelo fato de as diferentes mercadorias e serviços exprimirem seu valor em uma unidade comum: a moeda – o real no Brasil, o dólar nos EUA, o iene no Japão e assim por diante. Todavia, o que vem a ser moeda? Como ela é criada? Por que seu uso é tão generalizado? Por que as pessoas a desejam? Por que existe tanta preocupação com seu controle? Neste capítulo, tentaremos explicar o que é a moeda, como sua oferta é determinada, quais seus instrumentos de controle e os motivos que justificam sua demanda.

2.1 MOEDA: CONCEITO E FUNÇÕES

A moeda é um objeto que desempenha três funções:

i. meio de troca;
ii. unidade de conta; e
iii. reserva de valor.

2.1.1 Moeda como meio de troca

O surgimento da moeda decorre do progresso econômico, com a especialização dos indivíduos em produções isoladas, que não são capazes por si só de atender ao conjunto de todas suas necessidades. Para a satisfação destas, devemos recorrer cada vez mais aos demais agentes para obter, por meio da troca, os produtos de que necessitamos. As trocas podem ser feitas de forma direta, o escambo, ou de forma indireta, pela intermediação da moeda.

Na troca direta, o indivíduo especializado na produção de uma única mercadoria, por exemplo, *A*, vai ao mercado com esta para tentar obter o conjunto das demais mercadorias que necessita, como *B*, *C*, *D* etc. Para adquirir *B*, por exemplo, deve encontrar um produtor dessa mercadoria que esteja interessado em obter *A*, de modo que o produtor *X* entrega determinada quantidade de *A* ao produtor *Y* em troca de certa quantidade de *B*. E isso é feito sucessivamente para todas as demais mercadorias.

Percebemos as inúmeras dificuldades para o funcionamento desse sistema. Em primeiro lugar, há a necessidade da chamada **dupla coincidência de desejos**, isto é, o ofertante de uma mercadoria deve achar um demandante que seja simultaneamente ofertante do produto que o primeiro deseja. Além dessa coincidência de junção do ofertante e do demandante adequados na mesma pessoa, deve haver uma **equiparação quantitativa**. Imagine um agente que produza uma mercadoria de elevado valor, por exemplo, um automóvel, e que queira adquirir arroz. Provavelmente, ele encontrará algum produtor de arroz que queira adquirir o automóvel. Contudo, nem por isso pode-se garantir que a troca ocorrerá. O preço do carro, vamos supor, é 10.000 kg de arroz, mas o ofertante do automóvel deseja apenas 10 kg. Se realizar a troca, depois terá que trocar o arroz em excesso pelos demais produtos que necessita.

Em um sistema como este, o desenvolvimento econômico seria facilmente obstruído pelo **excesso de tempo** que as pessoas despenderiam na realização das transações. Seria desestimulada a produção de mercadorias de maior valor unitário, e os problemas de indivisibilidade, custos de estocagem e de transporte inviabilizariam a produção de uma série de mercadorias. Estas dificuldades limitariam as trocas e estancariam o crescimento dos mercados, o aprofundamento da divisão do trabalho e o progresso econômico.

Dessa forma, é consequência natural da evolução econômica e social a passagem das trocas diretas para as indiretas. Escolhe-se uma mercadoria de aceitação geral que passa a ser utilizada para liquidar as transações realizadas. Essa mercadoria transforma-se em moeda, isto é, no ativo que pode ser usado nas transações econômicas. A introdução de um intermediário nas trocas permite sua dissociação em duas operações: uma venda, em que se entrega a mercadoria contra o recebimento da moeda, e uma compra, em que se entrega moeda para o recebimento de uma mercadoria. Com isso, elimina-se a necessidade da dupla coincidência de desejos.

2.1.2 Moeda como unidade de conta

A moeda desempenha a função de denominador comum de valor ou unidade de conta, isto é, fornece o padrão para que as demais mercadorias expressem seus valores. Em um sistema de trocas diretas, em cada transação é determinado o preço de uma mercadoria em relação à outra; assim, para uma mesma mercadoria, o referencial de valor é alterado em cada transação. Se tivéssemos *n* mercadorias no sistema econômico, cada uma delas teria $n - 1$ expressões de valor.[1] Com a introdução da moeda, esta passa a desempenhar a função de ser a expressão geral do valor, isto é, fornece o "referencial" para que as demais mercadorias cotem seus valores. O preço relativo entre as diferentes mercadorias passa a ser definido pela relação entre os respectivos preços monetários.

2.1.3 Moeda como reserva de valor

A terceira função desempenhada pela moeda – reserva de valor – é uma necessidade decorrente de sua primeira função – meio de troca. A separação entre os atos de compra e de venda em termos individuais permite a separação temporal, isto é, o indivíduo ao vender não precisa comprar imediatamente outra mercadoria. Ao vender uma mercadoria e receber o volume

---

[1] A expressão de valor da mercadoria com ela mesma não tem sentido, seu valor é sempre 1.

correspondente de moeda, este último significa um direito de retirar do fluxo de produtos da economia uma quantidade de igual valor. Para que o indivíduo possa escolher o momento de realizar (utilizar) o poder de compra adquirido ao vender sua mercadoria, este deve manter seu valor ao longo do tempo, isto é, a moeda deve, ao menos durante certo intervalo de tempo, ser reserva de valor, de modo que possamos distinguir o gasto de um recebimento no tempo.

Como a moeda é reserva de valor e unidade de conta, abrimos, inclusive, a possibilidade de que as transações não sejam liquidadas imediatamente contra a entrega de moeda; a mercadoria pode circular com uma **promessa futura de pagamento**. Essa possibilidade de distinguir o pagamento, a liquidação no tempo, é a origem do sistema de crédito que voltaremos a discutir mais adiante.

A moeda deve desempenhar as três funções discutidas: meio de troca, unidade de conta e reserva de valor. É comum, e desejável, que um único ativo cumpra as três funções, o que nem sempre é possível. A questão que se coloca agora é: quais ativos podem desempenhar o papel de moeda?

2.1.4 Formas de moeda

O pré-requisito nesse sentido é que sua aceitação seja generalizada. Historicamente, a moeda evoluiu da forma mercadoria (**moeda mercadoria**) para a forma papel/escritural. No passado, considerando diferentes épocas e regiões, as mais diversas mercadorias assumiram funções monetárias: sal, gado, trigo etc. Vários problemas inerentes às mercadorias que foram utilizadas como moeda fizeram com que houvesse evolução para as moedas metálicas – metais preciosos, com destaque para o ouro.

Os principais **atributos** que a mercadoria monetária deve possuir são: baixos custos de transação e estocagem, e estabilidade de seu valor, de forma que possa desempenhar suas funções de unidade de conta e reserva de valor. Quanto a este último ponto, a moeda deve ser escassa ou, como dizia Keynes, ter elasticidade de produção próxima de zero.[2] Quanto aos dois primeiros atributos, o representante da moeda deve ser facilmente divisível, apresentar elevada durabilidade e ser de "volume" reduzido (ter portabilidade). A necessidade desses atributos impediu que qualquer das mercadorias que exemplificamos se fixasse como moeda.

No caso das moedas metálicas (ouro), a dificuldade era garantir o peso e a qualidade (grau de pureza) do metal. Isto fez com que se passasse para a cunhagem das moedas metálicas, em que um órgão responsável do governo (ou mesmo privado) se responsabilizava pela qualidade e quantidade do metal na moeda, de modo que fossem evitadas falsificações e dilapidações. Note que mesmo os governos, quando tinham necessidade de se financiar, podiam diminuir a quantidade de ouro nas moedas para ampliar seu montante em circulação. Esta prática deu origem ao termo *seigniorage* (**senhoriagem**): o ganho decorrente da emissão apropriado por aquele que tem o poder (monopólio) da emissão (o senhor), questão que será discutida mais amplamente no Capítulo 10.

Desse estágio, a evolução para o seguinte foi natural. Para evitar o desgaste das moedas metálicas, passou-se a emitir certificados representativos da quantidade de moeda: o **papel-moeda**. Este mantinha sua conversibilidade em ouro, que correspondia a seu lastro, apenas substituindo-o dada a facilidade de manuseio. O menor custo de carregamento e a confiança de que os pedaços de papel emitidos representavam ouro fizeram com que as pessoas cada vez mais abdicassem do metal em favor do papel como moeda. Este possuía todas as vantagens em relação às demais mercadorias.

---

[2]   Ver Keynes (1992), capítulo 17.

Uma vez que o uso do papel-moeda se generalizou e todos o aceitaram como moeda, independentemente de existir ou não lastro, passou-se a outro estágio em que o pedaço de papel se tornou inconversível, mas sua aceitação passou a ser determinada/garantida por lei. Tem-se a chamada **moeda fiduciária** (de fidúcia, confiança), que elimina qualquer ideia de moeda representativa ou que tenha algum valor intrínseco. A moeda (o pedaço de papel) não tem qualquer valor em si mesma, mas este decorre da capacidade de adquirir outras mercadorias; independentemente do que seja a moeda, esta vale pelo seu poder de compra. Historicamente, a responsabilidade por essa forma de moeda passou definitivamente para as mãos do governo.

O problema que pode ocorrer com a moeda fiduciária é esta não conseguir desempenhar as funções de reserva de valor e unidade de conta pelo fato de ser facilmente produzível. Em um contexto de emissão desenfreada, o custo de carregamento (retenção) da moeda se eleva pela deterioração que tal emissão provoca em seu poder de compra (elevação no preço das demais mercadorias). Nesses ambientes, os indivíduos não reterão a moeda e procurarão utilizar outros ativos como unidade de conta: moedas estrangeiras que não enfrentem este problema (dólar, por exemplo), ativos financeiros ou indexadores (ORTN, UFIR, BTN, TR) etc., como ocorreu no Brasil antes da estabilização inflacionária em 1994.

Essa substituição de moedas pelos agentes econômicos é uma característica de contextos com inflação elevada. A moeda perde, em primeiro lugar, sua função de reserva de valor, uma vez que as pessoas tentam desfazer-se dela rapidamente; em seguida, deixa de ser unidade de conta, com os agentes buscando outro referencial para cotar seus preços, mantendo-se de forma precária por algum tempo como meio de troca por determinação legal.

No Brasil, na fase inicial do Plano Real, o próprio governo institucionalizou a separação entre as funções de unidade de conta e meio de troca, por meio da criação da URV (Unidade Real de Valor) que deveria ser o referencial para a cotação dos preços enquanto o cruzeiro real permanecia como meio de troca. Com a reforma monetária que transformou a URV em real, voltou-se a unificar neste último as funções de unidade de conta e meio de troca.

O único problema do papel enquanto moeda é sua manipulação. Se o governo souber controlar a oferta de moeda, este será o melhor ativo para desempenhar as funções inerentes à moeda.

Paralelamente a essa evolução dos tipos de moeda, assistimos ao desenvolvimento do sistema financeiro, em especial dos bancos comerciais, que trouxe consigo um novo tipo de moeda: a **moeda escritural**.

Inicialmente, os bancos surgem como depositários das reservas (moedas, primeiramente ouro, depois papel-moeda) dos indivíduos. Mantendo uma cobertura de 100% sobre os depósitos realizados, isto é, sendo apenas um guardião das moedas, o banco concedia um certificado conversível para que os indivíduos realizassem suas transações. Esses depósitos realizados nos bancos possuem a mesma liquidez do papel-moeda, já que o certificado era conversível à vista em papel-moeda – **são os depósitos à vista**. Também existe a possibilidade de se efetuarem **depósitos a prazo**, onde os depositantes recebem dos bancos certificados que, no entanto, só podem ser resgatados depois de passado algum tempo, em geral acrescidos de um ganho adicional de papel-moeda (por exemplo, os Certificados de Depósito Bancário – CDB).

Com a evolução do sistema bancário e a proliferação de agências, essas notas bancárias passaram a ser aceitas como moedas e cada vez mais a liquidação das transações se deu pela compensação entre essas notas, com transferência de saldos entre os titulares. Assim, passou-se a requerer cada vez menos a conversão dessas notas nas moedas depositadas. A quantidade de moeda (os **meios de pagamento**) passou a constituir-se tanto do papel-moeda emitido pelos governos e carregado pelos indivíduos (**moeda manual**), como dos depósitos à vista (**moeda escritural**) no sistema bancário, já que por meio das notas (cheques) podia-se livremente dispor desses depósitos.

Esse processo de desenvolvimento do sistema bancário e a crescente aceitação de suas moedas mostraram que os bancos não precisariam manter em reservas a totalidade dos recursos que lhes eram confiados, uma vez que a probabilidade de saque simultâneo de todos os depósitos era muito baixa. Assim, a prática bancária mostrou que se poderia manter em reservas um volume inferior ao depositado, emprestando o resto para outros agentes. Dessa forma, transfere-se poder de compra ao tomador de empréstimo, sem que o titular do depósito perca o direito de sacá-lo quando assim o desejar. Nesse processo, os bancos comerciais criam moeda, uma vez que a mesma unidade monetária que possui liquidez absoluta para o depositante é transferida ao mutuário (recebedor do empréstimo) que também pode utilizar seu poder de compra. Temos, dessa forma, o chamado **mecanismo multiplicador de meios de pagamento** (discutido mais adiante), com os bancos compartilhando com as autoridades monetárias (governo) o poder de criação de moeda. Com base em determinado nível de reservas, os bancos comerciais criam poder de compra adicional em um sistema de reservas fracionárias, ao transformar os depósitos em empréstimos, dando poder de compra a ambos (depósitos e empréstimos).

O agregado monetário básico, do qual decorrem os demais, é chamado **base monetária** (***high powered money***). Este agregado inclui o papel-moeda emitido pelo governo em poder do público (*PMPP*) e o volume de reservas mantidos pelos bancos comerciais (*R*).

$$B = PMPP + R \qquad (1)$$

A base monetária pode ser entendida como o dinheiro com poder de multiplicação. Como veremos mais adiante, corresponde a praticamente toda a moeda "física" disponível (papel-moeda e moeda metálica), exceto a que ficou retida no caixa das autoridades monetárias. É essa variável que o Banco Central pode tentar controlar, por meio do controle do nível de emissão e pelo controle sobre o nível de reservas bancárias mantido pelos bancos.

2.2 OFERTA DE MOEDA

2.2.1 Agregados monetários

Para entendermos o processo de criação da moeda, entendida como **meio de pagamento**, isto é, o estoque de ativos que pode ser usado nas transações, devemos, em primeiro lugar, esclarecer melhor o que estamos considerando como moeda. Feito isso, devemos analisar o funcionamento dos agentes envolvidos no processo.

Os meios de pagamento consistem na totalidade dos haveres possuídos pelo setor não bancário e que podem ser utilizados a qualquer momento para a liquidação de qualquer dívida em moeda nacional. Ou seja, é o total de ativos de liquidez imediata do setor não bancário. Pelo exposto até o momento, concluímos que o estoque de meios de pagamento corresponde, portanto, ao papel-moeda emitido pelo Banco Central em poder do público e aos depósitos à vista no sistema bancário. Assim,

$$M = PMPP + DV \qquad (2)$$

onde *M* é o volume de meios de pagamento, *PMPP* o papel-moeda em poder do público (pessoas físicas e empresas não financeiras), e *DV* os depósitos à vista nos bancos comerciais. Ou, então:

$$M = \textit{moeda manual} + \textit{moeda escritural} \tag{3}$$

O desenvolvimento do sistema financeiro tem permitido a ampliação da liquidez dos ativos, o que complica a tarefa de definir o que incluir na categoria meios de pagamento. No caso brasileiro, no período de inflação elevada, isto era ainda mais evidente, pois a maior parte das aplicações financeiras possuía liquidez diária/imediata: depósitos no *overnight*, fundos de aplicação financeira, fundos de curto prazo etc. Esses ativos financeiros, que rendem juros e são de alta liquidez, constituem-se em **quase-moedas**.

O surgimento das "quase-moedas" levou a novos conceitos de agregados monetários, cuja diferença decorre do grau de liquidez dos ativos considerados. No caso brasileiro, e em uma versão anterior, tínhamos os seguintes agregados:[3]

$M1$ = Papel-moeda em poder do público (PP) + depósitos à vista (DV)

$M2$ = $M1$ + depósitos especiais remunerados + depósitos de poupança + títulos emitidos por instituições depositárias

$M3$ = $M2$ + quotas de fundo de renda fixa + operações compromissadas registradas no Selic

$M4$ = $M3$ + títulos públicos de alta liquidez

Teoricamente, cada um desses diferentes agregados tem liquidez diferente, ou seja, capacidade diferente para transformar-se em moeda para realizar transações com bens e serviços; ao mesmo tempo, há um prêmio maior (rendimento), dada a perda de liquidez.

Em época de elevação das taxas de inflação, diminui o **grau de monetização** da economia, pois a coletividade, para defender-se, procura aplicar mais recursos que rendem juros, retendo menos moeda ou depósitos à vista. Ou seja, diminui o total de $M1$ relativamente ao total de aplicações financeiras ($M4$). Quando a inflação diminui, ocorre o contrário: aumenta a relação $M1/M4$, ocorrendo remonetização da economia.

Nas definições dos agregados monetários, são incorporados diferentes ativos financeiros em poder do público que correspondem a obrigações do sistema financeiro diante deles. A principal função do Sistema Financeiro é a intermediação de recursos: captar recursos que se encontram ociosos para repassá-los aos que necessitam tomar empréstimos. Nesse processo, cria-se uma série de instrumentos financeiros cujas características visam adaptar-se às demandas dos aplicadores e, além disso, os bancos ainda criam moeda pela multiplicação dos depósitos.

O Sistema Financeiro divide-se em dois grandes blocos: **sistema bancário ou monetário**, que tem o poder de criar moeda quer pela emissão quer pela multiplicação dos depósitos, e o **sistema não monetário**, que apenas realiza a intermediação de recursos. No primeiro segmento, estão inclusos o Banco Central (Bacen), que possui o monopólio da emissão, e as instituições autorizadas pelo Bacen a receberem depósitos à vista do público: Banco do Brasil, bancos comerciais privados e estaduais, bancos múltiplos com carteira de depósito à vista, caixas econômicas federal e estaduais, e os bancos federais.

No sistema não monetário, estão:

---

[3]   Essa classificação é apresentada por ter apelo didático. No Anexo, trataremos dos agregados monetários atualmente adotados no Brasil.

- as instituições do Sistema de Poupança e Empréstimos integrantes do Sistema Financeiro da Habitação (SFH), que captam recursos por meio de cadernetas de poupança e pela venda de letras imobiliárias e hipotecárias, repassando-os para o financiamento imobiliário (são elas: associações de poupança e empréstimos e as sociedades de crédito imobiliário);
- as financeiras (sociedades de crédito e financiamento), que concedem crédito ao consumidor;
- os bancos de investimento, que captam depósitos a prazo ou fazem repasses de recursos externos;
- os bancos estaduais de desenvolvimento e o Banco Nacional de Desenvolvimento Econômico e Social (BNDES); e
- todas as instituições ligadas ao mercado de capitais: corretoras, distribuidoras etc.

Ao calcularmos o estoque (volume) de meios de pagamento no sistema econômico, devemos tomar cuidado para evitar a dupla contagem, eliminando a posse de ativos financeiros interna ao próprio sistema financeiro. Assim, ao mensurarmos o $M1$, devemos considerar apenas o papel-moeda em poder do público (excluindo a moeda mantida em reservas pelo sistema bancário), o mesmo valendo para os depósitos à vista.

O **papel-moeda em poder do público** (ou **moeda manual**) corresponde ao papel-moeda emitido pelo Banco Central menos a parcela mantida como encaixe em moeda pelo sistema bancário (caixa dos bancos comerciais). Do papel-moeda emitido, subtraindo o caixa das autoridades monetárias, chegamos ao conceito de **papel-moeda em circulação**. Retirando o caixa dos bancos comerciais, obtemos o papel-moeda em poder do público. Ou seja:

Papel-moeda em circulação = Papel-moeda emitido – Caixa das autoridades monetárias

Papel-moeda em poder do público = Papel-moeda emitido – Caixa dos bancos comerciais

No Brasil, até 1986, o Banco do Brasil fazia parte, juntamente com o Banco Central, das autoridades monetárias. Por meio da chamada **conta-movimento**, a expansão dos depósitos à vista no BB correspondia a aumentos na base monetária, e o caixa do BB fazia com que o papel-moeda emitido diferisse do papel-moeda em circulação. Com o fim da conta-movimento, restringiu-se ao Bacen a função de autoridade monetária. Como este último mantém o caixa zerado, esses dois agregados passaram a igualar-se. Os depósitos à vista do BB deixaram de fazer parte da base monetária, uma vez que o Bacen não aceita depósitos do público, apenas do Tesouro Nacional.

Os mesmos cuidados para eliminar dupla contagem devem ser tomados para medir os demais agregados. Ao considerar o $M2$, por exemplo, devemos desconsiderar os títulos públicos mantidos no Banco Central ou na carteira dos bancos comerciais. Ao considerar o $M3$, devemos eliminar os depósitos de poupança mantidos pelas instituições bancárias, os depósitos à vista e as reservas mantidas pelas instituições financeiras que operam com cadernetas de poupança etc. Ou seja, os conceitos de meios de pagamento correspondem à totalidade dos ativos financeiros em poder do público, excluindo-se aqueles em posse de agentes emissores.

2.2.2 Processo de criação de moeda: o multiplicador de meios de pagamento

Considerando como meio de pagamento o agregado $M1$, vimos que, além do Banco Central, que possui o monopólio da emissão monetária, os bancos comerciais também têm o poder de criar moeda. Esse processo de criação de moeda pelos bancos comerciais se deve ao fato de estes manterem como reservas apenas uma fração dos depósitos à vista que captam do público, emprestando o excedente, isto é, abrindo novos depósitos. Assim, sobre a parcela captada pelos bancos comerciais, estes criam meios de pagamento adicionais por meio do mecanismo chamado de multiplicador. Antes de mostrarmos este processo, vamos discriminar as contas do sistema bancário.

Os bancos comerciais possuem em seu passivo (fonte de recursos) os recursos próprios (patrimônio líquido), os depósitos à vista e a prazo captados junto ao público, os empréstimos obtidos do exterior, os recursos obtidos junto ao Banco Central (operações de redesconto, assistência à liquidez etc.) e uma série de outros recursos originários, por exemplo, de repasses do BNDES, Caixa Econômica Federal (CEF) etc. Além disso, os bancos, individualmente, captam recursos de outros bancos no chamado **mercado interbancário**, mas na consolidação das contas do grupo estes recursos se cancelam (o que é passivo de um é ativo de outro). Para finalidade do estudo, interessa-nos a captação de depósitos à vista pelos bancos. Do lado das aplicações, os bancos constituem reservas, os chamados **encaixes** (para fazer frente a suas obrigações), adquirem o imobilizado necessário para suas operações (prédios das agências, por exemplo), investem em títulos públicos e privados e outros valores mobiliários e, principalmente, concedem empréstimos tanto ao setor privado quanto ao setor público. Captar depósitos e conceder empréstimos é o negócio bancário.

Os depósitos à vista possuem liquidez absoluta, isto é, são obrigações ao par. Para fazer frente aos saques e à compensação de cheques, os bancos devem manter reservas líquidas para atender a essas demandas, ou seja, nem tudo que é captado pelos bancos pode ser aplicado em títulos, imobilizado ou emprestado, sob risco de apresentar problemas de liquidez para atender a requisições de seus depositantes.[4]

As reservas formadas pelos bancos são de três tipos:

i. Moeda corrente guardada nos próprios bancos: feitas para compensar excesso de pagamentos sobre recebimentos em papel-moeda na "boca do caixa". É o caixa **dos bancos comerciais**, também chamado **encaixes do sistema bancário**.

ii. **As reservas voluntárias** no Banco Central: feitas para atender excesso de pagamentos frente a recebimentos na compensação de cheques.

iii. **Reservas compulsórias ou obrigatórias (legais):** recolhidas junto ao Banco Central como proporção dos depósitos à vista, são utilizadas, entre outras coisas, para garantir-se uma segurança mínima ao sistema bancário.

Uma vez compostas as reservas, os bancos emprestam o que resta do saldo de depósitos, com o que criam novo poder de compra, uma vez que o repasse dos recursos a um terceiro não diminui os meios de pagamento detidos pelo depositante.

Para analisarmos o processo de criação de moeda pelos bancos comerciais, comecemos com um exemplo bastante simples em que o público não retenha qualquer fração dos meios de pagamento na forma de papel-moeda, isto é, todos os recursos são depositados no sistema bancário. Suponhamos, adicionalmente, que os bancos mantenham 20% dos depósitos na forma de reservas para fazer frente a suas necessidades de liquidez, emprestando o restante. Supondo que haja uma

---

[4] Note que, para bancos individuais, o mercado interbancário permite que trabalhem com pequena margem de segurança, recorrendo a outros bancos quando se amplia a necessidade de liquidez. Para o sistema bancário como um todo, esta possibilidade não se coloca. Em momentos nos quais as reservas dos bancos se mostram insuficientes, estes devem recorrer ao Bacen, que possui o poder de gerar liquidez primária por meio da emissão de papel-moeda. Voltaremos a este ponto, ao discutir as funções do Banco Central.

expansão inicial de R$ 100,00 na quantidade de papel-moeda e que esta seja depositada nos bancos, qual será a expansão total dos meios de pagamento a partir da atuação dos bancos?

Inicialmente, ao captar os R$ 100,00 como depósitos à vista (Situação inicial), o passivo do banco comercial foi ampliado neste valor, sendo acompanhado por um aumento de igual magnitude em seus ativos, primeiramente na conta reservas. No instante seguinte (Situação 1), os bancos procurarão tomadores de empréstimos: manterão, conforme a hipótese formulada, R$ 20,00 em reservas e emprestarão os R$ 80,00 restantes para um tomador qualquer, digamos para a empresa A. De acordo com a hipótese de que o público não retém papel-moeda, apenas depósitos à vista, e que a empresa A utilize seu empréstimo para realizar pagamentos, o dinheiro retorna na forma de novos depósitos ao sistema bancário (seja porque a empresa A deposita o empréstimo, seja porque os pagamentos feitos pela empresa A também são depositados pelas empresas que os recebem), ampliando em R$ 80,00 seu passivo e ampliando, novamente, o nível de reservas (Situação 2). Seguindo as regras estabelecidas, desses R$ 80,00 que retornaram aos bancos, R$ 16,00 serão mantidos em reservas e R$ 64,00 serão reemprestados, agora para a empresa B (Situação 3). Esse dinheiro retornará aos bancos, que novamente irão reter 20% em reservas e reemprestarão 80%. Isso se dará sucessivamente até o limite onde os novos empréstimos e depósitos tendam a zero (Situação n-ésima).

Em termos de balanços, apresentamos a seguinte situação:

1. Situação inicial:

ATIVO	PASSIVO
Reservas = 100	Depósitos à vista = 100

2. Situação 1

ATIVO	PASSIVO
Reservas = 20	Depósitos à vista = 100
Empréstimos A = 80	

3. Situação 2

ATIVO	PASSIVO
Reservas = 100 (20 + 80)	Total de depósitos = 180
Empréstimos A = 80	Depósitos à vista 1 = 100
	Depósitos à vista 2 = 80

4. Situação 3

ATIVO	PASSIVO
Reservas = 36 (20 + 16)	Depósitos à vista = 180 (100 + 80)
Total de empréstimos = 144	
Empréstimo A = 80	
Empréstimo B = 64	

5. Situação n-ésima

ATIVO	PASSIVO
Reservas = 100 (20 +16 + + 12,8 + 10,24 + ...)	Total de depósitos à vista = 500
Total Empréstimos = 400	Depósito 1 = 100

Empréstimos A = 80	Depósito 2 = 80
Empréstimos B = 64	Depósito 3 = 64
Empréstimos C = 51,2	Depósito 4 = 51,20
Empréstimos D = 40,96	Depósito 5 = 40,96
etc...	etc...

Percebemos, pela Situação n-ésima, que os R$ 100,00 de depósitos iniciais se transformaram em R$ 500,00, sendo que R$ 400,00 foram criados pelo sistema bancário por meio da concessão de empréstimos. Os meios de pagamento foram multiplicados por 5: partimos de R$ 100,00 e chegamos a R$ 500,00, obtidos pela soma dos termos da seguinte sequência: R$ 100,00; 80,00; 64,00; 51,20; ..., que é uma progressão geométrica de razão (q) igual a 0,8. Aplicando-se a fórmula da soma dos termos de uma PG infinita com razão menor que 1, temos:

$$\sum a_1 = a_1/(1 - q) = a_1 \cdot 1/(1 - q) \qquad (4)$$

No nosso exemplo,

$$a_1 = R\$ \ 100,00 \text{ e}$$
$$q = 0,8 \qquad (5)$$

Assim:

$$\sum a_1 = R\$ \ 100,00 \cdot 1/(1 - 0,8) =$$
$$= R\$ \ 100,00 \cdot 1/0,2 = R\$ \ 100,00 \cdot 5 = R\$ \ 500,00 \qquad (6)$$

Note que os R$ 100,00 foram multiplicados por um termo que corresponde ao inverso da taxa de reservas mantidas pelos bancos (0,2 ou 20%). Este termo é o chamado **multiplicador bancário** ou **multiplicador de depósitos**.

Os meios de pagamento criados pelos bancos são os empréstimos que foram por ele concedidos, que correspondem ao total de meios de pagamento menos aquele criado inicialmente. Assim, em nosso exemplo, o total de empréstimos é R$ 500,00 (total de meios de pagamento: depósitos) – R$ 100,00 (reservas: que é exatamente o valor que foi inicialmente criado, uma vez que em nosso exemplo o público não retém papel-moeda). Assim, a base monetária, nesse caso, é exatamente igual ao nível de reservas do sistema bancário.

Tornando o exemplo um pouco mais complexo, suponhamos que o público retenha 10% dos meios de pagamento na forma de papel-moeda (chamados de **taxa de retenção de moeda pelo público**) e os bancos continuem a manter 20% dos depósitos na forma de reservas. Com uma expansão inicial na base monetária de R$ 100,00, teríamos:

i.   O público manteria R$ 10,00 na forma de papel-moeda e depositaria nos bancos R$ 90,00.

ii.   Destes R$ 90,00, os bancos manteriam R$ 18,00 na forma de reservas e emprestariam R$ 72,00, que seria a primeira expansão decorrente da atuação do sistema bancário.

iii.   Dos R$ 72,00, o público reteria R$ 7,20 como papel-moeda e depositaria R$ 64,80.

iv.   Os bancos manteriam R$ 12,96 como reservas e emprestariam R$ 51,84; e assim sucessivamente.

A expansão dos meios de pagamento se daria, agora, de acordo com esta nova sequência: R\$ 100,00; R\$ 72,00; R\$ 51,84; ..., em que o primeiro termo é R\$ 100,00 e a razão, $q = 0,72$. Assim, a expansão total dos meios de pagamento seria:

$$R\$\ 100,00 \cdot 1/(1 - 0,72) = R\$\ 100,00 \cdot 3,57142 = R\$\ 357,14$$

Analisando a composição do segundo termo da equação, percebemos, em comparação com o primeiro exemplo, que a razão pela qual a sequência se expande reduziu-se de 0,8 para 0,72. Essa queda decorre do fato de que os bancos captam, agora, apenas 90% da expansão dos meios de pagamento na forma de depósitos, diminuindo a massa de recursos que os bancos podem emprestar. Os 10% dos meios de pagamento que o público retém como papel-moeda (taxa de retenção de moeda) correspondem a um vazamento de recursos do processo de operação do multiplicador. Assim, de cada R\$ 1,00 de expansão da base monetária, os bancos captam R\$ 0,90 e emprestam 80% deste valor, R\$ 0,72. A razão da sequência é dada por $d\,(1 - R)$, em que d é a **parcela dos meios de pagamento que o público mantém como depósitos à vista** e r é a **relação reservas/depósitos à vista dos bancos comerciais**. Assim, o **multiplicador monetário** ou **multiplicador de base monetária** é dado pela seguinte fórmula:

$$m = \frac{1}{1 - d\,(1 - r)} \tag{7}^5$$

No exemplo, como o saldo dos meios de pagamento (M) é R\$ 357,14, a base monetária B é R\$ 100,00, segue-se que:

$$M = mB \tag{8}$$

ou:

$$m = \frac{M}{B} \tag{8'}$$

sendo a fórmula do multiplicador dada a partir dos saldos, enquanto a anterior é deduzida dos coeficientes (d e r), no exemplo numérico acima. Ambas, evidentemente, levam a um valor de $m = 3,5714$.

Percebemos que o valor do multiplicador será tanto maior quanto maior for a preferência do público por depósitos à vista em face do papel-moeda; e menor quanto maior for a proporção de reservas dos bancos, isto é:

---

5 Essa fórmula pode também ser deduzida das definições de base monetária e $M1$. Sendo a base monetária, $B = PMPP + \text{Reservas}\ (R)$ e $M1 = PMPP + \text{Depósitos à vista}\ (DV)$; Reservas $= r \times DV$; $PMPP = c \times M1$; $DV = d \times M1$; onde: $c = PMPP/M1$ e $d = DV/M1$; portanto $c + d = 1$, segue que $B = (1 - d)\,M1 + rdM1 = M1 - dM1 + rdM1 = M1 - d\,(1 - r)\,M1$. Portanto, $M1 = B \times 1/(1 - d\,(1 - r))$, onde o último termo é o multiplicador. Em alguns livros, o multiplicador aparece deduzido das relações: moeda manual/depósitos à vista (c) e reservas/depósitos à vista (r); a partir destas relações o multiplicador será: $m = (c + 1)/(c + r)$. O resultado final será igual ao que acabamos de definir; a diferença decorre do fato de serem utilizadas relações diferentes para deduzi-lo. Em particular, a taxa de retenção de moeda pelo público, nesta última expressão, refere-se à razão entre moeda em poder do público e depósitos à vista, enquanto no texto ela se refere à relação entre moeda em poder do público e o saldo dos meios de pagamento $M1$.

$$d \uparrow \rightarrow m \uparrow$$
$$r \uparrow \rightarrow m \downarrow \qquad \text{(9)}$$

O coeficiente d (taxa de depósitos) depende principalmente do grau de desenvolvimento do sistema bancário: número de agências, custo da ida aos bancos etc. Já o coeficiente r (taxa de reservas) depende da política do Banco Central, das condições macroeconômicas e também da institucionalidade financeira: facilidade de cobrir necessidades de liquidez junto aos outros bancos, junto ao Banco Central etc.

Quando dizemos que o Banco Central pode controlar a oferta de meios de pagamento, consideramos que o valor do multiplicador seja estável, tal que possamos atribuir relação direta entre controle da base monetária e do $M1$. Note, porém, que as preferências do público entre depósito à vista e papel-moeda podem se alterar, modificando o tamanho do multiplicador, sem que o Banco Central tenha qualquer tipo de controle sobre essas variáveis. Se as pessoas passarem a esperar um novo confisco, do tipo do Plano Collor, todos preferirão reter papel-moeda; se há a ameaça de uma crise bancária generalizada, ocorrerá o mesmo processo (diminuirá d); se os bancos passarem a dar prêmios à manutenção de depósitos à vista e à utilização de cheques, aumentará o d. Sobre o nível de reservas, dos três tipos existentes de reserva, o Banco Central controla apenas uma delas, a compulsória, e as demais (reservas livres) podem ter trajetórias opostas às pretendidas pela política do Banco Central. Apesar disso, em geral, mesmo com profundas oscilações no curto prazo, o multiplicador monetário apresenta no longo prazo uma tendência bastante estável, sendo em boa parte controlável pelo governo por meio das reservas compulsórias.

2.2.3 Contas do sistema monetário, funções do Banco Central e a criação e destruição de base monetária e meios de pagamento

Para a análise de como o Banco Central tenta controlar a oferta de moeda, mostraremos inicialmente como se dá a criação e destruição tanto de base monetária como de meios de pagamento ($M1$). Para tal, recorreremos aos balanços do Banco Central, dos bancos comerciais e do sistema monetário como um todo.

2.2.3.1 Funções do Banco Central

As contas que compõem o balanço do Banco Central (apresentado a seguir) podem ser deduzidas a partir das funções que este desempenha. São elas:

a. banco dos bancos;
b. depositário das reservas internacionais do país;
c. banqueiro do governo (Tesouro Nacional); e
d. emissor de papel-moeda.

a. **Banco dos bancos:** é responsabilidade do Banco Central zelar pela estabilidade do sistema financeiro nacional, e como tal possui um papel regulador e fiscalizador sobre os agentes que compõem o sistema, além de funcionar como emprestador em última instância, em momentos em que as instituições passem por problemas de liquidez. Esta função faz com que o Banco Central receba pelo lado do passivo as reservas voluntárias e compulsórias dos bancos comerciais, e pelo lado do ativo conceda empréstimos de redesconto, assistência à liquidez etc. para cobrir insuficiências de caixa das instituições bancárias.

b. **Depositário das reservas internacionais do país:** o Banco Central mantém em seu ativo um estoque de moedas estrangeiras (reservas internacionais) que viabilizam sua intervenção no mercado cambial.

c. **Banco do governo:** como banqueiro do Tesouro Nacional, o Banco Central recebe depósitos do Tesouro em seu passivo e do lado do ativo realiza empréstimos ao Tesouro, além de carregar títulos públicos. No Brasil, ainda constam no ativo do Banco Central empréstimos a outras instâncias de governo: estaduais, municipais, autarquias e outras entidades governamentais. Deve-se notar também que o Bacen, no caso brasileiro, é administrador de uma série de fundos e programas, com o que aparece em seu passivo uma rubrica denominada Recursos especiais, e no ativo aparece Empréstimos ao setor privado.

d. **Banco emissor:** enquanto banco emissor, o papel-moeda emitido é uma dívida do Banco Central, ou uma fonte de recursos para este e, como tal, aparece em seu passivo.

Além dessas contas, aparecem em seu balanço o item Recursos próprios no passivo e o Imobilizado no ativo, como qualquer pessoa jurídica. No passivo, como o Banco Central capta recursos externos e como assumiu parcela do endividamento externo realizado pelo setor privado e por entidades governamentais, consta o item Empréstimos externos. A seguir, descrevemos o balancete do Banco Central no Quadro 2.1.

Quadro 2.1 Balancete do Banco Central

ATIVO	PASSIVO
Reservas internacionais	Papel-moeda emitido
Empréstimos ao Tesouro Nacional e a outros órgãos governamentais	Depósitos do Tesouro Nacional
Redescontos	Depósitos dos bancos comerciais
Títulos públicos federais	Voluntários
Caixa	Compulsórios
Empréstimos ao setor privado	Empréstimos externos
Imobilizado	Recursos especiais
Outras aplicações	Outras exigibilidades
	Recursos próprios

Para os fins de nossa análise, o importante a destacar é a decomposição do passivo do Banco Central em dois grandes grupos: o Passivo Monetário e o Passivo Não Monetário.

O **Passivo Monetário do Banco Central** é composto pelo papel-moeda em poder do público mais as reservas dos bancos comerciais, o que corresponde à definição de **base monetária**,[6] vista anteriormente. O **Passivo Não Monetário** são os demais itens do passivo do Banco Central: depósitos do Tesouro, recursos especiais, recursos próprios etc.

---

[6]   Vimos que a base monetária é igual a: B = Papel-moeda com o público ($PMPP$) + Reservas (R). Reservas = $R1$ + $R2$ + $R3$, onde: $R1$ = reservas compulsórias no Banco Central; $R2$ = reservas voluntárias no Banco Central; $R3$ = reservas em dinheiro (caixa dos bancos comerciais).
Papel-moeda emitido (PME) – Caixa das autoridades monetárias = Papel-moeda em circulação (PMC) $PMC + R1 + R2$ = Obrigações do Banco Central $PMC - R3 = PMPP$ $PMC - R3 + R1 + R2 + R3 = PMPP + R = B$ (Base Monetária).

Com isso, podemos deduzir quais são os fatores de expansão e contração da base monetária:

i. um aumento do ativo não compensado por uma elevação do passivo não monetário das autoridades monetárias ampliará a base monetária;

ii. uma queda do passivo não monetário não acompanhado por redução do ativo também aumentará a base monetária.

Assim, as variações na base monetária são dadas pela diferença entre as variações do ativo e do passivo não monetário da autoridade monetária.

Para exemplificar os **fatores de expansão da base monetária**, podemos citar: a ampliação das reservas internacionais do país, a compra de títulos públicos pelo Banco Central, a concessão de empréstimos ao Tesouro Nacional, aos bancos comerciais ou a qualquer instância de governo, a diminuição dos depósitos do Tesouro Nacional etc. Como **fatores de contração**, poderíamos usar os exemplos invertidos: diminuição das reservas internacionais do país, a venda de títulos públicos, o recebimento de empréstimos concedidos ao Tesouro, aos bancos, o aumento dos depósitos do Tesouro Nacional (em decorrência de um superávit fiscal, por exemplo) etc.

2.2.3.2 Contas do balancete dos bancos comerciais

Até o momento, exemplificamos com um balanço bastante simples dos bancos, considerando apenas a captação de depósitos à vista, a constituição de reservas e a concessão de empréstimos dos bancos. Era o necessário para mostrar a questão do multiplicador dos meios de pagamento pelo sistema bancário. No Quadro 2.2 serão mais detalhadas as principais contas do bancos comerciais, por meio de seu balancete consolidado.

Quadro 2.2 Balancete Consolidado dos Bancos Comerciais

ATIVO	PASSIVO
Encaixes	Depósitos à vista
Caixa	Depósitos a prazo
Depósitos no Banco Central	Redesconto e outros recursos do Bacen
Voluntários	Empréstimos externos
Compulsórios	Outras exigibilidades
Empréstimos aos setores privado e público	Recursos próprios (Patrimônio Líquido)
Títulos públicos e privados	
Imobilizado	
Outras aplicações	

Do lado da fonte de recursos, por exemplo, além dos depósitos à vista, os bancos captam recursos do público por meio de depósitos a prazo, depósitos de poupança, além de outros títulos; captam recursos no exterior, quer por meio de empréstimos quer pela colocação direta de títulos próprios; operam com recursos repassados por instituições financeiras públicas (Finame, recursos do FGTS etc.), possuem recursos próprios e ainda fazem financiamento do Banco Central quando necessário (redesconto, assistência à liquidez etc.), entre outras contas. Do lado das aplicações, as principais contas são as reservas (em seus três componentes: caixa, reservas compulsórias e voluntárias), empréstimos ao setor privado e ao setor público, títulos e valores mobiliários (públicos e privados: ações, debêntures, títulos federais, estaduais, municipais e outros) e o imobilizado, além de outras aplicações.

2.2.3.3 Criação e destruição da base monetária e meios de pagamento

Assim como vimos para a base monetária, a criação de meios de pagamento (papel-moeda em poder do público mais depósitos à vista dos bancos comerciais) corresponde à diferença entre a variação nas operações ativas do sistema monetário (aplicações, direitos, contra o resto da economia) e a variação nos recursos não monetários do sistema monetário junto ao resto da economia. Assim, um aumento nas operações ativas não compensadas por um crescimento dos recursos não monetários significa expansão do $M1$, ou diminuição dos recursos não monetários não acompanhada por diminuição das operações ativas também provoca ampliação do $M1$.

Alguns exemplos facilitarão a compreensão da criação e destruição de base monetária e de meios de pagamento:

i. Aumento nas reservas internacionais do país amplia a base monetária e, por conseguinte, o $M1$ (amplia o ativo do Banco Central).

ii. Resgate de depósitos a prazo no sistema bancário aumenta o $M1$ (diminui o passivo não monetário das instituições financeiras).

iii. Depósitos na caderneta de poupança reduzem o $M1$ (aumentam o passivo não monetário das instituições financeiras).

iv. Resgate de depósitos de poupança para a aquisição de CDBs não exerce impacto sobre os meios de pagamento, apenas altera a composição do passivo não monetário das instituições bancárias.

v. Resgate de depósitos de poupança para a aquisição de ações na Bolsa de Valores amplia o $M1$ (reduz o passivo não monetário das instituições bancárias).

vi. Superávit fiscal reduz a base monetária e, por consequência, o $M1$ (aumenta o passivo não monetário do Banco Central).

vii. Compra de títulos do Tesouro Nacional pelo Banco Central amplia a base monetária e os meios de pagamento (aumenta o ativo do Banco Central).

viii. Venda de Letras do Banco Central (LBC) diminui a base monetária por aumentar o passivo não monetário do Banco Central.

ix. Aumento dos empréstimos de assistência à liquidez pelo Banco Central aumenta a base monetária por aumentar o ativo do Banco Central.

x. Desconto de duplicata cria meios de pagamento: troca de um haver não monetário por moeda.

xi. Saque de um cheque no caixa não altera o saldo dos meios de pagamento, representando apenas uma transferência de depósitos à vista para moeda manual.

Pelos balanços do Banco Central e do Sistema Bancário, fica fácil perceber quais são os fatores de contração e expansão da base monetária e dos meios de pagamento. Qualquer operação de expansão do ativo ou de contração do passivo não monetário das autoridades monetárias terá impacto expansionista sobre a base monetária; e aumentos nos ativos do sistema bancário ou redução do passivo não monetário desses agentes implicarão ampliação do $M1$.

2.2.4 Instrumentos de controle monetário

Com o exposto até o momento, podemos discutir os instrumentos de controle monetário utilizados pelo Banco Central. Os três principais instrumentos à disposição do Banco Central são:

i.   as reservas compulsórias;
ii. a política de redesconto; e
iii. as operações de *open market*.

O Banco Central determina o montante das **reservas compulsórias**, que, como já visto, afetam basicamente o tamanho do multiplicador dos meios de pagamento, ao determinarem qual será a massa de recursos que ficará disponível para os bancos comerciais emprestarem.

Quanto às **operações de redesconto**, a variável importante é a taxa de juros cobrada pelo Banco Central em seus empréstimos aos bancos comerciais, ou seja, a **taxa de juros de redesconto**. Esta taxa pode ser usada tanto para sinalizar as taxas de juros a serem praticadas pelo mercado como, principalmente, para determinar a disposição dos bancos em se tornarem mais ou menos ilíquidos. Se a taxa cobrada pelo Banco Central estiver muito acima da taxa de empréstimos dos bancos (de mercado), estes se mostrarão muito mais cautelosos na concessão de crédito, para limitarem o risco de terem de recorrer ao Bacen. Por outro lado, se a taxa cobrada por ele estiver abaixo da do mercado, será interessante para os bancos expandirem suas operações de crédito ao limite, inclusive tornando-se ilíquidos, e recorrerem aos empréstimos do Banco Central, obtendo um ganho nesta operação (a diferença entre a taxa que aplicou os recursos e a taxa paga ao Bacen).

Note que as operações de redesconto podem assumir diferentes formas. Em alguns países, este mecanismo é utilizado para alongar os prazos praticados no sistema financeiro. Utiliza-se o chamado **redesconto seletivo**, privilegiando (ou mesmo garantindo) o redesconto de títulos de longo prazo carregados pelas instituições. Dessa forma, esse instrumento deixa de ser utilizado apenas para o controle monetário, mas passa a fazer parte da política financeira.

No Brasil, o redesconto nunca se constituiu um importante instrumento de controle monetário. Este foi utilizado de forma muito mais punitiva, sendo um passo intermediário para a liquidação de instituições que a ele recorreram. A alocação dos recursos nas operações de redesconto seguiu em geral outros objetivos que não as necessidades de liquidez decorrentes da operação dos intermediários financeiros. Como exemplo dessa prática, deve-se lembrar o repasse de recursos via redesconto para facilitar e estimular o processo de fusões e incorporações bancárias no início dos anos 1970. No segundo semestre de 1996, introduziram-se no Brasil instrumentos para que a política de redesconto fosse utilizada em sua forma clássica, com a criação da Taxa Básica Financeira (TBF), utilizada nas operações do Bacen com os bancos comerciais, funcionando como uma taxa básica de juros para o sistema financeiro.

O terceiro instrumento de controle monetário é representado pelas **operações de *open market***. Este é o principal instrumento utilizado no Brasil desde o final da década de 1960. Vimos que o Bacen carrega em seu ativo um estoque de títulos públicos. Quando o banco tem o objetivo de contrair a base monetária, vende parcela dos títulos públicos de sua carteira retirando moeda de circulação. Se o objetivo for a expansão monetária, o Bacen comprará títulos no mercado, ampliando sua carteira e monetizando a economia.

Note que, quando o Tesouro Nacional (governo) incorre em déficit, isto não implica necessariamente expansão monetária, caso o governo se financie por meio da colocação de títulos junto ao público. A expansão monetária só ocorrerá se o Bacen adquirir os títulos do Tesouro, monetizando o déficit público. Quando se fala em independência do Bacen em relação ao Tesouro Nacional, o objetivo é impedir esta monetização com o governo financiando-se pela colocação de títulos no Bacen.

Embora não seja tipicamente um instrumento econômico, a regulamentação de mercado pode ter efeitos significativos no controle monetário. Em particular, a fixação das taxas de juros já utilizadas anteriormente no Brasil, a redução de prazos de empréstimos e financiamentos, a cobertura de crédito direto ao consumidor de 70% pela entidade bancária (ficando 30% do total do financiamento a cargo do tomador) são normas que também afetam o grau de liquidez da economia.

O Banco Central ainda pode se utilizar de medidas de persuasão que visam afetar o comportamento dos agentes privados. Essas medidas, em geral, envolvem ameaças como maior dificuldade na obtenção de recursos no redesconto se tais agentes não agirem em conformidade com os interesses do Banco Central etc.

2.3 DEMANDA POR MOEDA

Foram vistos até agora aspectos que envolvem a oferta de moeda por parte do Banco Central e bancos comerciais. Cabe, agora, analisar quais as variáveis que afetam a demanda de moeda por parte da coletividade (público e empresas). Ou seja, quais as razões que fazem a coletividade reter consigo um dado volume de moeda.

De acordo com as funções destacadas para a moeda, existem diferentes motivos para retê-la e os principais são:

i.　motivo transação; e

ii.　motivo portfólio.

Conforme o **motivo transação**, a moeda é vista basicamente como meio de troca, justificando-se sua demanda apenas pela facilidade e segurança que sua posse fornece para a realização das trocas necessárias.

Quanto ao **motivo portfólio**, considera-se a moeda como um ativo financeiro, sendo uma forma alternativa aos títulos e às aplicações financeiras para se guardar a riqueza. As teorias de demanda de moeda buscam formalizar esses aspectos.[7]

No que se refere ao motivo transação, quanto maior o volume de trocas que os indivíduos realizam, maior será a quantidade necessária de moeda para tal. Considerando que as trocas dependem da quantidade de produto (renda), temos que a demanda de moeda varia positivamente com o nível de renda.

Quanto ao motivo portfólio, a característica da moeda como um ativo financeiro é que ela não rende juros, apenas possui liquidez absoluta. A taxa de juros pode ser vista como o custo de oportunidade, o que se deixa de ganhar por guardar moeda em vez de aplicar em títulos, ou seja, é o preço que se paga pela retenção de moeda. Assim, quanto maior a taxa de juros, menor será o estímulo para manter saldos monetários.

Percebe-se que a demanda por moeda é semelhante à demanda de qualquer outro bem, dependendo também do preço e da renda, mantendo uma relação inversa com o seu preço (taxa de juros) e direta com o nível de renda.

Outro ponto importante, antes de avançarmos a discussão, é notar que, ao tratarmos da demanda por moeda, estamos considerando a chamada **demanda por encaixes reais**. Os

---

[7]　O motivo transação pode ser dividido em **demanda de moeda por transação**, propriamente dito, e **demanda de moeda por precaução** (para eventuais atrasos de recebimentos, ou gastos não previstos). O motivo portfólio é também conhecido por **demanda de moeda por especulação**.

indivíduos, ao definirem a quantidade de moeda que reterão, não se importam com o valor "nominal" de face dela, mas sim com o seu poder de compra, ou seja, em termos dos bens que poderão adquirir com essa quantidade de moeda. É pressuposto que os indivíduos não sofrem da chamada ilusão monetária, isto é, se apenas o nível de preços da economia se alterar, sem que haja qualquer modificação nas variáveis reais, o comportamento dos agentes permanecerá inalterado, inclusive no que diz respeito à quantidade real de moeda que demandam.[8]

Assim, a demanda por moeda por ser considerada inicialmente como:

$$\left(\frac{M}{P}\right)^{d} = f(Y, r) \tag{10}$$

onde: $(M/P)^{d}$ = a demanda por encaixes reais,

sendo: M = quantidade nominal de moeda

     P = nível geral de preços

     Y = nível de renda real

     r = taxa real de juros

Desenvolvemos a seguir a exposição da chamada equação quantitativa da moeda. Na sequência, mostraremos a relação entre taxa de juros e demanda por moeda. Nesse ponto, introduziremos a diferença entre taxa de juros nominal e taxa de juros real. Por fim, discutiremos alguns outros modelos que buscam explicar a demanda por moeda.

2.3.1 Demanda por moeda para transações: equação quantitativa

Para o motivo transacional da demanda de moeda, as pessoas reterão a moeda necessária para realizar os pagamentos para a aquisição de bens e serviços, isto é, para liquidar as transações.

A **equação quantitativa da moeda** fornece uma relação entre a quantidade de moeda e o valor total de transações realizadas e liquidadas em moeda, de acordo com a seguinte expressão:

$$MV = PT \tag{11}$$

onde: M = quantidade de moeda

     V = velocidade de circulação da moeda

     P = nível geral de preços

     T = número de transações

O termo V, **velocidade de circulação da moeda**, mostra o "giro" de uma unidade monetária em dado período de tempo, isto é, quantas vezes ela muda de mãos. Assim, por exemplo, a mesma moeda de R$ 1,00 utilizada para pagar o café de manhã na padaria será usada por seu dono para dar troco a outro indivíduo, que a utilizará para pagar a passagem de ônibus, sendo repassada depois para outra pessoa, que a usará para pagar um café, e assim por diante. Ou seja, como a nota utilizada para liquidar determinada transação não vai para "debaixo do colchão", uma série de outras transações serão liquidadas pela mesma nota. A este giro, ou ao número de

---

[8]   Como veremos nos próximos capítulos, a ilusão monetária pode ocorrer quando, por exemplo, os trabalhadores, ao receberem aumento em seus salários nominais, oferecem seus serviços com base nesses salários, sem perceber o efeito dos aumentos de preços corroendo seus salários reais. Com isso, a oferta de mão de obra com ilusão monetária é maior do que deveria ser, sem ilusão monetária.

transações que são liquidadas por uma mesma unidade monetária (na média) em dado período de tempo, denominamos **velocidade de circulação da moeda**. Assim, o estoque de moeda (M) vezes seu "giro" (velocidade de circulação) (V) é igual ao valor total das transações realizadas (PT).

Podemos transformar a equação quantitativa e utilizar o produto (renda) da economia, em vez do número de transações, para expressar essa igualdade. É razoável supor que o número de transações guarde relação direta com o volume de produção. Quanto mais produzimos, mais transacionamos. Devemos notar, porém, que as duas categorias, produção e transação, não são exatamente a mesma coisa. Para perceber a diferença, pense nos seguintes exemplos: quando um indivíduo mora em casa própria, o valor do aluguel é imputado no produto, embora não tenha ocorrido transação nenhuma; quando o indivíduo produz para subsistência, também não ocorre nenhuma transação. Outra ressalva que deve ser colocada é que nem todas as transações envolvem moeda. Por exemplo, na aquisição de um imóvel, o comprador pode utilizar automóveis ou imóveis de menor valor como parte do pagamento, caso o vendedor os aceite. Contudo, supondo uma linearidade entre transações e produto, podemos reescrever a equação quantitativa da seguinte forma:

$$MV = PY \tag{12}$$

onde: Y = produto real

V = **velocidade de renda da moeda** (reinterpretada como o número de giros da moeda *criando renda*, num dado período)

Rearranjando os termos da equação para expressar a quantidade de moeda em termos reais, temos:

$$\left(\frac{M}{P}\right) = \frac{1}{V} \cdot Y \tag{13}$$

Fazendo $\frac{1}{V} = k$, temos:

$$\frac{M}{P} = kY \tag{14}$$

onde k é uma constante que reflete o inverso da velocidade renda da moeda, e é chamada de **coeficiente marshalliano** ou **coeficiente de Cambridge**. Ele pode ser interpretado como a retenção média de moeda, em relação à renda nacional nominal:

$$k = \frac{1}{V} = \frac{M}{PY} \tag{15}$$

Exemplo: supondo

M = saldo de meios de pagamento = R$ 200 bilhões

PY = renda nacional nominal = R$ 800 bilhões

temos que:

$$k = \frac{M}{PY} = \frac{200}{800} = \frac{1}{4} \quad e \quad V = \frac{1}{k} = \frac{PY}{M} = 4 \tag{16}$$

Isso significa que uma unidade monetária passou de mão em mão quatro vezes, criando renda. Ou seja, para gerar um produto de R$ 800 bilhões, foram necessários apenas R$ 200 bilhões de meios de pagamento.

Até o momento, a equação quantitativa é um **truísmo** ou **tautologia**, isto é, uma **relação de definição**. Ela se transforma em uma teoria quando fazemos hipóteses sobre os fatores que afetam o comportamento das variáveis.

Supondo equilíbrio monetário, teremos uma igualdade entre a oferta e a demanda por encaixes reais, com o que a equação quantitativa se transforma em uma função da demanda por moeda para o motivo transação, isto é, da moeda enquanto meio de troca:

$$\left(\frac{M}{P}\right)^d = kY \tag{17}$$

Nesta, quanto maior a renda, maior será a demanda por moeda. Percebemos que o conforto decorrente da utilização das moedas nas trocas faz com que sua demanda seja semelhante à de qualquer bem normal, que responde positivamente a variações na renda. Sendo k uma constante, determinamos, com base em um nível de renda, qual será a quantidade de encaixes reais desejados pelos agentes.

É bastante razoável a hipótese sobre a **constância da velocidade da moeda no curto prazo**, pois esta depende basicamente de fatores institucionais, tais como o dos intervalos de recebimento dos agentes na economia (anual, mensal, quinzenal, semanal etc.), grau de desenvolvimento do sistema financeiro e grau de verticalização da economia.

Quanto aos **intervalos de recebimento**, vejamos um exemplo: suponhamos uma sociedade composta por um conjunto de empresas homogêneas, que produzem determinado produto para o qual só se utiliza o fator trabalho, o qual é obtido junto a um conjunto homogêneo de indivíduos. Suponhamos, ainda, que as empresas paguem os salários mensalmente, acumulando ao longo do mês a receita da venda de seu produto, para ao final do mês pagar os salários. Os indivíduos recebem o salário em determinada data, e ao longo do mês vão gastando-o na aquisição do produto. Percebemos que empresas e indivíduos terão um fluxo de caixa invertido: quando os indivíduos receberem o salário, terão o nível máximo de saldos monetários, enquanto as empresas estarão no mínimo. Conforme os indivíduos gastam, seu saldo monetário diminui, enquanto o da empresa cresce, até que se atinja o próximo período de recebimento.

Consideremos inicialmente que o conjunto de indivíduos receba R$ 300,00 por mês e gaste o salário de forma uniforme ao longo do mês, isto é, R$ 10,00 por dia (1/30 da renda por dia). Nesse caso, no dia do recebimento, os indivíduos estarão com R$ 300,00 e as empresas com R$ 0,00. No caso dos indivíduos, seus saldos monetários irão diminuindo R$ 10,00 por dia ao longo do mês, tal que no segundo dia estarão com R$ 290,00, no décimo dia estarão com R$ 200,00, no décimo quinto dia com R$ 150,00, no vigésimo dia com R$ 100,00 e no último dia com R$ 0,00. No caso das empresas, ocorrerá o inverso: no segundo dia estarão com R$ 10,00, no décimo dia com R$ 100,00, no décimo quinto dia com R$ 150,00, no vigésimo com R$ 200,00 e no último com R$ 300,00. Tanto para os indivíduos como para as empresas, o saldo médio de moeda ao longo do mês será de R$ 150,00. Com este valor, realizam transações no valor de R$ 300,00, ou seja, o estoque médio de moeda girou duas vezes no período, isto é, a velocidade-renda da moeda é igual a dois ou, inversamente, o coeficiente marshalliano k é igual a 1/2.

Se os indivíduos passarem a receber quinzenalmente e mantiverem o mesmo padrão de gastos, teremos o seguinte: no primeiro dia receberão R$ 150,00, irão gastar R$ 10,00 por dia, tal que no décimo quinto dia estarão com um saldo de R$ 0,00, quando voltarão a receber R$ 150,00, que se esgotarão no trigésimo dia. O movimento inverso se verificará no caso das empresas. Note que, neste caso, o saldo monetário médio dos agentes será de R$ 75,00. Eles continuarão realizando o mesmo volume de transações ao longo do mês, mas mantendo menor quantidade de encaixes médios. Para tal, foi ampliada a velocidade da moeda, que passou para $V = 4$, ou $k = 1/4$.

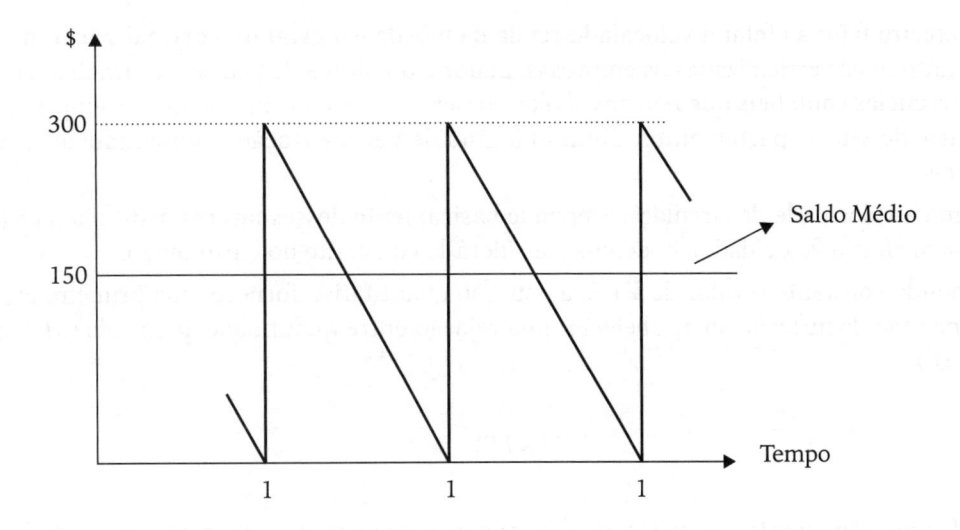

Figura 2.1 Rendimentos mensais.

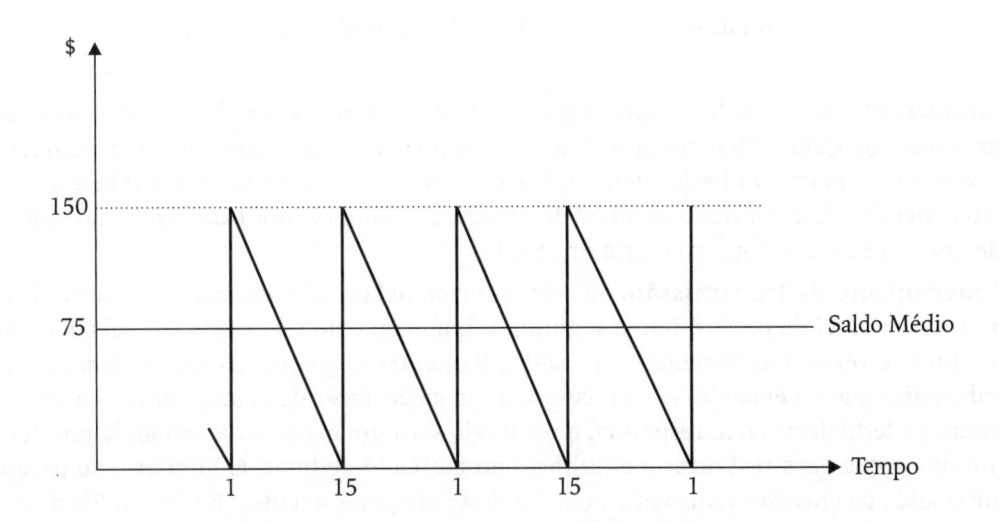

Figura 2.2 Recebimentos quinzenais.

Percebemos que a velocidade é inversamente relacionada ao intervalo de recebimento e o saldo monetário está diretamente relacionado a ele. Quanto menor o intervalo, menor o saldo médio.

O segundo fator a afetar a velocidade-renda da moeda é o **desenvolvimento do sistema bancário**, que amplia a velocidade de circulação da moeda, pois podemos considerar que os agentes mantêm parcela de seu dinheiro aplicado, enquanto não o utilizam para consumo, e vão resgatando conforme as necessidades. Quanto maior a facilidade de ida aos bancos para conversão de aplicações em moeda, menor será o saldo monetário médio retido pelos agentes, ou seja, maior será a velocidade da moeda. Assim, por exemplo, a proliferação dos caixas automáticos amplia a velocidade da moeda, diminuindo sua demanda. Voltaremos a este ponto ao discutirmos o modelo Tobin-Baumol de demanda por moeda.

O terceiro fator a afetar a velocidade-renda da moeda é o **grau de verticalização da economia**. Quanto mais verticalizadas as empresas, maior é o volume de transações finalizadas através de transferências contábeis que não envolvem numerário. Se, contrariamente, as empresas terceirizam parte de seus departamentos, diminui o grau de verticalização e aumentam as transações monetárias.

Como a velocidade de circulação depende basicamente desses fatores institucionais (a inflação também afeta a velocidade), podemos considerá-la constante no curto prazo.

Supondo constante o valor de V e k, a equação quantitativa fornece uma primeira explicação para a aparição da inflação ao estabelecer uma relação entre quantidade de moeda (M) e produto nominal (PY).

$$M = kPY \tag{18}$$

Toda variação no estoque de moeda deverá gerar uma variação de mesma magnitude no produto nominal (PY), ou seja:

$$\text{Variação } \% \ M = \text{Variação } \% \ P + \text{Variação } \% \ Y \tag{19}^9$$

Considerando que o produto seja constante no curto prazo, quer pela economia se encontrar no pleno emprego, quer pela demora na resposta da produção, teremos que a variação na quantidade de moeda repercutirá basicamente sobre o nível de preços. Definindo **inflação** como um aumento generalizado e contínuo no nível de preços, concluímos, por esta expressão, que ela decorre de um aumento contínuo na oferta de moeda.

O **mecanismo de transmissão**, ou seja, a forma pela qual a variação na oferta de moeda impacta sobre o nível de preços, tem a seguinte sequência: com o aumento na oferta de moeda, os indivíduos se veem, inicialmente, com saldos monetários superiores àquele desejado (oferta de moeda maior que a demanda) e, com isso, tentam se desfazer dela, ampliando a demanda por bens; como a oferta destes não responde, o resultado será um excesso de demanda por bens com aumento de preços para restaurar o equilíbrio no mercado de bens. O aumento de preços fará com que o saldo de encaixes reais volte ao nível desejado pelos agentes. Em capítulos posteriores do livro, esse mecanismo será mais detalhado.

2.3.2 Taxa de juros e demanda de moeda

A outra variável a afetar a demanda de moeda é a taxa de juros, que, como vimos, pode ser definida como o custo de oportunidade de manter saldos monetários, uma vez que, ao deixar de adquirir títulos, optando pela manutenção da moeda, o indivíduo está abrindo mão da rentabilidade deles. Assim, quanto maior for a taxa de juros menor será a demanda de moeda.

Uma primeira questão que deve ser considerada para estudarmos a demanda de moeda é a diferença entre taxa de juros nominal e real. Considere o seguinte exemplo: se um indivíduo aplica R$ 100,00 em um CDB para resgatar R$ 110,00 daqui a um ano, temos uma taxa de juros de 10% ao ano nesta operação, uma vez que ao final desse período o principal estará acrescido

---

9   Isso é apenas uma aproximação, pois variação % (PY) ≠ variação % P + variação % Y. Os dois lados da equação não são a mesma coisa, mas para nossa finalidade esta aproximação será útil, já que a diferença é infinitesimal.

de R$ 10,00, que correspondem ao juro pago pela aplicação. Chamamos essa taxa de juros, que corresponde ao ganho monetário da aplicação, de taxa de juros nominal, ou seja, em termos de moeda o indivíduo ganhou 10% sobre o montante inicialmente aplicado. E em termos de poder de compra, qual foi o ganho? Se ao longo desse ano os preços não subiram, isto é, se não houve inflação, no momento do resgate da aplicação o indivíduo terá um poder de compra 10% superior ao que possuía no início. Entretanto, se o nível de preços se elevou em 10% ao longo do ano, concluímos que não houve qualquer incremento em termos de poder de compra, uma vez que para adquirir a mesma quantidade de mercadorias que o indivíduo adquiriria com os R$ 100,00 no início do período, terá agora que despender R$ 110,00, já que os preços das mercadorias subiram 10% no período.

Taxa real de juros é o retorno em termos de poder de compra de uma aplicação, ou seja, corresponde à diferença entre a taxa nominal de juros e a variação no poder aquisitivo da moeda ao longo do período, isto é, à taxa de inflação. Assim,

$$r = i - \pi \qquad (20)^{10}$$

onde: r = taxa real de juros

i = taxa nominal de juros

π = taxa de inflação

Qual é a taxa de juros que afeta a demanda por moeda? De acordo com o motivo portfólio, o indivíduo determinará de que forma alocar sua riqueza comparando o retorno dos diferentes ativos. Como o indivíduo não possui ilusão monetária, o que interessa é a comparação entre os retornos reais dos diferentes ativos. O **retorno real de um título** é a taxa real de juros, é o que se ganha em termos de poder de compra pela sua posse. No caso da moeda, sua posse não dá direito a qualquer retorno nominal e seu retorno real será a variação no poder aquisitivo na moeda.

Em um contexto inflacionário, percebemos que o retorno real da moeda é negativo e igual à taxa de inflação. Assim, ao decidir sobre a composição de sua carteira de ativos, o agente compara a diferença entre os dois retornos reais, que no caso são: retorno dos títulos = r e retorno real da moeda = $-\pi$, ou seja, a diferença entre o retorno do título e da moeda será:

$$r - (-\pi) = i \qquad (21)$$

Concluímos, portanto, que a taxa de juros relevante para determinar a demanda por moeda é a taxa nominal de juros, que mostra quanto o indivíduo está perdendo em termos reais diante da alternativa de aplicar em títulos (a taxa real de juros dos títulos mais a perda de poder aquisitivo da moeda).

Assim:

$$\left(\frac{M}{P}\right)^d = f(i) \qquad (22)$$

Quanto maior a taxa nominal de juros, menor será a demanda de moeda e vice-versa, como pode ser visto na Figura 2.3.

---

[10] Rigorosamente, a relação entre as taxas real e nominal é dada pela fórmula $(1 + r) = \dfrac{(1 + i)}{(1 + \pi)}$. Para valores de i e π próximos de zero, esta relação é aproximada pela fórmula $r = i - \pi$.

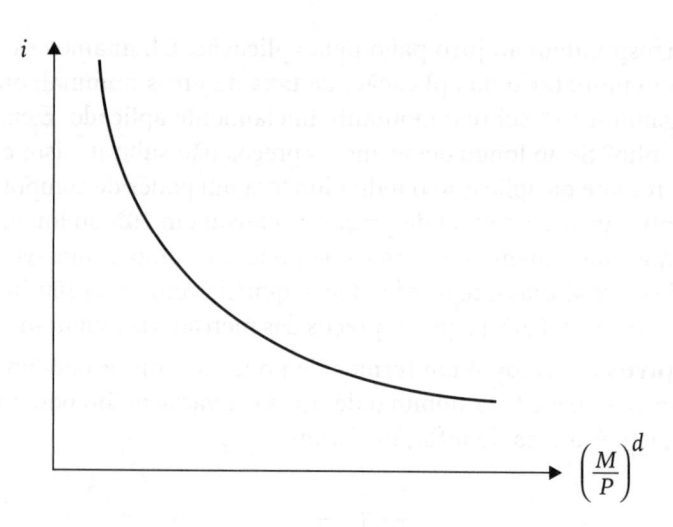

Figura 2.3 Taxa de juros e demanda de moeda.

Notemos, porém, que, ao fazer uma aplicação financeira, os indivíduos desconhecem a taxa real de juros, pois não conhecem de fato a inflação que ocorrerá enquanto os recursos estiverem aplicados. Ou seja, o aplicador conhece apenas a taxa nominal de juros, e possui apenas uma expectativa sobre qual deve ser a inflação futura. Contudo, ao aplicar em um título, ele está interessado no retorno real, que só será conhecido, de fato, transcorrido o período da aplicação. Ou seja, aplicamos com base em uma expectativa de retorno real, que pode não se verificar caso a inflação do período seja diferente daquela esperada.

Essa diferença leva a dois conceitos diferentes de taxa real de juros: **taxa *ex-ante***, aquela que se espera receber ao fazer determinada aplicação (é obtida pela diferença entre a taxa nominal e a inflação esperada), e a **taxa *ex-post***, que é a efetivamente ocorrida após conhecer-se a verdadeira inflação. Notemos que, para induzir um aplicador a adquirir determinado título, a taxa nominal de juros terá que se ajustar para, com base em uma expectativa inflacionária, garantir-se *ex-ante* ao poupador o retorno real desejado. Mantida a taxa real de juros *ex-ante*, qualquer alteração na expectativa inflacionária irá repercutir, portanto, na taxa nominal de juros.

Esse é o chamado **efeito Fisher**, de acordo com o qual:

$$i = r + \pi^e \tag{23}$$

onde: π^e é a taxa de inflação esperada

Percebemos que a taxa nominal de juros se eleva ou por aumentos na taxa real de juros *ex-ante* ou por aumentos na expectativa de inflação. Como a demanda de moeda é função da taxa nominal de juros, podemos expressá-la como uma função da expectativa de inflação e da taxa real de juros *ex-ante*, tal que:

$$\left(\frac{M}{P}\right)^d = f\left(r + \pi^e\right) \tag{24}$$

O Efeito Fisher traz importantes implicações para a questão da política econômica. De acordo com a equação quantitativa, vimos que uma expansão monetária no presente iria gerar um desequilíbrio entre a oferta de encaixes reais e a demanda, que só seria equilibrado pela elevação de preços. Ou seja, a expansão monetária hoje implicaria inflação hoje. Como contrapartida deste resultado, teríamos que, para uma política de estabilização, bastaria cessar a emissão monetária.

Ao introduzirmos a taxa nominal de juros como uma variável explicativa da demanda de moeda e a expectativa de inflação como um dos elementos para explicar a formação da taxa nominal de juros no presente, criamos um vínculo entre comportamento futuro do agregado monetário e a taxa de inflação no presente. Exploremos este ponto: se os agentes esperam que o governo incremente a oferta de moeda no futuro, essa informação passa a ser incorporada em suas expectativas inflacionárias, o que eleva a taxa nominal de juros no presente. Com esse aumento, reduzimos a demanda de moeda, gerando um excesso de oferta de encaixes reais, isto é, uma tentativa de os agentes se desfazerem de moeda, o que provocará elevações de preço no presente para equilibrar a oferta e a demanda de encaixes reais. Ou seja, a inflação ocorre antes mesmo da emissão monetária.

Por outro lado, se houver a expectativa de que o governo interromperá o processo de emissão monetária no futuro, os agentes irão rever suas expectativas de inflação para baixo, reduzindo a taxa nominal de juros no presente e, portanto, ampliando a demanda por encaixes reais, gerando um excesso de demanda por moeda. Com isso, os preços terão que se reduzir no presente para equilibrar a oferta e a demanda por moeda. Notemos que, com isso, caso o governo possua credibilidade, ele pode reduzir a inflação no presente com o simples anúncio de que no futuro adotará uma política monetária restritiva. Se os agentes acreditarem na promessa do governo e se este quiser evitar uma deflação (queda generalizada no nível de preços) momentânea na economia, terá inclusive que ampliar a oferta de moeda no presente, para evitar o excesso de demanda por encaixes reais.

Vários autores buscam explicar a demanda por moeda enfatizando basicamente as chamadas decisões de portfólio dos agentes econômicos. De acordo com elas, a moeda entra como parte dos ativos da economia, concorrendo com os demais na distribuição da riqueza dos agentes. Assim, a função demanda por moeda considera a rentabilidade dos diversos ativos existentes e o estoque de riqueza a ser alocado. Notemos que, nesse caso, consideramos mercados de estoques que não sofrem influência de variáveis fluxos. O principal trabalho neste sentido foi o de Tobin (1958).

Consideremos a seguinte equação:

$$\left(\frac{M}{P} \right)^d = \frac{M}{P}(r_1,\ r_2,\ r_3, \dots r_n,\ \pi^e,\ W) \tag{25}$$

onde: r_1 a r_n = rentabilidade real dos n ativos existentes na economia (por exemplo, máquinas, equipamentos, ações, títulos etc.)

π^e = expectativa de inflação

W = estoque de riqueza

Nesse modelo (Modelo Tobin de preferência pela liquidez), a demanda de moeda varia inversamente com a rentabilidade dos demais ativos e com a expectativa de inflação e positivamente com a riqueza.

Consideremos os seguintes casos: um aumento no estoque de riqueza, mantidas as mesmas participações de todos os ativos, ampliará a demanda por todos os ativos, inclusive pela moeda. Já quanto às taxas de retorno, teremos o seguinte: um aumento na rentabilidade de qualquer ativo, por exemplo, dos títulos (como estes são substitutos diante dos demais e com o estoque de riqueza dado), ampliará a demanda por títulos, reduzindo a dos demais ativos. No caso da inflação esperada, um aumento nesta significa queda na rentabilidade da moeda, fazendo com que as pessoas diminuam sua demanda, procurando outros ativos.

Esse tipo de abordagem também pode ser utilizado para explicar como a rentabilidade dos diversos ativos se ajusta para garantir o equilíbrio no mercado de ativos. Em uma abordagem do tipo equilíbrio geral, se alterarmos a oferta de qualquer um dos ativos, todas as rentabilidades serão afetadas, de modo a acomodarem-se à oferta adicional desse ativo. Suponhamos, por exemplo, que por qualquer motivo o investimento se amplie e as empresas aumentem a colocação de títulos para financiá-lo. Isto gerará inicialmente excesso de oferta de títulos, fazendo com que seus preços caiam ou, inversamente, sua rentabilidade se amplie. O aumento no retorno real dos títulos fará com que os agentes tentem desfazer-se dos demais ativos a fim de direcionarem a riqueza para os títulos, o que fará com que a rentabilidade destes também se amplie. Note que esse aumento nos demais ativos terá que ser menor do que no caso dos títulos, senão os mercados não se reequilibrarão.

2.3.3 Modelo Tobin-Baumol de demanda de moeda

Pelo exposto até o momento, vimos que a demanda de moeda depende, portanto, da renda e da taxa de juros nominal, que reflete o custo de oportunidade de retê-la.

$$\left(\frac{M}{P}\right)^d = f(Y, i) \tag{26}$$

Na sequência, explicaremos um modelo que indica, com base nessas duas variáveis, como os indivíduos determinam o encaixe monetário ótimo que desejam: é o chamado **modelo Tobin-Baumol de demanda de moeda**.

De acordo com esse modelo, o indivíduo faz uma análise custo-benefício entre a retenção de moeda e a aplicação no mercado financeiro. O custo de reter moeda consiste nos juros que o indivíduo deixaria de ganhar caso aplicasse o dinheiro, enquanto o benefício refere-se ao fato de não ter que ir ao banco para converter os títulos em moeda, isto é, deixa de incorrer nos custos de transação. Podemos construir uma função custo, que depende da taxa de juros e do número de vezes que terá de fazer a conversão de títulos em moeda, e o agente minimizará esta função em relação a esse número de conversões. Determinado o número ótimo de conversões e dada a renda do agente, determinamos o saldo médio de encaixes reais que os agentes manterão.

Como visto na análise da teoria quantitativa, o saldo de encaixes reais mantido pelos agentes correspondia à renda que o agente possuía durante um determinado período, dividida por duas vezes o número de recebimentos que o indivíduo possuía naquele período. Quando há apenas um recebimento no período, a velocidade de circulação é 2; quando existem dois recebimentos, ela passa para 4. Assim:

$$\frac{M}{P} = \frac{Y}{2N} \tag{27}$$

onde: Y = renda de um dado período

N = número de recebimentos

Agora consideraremos N como o número de idas ao banco para converter títulos em moeda. O modelo Tobin-Baumol considera dois tipos de custos na composição do custo total: o primeiro refere-se ao custo de oportunidade da retenção de moeda, que corresponde ao juro não recebido; e o segundo corresponde ao custo da ida ao banco para realizar a conversão (o tempo que se gasta no deslocamento, nas filas, a sola de sapato etc.). Enquanto o primeiro custo diminui com o aumento de número de idas ao banco, isto é, com a menor retenção de moeda, o segundo aumenta. Considerando um custo constante em termos monetários para cada ida ao banco (Cd), podemos especificar a função custo total da seguinte forma:

$$CT = i\left(\frac{Y}{2N}\right) + CdN \tag{28}$$

Cada uma das partes do custo e o custo total estão representados na Figura 2.4.

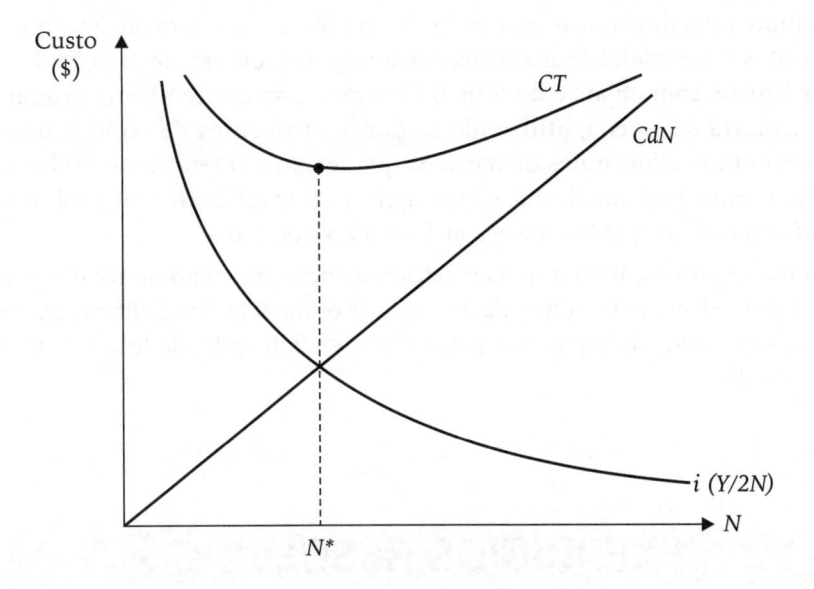

Figura 2.4 Modelo Tobin-Baumol de demanda de moeda.

Os indivíduos determinarão quanto demandarão de saldos monetários reais a partir da definição do N ótimo, que é obtido pela minimização da função custo total. Diferenciando a função custo total em relação a N e igualando-a a zero, obtemos o N que minimiza a função custo total. Assim:

$$\frac{-iY}{2N^2} + Cd = 0$$

$$N^* = \sqrt{\frac{iY}{2Cd}}$$

(29)

Dado o N ótimo (N^*), definimos o saldo monetário médio ótimo:

$$\frac{M}{P} = \frac{Y}{2N^*}$$

$$\frac{M}{P} = \frac{Y}{2\sqrt{\frac{iY}{2Cd}}}$$

(30)

$$\frac{M}{P} = \sqrt{\frac{YCd}{2i}}$$

Percebemos por essa expressão que a demanda de moeda variará positivamente com a renda e inversamente com a taxa de juros, conforme descrito inicialmente. Assim, o modelo Tobin-Baumol dá uma fundamentação para a retenção de moeda a partir de um comportamento racional dos indivíduos, isto é, fundamenta microeconomicamente a retenção de moeda.

2.4 CONSIDERAÇÕES FINAIS

Neste capítulo, introduzimos o estudo da moeda. Procuramos explicar o que é a moeda, os diferentes conceitos e agregados monetários existentes, o processo de criação de moeda a partir da atuação dos bancos comerciais e do Banco Central e como este último possui instrumentos para controlar a oferta de moeda, utilizando-se dos instrumentos de política monetária. Na segunda parte do capítulo, explicamos os motivos que levam à retenção de saldos monetários, os chamados motivo transação, que destaca a influência do nível de produto sobre a demanda por moeda, e o motivo portfólio, que traz para a análise a taxa de juros.

Nos próximos capítulos, iniciaremos o estudo da determinação do nível de renda, onde retomaremos questões relacionadas à moeda ao discutir o impacto das políticas monetárias sobre a economia. Como será visto, tal impacto dependerá, essencialmente, da forma como consideramos a demanda por moeda.

EXERCÍCIOS RESOLVIDOS

1. **(Exame Anpec 1994)** Considerando os seguintes balancetes consolidados hipotéticos dos bancos comerciais e das autoridades monetárias, assinale verdadeira ou falsa nas afirmações subsequentes:

Bancos Comerciais			
ATIVO		PASSIVO	
Encaixe		Depósitos à vista	2.800
Em moeda corrente	40	Depósitos a prazo	4.600
Em depósitos nas aut. monet.	1.400	Empréstimos das aut. monet.	400
Empréstimo ao setor priv.	5.500	Demais contas	1.300
Demais contas	1.800		
Total	9.100	Total	9.100
Autoridades Monetárias			
ATIVO		PASSIVO	
Encaixe em moeda corrente	100	Depósitos do Tesouro Nacional	300
Empr. aos bancos comerciais	400	Depósitos dos Bancos Comerc.	1.400
Empr. ao Tesouro Nacional	1.400	Papel-moeda emitido	800
Demais contas	700	Demais contas	100
Total	2.600	Total	2.600

a) O saldo do papel-moeda em poder do público representa 20% do estoque de meios de pagamento.

Falsa:

PMPP = Papel-moeda emitido – encaixe em moeda corrente nas autoridades monetárias – encaixe em moeda corrente nos bancos comerciais

$PMPP = 800 - 100 - 400 = 300$

Meios de pagamento = $PMPP$ + Depósitos à vista

$M1 = 300 + 2.800 = 3.100$

$PMPP/M1 = 300/3.100 = 9,7\%$

b) O multiplicador bancário é superior ao multiplicador monetário.

Verdadeira:

multiplicador monetário = $M1$/base monetária

$BM = PMPP + R = 300 + 1.800 = 2.100$

$m = 3.100/2.100 = 1,47$

multiplicador bancário = depósitos à vista/reservas

$b = 2.800/1.800 = 1,55$

c) O saldo do papel-moeda em circulação é igual ao do papel-moeda emitido.

Falsa: o papel-moeda em circulação é igual ao papel-moeda emitido menos o encaixe em moeda corrente das autoridades monetárias; assim, esses dois valores serão iguais quando os encaixes em moeda corrente nas autoridades monetárias for igual a zero. Como neste caso os encaixes em \$ são de 110, o papel-moeda em circulação será 700, enquanto o emitido é 800.

2. **(Exame Anpec 2004)** Com base nos dados que seguem, calcule o montante dos meios de pagamento como proporção dos depósitos à vista: o público mantém 20% dos seus meios de pagamento na forma de papel-moeda; do total de depósitos à vista, os bancos comerciais mantêm 30% como reserva compulsória, 10% como reserva voluntária e 10% como encaixe em moeda corrente.

    Dado que os Meios de Pagamento (MP) são definidos como Papel-Moeda em Poder do Público ($PMPP$) mais Depósitos à Vista (DV) e ainda que o Papel-Moeda em Poder do Público representa 20% dos Meios de Pagamento, tem-se que:

    $$MP = PMPP + DV$$
    $$PMPP = 0,2.MP$$

    Portanto:

    $$MP = 0,2.MP + DV$$
    $$DV = 0,8\ MP\ \text{ou}$$
    $$MP/DV = 1,25$$

3. Classifique as sentenças a seguir como verdadeiras ou falsas:

    a) O sistema bancário é formado apenas pelos bancos comerciais, que são instituições financeiras autorizadas a captar depósitos à vista, e pelo Banco Central.

    Verdadeira: de fato, conforme visto ao longo do capítulo, os bancos comerciais (instituições financeiras autorizadas a captar depósitos à vista) e o Banco Central formam o sistema bancário. Portanto, nem toda instituição bancária é classificada como banco comercial – os bancos de investimento, por exemplo, não são considerados bancos comerciais pois não são instituições que recebem depósitos à vista.

b) **(Exame Anpec 2012)** O Banco Central possui quatro funções consideradas típicas: emissor de papel-moeda; banqueiro do Tesouro Nacional; banqueiro dos bancos comerciais; e depositário das reservas internacionais.

Verdadeira: estas representam, de fato, as funções típicas do Banco Central, conforme discutido ao longo deste capítulo.

c) **(Exame Anpec 2012)** São três os principais instrumentos de política monetária: operações de mercado aberto; taxa de redesconto; e recolhimentos compulsórios.

Verdadeira: de fato, tais instrumentos são os principais à disposição do Banco Central: operações de mercado aberto (compra e venda de títulos públicos, por exemplo), taxa de redesconto (taxa Selic, no caso do Brasil) e recolhimento de depósitos compulsórios dos bancos comerciais.

d) **(Exame Anpec 2009)** Se o Banco Central institui o recolhimento compulsório de 100% dos depósitos à vista pelos bancos comerciais, o aumento da base monetária terá efeito nulo sobre os meios de pagamento.

Falsa: conforme visto ao longo deste capítulo, o multiplicador da base monetária é dado por:

$$m = \frac{1}{1 - d(1 - r)}$$

Com 100% de compulsório (ou seja, $r = 1$), o multiplicador monetário é igual a 1. Portanto, um aumento da base monetária terá efeito de mesma magnitude (um para um) sobre os meios de pagamento.

e) **(Exame Anpec 2014)** Uma compra de títulos públicos pelo Banco Central no mercado aberto causa aumento da base monetária.

Verdadeira: assumindo que faça o pagamento com moeda doméstica, ao comprar títulos no mercado aberto, o Banco Central aumenta a oferta de moeda doméstica e assim, aumenta a base monetária.

f) **(Exame Anpec 2014)** Um aumento pelo Banco Central da alíquota do depósito compulsório sobre os depósitos à vista dos bancos comerciais reduz o multiplicador monetário e a capacidade de criação de moeda pelos bancos comerciais.

Verdadeira: conforme visto no item (d) desta questão, se há um aumento da taxa de depósito compulsório, maior será a reserva obrigatória que os bancos comerciais devem manter junto ao Banco Central e, consequentemente, menor será o multiplicador monetário e a capacidade de criação de moeda pelos bancos comerciais.

g) **(Exame Anpec 2009)** No modelo Tobin-Baumol, a redução do custo de transação diminui a quantidade corrente de moeda demandada, consideradas constantes a taxa de juros e a renda.

Verdadeira: no modelo Tobin-Baumol, a demanda por moeda é proporcional à renda e aos custos de transação (custo de ida aos bancos) e inversamente proporcional à taxa de juros. Assim, uma redução nos custos de transação reduz a demanda por moeda, *ceteris paribus*.

h) **(Exame Anpec 2013)** Tendo em vista as várias explicações para a demanda por moeda, pode-se afirmar que o modelo Tobin-Baumol não faz parte do conjunto de teorias de carteira de ativos.

Verdadeira: as teorias de carteiras de ativos enfatizam o papel da moeda como reserva de valor. Conforme discutido ao longo deste capítulo, o modelo Tobin-Baumol enfatiza o papel da moeda como meio de troca.

REFERÊNCIAS

BACEN – Banco Central do Brasil. *Reformulação dos meios de pagamento:* notas metodológicas. Brasília, 2001a. Disponível em: <http://www.bcb.gov.br/ftp/infecon/NM-MeiosPagAmplp. pdf>. Acesso em: 12 nov. 2017.

_____. *Estatísticas do setor externo:* adoção da 6ª edição do Manual de Balanço de Pagamentos e Posição Internacional de Investimento (BPM6). Brasília, 2001b. Disponível em: <http://www. bcb.gov.br/ftp/infecon/NM-MeiosPagAmplp.pdf>. Acesso em: 11 nov. 2017.

BAUMOL, W. J. The transaction demand for cash: a inventory theoretical approach. *The Quarterly Journal of Economics,* 1952.

FRIEDMAN, M. *Studies in the quantity theory of money.* Chicago: The University of Chicago Press, 1956.

GALBRAITH, J. K. *Moeda:* de onde veio, para onde foi. São Paulo: Pioneira, 1983.

KEYNES J. M. *Teoria geral do emprego, do juro e da moeda.* São Paulo: Atlas, 1992.

SACHS, J.; LARRAIN, P. *Macroeconomia.* São Paulo: Makron Books, 1995.

SIMONSEN, M. H.; CYSNE, R. P. *Macroeconomia.* São Paulo: Atlas; Rio de Janeiro: Fundação Getulio Vargas, 1995.

TOBIN, James. *Liquidity preferences as behavior toward risk.* Review of Economic Studies, 1958.

VASCONCELLOS, M. A. S.; GREMAND, A. P.; TONETO JR., R. *Economia brasileira contemporânea.* 7. ed. São Paulo: Atlas, 2007.

ANEXO – OS MEIOS DE PAGAMENTO NO BRASIL

A partir de 2001, o Brasil passou a adotar nova metodologia para a apresentação dos agregados monetários. Se antes o critério era a liquidez do ativo financeiro, na nova metodologia essa liquidez é representada pelo agente emissor do ativo monetário.

Conforme Nota Metodológica do Banco Central do Brasil:

> Os novos conceitos de meios de pagamento ampliados representam mudança de critério de ordenamento de seus componentes, que deixaram de seguir o grau de liquidez, passando a definir os agregados por seus sistemas emissores. Nesse sentido, o $M1$ é gerado pelas instituições emissoras de haveres estritamente monetários, o $M2$ corresponde ao $M1$ e às demais emissões de alta liquidez realizadas primariamente no mercado interno por instituições depositárias – as que realizam multiplicação de crédito. O $M3$, por sua vez, é composto pelo $M2$ e captações internas por intermédio dos fundos de renda fixa e das carteiras de títulos registrados no Sistema Especial de Liquidação e Custódia (Selic). O $M4$ engloba o $M3$ e os títulos públicos de alta liquidez (BACEN, 2001).

Se por um lado a nova metodologia traz novas informações sobre os agregados monetários, por outro tornou menos didática a definição dos conceitos, motivo pelo qual mantivemos a metodologia na análise realizada no capítulo. Importante notar que, em ambas as metodologias, a liquidez ainda é o principal critério para a definição do agregado monetário.

O MODELO CLÁSSICO OU A MACROECONOMIA ANTES DE KEYNES

3

Rudinei Toneto Jr.

INTRODUÇÃO

Uma vez apresentados os principais conceitos, dentre outros aspectos introdutórios, este e os próximos capítulos têm como objetivo estudar os principais modelos macroeconômicos considerados pela Ciência Econômica. São modelos que às vezes se complementam e às vezes se contradizem em termos de resultados e, principalmente, em termos de política macroeconômica. Mas são fundamentais para entender o funcionamento do sistema macroeconômico de um país.

Tentando observar uma sequência que, além de didática, respeita mais ou menos a linha do tempo em que os modelos foram concebidos, o primeiro capítulo trata da visão dos economistas clássicos sobre a macroeconomia.[1] Nos demais capítulos, apresentaremos, nesta ordem, os "modelos" keynesianos, o modelo de oferta e demanda agregada, as teorias de ciclos, considerações sobre algumas variáveis macroeconômicas (consumo, investimento e gastos públicos, entre outras) e dois dos principais modelos de crescimento econômico. O último capítulo é destinado a uma breve exposição da evolução da macroeconomia na história do pensamento econômico.

Mesmo sendo superado pelas ideias keynesianas, o modelo clássico não está necessariamente ultrapassado como modo de compreensão de determinados fenômenos macroeconômicos. Além disso, esse modelo não é totalmente descartado pelos economistas, particularmente os mais liberais.

A versão do modelo clássico aqui apresentada considera que:

- as forças de mercado tendem a equilibrar a economia a pleno emprego, isto é, no ponto em que se igualam a oferta e a procura de mão de obra; corresponde a dizer que há completa **flexibilidade de preços e salários**;
- como o nível de atividade e de emprego é determinado automaticamente pelas forças de mercado, a quantidade de moeda afeta apenas o nível geral de preços. Significa dizer que as variáveis reais, bem como os preços relativos, não são afetadas pela política monetária (hipótese da **neutralidade da moeda**);

---

[1] Na verdade, o modelo que aqui será apresentado tem sua origem na interpretação que Keynes faz, em sua *Teoria geral*, sobre o pensamento macroeconômico clássico e que depois seria "modelado" por alguns economistas. Logo, o leitor não deve procurar este modelo nos autores clássicos e sim no Capítulo 2 da citada obra de Keynes.

- a demanda agregada não é um fator determinante do nível do produto; é válida a chamada **Lei de Say**: "a oferta cria sua própria demanda".

Para mostrar esses resultados, dividimos o capítulo em quatro partes: na primeira deduzimos a oferta agregada clássica; na segunda deduzimos a demanda agregada; na terceira mostramos o papel desempenhado pela taxa de juros para equilibrar a oferta e a demanda agregada; na quarta, mostramos os impactos de diferentes políticas econômicas no modelo.

Devemos destacar que não existe qualquer autor ou obra do período dito clássico (antes de Keynes) que formalize o modelo macroeconômico na forma que segue. O que os livros-texto de macroeconomia caracterizam como modelo clássico é na realidade a junção da contribuição de diversos autores isolados. Conforme veremos no Capítulo 13, na verdade, o chamado **modelo clássico** utilizado nos principais livros-texto de macroeconomia diz respeito ao **modelo neoclássico**, que se baseia na hipótese da racionalidade dos agentes econômicos.

3.1 OFERTA AGREGADA CLÁSSICA

Podemos partir da seguinte definição:

A **oferta agregada** *corresponde ao total de produto que as empresas e famílias estão dispostas a oferecer em determinado período de tempo, a um determinado padrão de preços.*

A oferta é realizada por um grande número de empresas, produzindo milhões de mercadorias específicas na economia, mas, graças à Contabilidade Nacional, podemos reduzi-las a uma única mercadoria: o produto agregado. Assim, a oferta agregada diz qual será o produto ofertado, a quantidade de produção que será fornecida pelas empresas em conjunto, para cada nível de preços. Como existem muitas empresas, cada uma delas não tem poder para influir nas condições de mercado, isto é, afetar os preços (tanto dos produtos como dos fatores de produção), sendo cada firma individualmente tomadora de preços.

Para deduzirmos a oferta agregada, temos que analisar como se determina o nível de produção para cada empresa individual e, por agregação, obtê-la para a economia como um todo.

3.1.1 Função de produção agregada

Produzir significa adaptar a natureza, por meio da combinação de fatores de produção, às necessidades humanas. Para gerar produto, portanto, as empresas se utilizam de capital (máquinas, equipamentos, edifícios etc.) e trabalho, de acordo com uma dada tecnologia. Essa relação entre quantidade produzida e a utilização de fatores de produção com uma dada tecnologia é explicitada na **função de produção**:

$$Y = F(K, N, T) \tag{1}$$

onde: Y = produto;

K = estoque de capital utilizado;

N = quantidade de trabalho (horas-trabalho) utilizada; e

T = nível tecnológico,

todas definidas num dado período de tempo.

Considerando que não haja desperdícios, isto é, que as empresas sejam eficientes, a função de produção mostra o máximo de produto que pode ser obtido para uma dada combinação de capital e trabalho, com dada tecnologia. Supondo que as empresas possuam o mesmo nível tecnológico, esta também será a função de produção para a economia como um todo, pois nesse caso basta somar a quantidade utilizada de capital e trabalho de cada uma das empresas, ou seja, olhar o estoque de capital e trabalho da economia como um todo, para determinarmos o nível de produto.

Algumas **hipóteses** importantes devem ser destacadas quanto à função de produção. Em primeiro lugar, o produto aumenta tanto com a utilização de maiores quantidades de qualquer um dos fatores de produção (capital e trabalho) quanto por melhorias tecnológicas, ou seja, a produção responde positivamente a alterações em qualquer uma das variáveis que a determinam. Em segundo lugar, para uma dada tecnologia, a função de produção apresenta retornos constantes de escala, isto é:

$$zY = F(zK, zN) \tag{2}$$

Ou seja, se os fatores de produção K e N forem multiplicados por z, o produto Y também será multiplicado por z. Por exemplo, se pretendemos duplicar a produção, devemos dobrar a utilização dos dois fatores de produção, dada a tecnologia.

Com isso, obtemos uma outra característica importante da função de produção: se tomarmos um dos fatores de produção como fixo, esta função apresentará rendimentos marginais decrescentes em relação ao fator variável, isto é, aumentos marginais em apenas um dos fatores levará a incrementos cada vez menores no produto. Ou seja, a produtividade marginal de cada um dos fatores é decrescente. A **produtividade marginal de um fator** de produção é definida como o incremento da produção decorrente do aumento de uma unidade do fator, tomando os demais como fixos.

Dentro da Teoria da Produção, fundamentada em princípios microeconômicos, **curto prazo** é um período de tempo no qual o estoque de todos os fatores de produção, exceto um, estão dados, assim como o nível tecnológico. Assim, considerando o trabalho como único fator variável, podemos ilustrar a função de produção como ilustrado na Figura 3.1.

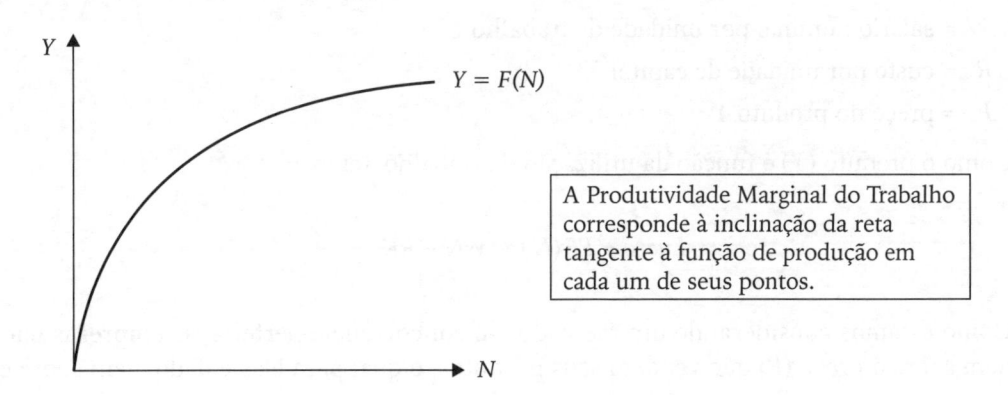

Figura 3.1 Função de produção agregada.

Temos, nesse caso, que o nível de produção depende da quantidade utilizada do fator trabalho, dado o estoque de capital e o nível tecnológico:

$$Y = F(N) \tag{3}$$

Percebemos na Figura 3.1 as duas características destacadas: (i) a produção aumenta conforme aumenta a utilização de trabalho; e (ii) o incremento de produção decorrente da utilização adicional de trabalho é cada vez menor. A produtividade marginal do trabalho é obtida pela inclinação da reta tangente à função de produção em cada ponto. Notamos que quanto maior a quantidade utilizada de trabalho, menor será a produtividade marginal deste fator, dados o estoque de capital e a tecnologia. Portanto, **a produtividade marginal do trabalho é positiva, mas decrescente**. Se ampliarmos o estoque de capital ou melhorarmos a tecnologia, a função de produção desloca-se para cima, isto é, com uma mesma quantidade de trabalho passamos a obter mais produto. Com isso, a produtividade marginal do trabalho será maior.

Considerando o curto prazo em que, em nosso caso, apenas a quantidade de trabalho pode ser alterada, percebemos que a produção ou oferta agregada passa a depender exclusivamente de quanto é utilizado desse fator. O nível de emprego (utilização) do fator trabalho é determinado no mercado de trabalho, em que a demanda é realizada pelas empresas que o utilizam na produção e a oferta, pelos indivíduos (famílias, trabalhadores) que o possuem. Cabe, então, detalhar um pouco mais a demanda e a oferta de trabalho.

3.1.2 Demanda de trabalho

Consideramos um mercado do tipo concorrência perfeita, isto é, um grande número de empresas, que não conseguem afetar nem o preço dos produtos que vendem nem o preço dos fatores de produção, no caso o trabalho. As firmas contratarão mão de obra de acordo com o objetivo de maximização do lucro. Assim, podemos deduzir a demanda de trabalho a partir desse comportamento maximizador.

O lucro das empresas corresponde à diferença entre suas receitas com a venda da produção e os custos para gerar o produto.

$$Lucro = Receita\ Total - Custo$$
$$Total\ Lucro = PY - (WN + RK) \tag{4}$$

onde: W = salário nominal por unidade de trabalho N

R = custo por unidade de capital K

P = preço do produto Y

Como o produto (Y) é função da utilização de trabalho, temos:

$$Lucro = PF(N) - WN - RK \tag{5}$$

Como estamos considerando um mercado em concorrência perfeita, as empresas não decidem nem sobre o preço (P) que vendem seus produtos, o qual para elas é dado, nem sobre o salário que pagarão ao trabalho. A decisão da empresa restringe-se a quanto contratar de mão de obra (N) e determinar quanto produzir, de modo a obter o lucro máximo, ou seja, deve-se maximizar a função lucro em relação a N.

Maximizando a função lucro anterior, chegaremos às seguintes condições:

$$\frac{\partial L}{\partial N} = 0 \tag{6}$$

$$P F_N - W = 0 \quad \text{ou} \quad F_N = \frac{W}{P}$$

onde *FN* é a derivada primeira de $F(N)$

Ou seja: a maximização de lucro pela empresa implica que ela contrate trabalhadores até o ponto em que a produtividade marginal do trabalho *PMgN* ou F_N iguale o salário real *W/P*. Assim, a produtividade marginal do trabalho representa a própria demanda de trabalho pela empresa. Como destacado anteriormente, a produtividade marginal do trabalho é decrescente. Assim, para que a firma utilize mais trabalho, o salário real deve diminuir acompanhando a redução da *PMgN*, ou seja, a quantidade demandada de trabalho (N_d) possui relação inversa com o salário real.

$$N^d = N^d \left(\frac{W}{P} \right) \tag{7}$$

Graficamente, temos:

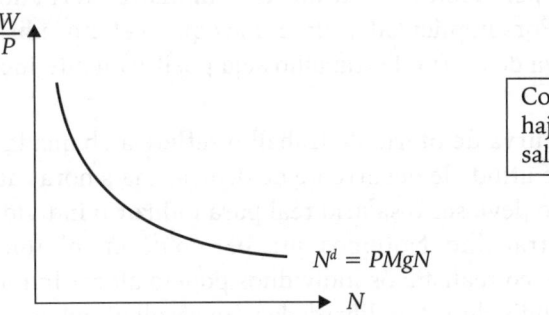

Como *PMgN* é decrescente, para que haja mais contratações de trabalho, o salário real deve reduzir-se.

Figura 3.2 Demanda de mão de obra no modelo clássico.

Note que consideramos o salário **real** como preço relevante do trabalho para a empresa em sua decisão de quanto demandar de mão de obra. Para a firma, é irrelevante qual seja o salário **nominal**, em termos monetários, pago ao trabalhador, pois o que interessa é o custo da mão de obra em termos do produto. Da condição de maximização do lucro, como F_N é a *PMgN*, temos que o salário monetário para a empresa corresponde ao **valor da produtividade marginal do trabalho** ($P \times PMgN$). Se o salário nominal crescer, mas o preço recebido pela empresa por seu produto crescer na mesma magnitude, o custo da mão de obra não será alterado, logo não modificará sua quantidade demandada de trabalho.

A demanda de trabalho refletindo a *PMgN* é obtida com base na função de produção. Desse modo, as mesmas variáveis que afetam a posição da função de produção determinarão a posição da curva de demanda por trabalho, ou seja, aumentos no estoque de capital ou melhorias tecnológicas, por exemplo, deslocarão a demanda de trabalho para a direita, significando que as empresas estarão dispostas a contratar as mesmas quantidades de trabalho a um salário real mais elevado.

3.1.3 Oferta de trabalho

Quanto à oferta de trabalho, esta é realizada pelas famílias. A questão agora é determinar como a oferta de horas de trabalho pelos indivíduos é afetada pelo salário real. Devemos notar, novamente, que, aceitando que os agentes não sejam míopes (não sofrem de ilusão monetária), a decisão de quanto trabalhar não será afetada pelo salário nominal percebido, mas pelo poder de compra recebido pelo trabalho (salário real).

A decisão de quanto trabalhar corresponde à escolha de como alocar as horas do dia entre trabalho e lazer. O trabalho não gera nenhum prazer, apenas a renda necessária para poder consumir e obter a satisfação decorrente do consumo de mercadorias. Já o lazer gera utilidade (satisfação) por si mesmo. Cada hora que o indivíduo dedica ao trabalho é uma hora a menos de lazer que ele possui e vice-versa. Assim, a decisão de quanto trabalhar decorre da **maximização de uma função utilidade**, cuja "cesta" de bens é composta pela renda (consumo de bens) e pelo lazer – é a decisão típica de um consumidor. O salário real corresponde ao acréscimo do consumo de bens para cada hora adicional de trabalho, ou, por outro lado, é o **custo de oportunidade do lazer** (quanto se sacrifica de produto para obter lazer).

Alterações no salário real possuem dois efeitos sobre as decisões dos indivíduos: efeito substituição e efeito renda. Considerando um aumento do salário real, ocorreria o seguinte: pelo lado do **efeito substituição**, o lazer está ficando relativamente mais caro, portanto diminui a procura por lazer e aumenta a oferta de trabalho. Por outro lado, pelo **efeito renda**, um aumento no salário real significa que os indivíduos estão mais ricos; logo, demandarão mais produtos e mais lazer. Assim, a inclinação da oferta de trabalho depende de qual dos dois efeitos é predominante, pois uma elevação do salário real tende pelo efeito substituição a ampliar a oferta de trabalho, mas pelo efeito renda tende a diminuir. Por simplicidade, suporemos que o efeito substituição se sobreponha ao efeito renda, e que a curva de oferta de trabalho seja positivamente inclinada em relação ao salário real.[2]

Dentro do pensamento clássico, a curva de oferta de trabalho reflete a chamada **desutilidade marginal do trabalho** (a perda de utilidade decorrente de dedicar mais horas ao trabalho e menos ao lazer), ou seja, mostra quanto deve ser o salário real para induzir o indivíduo a abrir mão do lazer dedicando esse tempo ao trabalho. Notemos que, para o desenvolvimento desta análise, utilizamos uma hipótese bem pouco realista: os indivíduos podem alocar livremente seu tempo entre trabalho e lazer, ou seja, os indivíduos têm liberdade para escolher quantas horas por dia irão trabalhar. Ao observarmos o que efetivamente acontece, percebemos que a escolha do indivíduo é aceitar a jornada de trabalho oferecida (número de horas estipulada) ou não aceitar o emprego, ou seja, a alocação temporal já aparece determinada.

Nesse sentido, chamando N^s de oferta de trabalho ou de mão de obra, temos:

$$N^s = N^s\left(\frac{W}{P}\right) \tag{8}$$

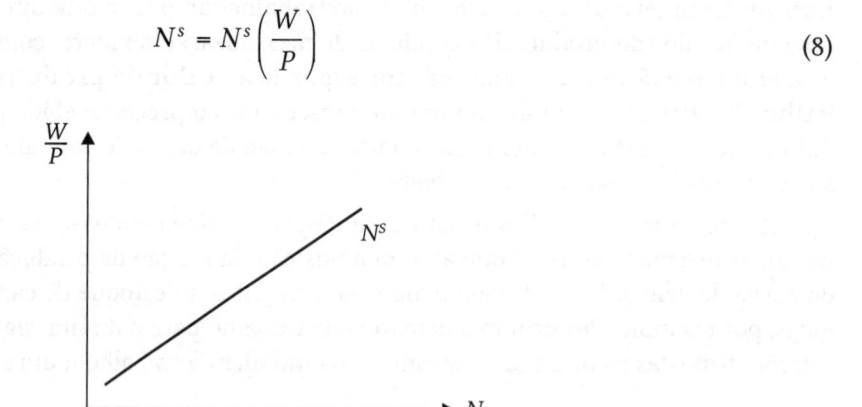

Figura 3.3 Oferta de trabalho positivamente inclinada.

---

[2] De acordo com vários autores, a curva de oferta de trabalho chega a determinado ponto em que sofre uma inflexão, tornando-se negativamente inclinada. Esta mudança decorre do fato de que, com base em certa quantidade oferecida de trabalho, o indivíduo está com tão poucas horas de lazer que, para qualquer elevação na renda, ele preferirá consumir mais lazer a ampliar o número de horas trabalhadas.

Por simplicidade, podemos considerar para exposição uma oferta de trabalho dada, independente do salário real: uma jornada fixa de trabalho e um certo número de pessoas em idade de trabalho (população economicamente ativa); multiplicamos essas duas variáveis e temos a oferta independente do salário. Esta curva vertical de oferta de trabalho não alteraria em nada os resultados obtidos. Assim:

$$N^s = \overline{N} \tag{9}$$

conforme mostra a Figura 3.4.

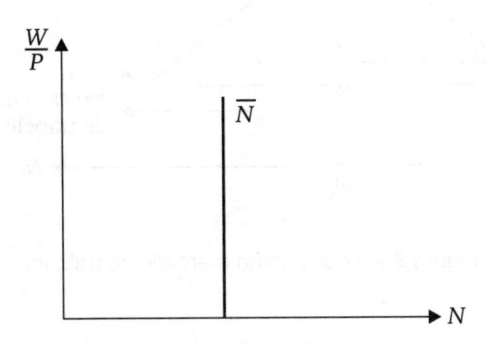

Figura 3.4 Oferta de trabalho vertical.

3.1.4 Equilíbrio no mercado de trabalho no modelo clássico

Uma vez determinada a oferta e a demanda de trabalho, basta analisar o funcionamento do mercado de trabalho com a junção de seus componentes, para determinarmos o nível de emprego e o salário real. Sendo o mercado de trabalho do tipo concorrência perfeita, isto é, com um grande número de ofertantes (desconsiderando a existência de sindicatos, por exemplo, fixando preços) e um grande número de demandantes (nenhuma empresa possui poder de fixar o salário que irá pagar, ou seja, nenhuma tem poder de monopólio ou oligopólio), temos: sempre que houver excesso de oferta de trabalho, haverá queda no salário real (o que se faz com queda no salário nominal a dado nível de preço) e, sempre que houver excesso de demanda, haverá aumentos do salário real. Isso garantirá que o mercado atinja um nível de salário real no qual a oferta de mão de obra se iguale à demanda. Ou seja, neste nível de salário, todos que quiserem trabalhar encontrarão emprego, e as empresas encontrarão oferta suficiente de trabalho para atender sua demanda.

Assim, quando o salário real estiver acima do nível de equilíbrio, haverá excesso de oferta de trabalho, o número de horas de trabalho oferecidas pelos trabalhadores será maior do que o demandado pelas empresas, caracterizando uma situação de **desemprego** $(W/P)_1$. Com isso, a concorrência entre trabalhadores para obter empregos levará à redução dos salários, reduzindo a oferta e ampliando a demanda, até que as duas quantidades se igualem, em um nível inferior de salário real $(W/P)_E$. Se o salário real estiver abaixo do equilíbrio, haverá excesso de demanda por trabalho (**superemprego**) $(W/P)_2$. Com isso, a concorrência entre as firmas para conseguir trabalhadores levará ao aumento do salário real, ampliando a oferta de trabalho e diminuindo a demanda, até que as duas quantidades se igualem $(W/P)_E$.

Portanto, considerando um mercado de trabalho em concorrência perfeita, este determinará o salário real $(W/P)_E$ e o nível de emprego de equilíbrio N_E, onde todos que estejam dispostos a trabalhar neste nível salarial obterão emprego. Não existe desemprego involuntário na economia – a economia opera a pleno emprego. Percebemos que, sendo o salário nominal flexível, não existe qualquer obstáculo para obtenção do equilíbrio de pleno emprego.

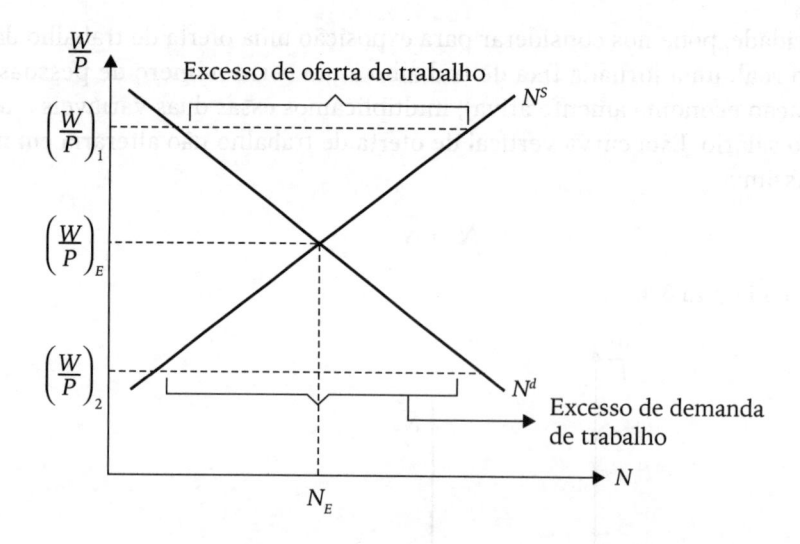

Figura 3.5 Equilíbrio no mercado de trabalho.

3.1.5 Oferta agregada no modelo clássico

Definido o nível de emprego no mercado de trabalho (N_E) e dada a função de produção, determina-se o produto Y_E, que corresponde ao **produto de pleno emprego**, que será a oferta agregada da economia.

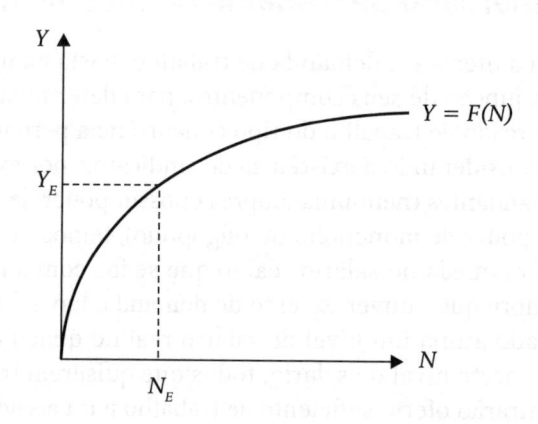

Figura 3.6 Oferta agregada no modelo clássico.

Notemos que a oferta agregada clássica depende da tecnologia (função de produção), do estoque de capital e das condições do mercado de trabalho (que determina o nível de salário real). Ou seja:

$$Y^s = Y^s (W/P, K, T) \tag{10}$$

Todas as variáveis que afetam a oferta agregada são variáveis reais. O nível de emprego e de produto independem de variáveis nominais (monetárias), como o nível de preços ou salário nominal, por exemplo. Se tivermos um aumento no preço recebido pelas empresas por seus produtos, por exemplo, isto ampliará a demanda de trabalho, gerando excesso de demanda por trabalho, o que provocará elevação do salário nominal, até que se recomponha o salário real de equilíbrio. Portanto, a oferta agregada é inelástica ao nível de preços, o que significa que a curva de oferta é vertical (a quantidade produzida independe do preço), conforme a Figura 3.7.

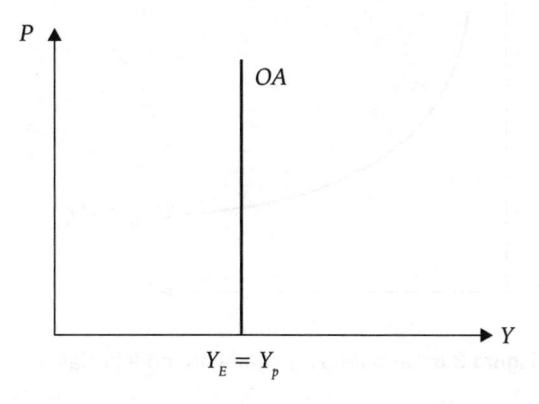

Figura 3.7 Oferta agregada de pleno emprego.

Na Figura 3.7, Y_p é a renda ou produto de pleno emprego e Y_E é a renda ou produto de equilíbrio.

Alterações na oferta só podem ser obtidas por mudanças que afetem as variáveis reais da economia, afetando o mercado de trabalho: elevações na produtividade marginal do trabalho (acúmulo de capital ou inovação tecnológica que desloquem, por exemplo, a demanda de trabalho para a direita) ou que mudem a oferta de trabalho (mudanças populacionais, economias de guerra com campanhas pró-trabalho etc.).

3.2 DEMANDA AGREGADA CLÁSSICA

Definindo-se a demanda agregada como a relação entre a quantidade demandada de bens e serviços e o nível geral de preços, podemos derivar a demanda agregada no modelo clássico com base na teoria quantitativa da moeda, apresentada no capítulo anterior.[3]

Como foi visto:

$$MV = PY \tag{11}$$

onde: M = a quantidade de moeda

V = a velocidade-renda da moeda, P – o nível geral de preços

Y = a renda ou produto real (PY então é o produto nominal ou monetário)

Vista como uma equação de equilíbrio do mercado monetário, ela mostra que a oferta de moeda é igual à demanda de moeda e que a demanda é proporcional à quantidade do produto real Y.

A teoria clássica, em sua versão mais rígida, supõe ainda que a velocidade-renda da moeda é constante. Com V constante, e dada a oferta de moeda M, temos uma relação inversa entre o nível de preços P e o produto real Y. Graficamente, veja a Figura 3.8.

[3] No Apêndice B, apresentamos uma formulação alternativa da demanda agregada clássica, partindo da Lei de Walras e chegando aos mesmos resultados.

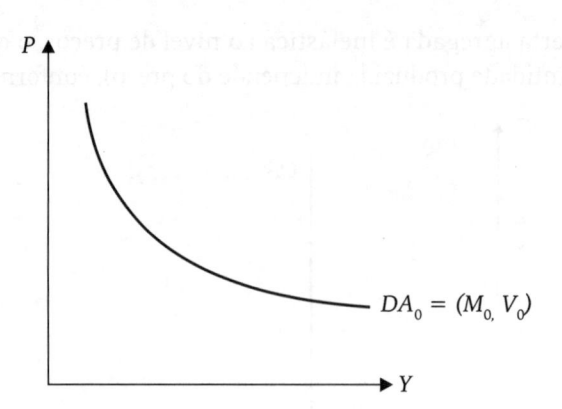

Figura 3.8 Demanda agregada no modelo clássico.

Ou seja, para determinada oferta de moeda (M_0), quanto maior o nível de preços P, menor o estoque real de moeda $\left(\dfrac{M_0}{P}\right)$, para satisfazer às transações, e, consequentemente, menor a quantidade de bens e serviços a ser demandada Y.

Ampliações na oferta de moeda deslocam a curva para direita, ou seja, para qualquer nível de preços, a quantidade demandada se ampliará caso a oferta de moeda seja maior.

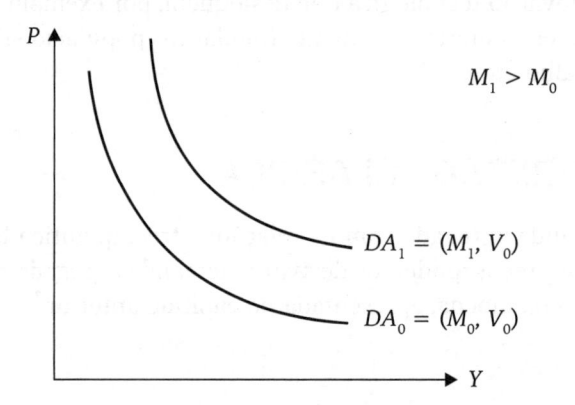

Figura 3.9 Efeito de um aumento na oferta de moeda sobre a demanda agregada.

A questão que se coloca é: que papel tem, afinal, a demanda agregada por produtos no modelo clássico? Conforme destacado ao discutirmos a oferta agregada, a quantidade produzida pelas empresas independe de variáveis nominais, sendo determinada pela tecnologia e pelo estoque de fatores. Dessa forma, a demanda agregada não é um fator determinante do nível de produto da economia. **São as condições de oferta que determinam o nível de produto.**

Se o produto real é dado pela oferta, a única variável determinada pela demanda é o nível de preços. Como a posição da curva de demanda é determinada pela oferta de moeda, concluímos que, no modelo clássico, políticas monetárias expansionistas ampliam a demanda e, como a oferta é dada pelas condições reais, as únicas variáveis afetadas pela moeda são as nominais (preços).

Nesse sentido, a demanda não se constitui, no modelo clássico, uma restrição à expansão da oferta. É o mundo da chamada **Lei de Say**, segundo a qual "a oferta cria sua própria procura". De acordo com ela, toda a renda criada no processo de produção seria gasta, de forma a adquirir toda produção. Ou seja, não seria possível uma situação de insuficiência generalizada de demanda, ou, como colocado pela Lei de Walras, o excesso de demanda global da economia seria nulo. Para que a Lei de Say seja válida, considera-se que só haja demanda de moeda pelo motivo transação, como explicitado anteriormente ao deduzirmos a demanda agregada. Toda a renda ganha pelas pessoas é gasta apenas na compra de bens e serviços. Ou seja, a Lei de Say não prevê demanda de moeda pelo motivo portfólio, já que não supõe qualquer tipo de especulação financeira.

Resumindo: dada a oferta de moeda e o nível de produto definido pela oferta agregada, a demanda agregada apenas determina o nível de preços da economia. Alterações na demanda agregada, em decorrência de alterações na oferta de moeda, apenas mudam o nível de preços da economia, sem qualquer impacto sobre o produto real. Graficamente, veja a Figura 3.10.

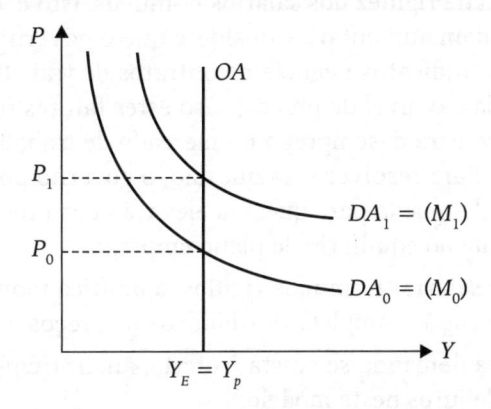

Figura 3.10 Efeito de um aumento da demanda agregada sobre o produto e o nível de preços.

Uma vez determinado o nível de preços no mercado de produto, determina-se o salário nominal compatível com o salário real de equilíbrio (W/P) e no mercado de trabalho. Observe a Figura 3.11.

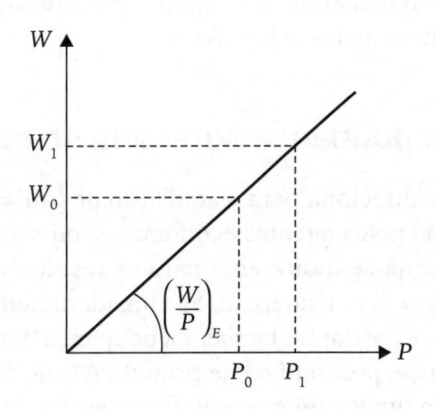

Figura 3.11 Determinação do salário real.

3.2.1 Dicotomia clássica: a neutralidade da moeda no modelo clássico

Existe no modelo clássico uma separação entre o chamado lado real e o lado monetário da economia. As variáveis reais – produto, nível de emprego, salário real, preços relativos etc. – não são afetadas pela quantidade de moeda, que apenas determina as variáveis nominais – preços e salário nominal. Esta é a chamada dicotomia clássica, que mostra a chamada **neutralidade da moeda**. Essa separação confere um papel totalmente passivo para a demanda agregada.

A política monetária só terá alguma influência sobre variáveis reais caso haja alguma imperfeição nos mercados, o que não é considerado no modelo clássico. O principal caso de imperfeição de mercado é a existência de rigidez dos salários nominais, isto é, os salários nominais serem inflexíveis para baixo (só podem aumentar). Considere que o governo introduza uma legislação de salário mínimo ou que os sindicatos negociem contratos de trabalho fixando o salário nominal. Dado o estoque de moeda e o nível de preços, caso estes fatores resultem em um salário real acima do equilíbrio, isso provocará desemprego no mercado de trabalho e, portanto, um nível de produto abaixo do potencial. Para resolver essa questão, o governo pode se valer da política monetária, expandindo a oferta de moeda para que, via elevação dos preços, se corroa o salário real, levando a economia novamente ao equilíbrio de pleno emprego.

Assim, apenas supondo salários nominais rígidos, a política monetária pode ter efeito real. Entretanto, o modelo clássico supõe completa flexibilidade de preços e salários.

Para mostrarmos como a demanda se ajusta à oferta, analisaremos na sequência o mercado financeiro e o papel da taxa de juros neste modelo.

3.3 POUPANÇA, INVESTIMENTO E O PAPEL DA TAXA DE JUROS NO MODELO CLÁSSICO

Veremos neste tópico que o consumo, a poupança e o investimento agregados dependem fundamentalmente da taxa de juros no modelo clássico.

3.3.1 Oferta de fundos: poupança agregada no modelo clássico

O fluxo de recursos que se direciona para a aquisição de títulos na economia corresponde à parcela da renda não consumida pelos agentes econômicos, ou seja, à poupança. Para os fins da análise que se desenvolverá, torna-se indiferente para os resultados qual teoria de consumo (e, por conseguinte, de poupança) será considerada. Se considerássemos, por exemplo, o consumo como função exclusiva da renda e, portanto, também a poupança, teríamos no modelo clássico um nível já determinado de poupança, pois o nível de produto é sempre dado em nível de pleno emprego, o que tornaria a oferta de fundos no mercado financeiro independente do preço dos títulos ou da remuneração da poupança.

Podemos, no entanto, considerar a decisão de alocação da renda entre poupança e consumo como uma escolha intertemporal de consumir hoje ou no futuro, entendendo a poupança como uma transferência de poder de compra ao longo do tempo, ou seja, o indivíduo, ao poupar, somente o faz para consumir no futuro. O sacrifício ao consumo presente exige um "prêmio pela espera", isto é, o indivíduo só poupará se puder consumir mais no futuro do que consumiria hoje. Assim, a poupança depende do tamanho do prêmio pela espera, isto é, da taxa de juros, que remunerará a poupança do indivíduo. Quanto maior a taxa de juros, mais caro será o consumo presente em termos de consumo futuro, portanto, maior o estímulo à poupança. Assim, temos:

$$S = S(r)$$
$$C = C(r) \qquad (12)$$

onde: S = poupança agregada

C = consumo agregado

r = taxa real de juros

A poupança varia positivamente com a taxa de juros, enquanto o consumo agregado (corrente) apresenta uma relação inversa com a taxa real de juros, ou seja, $S'(r) > 0$ e $c'(r) < 0$.

Como as pessoas poupam visando um maior consumo futuro, ninguém guarda poupança na forma de moeda, uma vez que esta não rende juros, canalizando-a totalmente para a aquisição de títulos. Assim, o volume de poupança corresponde à oferta de fundos no mercado financeiro. Quanto maior a taxa de juros, maior será a quantidade ofertada de recursos. Dessa forma, **a função poupança será crescente em relação à taxa de juros**.

3.3.2 Demanda de fundos: demanda de investimentos no modelo clássico

Já a demanda por fundos é realizada basicamente por aqueles que desejam investir (demanda por investimento). O investimento, como visto, corresponde ao acréscimo do estoque de capital na economia com o objetivo de ampliar a produção futura.

A decisão de investimento, assim como a decisão de contratar mais trabalhadores pelas empresas, segue a lógica da maximização de lucro pelas mesmas. O retorno decorrente de uma unidade a mais de capital corresponde ao **valor da produtividade marginal do capital** (quantidade adicional de produto gerado por uma unidade a mais de capital vezes o preço do produto). O **custo do investimento** é a taxa de juros que se paga para obter o empréstimo para a aquisição do bem de capital; ou o custo de oportunidade (taxa de juros) em que o detentor de recursos incorre por não aplicar sua poupança em títulos e imobilizar esses recursos na produção.

Como discutido para o fator trabalho, a produtividade marginal do capital também é decrescente. Ou seja, investimentos adicionais trazem um retorno cada vez menor em termos de produto. Dessa forma, para que o investimento se amplie, isto é, para que as empresas utilizem mais capital, a taxa real de juros deve se reduzir. Portanto, a demanda de recursos no mercado financeiro é inversamente relacionada com a taxa real de juros. Então, temos que a demanda de investimentos (a função investimento) no modelo clássico é dada por:

$$I = I(r) \qquad (13)$$

sendo: I = demanda de investimentos

r = taxa real de juros

$I_r < 0$ (I_r é a derivada primeira da função investimento, $I'(r)$)

Notemos, novamente: a taxa de juros, assim como o salário, é expressa em termos nominais, por exemplo, 10% ao ano sobre um capital de R$ 100,00 – ou seja, tomando emprestado hoje R$ 100,00, devemos devolver daqui a um ano os R$ 100,00 que foram emprestados mais R$ 10,00 como juros pelo empréstimo (ou, no caso do aplicador, aplicando R$ 100,00 hoje obterá R$ 110,00 daqui a um ano). Contudo, o que interessa, tanto para o tomador de empréstimos como para o aplicador, é o que esses juros representam em termos de produto, ou seja, seu valor real, como vimos no capítulo anterior. Devemos então diferenciar **taxa nominal de juros**, que expressa a remuneração monetária sobre um dado capital, e a **taxa real de juros**, que corresponde à taxa nominal descontada a variação de preços no período.

Assim, temos:

$$S = S\,(r)\ e\ I = I(r) \tag{14}$$

sendo r = taxa real de juros

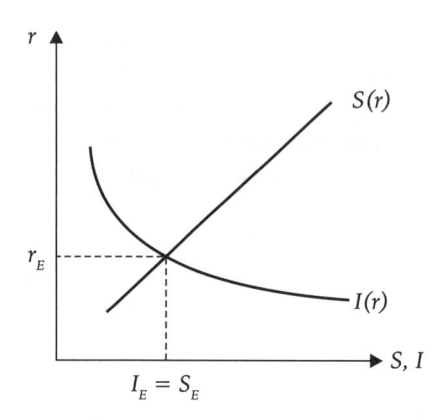

Figura 3.12 Equilíbrio entre poupança e investimento no modelo clássico.

onde r_E, I_E e S_E são os valores de equilíbrio da taxa real de juros, dos investimentos e da poupança agregada.

Pelo exposto, percebemos, em primeiro lugar, que a taxa de juros é vista nesse modelo como uma variável real determinada pelas preferências intertemporais dos indivíduos e pela produtividade marginal do capital, ou seja, não é afetada pela política monetária. **Assim, a política monetária, ao afetar o nível de preços, pode afetar a taxa nominal de juros, mas não a real, e como tal não afeta as decisões de poupança e investimento na economia.**

Em segundo lugar, como o mercado financeiro é também do tipo concorrência perfeita, a flexibilidade da taxa de juros garante que a parcela da renda que não é consumida será investida, validando a Lei de Say, ou seja, que não haja obstáculos do lado da demanda à determinação do produto. Se a taxa de juros estiver acima da taxa de juros de equilíbrio, que iguala poupança e investimento, a pressão dos poupadores pela aquisição de títulos fará com que esta se reduza, ampliando o investimento e diminuindo a poupança até que estas se igualem. Por outro lado, se ela estiver abaixo da taxa de equilíbrio, haverá excesso de demanda por recursos (demanda por investimento maior do que a poupança), fazendo com que os investidores pressionem a taxa de juros para cima até que o mercado se equilibre.

3.4 EQUILÍBRIO ENTRE OFERTA AGREGADA E DEMANDA AGREGADA NO MODELO CLÁSSICO

O equilíbrio no mercado de bens e serviços é dado por:

$$Oferta\ Agregada = Demanda\ Agregada \qquad (15)$$

ou

$$Y = DA \qquad (16)$$

Considerando apenas o consumo e o investimento, temos que:

$$DA = C + I \qquad (17)$$

Assim, no equilíbrio:

$$Y = C + I \qquad (18)$$

Conforme descrito, tanto o consumo como o investimento dependem da taxa real de juros. Então:

$$Y = C(r) + I(r) \qquad (19)$$

Pela definição de poupança temos que:

$$S = Y - C \qquad (20)$$

e sabemos que:

$$S = S(r) \qquad (21)$$

Portanto, decorre que o equilíbrio macroeconômico é obtido quando:

$$S(r) = I(r) \qquad (22)$$

Ou seja, a taxa de juros tem a função de equilibrar o mercado de produto.

Como dissemos anteriormente, esse resultado não depende de qual teoria de consumo, ou poupança, seja considerada. Por exemplo, supondo o consumo como função da renda corrente,

$$Y = C(Y) + I(r) \qquad (23)$$

Como o nível de renda é dado (a pleno emprego), o nível de consumo, também, e, como tal, o nível de poupança $S = Y - C(Y)$. Assim, o equilíbrio continuaria dependendo da taxa de juros, que teria de se ajustar para que o nível de investimento se igualasse ao nível dado de poupança, conforme destacado na Figura 3.13.

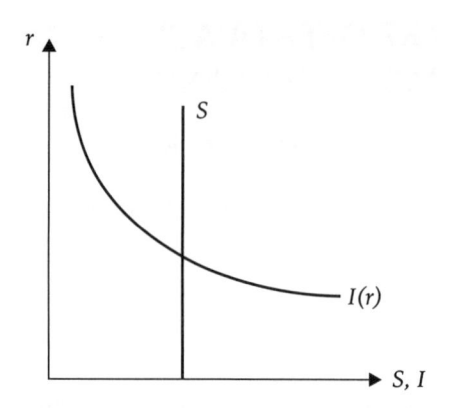

Figura 3.13 Equilíbrio no modelo clássico, dado em nível de poupança.

Percebe-se, portanto, a importância da taxa de juros para se atingir o equilíbrio macroeconômico no modelo clássico.

3.5 INTRODUZINDO O GOVERNO E A POLÍTICA FISCAL NO MODELO CLÁSSICO

Ao considerarmos o governo e a política fiscal, devemos notar que os impostos arrecadados pelo governo subtraem a renda do setor privado e como tal diminuem suas despesas, enquanto os gastos do governo são elementos adicionais de demanda na economia. Considerando o governo como um agente exógeno, tanto a arrecadação de impostos (T) como os gastos públicos (G) serão tomados como variáveis exógenas (dadas).

O equilíbrio, agora, passa a ser dado pela seguinte igualdade:

$$Y = C + I + G \tag{24}$$

Suponhamos que a decisão de consumo pela coletividade dependa da renda disponível que resta após o pagamento de impostos, ($Y - T$) e da taxa real de juros (r). Temos então:

$$\begin{aligned} C &= C(Y - T; r) \text{ e} \\ S &= S(Y - T; r) \end{aligned} \tag{25}$$

A arrecadação de impostos é parcela da renda subtraída ao consumo que, para manter a igualdade entre demanda e oferta agregada, deve ser gasta pelo governo.

O equilíbrio no mercado de produto passa a ser dado pela seguinte igualdade:

$$S(Y - T; r) + T = I(r) + G \tag{26}$$

Assim, no referencial gráfico utilizado até o momento, poderíamos incluir os impostos na curva de poupança, e os gastos do governo como elementos adicionais de demanda de recursos junto com o investimento. Por serem valores determinados exogenamente, não afetam as inclinações das respectivas curvas, apenas a posição das mesmas. Assim, quanto maior a arrecadação de impostos pelo governo, mais para à direita estará a curva de oferta de recursos no mercado financeiro, e quanto maior o volume de gastos públicos, mais à direita estará a curva de demanda por recursos.

Teríamos situação ilustrada na Figura 3.14.

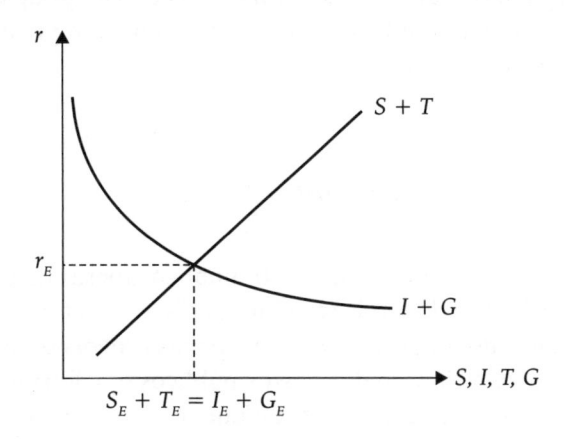

Figura 3.14 Equilíbrio no modelo clássico, com governo.

Podemos ainda redefinir o conceito de poupança desmembrando-o em poupança pública e poupança privada. A poupança pública, nesse caso, corresponde à diferença entre a arrecadação de impostos e os gastos do governo $(T - G)$. Dessa forma, a oferta de recursos no mercado financeiro corresponderia à chamada poupança nacional, que é a soma da poupança privada com a poupança pública.

$$S(Y - T; r) + T = I(r) + G$$
$$S(Y - T; r) + T - G = I(r) \qquad (27)$$
$$Sp + Sg = I(r)$$

onde Sp é a **poupança do setor privado** e $Sg = T - G$ é a **poupança pública**. A **poupança nacional** ou **poupança interna** é dada por $S = Sp + Sg$

Vejamos o impacto da política fiscal neste modelo. Consideremos inicialmente um aumento dos gastos públicos. Nesse caso, a curva $I + G$ desloca-se horizontalmente na magnitude do aumento dos gastos públicos, passando de $I + G_0$ para $I + G_1$.

Temos, então, a situação ilustrada na Figura 3.15.

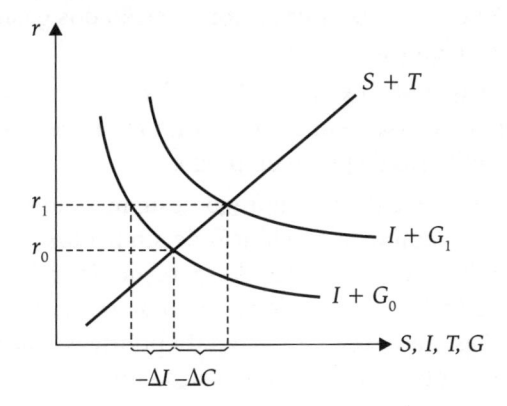

Figura 3.15 Efeito de um aumento dos gastos públicos no modelo clássico.

O aumento dos gastos públicos provoca uma elevação na taxa de juros, devido a uma pressão maior sobre os recursos existentes pela ampliação da demanda. Este aumento nas taxas de juros provoca tanto uma redução no investimento privado no montante ΔI, pois se necessita de maior produtividade marginal do capital, como uma elevação na poupança de ΔS, ou seja, uma queda no consumo de mesma magnitude, uma vez que o consumo presente ficou relativamente mais caro em relação ao consumo futuro.

Assim:

$$\Delta G = - (\Delta C + \Delta I) \tag{28}$$

Percebemos, portanto, que o aumento do gasto público, apesar de pressionar inicialmente a demanda, não levou a um aumento da renda (produto), pois não afetou nem as condições tecnológicas nem a dotação de fatores de produção. Ou seja, apenas provocou uma alteração na composição da demanda, elevando a participação dos gastos públicos em detrimento dos gastos privados (redução do investimento e do consumo). Esse fenômeno é conhecido como ***crowding-out***, ou **efeito-deslocamento**.

Caso o governo adotasse uma política de redução de impostos, sem ser acompanhada de redução dos gastos, os impactos seriam semelhantes. A poupança nacional se reduziria devido à queda na poupança pública, pressionando a taxa de juros para cima e reduzindo o nível de investimento. Note, porém, que, neste caso, o consumo se ampliará, uma vez que aumenta a renda disponível no setor privado. Caso o consumo não se ampliasse e toda redução de impostos se transformasse em poupança, a curva de oferta de recursos não se deslocaria, mantendo inalterada a taxa de juros. Percebe-se que o aumento da taxa de juros decorre da ampliação do consumo possibilitado pela queda dos impostos, sem que este seja acompanhado por redução dos gastos públicos. Assim, para adequar a demanda à oferta agregada, o investimento tem que se reduzir.

De qualquer forma, a introdução do governo e da política fiscal no modelo clássico provoca uma recomposição da demanda agregada, via taxa de juros, mas não afeta a produção agregada, que sempre se encontra em equilíbrio de pleno emprego.

3.6 COMENTÁRIOS FINAIS

Do exposto até aqui, concluímos que no modelo clássico a demanda possui um papel totalmente passivo na determinação do produto. A política monetária afeta apenas o lado monetário, sem ter qualquer impacto sobre as variáveis reais da economia (hipótese da neutralidade monetária). A política fiscal, por sua vez, apenas altera a composição dos gastos, isto é, a composição da demanda, mantendo inalterada a oferta.

Dessa forma, concluímos que não existe qualquer forma de o governo afetar o nível de emprego ou de produto da economia. Isso nem se constitui uma necessidade, uma vez que a economia sempre se encontra em equilíbrio de pleno emprego.

A possibilidade para a existência de desemprego neste modelo decorre das chamadas imperfeições de mercado, como, por exemplo, a existência de sindicatos tentando fixar níveis de salários incompatíveis com a condição de equilíbrio do mercado de trabalho, mas que são hipóteses não consideradas no modelo clássico. Assim, deixando o mercado funcionar livremente, e eliminando as possíveis imperfeições, não existe espaço para políticas macroeconômicas por parte do governo. Como veremos no capítulo seguinte, esta posição foi fortemente criticada por Keynes.

EXERCÍCIOS RESOLVIDOS

1. **(Exame ANPEC, 1992)** Considerando o modelo neoclássico de determinação do nível de atividade, emprego, preços e salários envolvendo, entre outras, as hipóteses de concorrência perfeita, ajuste instantâneo de salários e preços e validade da teoria quantitativa da moeda. Responda, então, verdadeira ou falsa.

   a) Quando o progresso técnico torna o fator trabalho mais produtivo, então o nível de emprego aumenta, desde que a oferta de trabalho reaja positivamente ao salário-real.

   Verdadeira: o progresso técnico desloca para cima a função de produção $Y = f(N)$. Como a produtividade do trabalho se eleva, há um deslocamento para cima e para direita da demanda de trabalho, pois as firmas estarão dispostas a pagar um salário real mais elevado para obter a mesma quantidade de trabalho ($W/P = PMgN$). Assim, caso a oferta de trabalho seja positivamente inclinada, a maior demanda por trabalho levará a um aumento do salário real de equilíbrio e a maior quantidade ofertada de trabalho; assim, no novo equilíbrio o nível de emprego será maior. Nesse caso, a produção será maior tanto pelo progresso técnico, pelo deslocamento da função de produção, como pelo aumento do emprego. Caso a oferta de trabalho fosse vertical, o progresso técnico, ao deslocar a função demanda de trabalho, levaria apenas à elevação do salário real, mas o nível de emprego não se alteraria.

   b) Quando o progresso técnico torna o fator trabalho mais produtivo, então o salário real aumenta.

   Verdadeira: conforme discutido no item anterior.

   c) Quando o progresso técnico torna o fator trabalho mais produtivo, então o nível de preços cai.

   Verdadeira: o progresso técnico eleva a produção das firmas, como vimos anteriormente. Ao ampliar-se a oferta agregada (que no modelo clássico é vertical), mantida a mesma demanda agregada, tem-se um novo equilíbrio com preços inferiores aos anteriores.

   d) Um aumento na oferta de moeda aumenta na mesma proporção o salário nominal e não tem qualquer impacto sobre o nível de emprego.

   Verdadeira: considerando que o nível de emprego e o salário real são determinados no mercado de trabalho, no ponto de interseção da demanda de trabalho, que reflete a produtividade marginal do trabalho (variável real), e a oferta de trabalho, que tanto pode ser considerada fixa como refletindo a desutilidade marginal do trabalho, ou sendo positivamente inclinada em relação ao salário real, percebe-se que variáveis nominais não afetam a determinação do emprego. Assim, a ampliação da oferta de moeda, dada a oferta agregada vertical, apenas levará à elevação dos preços, conforme exposto pela teoria quantitativa da moeda. Se o salário nominal é dado, isto levará à redução do salário real, e a um excesso de demanda no mercado no trabalho. Para manter o salário real no mesmo patamar, o salário nominal terá que se elevar na mesma proporção que o estoque monetário e os preços, de modo a manter-se o equilíbrio no mercado de trabalho, com o que o emprego não será alterado.

   Observação: a política monetária só afetará o nível de emprego se considerarmos a existência de contratos de trabalho que façam com que os salários nominais sejam rígidos. Nesse caso, uma elevação no estoque de moeda elevará os preços, os quais, não sendo acompanhados por aumentos nos salários nominais, levarão à queda do salário real e à ampliação do emprego. Caso contrário, temos a neutralidade monetária.

2. **(Exame ANPEC 1994)** Considerando o modelo (neo)clássico e a teoria quantitativa da moeda, responda verdadeira ou falsa.

   a) O aumento da oferta de moeda pode elevar o nível de emprego, mas provoca tensões inflacionárias.

   Falsa: se considerarmos a existência de mercados livres do tipo concorrência perfeita, inclusive o mercado de trabalho, a resposta é FALSA, pois tanto trabalhadores como empresas atuam no mercado de trabalho de acordo com o salário real (não possuem ilusão monetária). Dessa forma, determinar-se-á o salário real de equilíbrio que iguala oferta e demanda de trabalho (nível de pleno emprego), com o que o nível de emprego só poderá ser afetado por modificações nas variáveis reais (tamanho populacional, preferências renda-lazer dos trabalhadores, produtividade marginal do trabalho etc). Assim, a mudança no estoque de moeda só provocará alterações nos preços.

   b) Um choque adverso de oferta, em uma economia com oferta monetária fixa, provoca uma queda no nível de emprego e elevação do nível de preços.

   Verdadeira: o choque de oferta funciona como uma redução da produtividade marginal do trabalho, deslocando para baixo a demanda de trabalho, com isso reduzindo o nível de emprego de equilíbrio. Assim, a quantidade ofertada se reduz e, como a oferta de moeda permanece inalterada, a demanda agregada permanece na mesma posição. Pela teoria quantitativa da moeda, pode-se perceber que, com um produto menor, a economia ajusta-se com uma elevação dos preços. Assim, é VERDADEIRA a afirmação.

   c) O desemprego independe da situação da demanda agregada, sendo voluntário e resultado da negativa dos trabalhadores em aceitarem menores salários reais.

   Verdadeira: assumindo que os mercados são do tipo concorrência perfeita, o mercado de trabalho sempre determinará um nível de salário real que equilibre oferta e demanda de trabalho. Como vimos, tanto a curva de demanda como a de oferta de trabalho são determinadas por variáveis reais. A demanda agregada apenas define o nível de preços da economia, sem qualquer impacto sobre as variáveis reais: emprego, produto, salário real etc.

   d) Maior propensão a poupar da sociedade reduz taxa de juros, mas nada pode ser afirmado em relação ao investimento, pois este depende, também, do nível de ocupação da capacidade produtiva.

   Falsa: no modelo clássico, o nível de poupança acaba determinando o nível de investimento, com as oscilações da taxa de juros garantindo que a demanda de investimento se igualará à oferta de poupança. Assim, ao ampliar-se o nível de poupança da economia, com certeza se ampliará o investimento, pela queda na taxa de juros.

3. **(Exame ANPEC 2005)** Com base no modelo clássico (também chamado neoclássico), julgue as afirmativas:

a) Vigorando o salário real de equilíbrio, a economia estará em pleno emprego, mas, ainda assim, haverá desemprego voluntário e desemprego friccional.

Verdadeira: o pleno emprego, equilíbrio no modelo clássico, está relacionado com a taxa natural de desemprego. Nesta taxa, não existe desemprego involuntário; apenas o voluntário e o friccional (capítulo 1).

b) Considerando-se apenas uma função de produção convencional com retornos decrescentes, em que sejam dados o estoque de capital e o estado tecnológico, nada pode ser inferido a respeito da elasticidade da função demanda de trabalho.

Falsa: no modelo clássico, é possível determinar a demanda por trabalho. Também é possível determinar, no equilíbrio, o salário nominal W e o nível geral de preços P (ver análise gráfica do modelo). Podemos definir a da função demanda de trabalho como:

$$\varepsilon Nd = [(\Delta Nd/Nd)/(\Delta W/\Delta W)]$$

Ou, para variações infinitesimais:

$$\varepsilon Nd = (\partial Nd/\partial Nd)\cdot(W/Nd)$$

Somente com essa definição podemos dizer que a eslasticidade é negativa, tendo em vista os rendimentos decrescentes (ou seja, $(\partial Nd/\partial Nd) < 0$). Dados W e Nd, podemos também calcular a o valor da elasticidade.

c) Se todo o estoque de moeda é útil apenas como meio de troca, ou seja, se não há entesouramento, então os indivíduos não pouparão nessa economia.

Falsa: no modelo clássico, a poupança depende da taxa de juros e independe das motivações para a demanda por moeda.

d) Se o governo decide estabelecer um salário real superior ao salário de equilíbrio, o desemprego aumentará por dois motivos: (i) trabalhadores serão demitidos; e (ii) parte dos trabalhadores desempregados passará a procurar emprego.

Verdadeira: se o salário for estipulado acima daquele definido pelo pleno emprego, ocorrerão demissões e haverá desemprego voluntário (ou seja, a taxa de desemprego será maior do que sua taxa natural).

e) Se na economia os indivíduos não poupam, vigorará a Lei de Say, que diz que toda oferta encontra uma demanda correspondente.

Dúbia: o modelo clássico contempla a Lei de Say. Porém, a "lei" depende da teoria quantitativa da moeda, que considera que toda demanda por moeda é motivada pelas transações (motivo transacional apenas). Nesse sentido, não há a necessidade de os indivíduos pouparem para que seja válida a Lei de Say. Fica aqui a questão da interpretação.

4. Com base no modelo clássico, classifique as sentenças a seguir como verdadeiras ou falsas:

a) **(Exame ANPEC, 2005)** Vigorando o salário real de equilíbrio, a economia estará em pleno emprego, mas, ainda assim, haverá desemprego voluntário e desemprego friccional.

Verdadeira: de acordo com o modelo clássico, ao salário de equilíbrio no mercado todos conseguiriam trabalho (caso contrário, o mercado de trabalho não estaria em seu equilíbrio). Isto não implica necessariamente que todos os agentes aceitarão o salário de equilíbrio de mercado, dado que alguns indivíduos podem ter um salário de reserva superior ao de equilíbrio. Assim, no modelo clássico, há somente o chamado desemprego voluntário.

b) **(Exame ANPEC, 2005)** Se todo o estoque de moeda é útil apenas como meio de troca, ou seja, se não há entesouramento, então, os indivíduos não pouparão, nessa economia.

Falsa: de fato, no modelo clássico, a moeda é somente meio de troca, mas isto não implica que os indivíduos não pouparão. No modelo clássico, os indivíduos pouparão sob a forma de variável real e, conforme visto ao longo deste capítulo, as empresas tomarão tais recursos emprestados para a realização de investimentos mediante o pagamento de juros reais aos indivíduos poupadores.

c) **(Exame ANPEC, 2005)** Se o governo decide estabelecer um salário real superior ao salário de equilíbrio, o desemprego aumentará por dois motivos: (i) trabalhadores serão demitidos e (ii) parte dos trabalhadores desempregados passarão a procurar emprego.

Verdadeira: de fato, assumindo que a demanda por fator trabalho (firmas) tenha relação negativa com o salário real e que a oferta de fator trabalho (famílias) tenha relação positiva com o salário real, um salário superior ao salário de equilíbrio causará desemprego (no caso, o involuntário) porque induzirá as empresas a contratarem menos trabalhadores (comparativamente à quantidade que seria contratada ao salário de equilíbrio) e os trabalhadores a ofertarem mais trabalho (comparativamente à quantidade que seria ofertada ao salário de equilíbrio).

REFERÊNCIAS

ACKLEY, G. *Teoria macroeconômica.* São Paulo: Pioneira, 1989.

KEYNES, J. M. *Teoria geral do emprego, do juro e da moeda.* São Paulo: Atlas, 1992.

SHAPIRO, E. *Análise macroeconômica.* São Paulo: Atlas, 1988.

APÊNDICE A – A QUESTÃO DO DESEMPREGO

Dissemos ao longo da exposição do modelo clássico, que, com o mercado atuando livremente, não haveria desemprego e a economia sempre operaria a pleno emprego. A única possibilidade para a existência de desemprego no modelo clássico seria a presença de imperfeições no mercado, como sindicatos que procuram fixar o salário acima daquele nível que equilibra o mercado de trabalho. O fato de trabalharmos com a noção de pleno emprego não significa que a todo instante todos os trabalhadores estarão ocupados. Neste Apêndice, discutiremos alguns conceitos de desemprego.

A **taxa de desemprego** corresponde à relação do número de pessoas que são capacitadas, estão dispostas a trabalhar e não encontram emprego com o total de pessoas aptas e interessadas em trabalhar. Note-se que, por esta definição, excluem-se da categoria de desempregados aqueles indivíduos que, apesar de estarem desempregados, não estejam procurando emprego.

Assim, nas medidas de desemprego em geral desconsideram-se aquelas pessoas que não realizaram qualquer entrevista nas últimas quatro semanas, por exemplo, o que caracterizaria que a pessoa não está procurando emprego. As pessoas que estão fazendo "bicos" para sobreviver, mesmo sem possuírem um vínculo empregatício formal, também, em geral, não são consideradas desempregadas, pois estão auferindo renda.

Existe uma série de medidas diferentes para o desemprego, de acordo com as considerações que se faz do que seja o desempregado e do que significa disposição a obter emprego. O Brasil possui as categorias desemprego aberto, desemprego oculto etc. As taxas da Fundação SEADE/DIEESE, por exemplo, não coincidem com as do IBGE, e assim por diante. Essa diversidade acentua-se ao compararmos diferentes países.

A taxa de desemprego é uma relação entre um estoque de indivíduos que em dado momento estejam sem ocupação, frente ao estoque total da força de trabalho. Vários autores, para analisar os motivos que afetam esta relação, usam a metáfora da **"piscina" do desemprego**.

Os fatores que causam a entrada nessa piscina são: dispensas temporárias do trabalho (com futura recontratação: é um **desemprego temporário**); entrada na força de trabalho em busca do primeiro emprego; demissão (falência de empresas, contrações cíclicas etc.).

As saídas se devem às readmissões dos temporariamente dispensados, à criação de novos empregos e à aposentadoria ou abandono da força de trabalho.

Para efeitos teóricos, consideramos três definições de desemprego:

- desemprego friccional, decorrente de reajustes ou movimentos setoriais ou regionais da estrutura produtiva e do deslocamento da mão de obra;
- desemprego voluntário, no qual o indivíduo não quer trabalhar ao salário vigente;
- desemprego involuntário, no qual o indivíduo, apesar de aceitar trabalhar ao salário vigente e mesmo abaixo deste, não consegue emprego.

O desemprego que o modelo clássico descarta é o chamado desemprego involuntário. Ele pode ser definido como a existência de pessoas dispostas a trabalhar ao nível de salário vigente no mercado, mas que mesmo assim não conseguem emprego. Como vimos na construção do modelo clássico, o desemprego involuntário é impossível de ocorrer a partir das hipóteses do modelo, pois, segundo este, em havendo excesso de oferta de trabalho, o salário se reduzirá até que a oferta e demanda de trabalho se igualem, de tal modo que todos que estiverem dispostos a trabalhar ao salário de mercado encontrarão oportunidade.

Esse é o primeiro ponto de discórdia do modelo clássico com o keynesiano, que discutiremos no capítulo seguinte. Veremos que, no modelo keynesiano, a produção é determinada pela demanda no mercado de bens. Se esta for insuficiente, mesmo havendo pessoas dispostas a aceitar reduções salariais para conseguir emprego, os empresários não contratarão mais pessoas se não tiverem a expectativa de vender o produto, abrindo-se então a possibilidade para o chamado desemprego involuntário.

O desemprego considerado no modelo clássico é o chamado desemprego friccional, ou **desemprego de pleno emprego**. Ele corresponde a uma situação em que, mesmo havendo oportunidades para todos aqueles que desejam trabalhar ao salário vigente, as pessoas muitas vezes têm que se adequar a estas oportunidades, ou seja, pode haver discrepância entre os empregos que são oferecidos e as qualidades ou habilidades das pessoas, o que pode se dar tanto em termos de conhecimento como pelo fato de as pessoas estarem localizadas em regiões erradas. Assim, por exemplo, o advento dos microcomputadores fez com que o trabalho de datilografia ficasse tecnologicamente obsoleto. Enquanto por um lado gera-se, inicialmente, um grande contingente de datilógrafos desempregados, por outro lado amplia-se a procura por digitadores, programadores etc.

A questão neste sentido não é a falta de emprego, mas o fato de que os trabalhadores não estão preparados para a nova função requisitada. Esse desemprego persistirá enquanto as pessoas treinarem ou adquirirem as novas habilidades requeridas. Este tipo de desemprego friccional também é chamado de **desemprego estrutural**, causado pelo rápido desenvolvimento tecnológico, que tende a marginalizar a parcela da mão de obra que não tem habilidades para acompanhar as mudanças.

Outro exemplo de desemprego friccional refere-se a uma mudança geográfica das oportunidades econômicas. Suponhamos que em dado instante as oportunidades na indústria de São Paulo comecem a desaparecer, mas simultaneamente cresça a procura por trabalhadores nas culturas de frutas no vale do São Francisco. Inicialmente, uma parcela da mão de obra em São Paulo estará desocupada, mas tão logo esta se mude para a região da fruticultura, voltará a estar empregada.

Outra possibilidade chamada desemprego friccional é aquela situação em que o trabalhador, depois de perder ou deixar o emprego, escolhe outra oportunidade.

Assim, mesmo em uma situação de pleno emprego, sempre haverá uma parcela da força de trabalho desocupada por questões de mudanças tecnológicas, regionais, da atividade produtiva, que requer readaptações dos trabalhadores às novas oportunidades, e tem um caráter temporário para o trabalhador.

Como veremos adiante no livro, muitos autores definem o desemprego friccional como **taxa de desemprego de pleno emprego**. Analisaremos também a **taxa natural de desemprego**, que corresponde à taxa de desemprego compatível com a ausência de inflação. Para combater esse tipo de desemprego (friccional), o governo pode, por exemplo, criar centros de qualificação dos trabalhadores que busquem retreiná-los às novas demandas exigidas no mercado de trabalho. Um outro tipo de política refere-se à criação de uma agência pública de emprego que reúna todas as informações sobre as novas oportunidades, diminuindo os custos de transação para o trabalhador procurar um novo emprego.

O terceiro tipo é o chamado **desemprego voluntário** ou **desemprego de espera**. Este desemprego decorre do fato de o salário real situar-se acima daquele que equilibra o mercado de trabalho. Note-se que no referencial do modelo clássico este tipo de desemprego não poderia persistir, uma vez que, considerando mercados perfeitos, o salário real teria de se reduzir até que o desemprego fosse eliminado. Assim, este tipo de desemprego só pode emergir de imperfeições do mercado que tornam o salário rígido e impedem que o desemprego seja eliminado pelo mecanismo de preços. Dentre as principais causas para explicar a rigidez salarial e, portanto, o desemprego de espera, destacam-se a interferência dos governos com legislações do tipo salário mínimo, a existência de sindicatos e as negociações coletivas que retiram a concorrência do mercado de trabalho e o argumento do chamado salário-eficiência.

Quanto ao salário mínimo, se estiver fixado acima do nível de equilíbrio do mercado, gerará um desestímulo a contratações por parte das empresas e estimulará maior oferta de trabalho, levando ao surgimento do desemprego. Note-se que, de acordo com a teoria econômica, o salário real reflete a produtividade marginal do trabalho. Diferenciando o mercado de trabalho entre trabalhadores experientes e inexperientes, pode-se perceber que, no caso dos primeiros, a produtividade deve ser maior do que no caso dos segundos, uma vez que já foram treinados e possuem as habilidades necessárias para a execução das atividades. Assim, segundo alguns estudos realizados para os EUA, a legislação de salário mínimo não tende a afetar o emprego na categoria de homens adultos qualificados que, em geral, recebem salários maiores do que o mínimo. Contudo, essa legislação tende a afetar fortemente o mercado de trabalho de adolescentes, que ainda não possuem experiência e, portanto, têm baixa produtividade. Assim, o salário mínimo tende a situar-se acima daquele que equilibraria o mercado, uma vez que os custos que as empresas possuem com o treinamento desta mão de obra deveria ser considerado salário. Com isso, o desemprego de espera tende a ser significativo nessa categoria de ingressantes no mercado de trabalho, dificultando a obtenção do primeiro emprego e, no caso, de mão de obra desqualificada.

Quanto ao chamado salário-eficiência, esta teoria tenta mostrar que os trabalhadores que ganham mais são mais produtivos, o que pode ser explicado por melhores padrões de saúde dos trabalhadores (diminui número de faltas, eleva a produtividade do trabalho etc.), melhores incentivos (permanência no emprego – diminui custo de treinamento e recrutamento; estímulo à boa conduta – zelo pelo equipamento, menor número de defeitos etc., o que se obtém pelo medo de perder o emprego), obtenção dos melhores funcionários (alega-se, por exemplo, que com baixos salários só ficam os piores funcionários, que não conseguem obter outros empregos, o que é chamado de seleção adversa). Assim, existe uma série de explicações para justificar, pelo lado das empresas, por que estas não diminuem os salários pagos, mesmo na existência de desemprego, ou seja, por que elas se sentem atraídas a pagar um salário maior que o do mercado.[4]

APÊNDICE B – A DEMANDA AGREGADA CLÁSSICA A PARTIR DA LEI DE WALRAS[5]

Para deduzirmos a demanda agregada clássica, podemos alternativamente partir da chamada **Identidade de Walras**. Ela nos diz que o somatório dos excessos de demanda de toda a economia é necessariamente igual a zero, ou seja, se em algum mercado existe excesso de demanda positivo, haverá outro mercado (ou outros) nos quais se terá excesso negativo, compensando o primeiro. O corolário desta afirmação, conhecido como **Lei de Walras**, diz que em uma economia **em que existam n mercados, se $n - I$ mercados estiverem em equilíbrio, o n-ésimo mercado também estará.**

---

[4] Esta análise deveria ser complementada com uma análise do mercado de bens. Dificilmente pequenas empresas de setores concorrenciais teriam condições de adotar esse tipo de política. Essa prática é bastante difundida em empresas líderes, em setores oligopolizados.

[5] Este Apêndice baseia-se em SIMONSEN, M. H.; CYSNE, R. P. *Macroeconomia*. 2. ed. São Paulo: Atlas, 1995. Cap. 4, p. 210-213.

Consideremos quatro mercados:

- mercado de produto;
- mercado de títulos;
- mercado de moeda;
- mercado de trabalho;

e as seguintes hipóteses:

i. A demanda por trabalho é uma demanda derivada, isto é, não é demanda final (trabalho só é utilizado como intermediário para produzir bens e serviços finais). Com isso, podemos excluir esta demanda por parte dos indivíduos (como vimos antes, as empresas demandam trabalho para gerar a produção). Assim, os indivíduos realizarão demandas apenas por produto, moeda e títulos.

ii. As pessoas não rasgam dinheiro e títulos.

iii. Vamos considerar inicialmente que cada agente econômico i receba uma renda nominal igual a R_i, tal que a renda total da economia seja o somatório da renda de cada agente individual. Como vimos na parte de Contabilidade Nacional, o valor da renda nacional é igual ao valor do produto nacional (PY), uma vez que o valor do produto se esgota na remuneração daqueles fatores de produção envolvidos em sua geração. Assim:

$$R = \sum_{i=1}^{n} R_i = P \cdot Y \tag{B.1}$$

Dadas as hipóteses de que os indivíduos não demandam trabalho, pois esta não é uma demanda final, e nem rasguem dinheiro e títulos, temos que esses agentes deverão alocar sua renda na demanda de produtos, moeda (alterando seu estoque) e títulos (também alterando o estoque).[6] A demanda total por produto é o somatório de todas as demandas individuais, o mesmo valendo para os títulos e para a moeda. Dessa forma:

$$Y^d = \sum_{i=1}^{n} Y_i^d$$

$$\Delta B^d = \sum_{i=1}^{n} \Delta B_i^d \tag{B.2}$$

$$\Delta M^d = \sum_{i=1}^{n} \Delta M_i^d$$

sendo: Y^d = demanda por produtos

B^d = demanda por títulos

M^d = demanda por moeda

Como toda renda nominal deverá ser alocada em um destes três mercados, teremos:

$$R = PY^d + \Delta B^d + \Delta M^d \tag{B.3}$$

---

[6] Devemos notar que tanto títulos como moeda são variáveis estoque (riqueza), enquanto a demanda é um fluxo. Assim, demanda adicional por moeda e títulos significará alterações finais nos respectivos estoques.

Isto é, os indivíduos destinam a renda ou para adquirir bens e serviços (produto) ou para aumentar o estoque de títulos ou de moeda. Como:

$$R = PY \Rightarrow PY^d + \Delta B^d + \Delta M^d = PY \tag{B.4}$$

segue-se que:

$$P(Y^d - Y) + \Delta B^d + \Delta M^d = 0 \tag{B.5}$$

A variação no estoque desejado de moeda corresponde à moeda que se deseja possuir ao final do período (M^d), menos aquela que os agentes possuíam no início, (M_0). Assim:

$$\Delta M^d = M^d - M^0 \tag{B.6}$$

e:

$$P(Y^d - Y) + \Delta B^d + M^d - M^0 = 0 \tag{B.7}$$

Supondo que os bancos fixem a taxa de juros, e adquiram a oferta excedente de títulos a esta taxa, convertendo-os em moeda conforme o desejo dos agentes, teremos que a oferta de moeda será determinada como contrapartida do mercado de títulos, ou seja, as alterações na oferta de moeda em um dado período serão iguais às mudanças no estoque de títulos desejados pelos agentes. De acordo com a chamada **Conexão Wickselliana**, os bancos compram o excesso de títulos criando moeda,[7] o que resulta em:

$$M - M^0 = -\Delta B^d$$
$$\Rightarrow -M^0 = -\Delta B^d - M \tag{B.8}$$

Voltando à condição de equilíbrio dos mercados, temos:

$$P(Y^d - Y) + M^d - M = 0 \tag{B.9}$$

e:

$$P(Y^d - Y) = -(M^d - M) \tag{B.10}$$

Assim, o valor do excesso de demanda por produtos é exatamente igual ao valor do excesso de demanda por moeda com sinal invertido.

De acordo com a Teoria Quantitativa da Moeda, vista no capítulo anterior, temos que a demanda por moeda é proporcional ao produto nominal, uma vez que demanda-se moeda basicamente para realizar transações. Dessa forma:

$$M^d = kPY \text{ (Demanda de moeda para transações)} \tag{B.11}$$

onde: k = inverso da velocidade renda da moeda, ou coeficiente marshalliano

Como vimos, o valor de k pode ser considerado constante no curto prazo, pois é determinado basicamente por fatores institucionais, como grau de concentração vertical da produção, pelos intervalos de pagamentos, pelo grau de desenvolvimento do sistema financeiro etc.

---

[7]　Devida ao economista austríaco Knut Wicksell.

Fazendo $k = 1$, temos:

$$M^d = PY \tag{B.12}$$

Substituindo na condição de equilíbrio:

$$P(Y^d - Y) + M^d - M = 0 \tag{B.13}$$

temos:

$$PY^d = M \tag{B.14}$$

Dessa forma, dada a oferta de moeda (M) e a velocidade renda da moeda, a equação quantitativa pode ser interpretada como uma função da demanda por produtos. Quanto maior o nível de preços, menor será a demanda, e o inverso para menores níveis de preços. Temos, assim, a **Curva de Demanda Agregada** no modelo clássico, obtida com base na Lei de Walras.

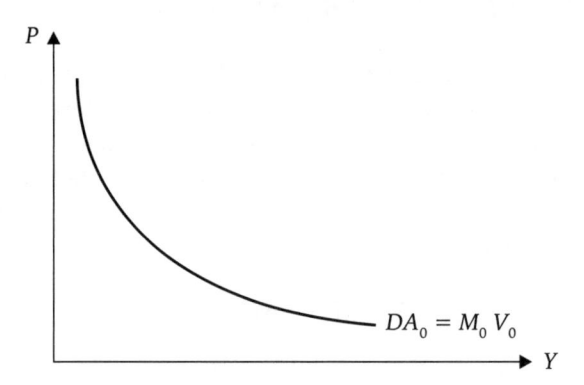

MODELO KEYNESIANO SIMPLES DE DETERMINAÇÃO DA RENDA NO CURTO PRAZO: O LADO REAL DA ECONOMIA

4

Marco Antonio Sandoval de Vasconcellos
Rudinei Toneto Jr.

INTRODUÇÃO

Como visto no capítulo anterior, para a teoria clássica, deixando-se o mercado funcionar livremente e na ausência de imperfeições, a economia tenderia a atingir um equilíbrio de pleno emprego. De acordo com essa teoria, não haveria o chamado desemprego involuntário, isto é, pessoas desejando trabalhar ao nível de salário de mercado e que não obtivessem emprego. O desemprego, neste sentido, só poderia ser causado pelo fato de os trabalhadores quererem receber acima do salário de mercado, ou seja, constituir-se-ia o chamado desemprego voluntário. Assim, a diminuição do desemprego seria feita através da queda do salário.

Observando a economia mundial no início dos anos 1930, constatamos que a teoria clássica não dava conta de explicar o que estava ocorrendo na chamada Grande Depressão. Apesar de os salários nominais estarem despencando, o desemprego foi crescente nos primeiros anos da década, tendo atingido o pico de 25% no ano de 1933, ou seja, um quarto da força de trabalho não conseguia emprego, mesmo aceitando reduções de salário. As livres forças de mercado não pareciam ser capazes de recolocar a economia no trilho do crescimento e da plena ocupação da força de trabalho.

Nesse contexto, começaram a ganhar vulto ideias que viam o problema da Depressão como insuficiência de demanda agregada. Com isso, mudava-se o foco da análise, saindo da oferta agregada, das condições tecnológicas e do estoque de fatores de produção como determinantes do nível de produto e passando para a análise da demanda agregada.

A principal contribuição nesse sentido foi a obra de John Maynard Keynes, *A teoria geral do emprego, do juro e da moeda* (1936), em que o autor desenvolve o chamado **Princípio da Demanda Efetiva** como base para a determinação do produto e da renda. Rompia-se com a ideia de passividade da demanda e de automatismo de sua adequação à oferta, conforme formulado na Lei de Say discutida no capítulo anterior.

Keynes não foi o único autor a desenvolver o princípio da demanda efetiva e mostrar as limitações impostas pela demanda. Trabalhando independentemente, o economista polonês Michal Kalecki chegou a conclusões semelhantes às de Keynes, com base em um referencial distinto. Ao final deste capítulo, apresentaremos um Apêndice no qual detalharemos um pouco as ideias deste autor, seu modelo para o funcionamento do sistema econômico e suas principais conclusões.

Neste capítulo e no seguinte, discutiremos a formulação convencional do chamado modelo keynesiano, o modelo keynesiano simples e o modelo *IS-LM*, respectivamente.

4.1 PRINCÍPIO DA DEMANDA EFETIVA

De acordo com Keynes, o empresário toma sua decisão de quantos trabalhadores contratar e de quanto produzir com base em quanto ele espera vender. Para o autor, o empresário se defronta com duas curvas virtuais que ele denomina de:

i. **oferta agregada:** a renda necessária para o empresário oferecer determinado volume de emprego; e

ii. **demanda agregada:** a renda que o empresário espera receber por oferecer determinado volume de emprego.

A curva de oferta agregada de bens e serviços reflete as condições de custos marginais crescentes e, como tal, a ampliação do emprego eleva a renda necessária para o empresário. Já a demanda agregada reflete as expectativas dos empresários sobre o volume de gastos dos consumidores e dos demais empresários (investimento).

A maximização de lucro faz com que o emprego aumente enquanto a renda esperada pelo emprego adicional superar a renda necessária. O volume de emprego será determinado pelo ponto de intersecção da oferta agregada e da demanda agregada. Neste ponto, estabelece-se o nível de produção e assim a demanda efetiva de trabalho. Observamos, portanto, que definir o volume de emprego é uma atribuição dos empresários, com base em quanto eles esperam vender, e não do mercado de trabalho, como no modelo clássico. Dessa forma, em uma situação de desemprego, segundo Keynes, de nada adianta a redução salarial para induzir maiores contratações se os empresários acharem que não terão para quem vender a produção adicional. Nesse sentido, reduções salariais ainda podem ter um sinal adverso sobre as expectativas dos empresários, piorando ainda mais o desemprego.

Do mercado de trabalho descrito pela teoria clássica, só é admitida por Keynes a curva que iguala o salário real à produtividade marginal do trabalho (a demanda de trabalho). Quanto ao comportamento dos trabalhadores, para Keynes, estes lutam por salários nominais, sobre os quais possuem controle, mas não por salários reais, que não conseguem controlar. **O nível de emprego é determinado no mercado de bens e serviços pelas expectativas dos empresários.** Dado o nível de emprego, o salário real se ajustará para igualá-lo com a produtividade marginal do trabalho compatível com o referido emprego, definindo o tamanho da massa salarial. Essa é a função da curva de demanda de trabalho no arcabouço keynesiano.

Como a produtividade marginal do trabalho é decrescente, expansões do emprego são acompanhadas por quedas no salário real, sendo, portanto, anticíclico o comportamento dos salários reais, mas não é sua queda que induz o crescimento do emprego e do produto, pois a causação é justamente a inversa.

Dada a massa de salários reais, a disputa dos trabalhadores por salários nominais é uma luta pela repartição dessa massa salarial entre as diferentes categorias. Com isso, explica-se a **inflexibilidade para baixo dos salários nominais**, pois em uma situação de desemprego teríamos a seguinte situação: se uma categoria qualquer aceitasse redução de salário nominal, isto em nada garantiria a obtenção de maior quantidade de emprego, mas com certeza, se as demais não a seguissem, significaria perda de parcela da renda real por esta categoria. Como não controlam os preços, e dada a disputa pela distribuição do salário nominal, é totalmente racional da parte dos trabalhadores lutarem por salários nominais e não por salários reais, ao contrário do preconizado pela teoria clássica, que consideraria irracional este comportamento.

Assim, para analisarmos a determinação do nível de produto e de emprego e, por conseguinte, a causa do desemprego, devemos olhar o comportamento da demanda efetiva.

Em linhas gerais, esse é o chamado *princípio da demanda efetiva*, que se contrapõe frontalmente com a Lei de Say e com a hipótese da flexibilidade de preços e salários da teoria clássica.

Os principais componentes da demanda são o consumo e o investimento. Como veremos mais adiante, Keynes considera o consumo agregado uma função estável da renda: o consumo se amplia conforme cresce a renda, mas não na mesma magnitude. Keynes definiu uma variável chamada **propensão marginal a consumir**, que mostra qual o aumento do consumo, dado o aumento no nível de renda. Seu valor é influenciado por uma série de fatores tanto objetivos (distribuição de renda, necessidades biológicas etc.) como subjetivos (avareza, precaução etc.), sendo que deve ser positivo (maior que zero), mas inferior à unidade (a coletividade não consome toda a renda que recebe).

A estabilidade do valor da propensão marginal a consumir faz com que a instabilidade da demanda, que provoca as flutuações econômicas, não decorra do consumo, mas das flutuações do investimento. **No modelo keynesiano, o investimento é tanto um *elemento de demanda agregada a curto prazo* como, também, um *elemento da oferta agregada a longo prazo*, ao ampliar a capacidade produtiva.** Ao tomar a decisão de investimento, o empresário está interessado no retorno que um dado bem de capital lhe conferirá ao longo de sua existência. Isso está relacionado tanto ao custo do investimento como às condições do mercado de bens, no momento em que a produção adicional do novo investimento entrar no mercado (preço e quantidade vendida do produto no futuro), sobre o qual o empresário possui apenas uma expectativa, mas não o conhece de fato.

Assim, a decisão de investir é tomada a partir do confronto entre o valor presente do fluxo de receita esperada do investimento, o qual Keynes denomina como **preço de demanda do bem de capital**, e o custo de realizá-lo, denominado **preço de oferta do bem de capital**. Com base nessas duas definições, o autor define a chamada **eficiência marginal do capital** como sendo a taxa de desconto que iguala o fluxo de receitas esperado ao custo do investimento. Se esta taxa for superior à taxa de juros, que corresponde ao custo de obter empréstimos para realizar o investimento ou o custo de oportunidade de imobilizar os recursos, o empresário investe; se for o contrário, não investe.

O problema, segundo Keynes, é que a eficiência marginal do capital é muito instável, uma vez que é calculada a partir de expectativas dos empresários, cuja base para formação é bastante precária, uma vez que nosso conhecimento sobre o futuro é bastante limitado, reinando um ambiente de incerteza e ignorância sobre as condições vigentes a longo prazo. A eficiência marginal do capital pode alterar-se tanto por pressões na indústria produtora de bens de capital como por mudanças no estado de espírito dos empresários. Com isso, o investimento tende a sofrer fortes oscilações, impactando o nível de demanda agregada e a atividade econômica.

Para estabilizar a economia, Keynes propõe uma atuação mais efetiva do Estado, tanto por meio de gastos públicos, que compensem a falta de demanda privada, quanto pelo direcionamento e incentivos aos investimentos, via redução da carga tributária etc. A principal proposta de Keynes consistia no desenvolvimento de mecanismos fiscais compensatórios que permitissem contrabalançar a falta de gastos privados, quando se deteriorassem as expectativas ou diminuíssem os ímpetos expansivos (desestabilizadores) nos momentos de euforia do setor privado. Dentre as propostas, destacam-se, por exemplo, os mecanismos de proteção social – seguro-desemprego, assistência social etc. – cujas transferências tenderiam a crescer com o aumento do desemprego, colaborando para manter o consumo elevado, e se retrairiam naturalmente com a retomada do emprego. Além disso, um sistema de tributação progressiva pode colaborar para, em momentos de retração econômica, diminuir a carga tributária do setor privado liberando maior quantidade de recursos para gastos, e na expansão, via subtração da renda do setor privado, o que conteria os gastos (ou seja, um sistema de impostos progressivos funciona como **estabilizador automático** das flutuações cíclicas da economia).

Assim, da forma como Keynes caracteriza o sistema econômico, sua principal contribuição normativa foi propor o uso de políticas fiscais compensatórias que tenderiam a ser muito mais eficientes do que instrumentos monetários, cuja eficácia dependeria de duplo condicionante: a capacidade da política monetária em afetar as taxas de juros e, uma vez que tenha afetado, que esta não fosse sobrepujada por alterações na eficiência marginal do capital, que limitassem o impacto das alterações na taxa de juros sobre o investimento.

Discutiremos neste capítulo uma formulação simples das ideias de Keynes, especificamente o lado real, que será depois mais elaborada no capítulo seguinte, por meio da chamada análise de Hicks-Hansen, conhecida como **modelo *IS-LM***, quando interligaremos o lado real e o lado monetário.

4.2 MODELO KEYNESIANO SIMPLES (O LADO REAL)

A ideia básica do modelo é de que o produto (a renda) é determinado pela demanda agregada, não existindo restrições pelo lado da oferta para a expansão do produto. Consideramos a existência de recursos desempregados em nível suficiente para que as empresas possam oferecer qualquer quantidade de produto sem pressionar seus custos unitários, ou seja, qualquer nível de demanda pode ser atendido em um nível de preços dado (constante). Diferentemente do modelo clássico, em que o nível de produto era dado e independente do nível de preços, caracterizando a oferta agregada vertical de pleno emprego (inelástica a preços), no caso keynesiano as empresas podem oferecer qualquer quantidade a um nível de preços estabelecido, isto é, a oferta agregada é infinitamente elástica em relação aos preços (oferta agregada horizontal), de tal forma que a demanda agregada é que determina o nível de produto. Ou seja, prevalece o princípio da demanda efetiva, apresentado no tópico anterior.

Nesse modelo em que os preços são constantes e a variável de ajuste é a quantidade, as empresas produzem justamente o necessário para atender a demanda. O mecanismo de ajustamento deixa de assumir a forma de elevações de preços, quando existe excesso de demanda, ou queda de preços, quando ocorre excesso de oferta, transformando-se em alterações na quantidade produzida de acordo com a demanda. Graficamente, no eixo preço-quantidade, teríamos (Figura 4.1):

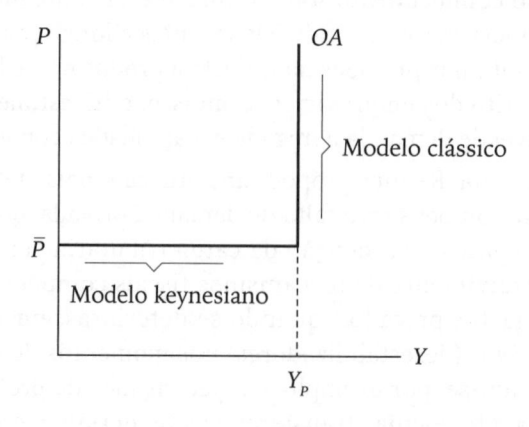

Figura 4.1 Curva de oferta agregada.

A condição de equilíbrio, no mercado do produto, é dada por:

Oferta Agregada de bens e serviços = Demanda Agregada de bens e serviços

Considerando inicialmente apenas consumo e investimento, isto é, uma economia fechada e sem governo, temos que:

$$Y = C + I \tag{1}$$

onde F é o produto real, C as despesas de consumo e I os gastos com investimentos.

De acordo com a contabilidade nacional, como vimos, esta igualdade sempre se verifica. Isto decorre do fato de considerar-se como investimento não apenas a aquisição de novos bens de capital, mas também a variação de estoques. O comportamento dos estoques não segue necessariamente o planejamento dos empresários, mas pode decorrer de mudanças nas condições de mercado. Em um dado momento, se a produção estiver acima da demanda, as firmas verão seus estoques crescendo, pois não encontrarão destino para seu produto. Assim, independentemente de terem planejado acumular estoques, são obrigadas a fazê-lo, pois o mercado não absorve tudo o que produziram. Por outro lado, se a produção estiver abaixo da demanda, as firmas terão que atender essa demanda maior por meio da venda de produtos em estoque, também independentemente de terem como objetivo desacumular estoques.

Nesse sentido, o investimento deve ser decomposto em duas partes: o chamado **investimento voluntário ou planejado** (intencional), que corresponde às aquisições de bens de capital pelas empresas e à variação pretendida no nível de estoques, e o chamado **investimento involuntário ou não planejado** em estoques, que corresponde a variações no nível de estoque decorrentes de erros na previsão do nível de produção realizados pelas empresas.

O equilíbrio corresponde a uma situação em que a variação não planejada de estoques seja zero (os estoques são aqueles planejados pelas empresas) e, além disso, o consumo das famílias seja exatamente igual ao consumo planejado, o que é uma hipótese realista, já que os gastos em consumo apresentam razoável previsibilidade. Ou seja, o nível de produto é o suficiente para atender os gastos intencionais dos agentes econômicos.

Assim,

$$I = I_{involuntário} + I_{involuntário} \tag{2}$$

A demanda agregada efetiva (medida nas contas nacionais), em termos *ex-post*, é dada por:

$$DA_{efetiva} = C + I \tag{3}$$

Esta, por definição, é igual ao produto, uma vez que considera o investimento involuntário:

$$DA_{efetiva} = Y \tag{4}$$

Já a demanda agregada planejada (intencional), em termos *ex-ante* corresponde a:

$$DA_{planejada} = C + I_{voluntário} \tag{5}$$

Temos, então:

$$I_{involuntário} = DA_{efetiva} - DA_{planejada} \tag{6}$$

Ou seja:

$$I_{involuntário} = Y - (C + I_{voluntário}) \qquad (7)$$

O equilíbrio se dá quando:

$$I_{involuntário} = 0 \qquad (8)$$

Assim, se o produto é inferior à demanda agregada planejada, configura-se uma situação de excesso de demanda, provocando a retração dos estoques, ou seja, o $I_{involuntário}$ é menor que zero. Em uma situação como esta, as firmas contratarão mais trabalhadores e ampliarão a produção, de modo a atender a demanda, tal que a variação indesejada dos estoques seja zero.

Na situação oposta, se a produção estiver acima da demanda agregada planejada, haverá excesso de oferta, com as firmas não conseguindo vender tudo que planejavam. Com isso, os estoques estarão se acumulando, isto é, o $I_{involuntário}$ será maior que zero, forçando as empresas a retraírem a produção, de modo a cessar o aumento dos estoques.

Dessa forma, pela resposta da produção ao movimento dos estoques, a economia tende à situação de equilíbrio em que o nível de produção equipara-se à demanda agregada planejada, isto é, em que o investimento involuntário é nulo. Notamos que os preços não desempenham qualquer papel no ajustamento econômico, que se dá pelo movimento de estoques. Isso também é chamado de **política de ajustamento de estoques**.

Como estamos interessados nos determinantes da renda de equilíbrio, passaremos a utilizar apenas a noção de demanda agregada planejada e investimento voluntário, ao nos referirmos a estas variáveis.

Para analisarmos a determinação da renda de equilíbrio, vamos supor inicialmente que o único componente da demanda seja o consumo, tal que, em equilíbrio:

$$Y = DA, \qquad (9)$$

e

$$Y = C \qquad (10)$$

De acordo com a formulação keynesiana, conforme vimos no item anterior, o consumo aumenta conforme aumenta a renda, mas em menor magnitude. Podemos expressar a função consumo da seguinte forma:

$$C = C(Y) \qquad (11)$$

Supondo uma função linear,

$$C = C_0 + cY \qquad (12)$$

onde: C_0 = consumo autônomo ($C_0 > 0$)

c = propensão marginal a consumir ($0 < c < 1$)

O **consumo autônomo** corresponde àquele consumo que independe do nível de renda, ou seja, existe mesmo que a renda seja zero. Poderíamos pensar em termos de consumo de subsistência financiado por venda de ativos previamente acumulados, ou por ajuda externa etc.

A **propensão marginal a consumir** (c) mostra a parcela da renda destinada ao consumo: quanto cresce o consumo, a partir de aumentos de renda. Por exemplo, supondo uma propensão marginal a consumir igual a 0,8, isso significa que, dado um aumento da renda de R\$ 10 bilhões, a coletividade tende a consumir R\$ 8 bilhões. Supondo-se uma função consumo linear, a propensão marginal a consumir, que é a declividade ou coeficiente angular da função, é constante.

Em equilíbrio, o produto é igual à demanda agregada que, por enquanto, é igual ao consumo. Assim:

condição de equilíbrio: $OA = DA$ (13)

oferta agregada: $OA = Y$ (14)

demanda agregada: $DA = C = C_0 + cY$ (15)

Substituindo a OA e a DA na condição de equilíbrio, tem-se:

$$Y = C_0 + cY \qquad (16)$$

Resolvendo para Y, obtemos a renda de equilíbrio Y_E.

$$Y - cY = C_0$$

$$Y_E = \frac{1}{(1-c)} \cdot C_0 \qquad (17)$$

Graficamente, podemos ilustrar esta condição da seguinte forma: definindo a ordenada do gráfico como a demanda agregada e a abscissa como o produto, e traçando uma reta de 45° dividindo o quadrante em duas partes iguais, temos que qualquer ponto sobre esta reta significa a igualdade entre os valores representados no eixo horizontal e no eixo vertical. Ou seja, a reta de 45° representa os pontos nos quais a condição de equilíbrio entre OA e DA se verifica. Em seguida, representemos a função demanda agregada, que, por enquanto, se restringe à função consumo. O consumo autônomo representa o intercepto da função no eixo vertical e a propensão marginal a consumir é a inclinação da função. O equilíbrio se dá no ponto onde a função demanda agregada (consumo) intercepta a reta de 45°. Isso é mostrado no primeiro dos gráficos da Figura 4.2.

O segundo gráfico da Figura 4.2 mostra que o equilíbrio também pode ser expresso recorrendo à função poupança. Pela definição de poupança, sabemos que esta corresponde à renda não consumida. Assim, podemos obter a função poupança da seguinte forma:

$$S = Y - C$$

$$S = Y - (C_0 + cY) \qquad (18)$$

$$S = -C_0 + (1-c)\,Y$$

Como a poupança é o resíduo da renda que não é consumido, sua função é exatamente o complemento da função consumo. Portanto, o intercepto da função poupança é o consumo autônomo com sinal negativo, sinalizando que o que financia um nível mínimo de consumo, quando nada se produz, é a **despoupança (poupança negativa)**.

Assim como o consumo, a poupança aumenta conforme aumenta a renda, mas em menor magnitude. O aumento da poupança é exatamente a parcela do aumento da renda que não se direciona ao consumo. Assim, $(1 - c)$ corresponde à chamada **propensão marginal a poupar**, que mostra quanto aumenta a poupança quando a renda aumenta uma unidade. Notemos que a soma da propensão marginal a consumir e da propensão marginal a poupar é igual à unidade, isto é:

$$c + (1-c) = 1 \qquad (19)$$

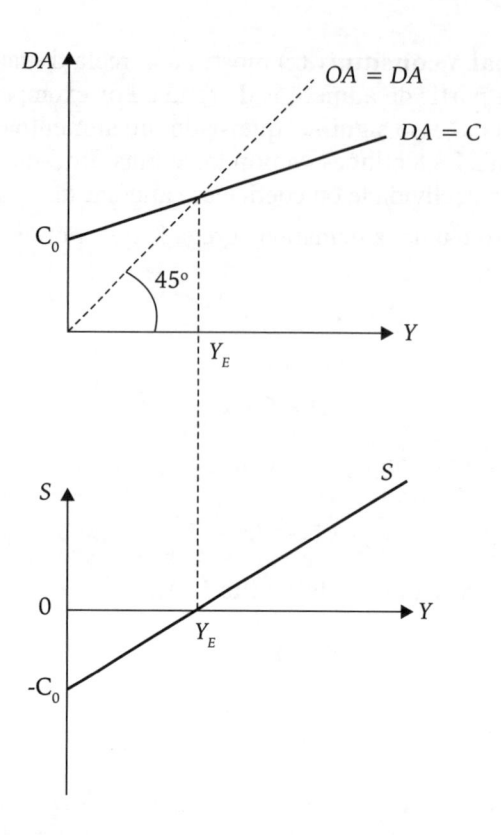

Figura 4.2 Equilíbrio no modelo keynesiano básico.

Nesse modelo simplificado, em que só estamos considerando a existência do consumo, o equilíbrio em que o produto é igual ao consumo corresponde a uma situação em que o nível de poupança é igual a zero, uma vez que toda renda é consumida.

Considere o seguinte exemplo: suponhamos que a função consumo seja dada pela seguinte expressão:

$$C = 100 + 0,8Y \tag{20}$$

Nesse caso, o consumo autônomo é igual a 100 e a propensão marginal a consumir igual a 0,8. Como a demanda restringe-se ao consumo, temos a seguinte situação de equilíbrio:

$$Y = C$$

$$Y = 100 + 0,8Y$$

$$Y - 0,8Y = 100$$

$$7(1 - 0,8) = 100 \tag{21}$$

$$Y_E = \frac{1}{1 - 0,8} \cdot 100$$

$$Y_E = 500$$

O mesmo resultado pode ser obtido com base na função poupança:

$$S = Y - C \tag{22}$$

com $C = 100 + 0,8Y$, por complemento, temos que

$$S = -100 + 0,2Y \tag{23}$$

sendo 0,2 o valor da propensão marginal a poupar.

No equilíbrio, como só existe o consumo:

$$S = 0 \tag{24}$$

logo,

$$-100 + 0,2Y = 0$$
$$Y_E = 500 \tag{25}$$

4.3 MODELO KEYNESIANO COM CONSUMO E INVESTIMENTO

Introduzindo o investimento, vamos considerá-lo como sendo fixo, isto é, autônomo em relação à renda,

$$I = I_0 \tag{26}$$

Em outras palavras, supomos que o investimento não depende do nível de renda (qualquer que seja o nível de renda, o investimento é um valor constante).[1]

Com o investimento, a demanda agregada transforma-se agora em:

$$DA = C + I_0 \tag{27}$$

Lembramos que, no modelo keynesiano de curto prazo, o investimento é um elemento apenas de demanda agregada. Sua influência sobre a produção agregada dá-se a longo prazo, após a sua maturação.

A condição de equilíbrio continua sendo a de produto igual a demanda, só que agora a última é acrescida do investimento. Assim, a renda de equilíbrio será dada pela seguinte expressão:

$$Y = C + I$$
$$Y = C_0 + cY + I_0$$
$$Y_E = \frac{1}{1 - c}(C_0 + I_0) \tag{28}$$

Graficamente, quando introduzimos o investimento como variável de gasto autônomo, a função demanda agregada desloca-se paralelamente para cima em magnitude igual ao valor do investimento, pois este é constante por hipótese.

---

[1] No Capítulo 10, investigaremos mais detalhadamente os determinantes do investimento agregado.

Analisando pela ótica da poupança, percebemos que a condição de equilíbrio $Y = DA$ transforma-se em $S = I$. Assim, a renda de equilíbrio é determinada no ponto em que a função poupança intercepta a função investimento. Essa forma de determinar o equilíbrio macroeconômico é a chamada **ótica dos vazamentos e injeções de renda**. Os **vazamentos de renda** ocorrem quando há quedas autônomas da demanda agregada, enquanto as **injeções de renda** representam aumentos autônomos da demanda agregada. Tipicamente, aumentos da poupança (e, como veremos mais adiante, dos tributos e das importações) representam vazamentos no fluxo de renda, deslocando a curva de demanda agregada para baixo e provocando *per se* queda na renda de equilíbrio. Por outro lado, aumentos nos gastos com investimento (e também das despesas do governo e exportações) representam injeções ao fluxo de renda da economia.

Os gráficos da Figura 4.3 mostram as duas formas de se verificar o equilíbrio macroeconômico, no modelo keynesiano simples.

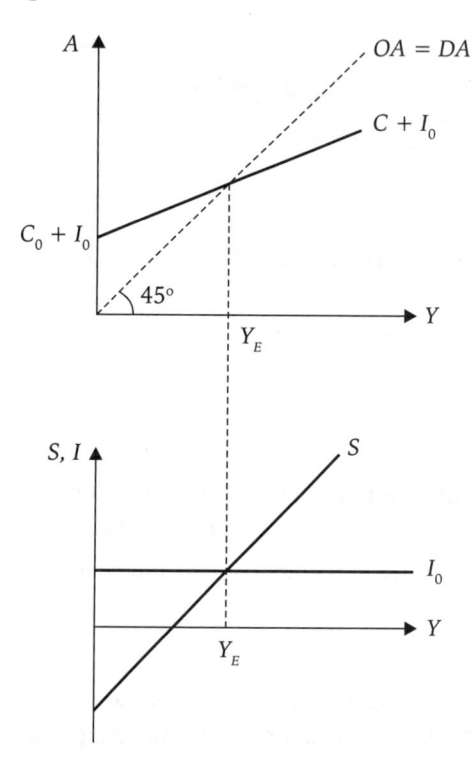

Figura 4.3 Equilíbrio no modelo keynesiano básico, incluindo investimentos autônomos.

A análise desenvolvida até o momento nos permite concluir que o nível da renda de equilíbrio depende da propensão marginal a consumir c e do nível de gastos autônomos (C_0 e I_0). Quanto maiores forem essas variáveis, maior será a renda de equilíbrio. Assim, aumentos no investimento ou no consumo autônomo ampliarão a renda pelo deslocamento para cima da função demanda agregada. Aumentos na propensão marginal a consumir ampliarão a renda, ao tornar a função demanda agregada mais inclinada. O leitor pode, como exercício, representar graficamente essas situações.

Para mostrarmos numericamente, vamos introduzir uma demanda de investimentos de R$ 200 no exercício anterior. Teremos então:

condição de equilíbrio	$Y = C + I$	(29)
função consumo	$C = 100 + 0,8Y$	(30)
função investimento	$I = I_0 = 200$	(31)

Substituindo C e I na condição de equilíbrio, temos:

$$Y = 100 + 0{,}8Y + 200 \qquad (32)$$

Resolvendo para Y, temos:

$$Y_E = 1.500 \qquad (33)$$

Ou então, em termos de poupança e investimento (vazamentos e injeções):

condição de equilíbrio	$S = I$	(34)
função poupança	$S = -100 + 0{,}2Y$	(35)
função investimento	$I = I_0 = 200$	(36)

e, então:

$$-100 + 0{,}2Y = 200 \qquad (37)$$

Resolvendo para Y, temos novamente:

$$Y_E = 1.500 \qquad (38)$$

4.4 MULTIPLICADOR DE GASTOS

De acordo com os exemplos apresentados, percebemos que, no primeiro modelo, quando a demanda agregada era composta apenas pela função consumo, a renda de equilíbrio era de R$ 500. Ao introduzirmos o investimento de R$ 200, a renda de equilíbrio passou para R$ 1.500. Por que um gasto adicional de R$ 200 levou a um crescimento da renda de R$ 1.000, ou seja, cinco vezes mais?

A resposta é dada pelo chamado **multiplicador de gastos**, segundo o qual uma variação nos gastos autônomos induz uma variação na renda superior à variação inicial nos gastos. Genericamente, é dado por:

$$\text{multiplicador de gastos} = \frac{\text{variação da renda nacional}}{\text{variação autônoma na demanda agregada}} = \frac{\Delta Y}{\Delta DA} \qquad (39)$$

A variação inicial na despesa tem um impacto imediato e direto sobre a renda daqueles que são beneficiários desses gastos. Ao receber essa renda, os indivíduos ampliarão seu consumo de acordo com a propensão marginal a consumir, levando à nova ampliação da renda. Os agentes que forem beneficiados por esta nova ampliação da renda também ampliarão seu consumo, gerando novo acréscimo de renda, e assim sucessivamente. Dessa forma, os acréscimos de consumo induzidos pelo gasto inicial fazem com que a renda cresça mais que a variação da despesa inicial.

Temos a seguinte sequência:

$$\Delta I;\ C\Delta i;\ c(\Delta I);\ c(c(c\Delta I));\ \ldots \qquad (40)$$

ou

$$\Delta I;\ c\Delta I;\ c^2\Delta I;\ c^3\Delta I;\ c^4\Delta I;\ \ldots \qquad (41)$$

Assim, com base em uma despesa inicial, temos uma sequência de despesas induzidas. Esta série constitui-se uma progressão geométrica de razão c, com $c < 1.0$. O impacto total sobre a renda decorrente do gasto inicial é o somatório da sequência acima. Tal soma pode ser expressa como:

$$\Delta Y = \Delta I + c\Delta I + c^2\Delta I + c^3\Delta I + c^4\Delta I + ... \tag{42}$$

$$\Delta Y = \frac{1}{1-c} \cdot \Delta I \tag{43}$$

O termo $1/(1 - c)$ é o chamado multiplicador de gastos,[2] sendo que este será tanto maior quanto maior for a propensão marginal a consumir, uma vez que neste caso, quanto maior c, maiores serão os gastos induzidos por uma variação inicial na despesa. Como $1 - c$ é a propensão marginal a poupar, o multiplicador neste caso é exatamente o inverso de quanto os indivíduos destinam à poupança.

No exercício anterior, como a propensão marginal a consumir é igual a 0,8, o valor do multiplicador de gastos será igual a:

$$\frac{1}{1-0,8} = \frac{1}{0,2} = 5 \tag{44}$$

Ou seja, dado um aumento autônomo na demanda agregada (seja nos investimentos I_0 no consumo autônomo C_0), a renda aumentará em 5 vezes o aumento autônomo. Por essa razão, quando introduzimos uma variação no investimento de R\$ 200 ($\Delta I = 200$), a renda de equilíbrio passou de R\$ 500 para R\$ 1.500 ($\Delta Y = 1.000$).

Entretanto, vale ressaltar que o multiplicador também tem um efeito amplificador que pode ser perverso no caso de quedas autônomas de demanda agregada: se os investimentos caírem de R\$ 200, a demanda agregada cairá em cinco vezes mais (R\$ 1.000).

Um ponto interessante a destacar no processo do multiplicador é que o crescimento da renda, por meio do efeito multiplicador, gera um crescimento da poupança em magnitude igual à despesa inicial. O aumento da poupança se dá de acordo com a seguinte sequência:

$$(1-c)\Delta I; \;\; (1-c)c\,\Delta I; \;\; (1-c)c^2\Delta I; \;\; (1-c)c^3\Delta I; \;\; (1-c)c^4\Delta I; ... \tag{45}$$

O somatório dessa sequência é:

$$\Delta S = \frac{1}{1-c} \cdot (1-c)\Delta I$$
$$\Delta S = \Delta I \tag{46}$$

Notemos que a poupança é vista como um resíduo nesse modelo. A falta de poupança não constitui um entrave à expansão dos gastos, pois estes induzem a poupança necessária para financiar-se.

Dessa análise, podemos concluir um segundo ponto interessante: o que pode acontecer em dado país onde se faça uma campanha para elevar sua taxa de poupança. De acordo com esse modelo, se os gastos autônomos forem mantidos inalterados, uma elevação da propensão marginal a poupar levará a uma queda da renda.[3] Este é o chamado **Paradoxo da Parcimônia**. Uma elevação da taxa de poupança da sociedade a tornaria mais pobre.

---

[2] Neste caso específico, é o multiplicador de gastos de investimentos (ΔI), mas o conceito é válido para qualquer deslocamento autônomo da demanda agregada (ΔG, ΔX, como veremos mais adiante).

[3] Observe que um aumento da propensão marginal a poupar significa uma diminuição da propensão marginal a consumir, diminuindo a inclinação da demanda agregada nos gráficos apresentados.

Notemos a diferença em relação ao modelo clássico discutido anteriormente. Naquele, o nível de poupança, dado o nível de renda, era uma restrição ao investimento, que se igualaria à poupança através das flutuações da taxa de juros. Neste, qualquer nível de investimento por meio do ajustamento do produto gera a poupança necessária.

Percebemos então, no modelo exposto até o momento, sem restrições à expansão do produto, que, havendo disposição ao gasto, o emprego e o produto irão aumentando. Qual é o limite deste processo? Como vimos no capítulo anterior, o estoque de fatores de produção e a tecnologia definem o chamado produto potencial, ou o produto de pleno emprego, aquele obtido quando todos os fatores de produção estão sendo utilizados, a uma dada tecnologia. Vimos também que quando a economia se encontra ao nível do produto de pleno emprego, alterações na demanda repercutirão basicamente sobre os preços. Isso parece totalmente intuitivo: uma vez esgotada a capacidade ociosa, isto é, se não houver mais fatores de produção disponíveis, mesmo que haja demanda adicional, não há como elevar o produto.

Assim, chegamos à seguinte conclusão: o modelo keynesiano, tal como descrito neste capítulo, é válido em situações nas quais exista capacidade ociosa. Uma vez atingido o limite da capacidade produtiva, uma expansão da demanda levará, como no modelo clássico, à elevação dos preços. Podemos assim definir o chamado **hiato inflacionário** no modelo keynesiano, que corresponde ao excesso de demanda em uma situação de pleno emprego. Essa situação pode ser vista na Figura 4.4.

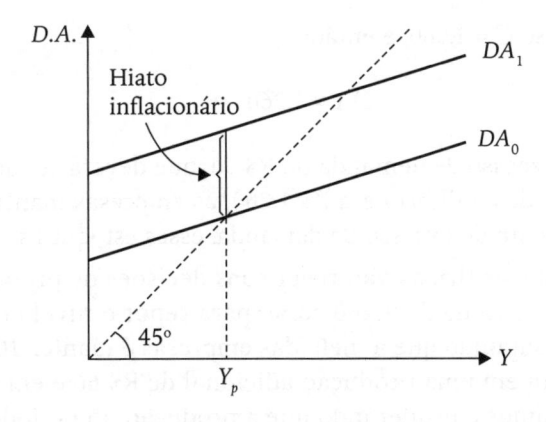

Figura 4.4 Hiato inflacionário.

Assim, as conclusões a que chegamos neste capítulo são válidas para uma situação de desemprego; atingido o pleno emprego, variações de demanda resultam em variações de preços.[4]

---

[4] Keynes, na *Teoria geral*, colocava seu modelo como válido para qualquer caso, seja desemprego ou pleno emprego, reduzindo, assim, a teoria clássica a um caso particular de sua teoria, quando todos os fatores de produção estivessem empregados. O avanço da macroeconomia e as recentes discussões econômicas que serão vistas ao longo do livro permitem uma leitura oposta, qual seja, a obra de Keynes é que seria um caso particular da teoria clássica, no caso em que os preços são rígidos. O debate passa a questionar se o caso normal ou padrão é de rigidez de preços ou de preços totalmente flexíveis. Como veremos, este é um debate ainda em aberto, e que tem movido a macroeconomia no período recente.

4.5 CICLO DE ESTOQUES

Antes de avançarmos no modelo básico, introduzindo o governo e o setor externo, é oportuno já indagar nesta altura como ocorre a trajetória de um ponto de equilíbrio para outro. Isso é importante para explicar as flutuações cíclicas da economia, que discutiremos mais detalhadamente no Capítulo 8 (Ciclos Econômicos). A questão que colocamos é a seguinte: vamos supor, em nosso exemplo com consumo e investimento, que o nível original deste último, antes de passar para R$ 200, fosse de RS 140, originando uma renda de equilíbrio de R$ 1.200. Se a economia estivesse inicialmente em equilíbrio, como ela atingiria o novo equilíbrio de R$ 1.500? Vamos supor, adicionalmente, que as empresas tenham por meta manter 10% do valor da demanda agregada na forma de estoques, para atender eventuais faltas de produto.

Assim, no momento que o investimento passa de 140 para 200, as empresas estão produzindo R$ 1.200, que corresponde ao antigo equilíbrio. A demanda agregada, no momento inicial, passa a ser de:

$$DA = C + I$$
$$C = 100 + 0,8Y$$
$$I = 200 \tag{47}$$
$$DA = 100 + 0,8Y + 200$$

Com $Y_E = 1.200$, tem-se $C = 1.060$, e então:

$$DA = 1.260 \tag{48}$$

Ou seja, haverá um excesso de demanda de R$ 60, que deverá ser atendido pela redução dos estoques. Quando a renda de equilíbrio era R$ 1.200, as empresas mantinham estoques no valor de R$ 120. Com o atendimento do excesso de demanda, esses estoques se reduzem para R$ 60.

No momento seguinte, as firmas vão rever suas decisões de produção, ampliando-a tanto para atender a maior demanda de R$ 1.260 como para repor o nível desejado de estoques, que agora se elevou para 126, supondo que a meta das empresas é manter 10% da demanda agregada em estoques. Isto resultará em uma produção adicional de R$ 66 e em um produto, no período seguinte, de R$ 1.326 (estamos considerando que a produção no período t seja igual a demanda no período $t - 1$, e a diferença entre o estoque desejado e o nível efetivo de estoques também no período anterior).

Com essa renda de R$ 1.326, e substituindo na equação da DA, teremos uma nova demanda: $DA = 1.360,85$ sendo um consumo de 1.160,80 e um investimento de 200. Notemos que novamente haverá excesso de demanda no valor de 34,8 levando à nova redução de estoques, retraindo-se para 25,2.

O Quadro 4.1 mostra o comportamento da demanda, produto e estoques rumo à nova situação de equilíbrio.

Quadro 4.1 Ciclo dos estoques

Etapa	C	I	DA	Variação de estoque	Estoque desejado	Nível de estoque	Produção para estoque	Y
0	1.060	140	1.200	0	120	120		1.200
1	1.060	200	1.260	−60	126	60	66	1.200
2	1.160,8	200	1.360,8	−34,8	136,1	25,2	110,9	1.326
3	1.276,8	200	1.476,8	−5,8	147,7	19,6	128,1	1.471
4	1.383,9	200	1.583,9	+21	158,4	40,6	117,8	1.604,9
5	1.461,4	200	1.661,4	+40,3	166,1	80,9	85,2	1.701,7
6	1.497,3	200	1.697,3	+49,3	169,7	130,2	39,5	1.746,6
7	1.489,4	200	1.689,4	+47,4	168,9	177,6	−8,7	1.736,8
8	1.444,6	200	1.644,6	+36,1	164,5	213,7	−49,2	1.680,7
9	1.376,3	200	1.576,3	+19,1	157,6	232,8	−75,2	1.595,4
10	1.300,9	200	1.500,9	+0,2	150,1	233	−82,9	1.501,1
11	1.234,4	200	1.434,4	−16,4	143,4	216,6	−73,2	1.418
12	1.189	200	1.389	−27,8	138,9	188,8	−49,9	1.361,2
13	1.171	200	1.371	−32	137,1	156,8	−19,7	1.339
14	1.181	200	1.381	−30	138,1	126,8	+11,3	1.351
15	1.214	200	1.414	−22	141,4	104,8	+36,6	1.392
16	1.260	200	1.460	−10	146	94,8	+51,2	1.450
17	1.309	200	1.509	+2,2	150,9	97	+53,9	1.511,2

Percebemos pelo Quadro 4.1 que o ajustamento do produto à nova situação de equilíbrio não se dá instantaneamente, quando consideramos que as empresas possuem como estratégia manter um nível de estoque proporcional à demanda. Quando a demanda se eleva, tem-se inicialmente uma queda de estoques. As firmas passarão a produzir mais, tanto para atender à maior demanda como para repor a queda dos estoques. Nesse processo, haverá um momento em que o produto ultrapassará a nova situação de equilíbrio (no Quadro 4.1: etapa 4), havendo a partir daí acúmulo de estoques. A renda permanecerá ainda durante um certo período acima do equilíbrio, podendo fazer, inclusive, com que o nível de estoque efetivo supere o desejado, levando à nova reversão na produção, para desovar os estoques acumulados. Nesse processo, poderá ocorrer ainda uma ultrapassagem, com o produto retraindo-se abaixo do equilíbrio, levando a diminuições do nível efetivo de estoques. Chegamos a determinado ponto em que novamente se reverterá a tendência do produto, voltando a ampliar-se.

Essa alternância dá um caráter cíclico ao processo de ajustamento, enquanto o nível de produto vai convergindo para a nova situação de equilíbrio e o nível efetivo de estoques para o desejado. Esse processo é conhecido como **ciclo de estoques** e explica por que o produto não se ajusta instantaneamente à nova demanda, podendo provocar fortes expansões ou contrações da economia em resposta a distúrbios na demanda.

Como já salientamos ao início deste tópico, retomaremos a questão mais adiante, especificamente quando discutirmos Ciclo de Negócios, no Capítulo 8.

4.6 MODELO DE DETERMINAÇÃO DA RENDA COM O GOVERNO

O governo adquire bens e serviços junto ao setor privado, oferece bens e serviços, transfere renda por meio de políticas assistenciais, previdência social, seguro-desemprego, pagamento de juros etc. e se financia através da arrecadação de impostos. O gasto público é um elemento de demanda que se soma ao consumo e ao investimento. Já os impostos pagos ao governo são subtraídos da renda que os indivíduos podem alocar em consumo e poupança, enquanto as transferências ampliam a renda disponível do setor privado. Assim, a primeira alteração decorrente da introdução do governo é na função consumo, que passa a depender da renda disponível:

$$C = C(Yd) \tag{49}$$

sendo:

$$Yd = Y - T + R \tag{50}$$

onde: Yd = renda disponível
Y = renda nacional (total)
T = arrecadação de impostos
R = transferências do governo ao setor privado

Por comodidade, consideraremos que as transferências sejam impostos negativos e seus valores já se encontrem deduzidos da arrecadação total de impostos. Vamos supor que: (i) a arrecadação seja proporcional à renda, isto é, quanto mais se produz, maior será o volume arrecadado pelo governo; e (ii) os gastos públicos sejam dados, sendo determinados institucionalmente pelas autoridades (fatores exógenos ou autônomos). Desse modo, temos:

$$T = tY \tag{51}$$

onde t = participação do imposto no produto e $(0 < t < 1)$

$$G = G_0 \tag{52}$$

sendo G os gastos do governo.

Assim, a função consumo passa a ser:

$$C = C_0 + c(Y - T) = C_0 + c(Y - tY) \tag{53}$$

e a demanda agregada:

$$DA = C + I + G \tag{54}$$

No equilíbrio $(Y = DA)$, temos:

$$Y = C_0 + c(Y - tY) + I_0 + G_0$$
$$Y_E = \frac{1}{1 - c(1 - t)} \cdot (C_0 + I_0 + G_0) \tag{55}$$

Percebemos que o gasto público estimula a renda por elevar os gastos autônomos. Assim, quanto maior for esta variável, maior será a renda de equilíbrio. Já os impostos, por meio de sua alíquota, possuem um efeito redutor sobre o nível de produto, ao diminuírem o valor do multiplicador, pois reduzem as variações do consumo induzidas por alterações na renda. Uma vez ocorrida uma mudança no nível de renda, a arrecadação de impostos faz com que a variação na renda disponível seja menor, limitando a alteração do consumo. Enquanto o gasto público afeta a posição da função demanda agregada, deslocando-a, a alíquota de imposto afeta a inclinação da mesma.

Uma elevação nos gastos públicos tem, por assim dizer, o mesmo impacto que uma variação nos investimentos, levando a uma ampliação da renda em magnitude igual ao montante de gastos vezes o multiplicador.

A redução do multiplicador decorrente da introdução dos impostos pode ser vista pelo seguinte exemplo: suponhamos que a alíquota de tributação seja de 25%, isto é, para cada R$ 1,00 de renda, R$ 0,25 são captados pelo governo. Consideremos, adicionalmente, que a propensão marginal a consumir mantenha-se em 0,8, mas agora sobre a renda disponível Yd, e não sobre a renda nacional total Y. Assim, uma elevação nos gastos autônomos de R$ 100,00 leva a um aumento imediato na renda de R$ 100,00. Desta, 25%, ou R$ 25,00, serão pagos na forma de impostos ao governo, ou seja, o aumento da renda disponível restringiu-se a R$ 75,00. Com uma propensão marginal a consumir de 0,8, temos um aumento no consumo de R$ 60,00, que significa novo incremento de renda. Destes, novamente o governo apropria-se de 25% (R$ 15,00) fazendo com que a renda disponível se amplie em apenas R$ 45,00, dos quais R$ 36,00 são destinados ao consumo. Percebemos que a sequência de gastos, inicial e induzidos, agora é a seguinte:

$$100; 60; 36; 21,60; 12,96: \ldots \tag{56}$$

que é uma progressão geométrica de razão 0,6. Assim, a soma dos termos da PG é:

$$\Delta Y = \frac{1}{1-q} \cdot \Delta DA$$

$$\Delta Y = \frac{1}{1-0,6} \cdot 100 \tag{57}$$

$$\Delta Y = 2,5 \times 100 = 250$$

onde o primeiro termo é o valor do multiplicador (2,5), que, com a introdução do governo, reduziu-se de 5 para 2,5. Assim, cada R$ 1,00 de despesa autônoma, em vez de gerar R$ 5,00 de renda, passa a gerar R$ 2,50.

Nesse exemplo, introduzindo a tributação, teríamos o seguinte:

$$C = 100 + 0,8(Y - T)$$

$$I_0 = 200 \tag{58}$$

$$T = 0,25Y$$

No equilíbrio, tem-se:

$$Y = C + I$$

$$Y = 100 + 0,8(Y - 0,25Y) + 200 \tag{59}$$

$$Y - 0,8(Y - 0,25Y) = 300$$

Resolvendo para a renda Y, temos:

$$Y_E = 750 \tag{60}$$

Percebe-se que, com a introdução do governo, com a arrecadação dada por uma alíquota de 25% do produto, reduziu-se o multiplicador para a metade de seu valor original e, assim, a renda de equilíbrio também se reduziu pela metade: era de R\$ 1.500, passou para R\$ 750.

Já o gasto público, como vimos, é um elemento adicional de demanda que se soma aos gastos autônomos, ampliando a renda. Supondo $G = 300$, teremos:

$$Y = C + I + G$$
$$Y = 100 + 0,8(Y - 0,257) + 200 + 300 \tag{61}$$

Solucionando para Y, temos:

$$Y_E = 1.500 \tag{62}$$

Ou seja, com um multiplicador de 2,5 acrescentando-se R\$ 300 de gastos autônomos (no caso, os gastos públicos), a renda se elevou de \$ 750,00 (ou $2,5 \times$ R\$ 300), voltando aos R\$ 1.500 iniciais. Percebemos o que foi dito: os impostos diminuem a renda pela queda do multiplicador, enquanto os gastos públicos a elevam, aumentando as despesas autônomas.

Se considerássemos o nível de arrecadação como dado, independentemente da renda, ter-se-ia:

$$T = T_0 \text{ (fixo)} \tag{63}$$

Desse modo,

$$Y = C_0 + c(Y - T_0) + I_0 + G_0$$
$$Y_E = \frac{1}{1 - c}(C_0 + I_0 + G_0) - \frac{c}{1 - c} \cdot T_0 \tag{64}$$

Nesse caso, os impostos apareceriam como um redutor da despesa autônoma sem afetar o multiplicador de gastos, sendo que essa diminuição não corresponderia ao valor total dos impostos, mas aos impostos multiplicados pela propensão marginal a consumir, uma vez que os impostos não diminuem a renda disponível apenas para o consumo, mas também para a poupança. Com isso, o chamado **multiplicador de impostos** é inferior ao multiplicador de gastos, ou seja,

$$\left| \frac{1}{1 - c} \right| > \left| \frac{c}{1 - c} \right| \tag{65}$$

(em módulo, já que o multiplicador de impostos é negativo).

É interessante considerarmos o efeito multiplicador correspondente às variações nas alíquotas de impostos (**multiplicador de alíquotas de impostos**), dado pelo impacto de uma **variação da alíquota** sobre o nível de renda. Em primeiro lugar, devemos lembrar que a alíquota de imposto afeta a inclinação da função demanda agregada, que é dada pela propensão marginal a gastar: $c(1 - t)$. O componente de demanda afetado pela mudança nos impostos é o consumo, que depende da renda disponível. Assim, ao reduzirmos a alíquota de impostos para t', por exemplo, teremos inicialmente uma variação no nível de consumo em relação ao valor inicial da renda, dada pela seguinte expressão:

$$C' - C = -c\, Y_1\, (t - t')$$
$$\Delta DA_1 = -c\, Y_1\, \Delta t \tag{66}$$

Esse impacto inicial, aumentando o consumo, levará a impactos secundários dados pela nova propensão a gastar, que passará a incidir sobre a variação inicial da renda decorrente da variação inicial dos gastos. Assim, teremos uma nova sequência de gastos, cujo valor inicial será ΔDA_1 e cuja razão será $c(1 - t')$. Dessa forma, o impacto total sobre a renda de equilíbrio decorrente de uma alteração na alíquota de impostos será:

$$\Delta Y = \left(-\frac{c}{1 - c(1 - t')} \right) Y_1 \cdot \Delta t \tag{67}$$

O termo entre parênteses do lado direito da expressão acima corresponde ao multiplicador dos impostos. Assim como no multiplicador no qual o valor dos impostos era dado, o multiplicador neste caso tem o mesmo denominador do multiplicador de gastos,[5] mas o numerador, em vez de ser a unidade, é a propensão marginal a consumir, gerando, portanto, um multiplicador inferior ao multiplicador de gastos.

Para avaliarmos o impacto total do setor público sobre o nível de renda, podemos combinar a arrecadação e os gastos públicos. Essa junção se faz no chamado **orçamento público**, que mostra o total de arrecadação e gastos do setor público. Quando o total arrecadado supera o volume de gastos, dizemos que o orçamento é superavitário, e quando ocorre o inverso, dizemos que é deficitário. O saldo orçamentário é obtido pela seguinte identidade:

$$O = T - G \tag{68}$$

onde O = saldo do orçamento público.

No caso em que os impostos são proporcionais à renda, temos:

$$O = tY - G \tag{69}$$

Notemos que, para um dado nível de gastos, o saldo orçamentário é extremamente dependente do nível de renda, pois quanto maior a renda, maior a arrecadação e vice-versa. Assim, com um certo nível de gastos, a situação do governo melhora quando a economia cresce. Isso pode ser visto na Figura 4.5.

Pelo discutido nos parágrafos anteriores, quanto mais deficitário o orçamento, maior o impacto expansionista da política fiscal.

Essa afirmação é totalmente verdadeira, mas erros em sua interpretação levam a uma das falácias favoritas dos políticos: "Vamos ampliar gastos porque a elevação da renda decorrente destes levará a um crescimento suficiente da arrecadação para financiá-los". Analisemos tal afirmação vendo o impacto de uma variação dos gastos públicos sobre o orçamento.

$$\Delta O = \Delta T - \Delta G \tag{70}$$

---

[5] O multiplicador de gastos, com os impostos definidos a partir de uma alíquota sobre a renda, passa a ser $\dfrac{1}{1 - c(1 - t')}$.

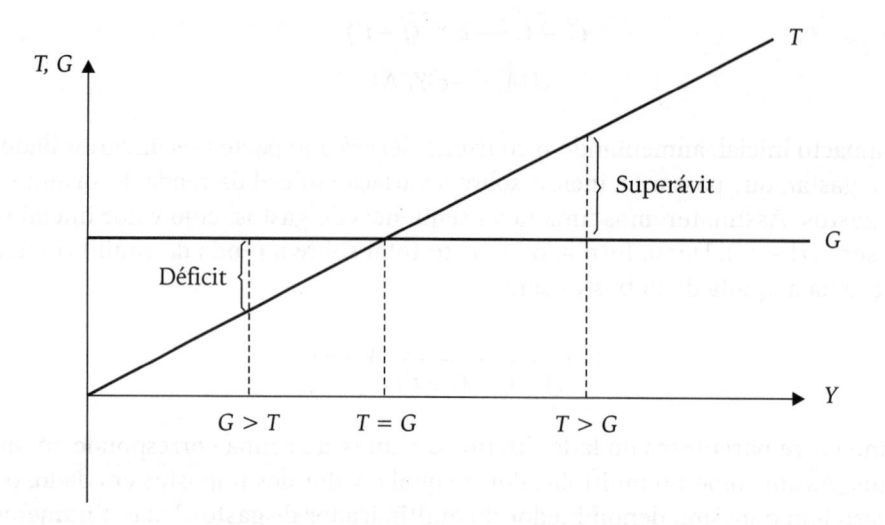

Figura 4.5 Saldo orçamentário e nível de renda.

Supondo um ΔG qualquer, teremos:

i. a variação nos gastos provocará uma variação na renda:

$$\Delta Y = \frac{1}{1 - c(1 - t)} \cdot \Delta G \qquad (71)$$

ii. esta variação na renda provocará uma variação na arrecadação de:

$$\Delta T = t\Delta Y$$

$$\Delta T = t \frac{1}{1 - c(1 - t)} \Delta G \qquad (72)$$

iii. o impacto sobre o orçamento será:

$$\Delta O = t \frac{1}{1 - c(1 - t)} \Delta G - \Delta G$$

$$\Delta O = \left(\frac{t}{1 - c(1 - t)} - 1 \right) \Delta G$$

$$\Delta O = \left(\frac{t - [1 - c(1 - t)]}{1 - c(1 - t)} \right) \Delta G \qquad (73)$$

$$\Delta O = \left(\frac{(c - 1)(1 - t)}{1 - c(1 - t)} \right) \Delta G$$

Como c e t são menores que 1, o termo no numerador será negativo, o que confirma que o saldo orçamentário varia inversamente com os gastos públicos. Percebemos que o impacto de um gasto público maior é a piora do orçamento, pois tanto c como t são menores do que 1, e assim, o primeiro termo é negativo.

Dois outros pontos devem ser destacados da análise do setor público neste modelo. O primeiro refere-se ao efeito de uma expansão dos gastos públicos totalmente financiada por um aumento da arrecadação, isto é, uma situação em que a variação dos gastos seja igual à variação nos impostos: o governo, ao mesmo tempo que amplia a demanda, retira poder de compra do setor privado, de modo a manter o orçamento em equilíbrio. Qual será o impacto final sobre a renda? Vejamos:

$$DA = C + I + G \tag{74}$$

Supondo que o investimento I não se altere, o impacto dessa política sobre a demanda será:

$$\Delta DA = c\, \Delta Yd + \Delta G$$
$$\Delta DA = c\, (\Delta Y - \Delta T) + \Delta G$$
$$\Delta Y = c\, \Delta Y - c\Delta T + \Delta G \tag{75}$$
$$\Delta Y = \frac{1}{1-c} \cdot (-c\Delta T + \Delta G)$$

Como $\Delta T = \Delta G$, temos:

$$\Delta Y = \frac{1}{1-c} \cdot (-c\Delta G + \Delta G)$$
$$\Delta Y = \frac{1}{1-c} \cdot (1-c)\Delta G \tag{76}$$

e, assim,

$$\Delta Y = \Delta G = \Delta T \tag{77}$$

Mesmo com o governo gastando exatamente o que arrecada, haverá um impacto positivo sobre a renda em magnitude igual ao valor do gasto público. Este é o chamado **multiplicador do orçamento equilibrado**, que é igual a 1. Esse fato é conhecido também como **Teorema do Orçamento Equilibrado**, ou ainda **Teorema de Havelmo**.

Um último ponto a ser analisado, no que se refere ao papel do setor público nesse modelo, corresponde a definir em que consiste uma política fiscal expansionista ou contracionista. Conforme destacamos, dado um nível de gastos públicos, o saldo orçamentário é totalmente dependente do nível de renda, que determinará a arrecadação. Assim, o governo pode estar apresentando um profundo déficit público, sem que isso signifique uma política expansionista, mas que decorra, por exemplo, do baixo nível de atividade econômica. Ou pode apresentar um superávit em decorrência da expansão econômica, mas sem que isso signifique uma política contracionista. Para eliminar essas possibilidades, podemos utilizar o conceito de **superávit (ou déficit) de pleno emprego**, que corresponde ao saldo orçamentário se a economia se encontra no nível de produto máximo permitido pela dotação de fatores. Medimos qual seria a arrecadação a esse nível de renda, dada a alíquota de impostos, e deduzimos o gasto do governo. Uma política que amplie o superávit de pleno emprego ou diminua o déficit pode ser dita contracionista, e outra que o diminua (ou amplie o déficit) pode ser dita expansionista. Eliminamos, dessa forma, as ambiguidades que podem emergir da simples apuração do saldo orçamentário.

4.6.1 Introduzindo o setor externo

O último item a ser analisado no modelo keynesiano simplificado é a introdução do setor externo. Assim como no caso do governo, a introdução do resto do mundo acrescenta um elemento de demanda, as exportações, e um elemento de vazamento de renda, as importações.

As **exportações** correspondem à demanda do resto do mundo por produtos feitos no país. Sua magnitude depende fundamentalmente da renda do resto do mundo e da taxa de câmbio. Consideraremos essas variáveis como dadas, e como tal o valor das exportações será exogenamente determinado (assim como o investimento e os gastos públicos).

Já as **importações** correspondem à demanda de residentes por produtos feitos no exterior, ou seja, é um vazamento de renda da economia, que ampliará a demanda nos demais países. Consideraremos aqui as importações como uma função crescente apenas da renda interna, numa proporção fixa, dada pela **propensão marginal a importar**. Assim, temos:

$$X = X_0$$
$$M = mY$$

(78)

onde: X = exportações

M = importações

m = propensão marginal a importar $(0 < m < 1)$

Assim, a nova condição de equilíbrio será a seguinte:

$$Y = C_0 + c(1 - t)Y + I_0 + G_0 + X_0 - mY$$
$$Y_E = \frac{1}{1 - c(1 - t) + m} \cdot (C_0 + I_0 + G_0 + X_0)$$

(79)

O primeiro termo é o chamado **multiplicador de gastos da economia aberta**.

Notemos que seu valor é inferior ao de uma economia fechada, uma vez que o valor da propensão marginal a importar é maior que zero. Assim como no caso do governo, vemos que as importações reduzem o multiplicador, enquanto as exportações acrescentam um elemento de gasto autônomo na economia. As primeiras possuem um impacto redutor sobre a renda, e as segundas, um impacto expansionista.

4.7 CONSIDERAÇÕES FINAIS

Pela análise do modelo keynesiano, percebemos a importância atribuída à demanda agregada. Ao contrário do modelo clássico, discutido no capítulo anterior, esta assume o papel determinante do nível de renda, não havendo limitações do lado da oferta. Observamos que esse modelo ajusta-se a uma situação em que existe ampla capacidade ociosa, de tal modo que as empresas possam atender qualquer demanda adicional sem pressionar os respectivos custos e, portanto, os preços.

Em um ambiente como esse, a política fiscal passa a assumir grande importância para evitar profundas oscilações da renda, uma vez que o governo pode, por meio de seus gastos e arrecadação, ampliar ou contrair a demanda agregada.

No próximo capítulo, ampliaremos esse modelo, introduzindo a taxa de juros como variável explicativa do investimento e o mercado monetário, o que constituirá o chamado modelo *IS-LM*, ou Análise Hicks-Hansen. Posteriormente, discutiremos um pouco mais detalhadamente as variáveis componentes da oferta e da demanda agregada.

EXERCÍCIOS RESOLVIDOS

1. **(Exame ANPEC 2002)** Considere uma economia descrita pelas seguintes equações:

$$C = 15 + 0,8 \cdot Yd$$
$$G = 20$$
$$I = 7 - 20 \cdot i + 0,2 \cdot Y$$
$$T = 0,25 \cdot Y$$

sendo C o consumo agregado, Y a renda total, Yd a renda disponível, I o investimento privado, i a taxa de juros, T a arrecadação e G os gastos do governo. Supondo que a taxa de juros seja de 10% ($i = 0,1$), determine o valor da poupança privada.

Primeiramente, vamos calcular a renda de equilíbrio, dada pelo equilíbrio da produção agregada.

$$Y = C + I + G$$
$$Y = [15 + 0,8 \cdot (Y - 0,25 \cdot Y)] + [7 - 20 \cdot i + 0,2Y] + 20$$
$$Y = 15 + 0,8 \cdot Y - 0,2 \cdot Y + 7 - 20 \cdot i + 0,2 \cdot Y + 20$$
$$Y = 0,8 \cdot Y + 42 - 20 \cdot i$$
$$0,2 \cdot Y = 42 - 20 \cdot i$$
$$Y = 210 - 100 \cdot i$$

Considerando, conforme o enunciado, que $i = 0,1$, temos:

$$Y = 210 - 100 \cdot 0,1 = 210 - 10 = 200$$

Sabemos também que, no caso de uma economia fechada, o investimento é dado pela soma das poupanças do governo e privada (note que não há poupança externa, pois a economia é fechada).

A poupança do governo é dada por $T - G$. Se $T = 0,25 \cdot Y$, temos que $T = 0,25 \cdot (200) = 50$. Por sua vez, dado que $G = 20$, a poupança do governo é igual a 30. Por fim, sabemos que o investimento é dado por $I = 7 - 20 \cdot (0,1) + 0,2 \cdot (200) = 45$.

$$I = S\,governo + S\,privada$$
$$45 = S\,governo + S\,privada$$
$$45 = 30 + S\,privada$$

Portanto, a poupança privada é igual a 15.

2. **(Exame ANPEC 2005 – adaptada)** Considere o modelo keynesiano básico para uma economia fechada e sem governo. Sabendo-se que, a partir de uma posição de equilíbrio, um aumento de 100 reais no investimento provoca aumento de 500 reais no PIB, julgue as assertivas:

a) A propensão média a poupar é 0,2.

Falsa: conforme discutido ao longo do capítulo, pela fórmula do multiplicador keynesiano, tem-se que $\Delta Y = [1/(1 - c)] \cdot \Delta i$. Substituindo os valores do enunciado, tem-se que 500 = [1/(1 – *c*)]·100 e portanto, *c* (que mensura a propensão marginal a consumir) é igual a 0,8 e (1 – *c*) (que mensura a propensão marginal a poupar) é igual a 0,2. Note que 0,2 não é a propensão média a poupar, mas sim a propensão marginal a poupar. Portanto, a sentença estaria correta se ao invés do termo "média" constasse o termo "marginal".

b) O aumento de consumo gerado pelo aumento do investimento é de 400 reais e a propensão média a consumir é 0,8.

Falsa: de fato, o aumento do investimento em 100 causa um aumento do consumo privado em 400 tal que o efeito total sobre a renda é igual a 100 + 400 = 500. Contudo, conforme o item anterior desta questão, 0,8 é o valor da propensão marginal a consumir, e não a propensão média.

c) Tendo o aumento de consumo sido de 400 reais, o multiplicador keynesiano é 5.

Verdadeira: de fato, sendo ΔI = 100 e ΔG = 500, o multiplicador keynesiano é igual a cinco.

d) Supondo-se que haja governo e que o orçamento seja mantido em equilíbrio, um aumento de 100 reais nos gastos públicos provocará um aumento de 100 reais no PIB.

Verdadeira: de fato, conforme o multiplicador de orçamento equilibrado, se o governo aumenta os gastos e os impostos em montantes exatamente iguais, o aumento da renda é exatamente igual ao aumento dos gastos do governo.

3. Classifique as sentenças a seguir como verdadeiras ou falsas:

a) **(Exame ANPEC, 1993)** Se os agentes econômicos buscassem aumentar sua poupança para fazer frente ao risco do desemprego, poderiam incorrer em sucessos individuais, mas a tentativa seria frustrada para o conjunto dos agentes.

Verdadeira: no modelo keynesiano, esse é o chamado Paradoxo da Parcimônia. Considerando um modelo simples, vimos ao longo do capítulo que o nível de renda depende do multiplicador, cujo valor é dado por [1/(1 – *c*)] = 1/*s* (em que *c* = propensão marginal a consumir e *s* = propensão marginal a poupar), e pelos gastos autônomos. Se a sociedade aumentar a taxa de poupança, elevando o valor de *s*, o multiplicador se reduzirá e, com isso, o nível de renda agregada.

b) **(Exame ANPEC, 1999)** Se a propensão marginal a consumir for 0,8, a alíquota marginal de impostos 0,2 e a propensão marginal a importar 0,14, o multiplicador dos gastos autônomos será 2.

Verdadeira: conforme discutido ao longo deste capítulo, assumindo uma economia aberta em que as importações sejam dadas por $M = m \cdot Y$ e que os impostos correspondem à uma alíquota sobre a renda ($T = t \cdot Y$), o multiplicador keynesiano passa a assumir a seguinte forma:

$$mk = [1 / (1 - c \cdot (1 - t) + m]$$

Em que *c* é a propensão marginal a consumir, *t* é a alíquota de imposto sobre a renda e *m* a propensão marginal a importar. Substituindo os valores do enunciado:

$$mk = [1 / (1 - 0,8 \cdot (1 - 02) + m] = 1 / [0,5] = 2$$

c) **(Exame ANPEC, 1993)** O valor do multiplicador para uma economia fechada e sem governo reduz-se quando são incorporadas as transações correntes com o exterior e aumenta quando a tributação e os gastos do governo são introduzidos na análise.

Falsa: conforme discutido no item (b) desta mesma questão, em uma economia fechada sem governo o multiplicador é $[1/(1 - c)]$. Introduzindo o setor externo, considerando as importações como uma parcela da renda ($M = m \cdot Y$, por exemplo), o multiplicador transforma-se em $[1/(1 - c + m)]$. Como, por pressuposto, $0 < m < 1$, reduz-se o multiplicador e, assim, essa parte da sentença está correta. Contudo, introduzindo o governo, e considerando a arrecadação de impostos como parcela da renda ($T = t \cdot Y$), e sabendo que os impostos reduzem a renda disponível, que é direcionada ao consumo, tem-se o novo multiplicador: $[1/(1 - c(1 - t) + m)]$. Como t é maior do que zero, também reduz-se o multiplicador, e não aumenta, conforme a afirmação.

d) **(Exame ANPEC, 2001)** A substituição de uma função investimento do tipo $I = I_A$ por outra do tipo $I = I_A - b \cdot i + d \cdot Y$, em que i é a taxa de juros e $0 < d < 1$, implica um aumento do multiplicador.

Para sabermos se esta sentença é verdadeira ou falsa, vamos calcular o multiplicador keynesiano em ambos os casos. Vamos assumir que a função consumo das famílias seja dada por $C = C_0 + c \cdot (Y - T)$ e que os gastos do governo G e os impostos T sejam exógenos.

Caso 1) $I = I_A$ (ou seja, caso o investimento seja apenas um montante fixo e exógeno)

$$Y = C + I + G$$
$$Y = C_0 + c \cdot (Y - T) + I_A + G$$
$$Y = C_0 + c \cdot Y - c \cdot T + I_A + G$$
$$(1 - c) \cdot Y = C_0 - c \cdot T + I_A + G$$
$$Y = [1/(1 - c)] \cdot [C_0 - c \cdot T + I_A + G]$$

em que $[1/(1 - c)]$ é o multiplicador keynesiano.

Caso 2) $I = I_A - b \cdot i + d \cdot Y$ (ou seja, caso o investimento passe a ser endógeno à taxa de juros e à renda

$$Y = C + I + G$$
$$Y = C_0 + c \cdot (Y - T) + I_A - b \cdot i + d \cdot Y + G$$
$$Y = C_0 + c \cdot Y - c \cdot T + I_A - b \cdot i + d \cdot Y + G$$
$$(1 - c - d) \cdot Y = C_0 - c \cdot T + I_A - b \cdot i + G$$
$$Y = [1/(1 - c - d)] \cdot [C_0 - c \cdot T + I_A - b \cdot i + G]$$

em que $[1/(1 - c - d)]$ é o multiplicador keynesiano.

Comparando esses dois multiplicadores, nota-se que como $0 < d < 1$ (conforme enunciado), o multiplicador do caso 2 é maior do que o multiplicador do caso 1. Isso ocorre porque, dado um aumento no componente autônomo dos gastos, a expansão da renda se dá apenas via aumento do consumo das famílias no caso 1 (ou seja, há apenas um canal por meio do qual o aumento dos gastos autônomos influencia a renda), ao passo que no caso 2 a expansão da renda se dá tanto via aumento do consumo das famílias como também via aumento do investimento das firmas, amplificando o efeito do aumento dos gastos autônomos.

e) **(Exame ANPEC, 2001)** O aumento da renda agregada decorrente de uma redução autônoma de $ 10 nos impostos será igual àquele que decorrer de um aumento autônomo de $ 10 no investimento.

Falsa: conforme visto ao longo deste capítulo, o multiplicador de impostos é, em módulo, inferior ao multiplicador de gastos autônomos. Diante disso, uma redução de $ 10 nos impostos causará aumento da renda de magnitude inferior ao que seria causado por uma elevação nos investimentos nos mesmos $ 10.

REFERÊNCIAS

HANSEN, A. H. *Um guia para Keynes.* São Paulo: Vértice Universitária, 1987.

JOBIM, A. J. G. *A macrodinâmica de Michael Kalecki.* Rio de Janeiro: Graal, 1988.

KEYNES, J. M. *A teoria geral do emprego, do juro e da moeda.* São Paulo: Atlas, 1992.

KALECKI, M. *Teoria da dinâmica econômica.* São Paulo: Nova Cultural, 1985.

MIGLIOLI, J. *Acumulação de capital e demanda efetiva.* São Paulo: T. A. Queiroz, 1986.

SAMUELSON, P. *The simple mathematics of income determination*: macroeconomics, selected readings. Ed. Johnson, W. and Damerschen, D. Boston: University of Missouri, 1970.

SIMONSEN, M. H.; CYSNE, R. P. *Macroeconomia.* 3. ed. São Paulo: Atlas, 2007.

APÊNDICE – A ECONOMIA KALECKIANA E O PRINCÍPIO DA DEMANDA EFETIVA

INTRODUÇÃO

Michal Kalecki foi um economista polonês que desenvolveu uma série de trabalhos buscando explicar o crescimento e os ciclos da economia capitalista.[6] O problema central estudado por Kalecki foi a questão da realização da produção, a qual ele julgava ser o principal entrave ao processo de acumulação nas economias capitalistas, com o que coloca a demanda no centro da análise. Seus primeiros trabalhos datam do início da década de 1930, onde já formula seu princípio da demanda efetiva (sendo, neste sentido, anterior a Keynes), mas, quer por ser um autor menos conhecido,

---

[6]   Os principais livros de Kalecki são: *Teoria da dinâmica econômica* e *Crescimento e ciclo das economias capitalistas.*

quer pela própria língua em que esses trabalhos foram publicados, eles só foram reconhecidos posteriormente.[7]

O referencial teórico de que parte o autor é o marxismo, utilizando-se dos esquemas de reprodução de Marx para explicar o funcionamento das economias capitalistas. Além de Marx, Kalecki sofreu influência dos trabalhos de Rosa Luxemburgo, que mostrava o problema dos mercados no sistema capitalista e a necessidade dos chamados mercados externos para garantir-se a reprodução do sistema. Também importante no referencial de Kalecki foi a obra de Tugan-Baranovsky, defendendo que não haveria perigo de falta de mercado por ausência de consumo dos trabalhadores, uma vez que o relevante eram os gastos dos capitalistas, dentro da lógica do sistema capitalista de acumulação constante. Esta última ideia, extraída do trabalho de Marx, de que os gastos dos capitalistas é que são relevantes para se determinar a reprodução do sistema (realização da mais-valia), está na base da formulação kaleckiana. Com base nessa ideia de enfocar o problema nos gastos capitalistas, quer na forma de consumo quer de investimento, Kalecki desenvolve suas teorias sobre a dinâmica do sistema capitalista, sua explicação para os ciclos econômicos e sua teoria de distribuição.

As principais contribuições de Kalecki estão sistematizadas a seguir, de acordo com Almeida.[8]

- Os salários não esmagam os lucros e a queda de salário não é a cura para o desemprego.

- Os gastos governamentais são uma forma de combater o desemprego, à medida que o déficit público eleva os lucros dos capitalistas, com o que o Estado pode afetar a demanda efetiva e os ciclos econômicos.

- O comércio internacional não é o mundo preconizado pela teoria das vantagens comparativas, mas é o da concorrência entre grandes empresas por mercados externos.

- Os trabalhadores devem gastar toda a sua renda, pois se pouparem apenas contribuirão para elevar o desemprego.

- Os capitalistas devem gastar de qualquer maneira que seja, para evitar a queda dos lucros. Os lucros dependem exclusivamente da decisão de gastos dos capitalistas e independe de qualquer perfil de distribuição de renda. Como os lucros são os principais determinantes dos gastos e estes da renda, não existe qualquer nível predeterminado de renda para qual esta tenderá (rompe-se com as análises de equilíbrio).

- A taxa de juros não tem a função de igualar a poupança e o investimento; o investimento pode se dar independentemente da existência de poupança prévia, pois ele se autofinancia.

- As flutuações de renda e emprego são inevitáveis devido ao comportamento dos gastos capitalistas.

Neste Apêndice, destacaremos o modelo kaleckiano de curto prazo.

ESTRUTURA BÁSICA DO MODELO KALECKIANO

Como dito anteriormente, Kalecki inicia sua análise com base nos esquemas de reprodução de Marx. Contudo, enquanto Marx divide o sistema econômico em dois departamentos (um produtor de bens de produção – bens de capital – e outro produtor de bens de consumo), Kalecki

---

[7] A respeito da obra de Kalecki, ver MIGLIOLI, J. *Acumulação de capital e demanda efetiva*. São Paulo: T. A. Queiroz, 1986; e JOBIM, A. J. G. *A macrodinâmica de Michael Kalecki*. Rio de Janeiro: Graal, 1988.

[8] Prefácio do livro de Jobim (1988).

considera três departamentos, dividindo o de bens de consumo em bens de consumo dos trabalhadores e bens de consumo dos capitalistas. No caso de Kalecki, tem-se:

- departamento I: produtor de bens de capital;
- departamento II: produtor de bens de consumo para os capitalistas; e
- departamento III: produtor de bens de consumo para os trabalhadores.

Uma segunda diferença entre os esquemas marxista e kaleckiano refere-se ao fato de que, enquanto no primeiro a produção é considerada em termos de valor, dividindo-a em seus três componentes (capital constante, capital variável e mais-valia), no esquema kaleckiano, como a produção de cada departamento é avaliada em termos de preços e não de valor, as categorias nas quais a produção se distribui são os lucros e os salários. No valor da produção de cada departamento estão considerados todos os bens intermediários utilizados na geração do produto final do respectivo departamento. Ou seja, **o produto final de cada departamento já é o próprio valor adicionado de cada departamento**.

Considerando inicialmente uma economia fechada sem governo, temos:

$$Renda\ Bruta\ (Y) = Lucros\ (P) + Salários\ (W) \qquad \text{(A.1)}$$

O produto bruto decompõe-se na produção dos três departamentos, o produto do departamento I (DI) corresponde ao investimento (I) da economia, a produção do departamento II (DII) corresponde ao consumo dos capitalistas (C_K) e a produção do departamento III (DIII) ao consumo dos trabalhadores (C_W).

O valor da produção em cada departamento também divide-se em lucros e salários pagos tal que:

$$I = P_1 + W_1$$
$$C_K = P_2 + W_2 \qquad \text{(A.2)}$$
$$C_W = P_3 + W_3$$

A soma do lucro nos três departamentos corresponde ao lucro total da economia (P) e a soma dos salários pagos nos três departamentos nos fornece a massa salarial da economia:

$$P = P_1 + P_2 + P_3$$
$$W = W_1 + W_2 + W_3 \qquad \text{(A.3)}$$

O valor da produção, ou a renda bruta da economia, pode ser obtido pela soma da produção dos três departamentos ou pela soma das categorias de renda (lucros e salários), como pode ser visto na matriz a seguir (o somatório das linhas fornece as categorias de renda e o somatório das colunas, as categorias de gasto):

	Departamentos			
	DI – Bens de Capital	**DII – Bens de Consumo dos Capitalistas**	**DIII – Bens de Consumo dos Trabalhadores**	**TOTAL**
Lucros	P_1	P_2	P_3	P
Salários	W_1	W_2	W_3	W
Renda	I	C_k	C_W	Y

$$Y = P + W \tag{A.4}$$

ou:

$$Y = I + C_K + C_W \tag{A.5}$$

Na hipótese de que os trabalhadores gastam o que ganham, ou seja, que a poupança dos trabalhadores (S_W) seja igual a zero, ter-se-á:

$$W - C_W = S_W \tag{A.6}$$

Como

$$S_W = 0 \tag{A.7}$$

segue que:

$$W = C_W \tag{A.8}$$

A poupança dos capitalistas (S_K) é dada pelo lucro total, menos o consumo dos capitalistas:

$$S_K = P - C_K \tag{A.9}$$

A poupança total (S) é igual a:

$$S = S_W + S_K \tag{A.10}$$

Como a poupança dos trabalhadores (S_W) é zero, segue que:

$$S = S_K \tag{A.11}$$

Posto isso, vimos na matriz anterior que a renda nacional Y é igual a:

$$Y = W + P = I + C_K + C_W \tag{A.12}$$

Como $W = C_W$ (os trabalhadores gastam todo o salário W com consumo (C_W), tem-se:

$$C_W + P = I + C_K + C_W \tag{A.13}$$

e:

$$P = I + C_K \tag{A.14}$$

Subtraindo C_K de ambos os lados, temos:

$$P - C_K = I \tag{A.15}$$

e, finalmente,

$$S = I \tag{A.16}$$

Notemos que, assim como no caso keynesiano, a poupança não se constitui um entrave ao investimento, pois ela aparece como um resíduo do processo de geração de renda que é dado pelos gastos. Assim, essa igualdade deve ser lida da seguinte forma: uma vez realizado um investimento qualquer, a ele corresponderá uma poupança de igual valor, ou seja, o investimento gerará a poupança para financiá-lo. Voltaremos a este tópico na sequência.

Devemos observar que a teoria kaleckiana, ao mesmo tempo que é uma teoria de determinação da renda, é uma teoria de distribuição, diferentemente de Keynes.

Determinação da renda

Notemos, no departamento III, que toda a renda nele gerada corresponde ao gasto dos trabalhadores; como estamos assumindo que os trabalhadores gastam o que ganham, a renda do DIII corresponde à massa salarial da economia. Como seus gastos para gerar o produto correspondem aos salários pagos no próprio departamento, concluímos que o excedente neste departamento, ou o lucro, corresponde ao valor dos salários pagos nos outros dois departamentos.

Como

$$C_W = W$$
$$\Rightarrow P_3 + W_3 = W_1 + W_2 + W_3 \tag{A.17}$$

logo:

$$P_3 = W_1 + W_2 \tag{A.18}$$

Essa última relação representa a equação de trocas entre DI e DII com DIII: os bens de consumo que sobram para os capitalistas de III (depois de descontados os salários pagos neste setor, e os gastos com produtos do próprio setor) são vendidos aos trabalhadores de I e II, sendo este seu lucro. Notemos que os salários geram demanda apenas no DIII.

Analisando a geração de lucro, temos que o total de lucros na economia é a soma do lucro nos três departamentos:

$$P = P_1 + P_2 + P_3 \tag{A.19}$$

Como vimos, o lucro no DIII corresponde aos salários pagos no DI e no DII, assim:

$$P = P_1 + P_2 + W_1 + W_2 \tag{A.20}$$

Como

$$P_1 + W_1 = I; \text{ e } P_2 + W_2 = C_K \Rightarrow P = I + C_K \tag{A.21}$$

Percebemos, portanto, que o lucro iguala os gastos dos capitalistas tanto em consumo quanto em investimento. Daí a famosa frase de Kalecki de que **"os trabalhadores gastam o que ganham e os capitalistas ganham o que gastam"**.

Consideremos agora a repartição da renda em cada departamento entre salários e lucros. Seja a parcela do salário em cada departamento dada pelas seguintes relações:

$$w_1 = \frac{W_1}{I}; \quad w_2 = \frac{W_2}{C_K}; \text{ e } w_3 = \frac{W_3}{C_W} \tag{A.22}$$

A parcela dos lucros nos respectivos departamentos será:

$$(1 - w_1); (1 - w_2); (1 - w_3) \tag{A.23}$$

Consideremos o lucro no DIII:

$$P_3 = W_1 + W_2$$
$$\Rightarrow P_3 = w_1 I + w_2 C_K \tag{A.24}$$

onde

$$C_W = P_3 + W_3$$
$$P_3 = C_W - W_3$$

(A.25)

e:

$$W_3 = w_3\, C_W$$
$$P_3 = C_W - w_3\, C_W$$
$$P_3 = (1 - w_3)\, C_W$$
$$(1 - w_3)\, C_W = w_1 I + w_2\, C_K$$

(A.26)

Portanto:

$$C_W = \frac{w_1 I + w_2\, C_K}{1 - w_3}$$

(A.27)

Percebemos que o próprio consumo dos trabalhadores, ou seja, a massa salarial, é determinado pelos gastos dos capitalistas, assim como o lucro, além dos fatores de distribuição que determinam a participação de salários e lucros em cada departamento. Dessa forma, a renda é determinada pelos gastos dos capitalistas e pelos fatores de distribuição.

Dado

$$Y = I + C_K + C_W$$

(A.28)

tem-se:

$$Y = I + C_K + \left(\frac{w_1 I + w_2\, C_K}{1 - w_3} \right)$$

(A.29)

Assim, a determinação da renda Y depende unicamente dos gastos dos capitalistas (I e C_K), uma vez que os fatores de distribuição w_1, w_2 e w_3 são dados.

Os fatores que afetam a distribuição da renda, que determinam a parcela w, só afetam o tamanho da massa salarial, uma vez que os lucros são determinados totalmente pelos gastos dos capitalistas. Assim, ampliações nos gastos capitalistas provocam elevações na renda devido ao aumento dos lucros.

DETERMINANTES DA DISTRIBUIÇÃO DE RENDA: FORMAÇÃO DE PREÇOS

Para analisarmos a distribuição de renda, ou os determinantes dos coeficientes w em Kalecki, devemos recorrer à sua teoria de formação de preços. A característica normal da economia, segundo Kalecki, é operar com capacidade ociosa devido ao grau de monopolização da economia.

Assim, a produção não se dá onde o preço se iguala ao custo marginal, mas onde o lucro é máximo. Com a existência de capacidade ociosa e dadas as características da produção, tem-se um segmento horizontal na curva de custo marginal, sendo o preço determinado por uma margem sobre os custos de acordo com uma regra de *mark-up*.

$$p = m\, u + n\, p^*$$

(A.30)

sendo: p = preço do produto

p^* = preços das demais empresas daquele mercado

u = custos diretos

m = margem (*mark-up* sobre os custos diretos)

Ou seja, o preço cobrado pelas empresas depende de seus custos diretos e do preço cobrado pelos concorrentes. Devemos notar que, quanto menor o porte da empresa, ou seja, quanto menor o seu poder de mercado, mais próximo de p^* deverá situar-se seu preço, o contrário se verificando quando a empresa domina uma grande parcela do mercado.

A relação entre o preço cobrado pela empresa e seus custos diretos reflete o chamado **grau de monopólio**, ou **poder de mercado da empresa**:

$$K = \frac{p}{u} = \frac{\text{preço}}{\text{custos diretos}} \tag{A.31}$$

sendo K = grau de monopólio.

O grau de monopólio pode se alterar devido a:

a) **alterações no grau de concentração econômica** (empresas gigantes): quanto maior a concentração em um dado mercado, maior tende a ser o grau de monopólio;

b) **desenvolvimento da publicidade**: a publicidade, ao afetar as escolhas dos consumidores (preferências por marcas, criar novas necessidades etc.), pode ampliar o grau de monopólio;

c) **custos indiretos** (ordenados, custo do capital, tributação etc.) em relação aos custos diretos: quanto maiores forem os custos indiretos, maior será a margem que as empresas terão que colocar sobre os custos diretos para cobri-los;

d) **poder dos sindicatos**: em mercados onde os sindicatos são fortes, estes podem conseguir ampliar a participação dos salários, elevando os custos diretos e reduzindo o grau de monopólio.

Os custos diretos são dados pelos salários e pelos gastos com matérias-primas:

$$u = W + \text{matérias-primas}$$
$$u = W(1 + j) \tag{A.32}$$

onde j = relação matérias-primas/salários.

Como

$$K = \frac{\text{preço}}{\text{custos diretos}} \tag{A.33}$$

o preço p será dado por:

$$p = \text{Custos diretos} + \text{custos indiretos} + \text{lucro} \tag{A.34}$$

Substituindo na definição de K, tem-se:

$$K - 1 = \frac{\text{custos indiretos} + \text{lucros}}{\text{custos diretos}} \tag{A.35}$$

Assim,

$$\text{lucros} + \text{custos indiretos} = \text{custos diretos}\,(K-1)$$
$$\text{lucros} + \text{custos indiretos} = W(j+1)\,(K-1) \tag{A.36}$$

O valor agregado de certo produto, ou valor adicionado, como definido anteriormente, corresponde a seu preço menos o custo das matérias-primas utilizadas para produzi-lo:

$$\text{Valor agregado} \quad = \quad W \quad + \quad W(j+1)\,(K-1)$$
$$\text{Salários} \quad + \quad \text{lucros} + \text{custos indiretos} \tag{A.37}$$

Assim, a participação do salário no valor agregado (w) é dada pela seguinte expressão:

$$w = \frac{W}{W + W(j+1)(K-1)} \tag{A.38}$$

Ou seja:

$$w = \frac{1}{1 + (j+1)(K-1)} \tag{A.39}$$

Percebemos, portanto, que a **parcela do salário na renda é uma função decrescente do grau de monopólio (K) e da relação matérias-primas/salários (j).** Assim, quanto maiores K e j, menor será w e, portanto, maior será a parcela dos lucros.

Outro fator a influir na distribuição de renda, segundo Kalecki, é a **composição setorial da produção**, uma vez que tanto o poder de fixação dos preços oscila de acordo com o setor, quanto existem setores em que, por questões técnicas, temos maior utilização do fator trabalho (por exemplo, agricultura). Quanto maior a participação dos ramos com maiores coeficientes de lucro (isto é, maiores relações P/W), maior será a parcela do lucro na renda nacional.

Para observarmos o comportamento da parcela do salário ao longo do ciclo econômico, devemos analisar como se comporta o grau de monopólio e o preço das matérias-primas. O grau de monopólio tende a possuir uma relação inversa com o nível de atividade econômica. Ele tende a se elevar na recessão, uma vez que nesta situação diminui o incentivo para novas empresas entrarem no mercado (elevam-se as barreiras à entrada), fazendo com que as empresas possam ampliar a diferença entre preços e custos diretos, e com isso a parcela salarial tenderia a se reduzir na recessão. Por outro lado, os preços das matérias-primas, que em geral são obtidas em mercados concorrenciais (*commodities*), tendem a se reduzir, fazendo com que a relação matérias-primas/salários diminua, contrarrestando a tendência à queda da parcela dos salários. Movimento inverso tende a acontecer em contexto de expansão: o grau de monopólio tende a se reduzir, pois amplia-se a concorrência potencial, mas por outro lado a participação das matérias-primas tende a se elevar pelas pressões nos mercados de *commodities*, elevando seus preços.

Quanto aos lucros, consideramos, até o momento, uma economia fechada sem governo e uma situação em que os trabalhadores gastavam o que ganhavam, de tal modo que o lucro era determinado unicamente pelos gastos dos capitalistas com consumo e investimento. Antes de relaxarmos essas condições, podemos discutir os determinantes destes dois componentes de gastos.

Kalecki considera uma função consumo para os capitalistas em que estes possuem um consumo autônomo A, que pode ser tomado como constante no curto prazo, e uma parcela que oscila de acordo com os lucros de períodos anteriores (λ). Assim, a função consumo dos capitalistas pode ser expressa da seguinte forma:

$$C_{Kt} = qP_{t-\lambda} + A \tag{A.40}$$

Como

$$P_t = I_t + C_{Kt} \tag{A.41}$$

segue que:

$$P_t = I_t + qP_{t-\lambda} + A$$
$$P_{t-\lambda} = I_{t-\lambda} + qP_{t-2\lambda} + A$$
$$P_{t-2\lambda} = I_{t-2\lambda} + qP_{t-3\lambda} + A \tag{A.42}$$
$$P_{t-3\lambda} = I_{t-3\lambda} + qP_{t-4\lambda} + A$$
$$P_t = I_t + qI_{t-\lambda} + q^2 I_{t-2\lambda} + q^3 I_{t-3\lambda} + ... + A + qA + q^2 A + q^3 A + ...$$

Percebemos que os lucros são determinados basicamente pelos investimentos realizados ao longo de um certo período de tempo. Podemos tirar a média da sequência de investimentos da fórmula acima considerando os coeficientes $(1, q, q^2, q^3, ...)$ como os fatores de ponderação para obtermos o investimento médio (I_{t-x}), onde x é o período de tempo relevante, tal que:

$$P_t = I_{t-x} + A/(1 - q) \tag{A.43}$$

Notemos que, quanto menor q, que é a **propensão marginal a consumir dos capitalistas**, mais rapidamente a sequência de investimentos tende a zero, fazendo com que apenas os investimentos realizados no passado próximo afetem os lucros do período atual. Assumir que q seja próximo de zero significa que os níveis de consumo dos capitalistas não se alteram rapidamente, em resposta a mudanças no lucro.

Isso traz uma importante consequência. Como $P = I + C_K$, O investimento gera o lucro (renda), e como este praticamente não se direciona para a ampliação de consumo C_K, que permanece praticamente constante, temos que o aumento de lucro converte-se em poupança, mostrando que o ato de investir gera a poupança, com o que se mantém a igualdade entre as duas variáveis, conforme já discutido. Assim, a poupança não é um entrave ao investimento.

Em termos de recursos monetários, o investimento pode ser avançado pela criação de crédito pelo sistema bancário ou pela própria concessão de crédito entre os capitalistas. Em termos reais, o não limite da poupança decorre da suposição de Kalecki de que o sistema econômico caracteriza-se pela capacidade ociosa.

DETERMINANTES DO INVESTIMENTO: PRINCÍPIO DO RISCO CRESCENTE

Resta analisarmos os **determinantes do investimento** e o que o limita, no modelo kaleckiano. Uma primeira questão levantada por Kalecki é que a taxa de juros desempenha um papel secundário. O autor considera que a taxa de juros relevante para as decisões de investimento é a de longo prazo. Esta, segundo o autor, é determinada no mercado de empréstimos de longo prazo, e considera a taxa de juros de curto prazo mais um prêmio de risco pelo alongamento do prazo.

A taxa de juros de curto prazo é determinada no mercado monetário e tende a ter um comportamento pró-cíclico, isto é, eleva-se nas expansões econômicas e retrai-se nas contrações. A explicação para isso decorre do fato de que quanto maior a atividade econômica, maior a demanda de moeda para transações, que, sem ser acompanhada por uma acomodação monetária, levará ao aumento da taxa de juros.

Já a taxa de juros de longo prazo, segundo Kalecki, apresenta uma constância ao longo do ciclo econômico, o que ocorre pelo comportamento contracíclico do prêmio de risco. Quando a economia está aquecida, o grau de confiança dos emprestadores no retorno é maior, aceitando-se um menor prêmio pelo alongamento de prazos, e o inverso ocorre nas retrações econômicas.

Dessa forma, o prêmio de risco segue um movimento oposto ao das taxas de juros de curto prazo, fazendo com que a taxa de longo prazo permaneça estável. Dada a estabilidade desta taxa, Kalecki descarta sua influência sobre as decisões de investimentos. Uma vez que o capitalista decide investir comparando as perspectivas de lucro contra a taxa de juros, se esta última é constante, apenas a primeira tem influência.

"O principal limite para o montante de um determinado investimento a ser efetuado por uma firma é estabelecido – segundo Kalecki – pela dimensão do capital empresarial, isto é, o capital próprio da firma. O capital empresarial estabelece o limite do investimento por dois motivos: primeiro, determina o grau de acesso da firma ao mercado de capitais; segundo, determina o grau de risco do investimento a ser efetuado" (MIGLIOLI, 1986, p. 281). Assim, quanto maior for o capital da empresa, maior será a quantidade de empréstimos que conseguirá obter, pois possui maior quantidade de garantias que pode oferecer ao emprestador. Dessa forma, o tamanho da firma limita o tamanho dos investimentos que pode realizar. Por outro lado, dado o capital da empresa, o risco inerente a dado investimento será tanto maior quanto maior o recurso a empréstimos, uma vez que estes envolvem pagamentos fixos (principal e juros) por parte das empresas. Assim, quanto maior a alavancagem da empresa, maior o risco. Este é o chamado **princípio do risco crescente**.

Em determinado momento, o acesso da empresa ao crédito será obstruído, limitando o investimento. Percebemos, portanto, que os limites ao investimento são colocados pelo mercado de crédito pelo risco associado ao financiamento, sendo este último dependente do capital empresarial. Assim, para o agregado, concluímos que o investimento depende do estoque de capital previamente acumulado.

MODELO COMPLETO, COM GOVERNO, SETOR EXTERNO E POUPANÇA DOS TRABALHADORES

Relaxando as condições previamente estabelecidas, de que os trabalhadores gastam o que ganham (poupança positiva dos trabalhadores) e de uma economia fechada sem governo, podemos completar a análise kaleckiana e obter a expressão completa dos lucros.

Introduzindo o setor externo, temos que as exportações correspondem à venda de produtos para o exterior e, como tal, geram o pagamento dos salários necessários para se realizar essa produção e os lucros dos capitalistas que vendem para o exterior. Podemos introduzir as exportações como um quarto departamento. Os salários pagos aqui serão gastos no departamento III, e gerarão lucro para os capitalistas deste departamento.

As importações, quer sejam feitas por trabalhadores para obter bens de consumo, quer por capitalistas para investimento ou para consumo, diminuirão o lucro, uma vez que irão remunerar fatores de produção no exterior. Assim, o setor externo é acrescido à equação de lucros pelo seu saldo: um superávit externo amplia o lucro e um déficit o reduz (e, por conseguinte, também a renda).

O governo pode ser considerado o setor externo: a arrecadação de impostos deve ser considerada pelos pagamentos por serviços realizados por um setor externo e os gastos públicos referem-se a aquisições junto ao sistema econômico, gerando pagamento de salários (gastos no DIII e, portanto, lucro neste departamento) e lucros. Assim como o setor externo, o impacto do governo sobre os lucros se dá pelo saldo das transações: um superávit do setor público reduz os lucros e um déficit os amplia.

O último elemento a ser considerado é a possibilidade de poupança pelos trabalhadores. Se estes não gastarem toda a sua renda, diminuirá o lucro do DIII e, como tal, os lucros globais.

Assim, da equação inicial de lucros no modelo simplificado:

$$P = I + C_K \qquad\qquad (A.44)$$

chegamos a:

$$P = I + C_K - S_W + (G - T) + (X - M) \qquad\qquad (A.45)$$

onde: G = gastos governamentais

T = arrecadação de impostos

X = exportações

M = importações

Com isso, completamos o modelo kaleckiano. Percebemos que a variável-chave para a determinação do comportamento da renda são os gastos capitalistas, com destaque para o investimento, como visto. O setor externo e o setor público podem exercer um impacto positivo quando exercem demanda maior sobre o sistema econômico do que os vazamentos que ocorrem em relação a este. Quanto aos trabalhadores, quanto menos pouparem, maior serão o lucro e a renda.

MODELO *IS-LM*: A INTERLIGAÇÃO ENTRE O LADO REAL E O LADO MONETÁRIO

5

Rudinei Toneto Jr.
Sérgio Naruhiko Sakurai

INTRODUÇÃO

Este modelo origina-se do trabalho de Hicks (1937), *Mr. Keynes and the classics*, no qual o autor tenta sintetizar as contribuições de Keynes. Os pressupostos básicos mantêm-se os mesmos do modelo keynesiano simples, com a demanda determinando o produto, sendo o nível de preços constante.

No modelo *IS-LM* (também conhecido como **Análise Hicks-Hansen**), incorporamos o mercado de ativos e a determinação da taxa de juros à análise, com esta passando a influir na determinação da renda através do investimento. Nesse modelo, temos a determinação simultânea da taxa de juros e da renda que equilibram o mercado de bens e de ativos. Constitui-se, portanto, num modelo de equações simultâneas.

A estrutura lógica do modelo pode ser visualizada pelo diagrama da Figura 5.1.

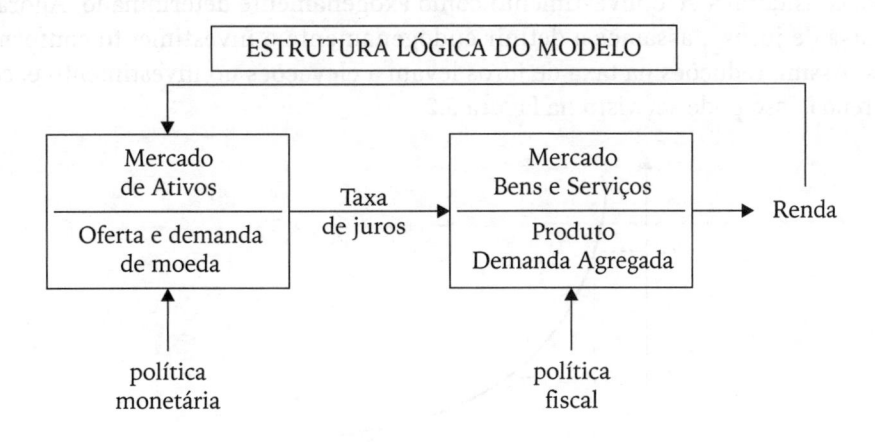

Figura 5.1 Estrutura do modelo *IS-LM*.

De acordo com essa estrutura, o mercado de ativos representado pela oferta e demanda de moeda determina a taxa de juros. O investimento agregado, suposto constante no modelo simples do capítulo anterior, é afetado pela taxa de juros. Assim, a taxa de juros, determinada no mercado de ativos, afeta a demanda agregada por meio dos investimentos e, portanto, o nível do produto da economia. A renda, por sua vez, também influi no mercado de ativos, por meio da demanda de moeda que afeta a determinação da taxa de juros. Percebemos que se trata de um sistema de determinação simultânea, tomando-se como variáveis exógenas no modelo a política monetária (oferta de moeda), a política fiscal (impostos e gastos públicos) e o nível de preços, que é considerado constante. A interligação entre o lado real e o lado monetário é feita basicamente através da taxa de juros.

Iniciaremos a discussão pelo equilíbrio no mercado de bens e serviços. Introduzimos no modelo keynesiano simples, visto no capítulo anterior, a taxa de juros na determinação do investimento, para deduzir a curva *IS*. Na sequência, deduziremos a curva *LM*, representativa do equilíbrio no mercado de ativos, para a qual utilizaremos a discussão sobre demanda de moeda já realizada anteriormente.

Explicados os dois mercados e os respectivos equilíbrios, analisaremos o equilíbrio simultâneo em ambos e o impacto das políticas econômicas (monetária e fiscal) sob diferentes hipóteses. Na sequência do capítulo, deduziremos a curva de demanda agregada com base nesse modelo e introduziremos duas novas considerações no modelo *IS-LM*: o chamado efeito Pigou e o efeito Fisher.

5.1 CURVA *IS*: EQUILÍBRIO NO MERCADO DE BENS

A curva *IS* (do inglês *Investment-Saving*) mostra as condições de equilíbrio no mercado de bens, isto é, os pontos em que a oferta agregada iguala-se à demanda agregada de bens e serviços. Mantemos a mesma estrutura do modelo keynesiano, apenas acrescentando a taxa de juros como variável para explicar o investimento. Conforme destacado anteriormente, dada a eficiência marginal do capital, o investimento varia inversamente à taxa de juros.

Então, nosso modelo é expandido da seguinte maneira:

$$Y = C(Y_d) + I(r) + G \qquad (1)$$

Vimos no modelo keynesiano que alterações no investimento levam à ampliação da renda. Naquele caso, considerava-se o investimento como exogenamente determinado. Agora, ao introduzirmos a taxa de juros, passamos a definir endogenamente o investimento conforme oscila a taxa de juros. Assim, reduções na taxa de juros levam a elevações no investimento e, consequentemente, na renda. Isso pode ser visto na Figura 5.2.

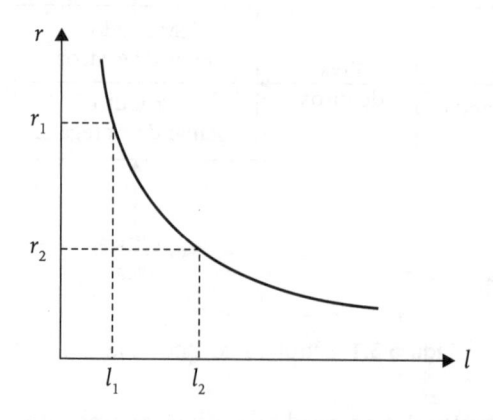

Figura 5.2 Demanda de investimentos, em função da taxa de juros.

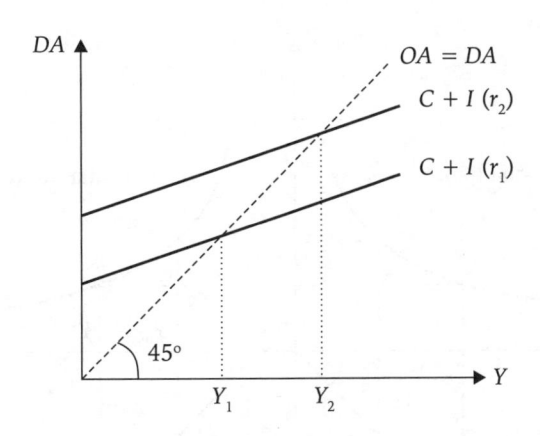

Figura 5.3 Equilíbrio entre oferta agregada e demanda agregada, no modelo keynesiano.

Combinando-se os gráficos das Figuras 5.2 e 5.3, obtemos a curva *IS* (Figura 5.4), **que é o *locus* dos pares de renda e taxa de juros que equilibram o mercado de bens**.

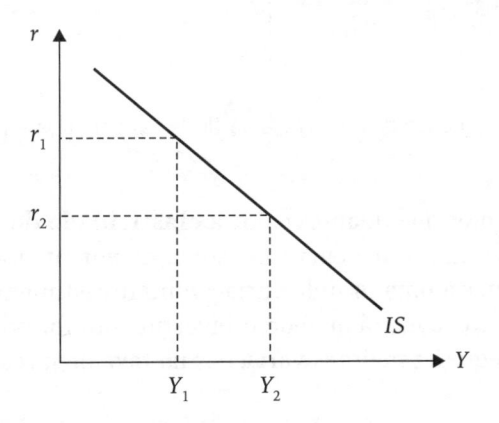

Figura 5.4 Curva *IS*.[1]

Para deduzir a curva *IS*, podemos recorrer também à igualdade entre poupança e investimento. A poupança como resíduo do consumo é, no modelo keynesiano, função da renda disponível. Assim, reduções nas taxas de juros que levem à ampliação do investimento devem ser acompanhadas por um crescimento da renda que provoque o aumento necessário na poupança para manter o equilíbrio. Isso pode ser visto recorrendo-se ao gráfico da Figura 5.5.

No gráfico da Figura 5.5, são dadas a função poupança no 2º quadrante, a condição de equilíbrio no mercado de bens e serviços no 3º quadrante e a função investimento no 4º quadrante. A curva *IS* é obtida ao se rebaterem as demais curvas no 1º quadrante.

Qualquer ponto sobre a curva *IS* representa o equilíbrio no mercado do produto: oferta agregada igual à demanda agregada de bens e serviços.

A **inclinação da curva *IS*** depende essencialmente de dois fatores:

- a sensibilidade do investimento em relação à taxa de juros;
- a propensão marginal a consumir (ou o multiplicador de gastos).

---

[1]   O leitor irá notar que tanto a *IS* quanto a *LM* podem assumir formas lineares ou não. O mais importante aqui são as inclinações das curvas ou retas.

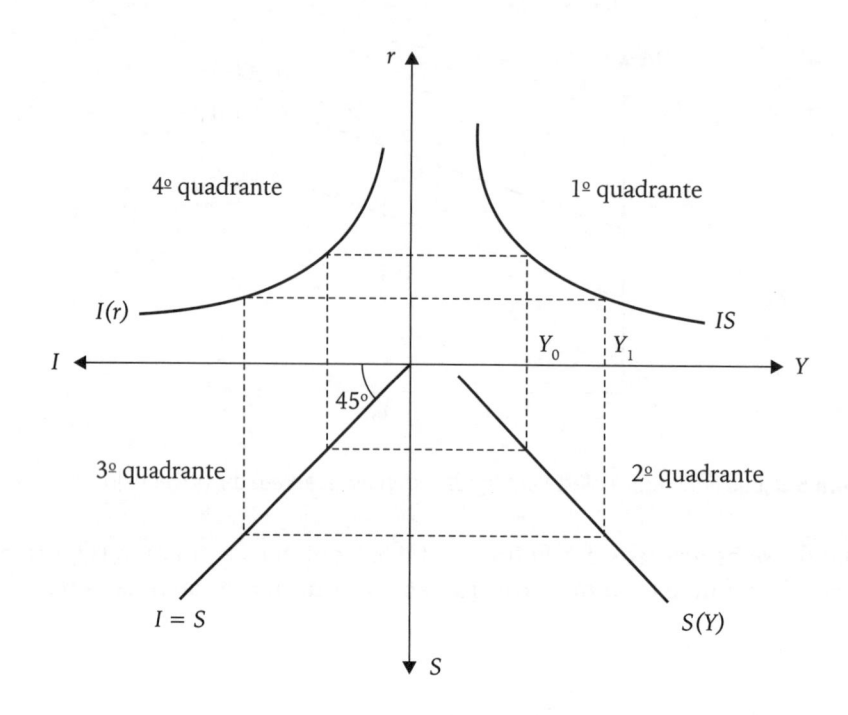

Figura 5.5 Dedução gráfica da curva *IS*, a partir de vazamentos e injunções de renda.

Quanto ao primeiro, temos que quanto maior **a elasticidade do investimento em relação à taxa de juros**, mais horizontal será a curva *IS*, isto é, menor sua inclinação. Uma pequena variação na taxa de juros induzirá uma grande variação no investimento e, portanto, na demanda agregada e na renda. O oposto ocorrerá quando o investimento for pouco sensível à renda: variações no investimento irão requerer maiores variações na taxa de juros, levando a uma *IS* próxima da vertical.

Quanto ao **multiplicador de gastos** tem-se o seguinte: se a propensão marginal a consumir for elevada e, portanto, o multiplicador também for elevado, variações no investimento gerarão grandes expansões induzidas no consumo, ampliando a demanda e a renda. Dessa forma, quanto maior o multiplicador, maior será o impacto sobre a renda de variações nas taxas de juros, ou seja, menor será a inclinação da *IS* (mais horizontal).

Já os **fatores de deslocamento da *IS***, ou seja, a posição da curva *IS*, dependem do volume de gastos autônomos, nos quais incluem-se o consumo e o investimento autônomos, e os elementos da política fiscal, com destaque para os gastos públicos. Quanto maior a despesa autônoma, mais para a direita se localizará a curva *IS*. Assim, mudanças nessas despesas deslocam a curva, alterando sua posição. Uma expansão nos gastos autônomos desloca a *IS* para a direita (para cima) e uma contração a desloca para esquerda (para baixo). O montante do deslocamento será dado pelo multiplicador vezes a variação na despesa. Ou seja, dado o nível da taxa de juros, o deslocamento da demanda (renda) será determinado como no modelo keynesiano simples.

5.2 CURVA *LM*: EQUILÍBRIO NO MERCADO MONETÁRIO

A curva *LM* (do inglês *Liquidity Money*) representa o equilíbrio no mercado de ativos. Para facilitar a exposição, vamos considerar que existam dois tipos de ativos na economia, nos quais os indivíduos alocam sua riqueza: moeda e títulos. A característica do primeiro é possuir liquidez absoluta, mas que não rende qualquer juro, isto é, sua posse não dá um rendimento ao detentor.

Já os títulos rendem juros, mas possuem liquidez inferior à da moeda, isto é, existe um custo para transformá-los em poder de compra.

Supondo um dado estoque de riqueza (W), teremos:

DEMANDA TOTAL DE MOEDA + DEMANDA TOTAL DE TÍTULOS = RIQUEZA

$$M^d \quad\quad + \quad\quad B^d \quad\quad = \quad \frac{W}{P} \tag{2}$$

sendo W/P a riqueza (patrimônio) em termos reais. A oferta total desses ativos será dada por:

$$\frac{M^s}{P} + B^s = \text{Riqueza} \tag{3}$$

onde M^s é a oferta de moeda e B^s a oferta de títulos.

Assim, quando a oferta de ativos iguala-se à demanda de ativos, temos:

$$M^d - \frac{M^s}{P} + B^d - B^s = 0 \tag{4}$$

Percebemos, portanto, que, como o excesso total de demanda no mercado de ativos é igual a zero e como estamos considerando dado o estoque de riqueza, se o mercado monetário estiver em equilíbrio, o mesmo valerá para o mercado de títulos. Se houver excesso de demanda por moeda, haverá excesso de oferta de títulos, e vice-versa. Assim, basta analisar um mercado já sabendo o que estará acontecendo no outro. Tradicionalmente, como formulado por Hicks (1937), consideramos apenas o mercado monetário.

Tomando, então, o mercado monetário, vimos no Capítulo 2 que o Banco Central possui instrumentos para controlar a oferta de moeda; assim, consideraremos **a oferta da moeda como uma variável determinada exogenamente, por decisão da autoridade monetária**.

Quanto à demanda de moeda, como vimos, as teorias que buscam explicá-la apresentam dois tipos de razões para a coletividade demandar (reter) moeda: motivo transação e motivo portfólio. Quanto ao primeiro motivo, a demanda de moeda é diretamente relacionada ao nível de renda da economia. Quanto maior o nível de produto, maior será o volume de transações e, portanto, maior será a quantidade de moeda requerida (demandada) para realizá-las. Dessa forma, a demanda de moeda aumenta conforme aumenta a renda.

Quanto ao motivo portfólio, o indivíduo, ao tomar a decisão de como alocar sua riqueza, compara o diferencial de rentabilidade entre os diferentes ativos. Desconsiderando a existência de inflação, o retorno real da moeda é zero, enquanto o dos títulos é a taxa de juros que estes rendem. Dessa forma, a taxa de juros corresponde ao custo de oportunidade de reter moeda; assim, a demanda de moeda diminui conforme aumenta a taxa de juros.

Percebemos que a demanda de moeda é como a de um bem normal qualquer: varia inversamente com o preço e diretamente com a renda. Assim, para dado nível de renda, podemos representar a demanda de moeda como no gráfico da Figura 5.6, em que a demanda de moeda varia inversamente com a taxa de juros.

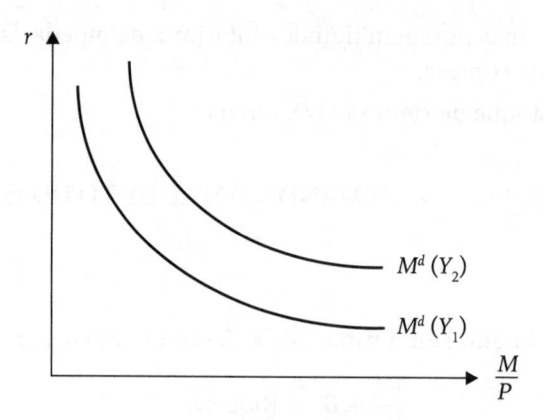

Figura 5.6 Demanda de moeda em função da taxa de juros.

Ao considerarmos variações da renda, percebemos que estas provocam deslocamentos da demanda de moeda. Assim, se a renda se amplia de Y_1 para Y_2, a demanda de moeda se desloca de $M^d(Y_1)$ para $M^d(Y_2)$, ou seja, para qualquer nível de taxa de juros que se considere, haverá maior demanda por moeda.

O equilíbrio no mercado monetário ocorre quando a demanda de moeda iguala-se à oferta de moeda. A última, como dissemos, pode ser considerada constante (dada).

Assim, dada uma oferta de moeda, a demanda, combinando os motivos transação e portfólio, deve igualar-se à oferta, no equilíbrio:

$$\frac{\overline{M}}{P} = M^d$$

$$\frac{\overline{M}}{P} = M^d(Y) + M^d(r)$$

(5)

sendo (M/P) a oferta de moeda, $M^d(Y)$ a demanda de moeda pelo motivo transação e $M^d(r)$ a demanda de moeda pelo motivo portfólio. Para verificarmos isso, como a demanda de moeda responde positivamente à renda e negativamente à taxa de juros, elevações na renda devem ser acompanhadas por aumentos nas taxas de juros, de modo a compensar o impacto expansivo sobre a demanda de moeda decorrente do maior nível de renda, o que pode ser visto no gráfico da Figura 5.7.

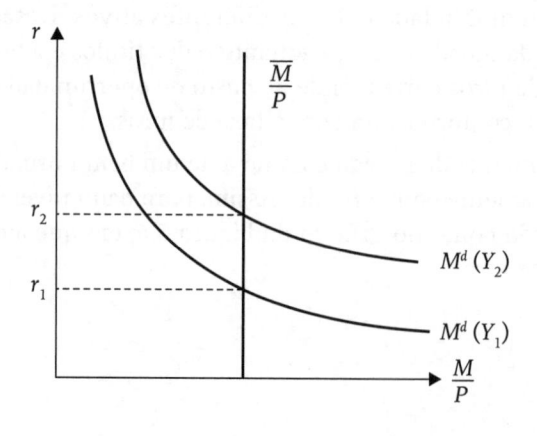

Figura 5.7 Efeito do aumento de renda sobre a demanda de moeda.

Plotando os pares (Y, r) que equilibram o mercado monetário, obtemos a curva *LM*, como pode ser visto no gráfico da Figura 5.8.

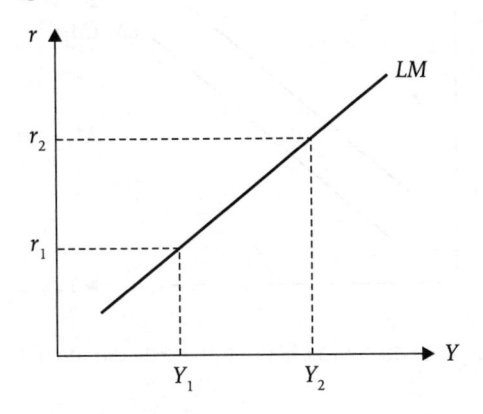

Figura 5.8 Curva *LM*.

Os fatores que afetam **a inclinação da curva *LM*** são as elasticidades da demanda de moeda em relação à renda e à taxa de juros.

Quanto maior a **elasticidade da demanda de moeda em relação à renda**, maior será a inclinação da curva *LM*, uma vez que uma pequena variação na renda levará a uma grande expansão na demanda de moeda, exigindo maior elevação na taxa de juros para compensá-la. Por outro lado, quanto maior **a elasticidade de demanda de moeda em relação à taxa de juros**, menor será a inclinação. Se a demanda de moeda for muito sensível à taxa de juros, qualquer variação nesta exigirá uma mudança significativa na renda, para compensá-la; ou, inversamente, qualquer alteração no nível de renda exigirá uma pequena mudança na taxa de juros, para manter o mercado monetário em equilíbrio.

Observe a Figura 5.9.

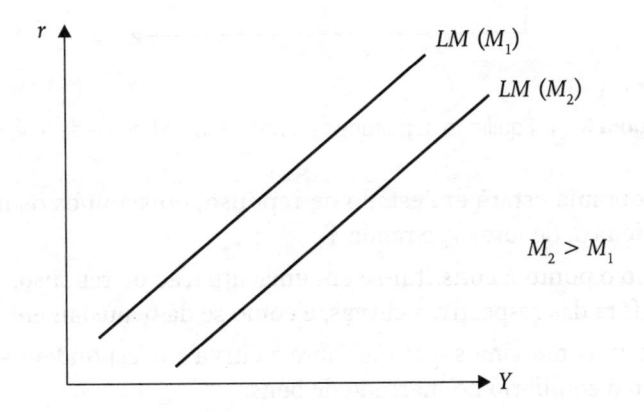

Figura 5.9 Deslocamento da curva *LM* em função de aumento da oferta de moeda.

A **posição da curva *LM*** é dada pela oferta real de moeda. Como estamos considerando o nível de preços constante, essa oferta é afetada basicamente pela política monetária. Assim, expansões na oferta de moeda deslocam a *LM* para a direita (para baixo) e contrações, para a esquerda (para cima).

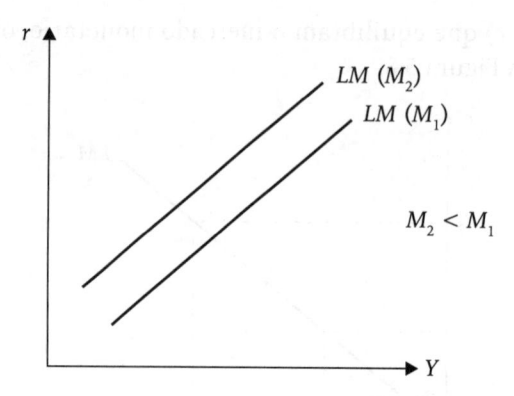

Figura 5.10 Deslocamento da curva *LM* em função de diminuição da oferta de moeda.

5.3 EQUILÍBRIO SIMULTÂNEO NO MERCADO DE BENS E DE ATIVOS

Para determinarmos o nível de renda e de taxa de juros que equilibram simultaneamente os mercados de bens e de ativos, basta juntarmos a *IS* e a *LM*, conforme o gráfico da Figura 5.11.

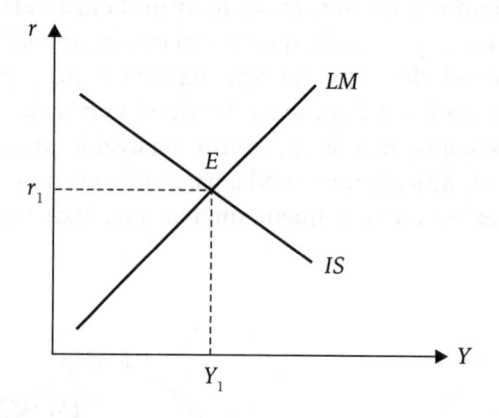

Figura 5.11 Equilíbrio simultâneo no mercado de bens e de ativos.

No ponto *E* a economia estará em estado de repouso, pois ambos os mercados estarão em equilíbrio, aos níveis de taxa de juros r_1 e renda Y_1.

Para vermos como o ponto *E* constitui-se em uma situação de repouso, vamos analisar o significado de pontos de fora das respectivas curvas, e como se dá o ajustamento da economia.

No caso da curva *IS*, como vimos, pontos sobre a curva correspondem aos pares (renda, taxa de juros) que garantem o equilíbrio no mercado de bens.

Pontos à direita da curva *IS* correspondem a situações de excesso de oferta e pontos à esquerda, excesso de demanda. Consideremos o ponto *A* no gráfico da Figura 5.12. Com este nível de taxa de juros, o investimento é relativamente baixo, com o que a demanda é insuficiente para esgotar o nível de oferta correspondente. Podemos raciocinar também da seguinte forma: como a propensão marginal a consumir é menor que um, com níveis elevados de renda, a diferença entre o produto e o consumo que deve ser coberta pelo investimento será maior. Com taxas elevadas de juros, não haverá investimento suficiente para tal, gerando excesso de oferta de bens. No ponto *B* ocorre o inverso: a taxa de juros está muito baixa para aquele nível de produto, induzindo um elevado volume de investimento e provocando excesso de demanda por bens.

Seguindo a lógica keynesiana, com preços constantes, havendo excesso de oferta, ocorrerá acúmulo de estoques, fazendo com que as empresas diminuam a produção. Havendo excesso de demanda os estoques diminuirão, forçando o aumento da produção. Essa é a **primeira regra de ajustamento**: sempre que houver desequilíbrios no mercado de bens, o ajuste se dará via quantidades, alterando o nível de produto (renda), como descrito no gráfico da Figura 5.12.

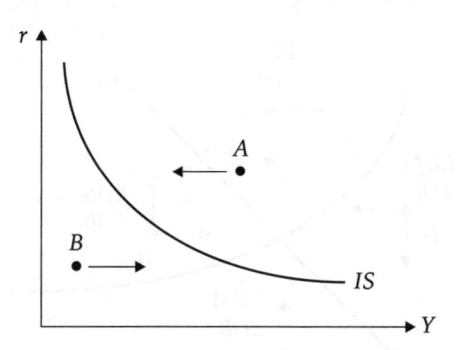

Figura 5.12 Posições fora da curva *IS*.

No caso do mercado monetário, seu equilíbrio é representado pelos pontos sobre a curva *LM*. Observando o gráfico da Figura 5.13 no caso de pontos à direita (abaixo), haverá excesso de demanda por moeda, e para pontos à esquerda (acima) haverá excesso de oferta de moeda. O excesso de demanda, como no ponto *A* do gráfico, pode ser explicado da seguinte forma: dada a oferta de moeda, àquele nível de renda, as pessoas demandam grande parte para transações, mas por outro lado, como a taxa de juros está muito baixa, não há estímulo para os agentes se desfazerem da moeda em carteira e adquirirem títulos, gerando-se, com isso, o excesso de demanda.

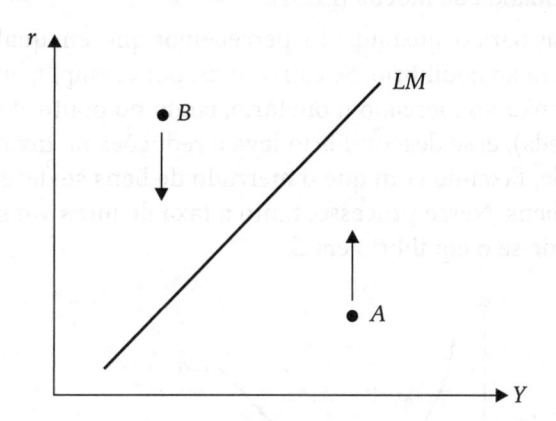

Figura 5.13 Posições fora da curva *LM*.

O inverso ocorre no ponto *B*, em que tanto o nível de renda é muito baixo como a taxa de juros é muito elevada, desestimulando a retenção de moeda e gerando um excesso de oferta. O ajustamento neste mercado se faz por meio de taxas de juros. Quando há excesso de demanda por moeda, como vimos, há excesso de oferta de títulos, ou seja, os bancos (por exemplo) não conseguem captar recursos, com o que passam a elevar a rentabilidade dos papéis, para estimular os agentes a se desfazerem da liquidez. O inverso ocorre quando há excesso de oferta de moeda, pois as pessoas querem direcionar todos os recursos para os títulos, gerando um excesso de demanda por estes, provocando uma queda nas taxas de juros e levando o mercado monetário ao equilíbrio.

Essa é a **segunda regra de ajustamento**: desequilíbrios no mercado monetário são corrigidos com variações nas taxas de juros. Quando há excesso de oferta a taxa de juros diminui e quando há excesso de demanda a taxa de juros se eleva.

Com base no exposto até o momento, podemos delimitar quatro áreas de desequilíbrio no arcabouço *IS-LM* (Figura 5.14).

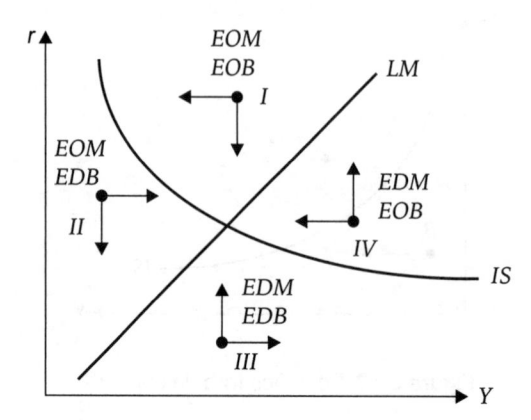

Figura 5.14 Posições fora das curvas *IS* e *LM*: áreas de desequilíbrio macroeconômico.

A região I caracteriza-se por excesso de oferta de bens (*EOB*) e moeda (*EOM*), pressionando-se tanto a redução de renda como da taxa de juros. Na região II, o excesso de oferta de moeda pressiona a queda da taxa de juros e o excesso de demanda por bens (*EDB*), a ampliação do produto. Na região III, temos excesso de demanda de bens e de moeda e na região IV excesso de oferta de bens e excesso de demanda de moeda (*EDM*).

Pelas regras colocadas para o ajustamento, percebemos que, em qualquer ponto que a economia se encontre, ela tenderá ao equilíbrio. Se estivermos, por exemplo, em um ponto de equilíbrio no mercado de bens, mas não no mercado monetário, como no ponto *A* do gráfico da Figura 5.15 (excesso de oferta de moeda), esse desequilíbrio leva a reduções na taxa de juros, o que amplia o investimento e a demanda, fazendo com que o mercado de bens se desequilibre, aparecendo um excesso de demanda por bens. Nesse processo, tanto a taxa de juros vai se reduzindo como a renda se ampliando, até atingir-se o equilíbrio em *E*.

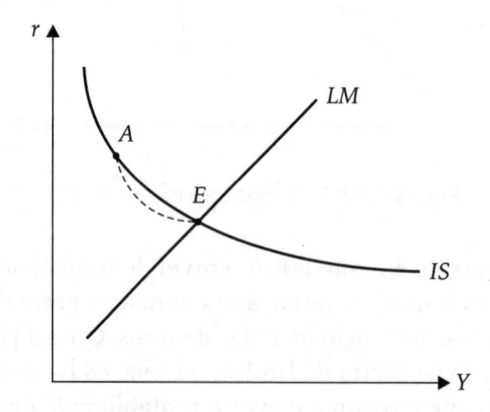

Figura 5.15 Tendência ao equilíbrio, a partir de uma situação de equilíbrio no mercado de bens e desequilíbrio no mercado monetário.

Esse processo e a convergência para a situação de equilíbrio se verificará para qualquer ponto de desequilíbrio. Consideremos agora o ponto *F*, no gráfico da Figura 5.16, em que há um excesso de oferta de bens e um excesso de demanda por moeda (localiza-se na região IV).

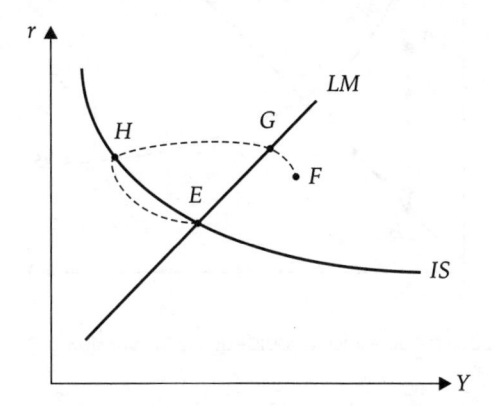

Figura 5.16 Tendência ao equilíbrio, a partir de uma situação de desequilíbrio no mercado de bens e no mercado monetário.

Nesse ponto haverá pressões por elevação da taxa de juros e redução do nível de renda. Seguindo essa trajetória, a economia logo encontrará o equilíbrio no mercado monetário, mas sem que o mercado de bens ainda tenha atingido o equilíbrio (ponto *G*).

Assim, quando a trajetória de ajustamento intercepta a curva *LM*, essa passagem se dá horizontalmente, uma vez que nesse ponto não existem pressões sobre a taxa de juros, apenas sobre o nível de renda, no sentido de reduzi-la. A economia passa para a região I, em que coexistem excesso de oferta de bens e de moeda, ou seja, tanto a taxa de juros como a renda passam a apresentar tendências declinantes.

Notemos que nessa trajetória a economia tanto pode caminhar diretamente para o equilíbrio, conforme as velocidades de ajustamento dos mercados, como pode ocorrer nova ultrapassagem para uma nova região de desequilíbrio. Suponhamos que a economia atinja o equilíbrio no mercado de bens (ponto *H*) mas que agora o mercado monetário esteja em desequilíbrio. Nesse ponto, não existem pressões sobre a renda, apenas sobre a taxa de juros; assim, a intersecção da trajetória de ajustamento com a *IS*, isto é, a ultrapassagem se dá verticalmente, o que mostra que nesse ponto apenas a taxa de juros está se alterando. Persistindo o processo de ajustamento, por meio de uma trajetória cíclica, para qualquer ponto em que a economia se encontre, ela caminhará para a situação de equilíbrio.

Pelas características do mercado de bens e do mercado monetário, é de supormos que este último se ajuste mais rapidamente do que o primeiro, pois o mercado de bens, para corrigir-se, necessita de modificações no volume de emprego de mão de obra, entre outras coisas, que são processos mais lentos. Já o mercado monetário é corrigido por alterações nos preços de ativos, processo que ocorre diariamente no mercado. Assim, podemos considerar, como regra de ajustamento, correções instantâneas no mercado monetário e lentas no mercado de bens. Dessa forma, para qualquer situação de desequilíbrio, teríamos o gráfico da Figura 5.17.

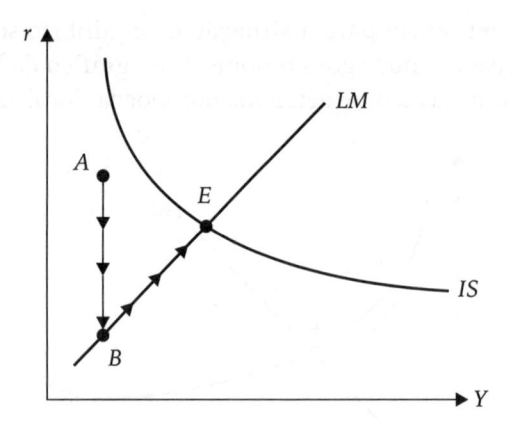

Figura 5.17 Convergência para o equilíbrio: velocidade de ajuste dos mercados de bens e monetário.

No ponto A, temos um excesso de demanda por bens e um excesso de oferta de moeda. Com a hipótese de ajustamento automático no mercado monetário, a taxa de juros se reduz instantaneamente para eliminar o excesso de oferta, equilibrando o mercado monetário, atingindo o ponto B, no qual permanece o excesso de demanda por bens. Conforme vai se ampliando o produto, o excesso de demanda por bens vai diminuindo. A elevação da renda vai ampliando a demanda de moeda para transação, com o que a taxa de juros deve ir se elevando, para diminuir a demanda de moeda pelo motivo portfólio. Este processo persiste até que os dois mercados estejam equilibrados (ponto E).

5.4 IMPACTO DE POLÍTICAS ECONÔMICAS NO MODELO *IS-LM*

Conforme destacado anteriormente, a curva *IS* é traçada considerando uma dada política fiscal (nível de gastos públicos e tributação) e a curva *LM* para uma dada oferta de moeda. Alterações no ponto de equilíbrio da economia (taxas de juros e níveis de renda) decorrem de deslocamentos quer da curva *IS* que da *LM* ou de ambas, sendo que estas mudanças são provocadas principalmente por medidas de política econômica.

No caso da curva *IS*, outros fatores, além de políticas econômicas, podem levar a deslocamentos, como, por exemplo, mudanças no investimento autônomo em decorrência de modificações na eficiência marginal do capital, ou ainda modificações no consumo autônomo: se, por exemplo, considerarmos a variável riqueza como um fator explicativo do consumo, alterações do nível de preços podem afetar a *IS* ao modificar o estoque de riqueza real (este é o chamado efeito Pigou, que discutiremos mais adiante).

No caso da *LM*, seus deslocamentos decorrem de modificações na oferta real de moeda, que pode se dar por alterações ou no estoque nominal de moeda ou no nível de preços.

Consideraremos, a seguir, apenas as modificações decorrentes da política econômica, mantendo ainda o nível de preços constantes.

5.4.1 Política monetária

Vamos considerar, inicialmente, o efeito de uma expansão monetária, que deslocará a curva *LM* para a direita. De acordo com o exposto até o momento, concluímos que o resultado final será uma queda na taxa de juros e uma expansão na renda, conforme o gráfico da Figura 5.18.

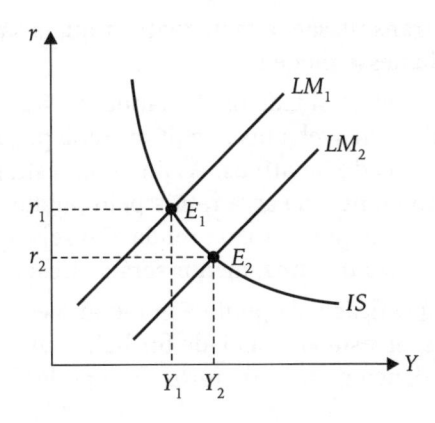

Figura 5.18 Efeito de uma expansão monetária.

Vamos ver como se dá a transição de E_1 para E_2: com o aumento na oferta de saldos monetários reais, geramos um desequilíbrio no portfólio dos agentes, que tentarão se desfazer da moeda excedente ampliando a demanda por títulos. Com a elevação no preço dos títulos, reduzimos a taxa de juros[2] de modo a equilibrar o mercado de ativos: moeda e títulos. Notemos que, para acomodar a maior oferta de moeda no portfólio dos agentes, a rentabilidade dos títulos deve cair para tornar mais atraente a retenção de moeda.

A queda na taxa de juros estimula o investimento, ampliando a demanda agregada. Ao nível inicial de produto, gera-se um excesso de demanda por bens, que as firmas atendem com redução dos estoques. Com isso, as firmas passam a ampliar a produção para atender à maior demanda. Conforme a renda vai se elevando, a demanda de moeda para transação aumenta, forçando elevações na taxa de juros para diminuir a demanda pelo motivo portfólio, de modo a manter equilibrado o mercado monetário. Notemos que, apesar de haver uma elevação na taxa de juros no segundo momento, ela não volta ao patamar inicial, mantendo-se abaixo deste, com o que existe uma elevação de renda. Caso a taxa de juros voltasse ao nível inicial, não haveria qualquer impacto sobre a renda.

Assim, o mecanismo de transmissão da política monetária é o seguinte:

1.   a mudança na oferta de moeda deve gerar um desequilíbrio de portfólio de modo a alterar taxa de juros; e

2.   a mudança na taxa de juros deve impactar no investimento e com isso na demanda agregada.[3]

---

[2]   Para perceber a relação entre preço dos títulos e taxa de juros, pensemos no seguinte exemplo: suponhamos que exista um único tipo de título, perpétuo. Esse título dá uma renda nominal fixa a seu detentor pelo resto da vida. Nesse caso, o valor do papel que dá origem a esta renda é dado pela capitalização do rendimento: $Pt = R/r$ onde Pt é o preço do título, R é a renda nominal e r é a taxa de juros. Assim, se um título qualquer der uma renda anual de R$ 100,00 e a taxa de juros for 5% a.a., o preço do título será igual ao capital necessário para que, aplicado a 5% a.a., gere um retorno de R$ 100,00, ou seja, o preço será de R$ 2.000,00. Se a taxa de juros se elevar para 10% a.a. o capital necessário para gerar uma renda de R$ 100,00 será R$ 1.000,00. Assim, o preço do título cai com elevações na taxa de juros. O raciocínio pode ser feito também da seguinte forma: supondo um rendimento fixo oferecido por algum papel, uma elevação na demanda por este eleva seu preço, com o que, ao calcular a taxa de juros do papel, esta se reduz.

[3]   De acordo com Keynes, haveria um estágio intermediário entre eles. Para o autor, existe uma estrutura de taxas de juros na economia que se diferencia de acordo com o prazo. Para a decisão de investimento, a taxa relevante é a de longo prazo, enquanto a política monetária afeta a taxa de curto prazo. Assim, deve-se

Dado esse mecanismo de transmissão, é fácil analisar quais são as condições que revelam a **eficácia da política monetária** nesse modelo.

O primeiro fator a afetar é a elasticidade da demanda de moeda em relação à taxa de juros. Se a demanda de moeda for muito sensível à taxa de juros, uma pequena variação na taxa de juros será suficiente para ajustar o mercado de ativos. Assim, com esta pequena mudança na taxa de juros, a maior parte da expansão monetária será retida pelo público, com o que induzir-se-á uma pequena alteração no investimento e, portanto, na renda. Ou seja, quanto maior a elasticidade da demanda de moeda em relação à taxa de juros, menor será a eficácia da política monetária.

O segundo condicionante da eficácia da política monetária é a **elasticidade do investimento em relação à taxa de juros**. Se esta elasticidade for baixa, mesmo que a ampliação da oferta de moeda gere uma grande mudança na taxa de juros, isso poderá resultar em uma pequena variação no investimento.

Concluímos, portanto, que a eficácia da política monetária será tanto maior quanto maior a inclinação da *LM* e menor a inclinação da *IS*.

Podemos considerar dois casos especiais. O primeiro, no qual a demanda de moeda é infinitamente elástica em relação à taxa de juros. É uma situação em que a taxa de juros encontra-se em um nível tão baixo que qualquer ampliação na oferta de moeda será retida pelo público, mesmo sem alteração na taxa de juros. Nesse caso, a *LM* será totalmente horizontal e a política monetária não terá efeito algum sobre a renda. Esta é a chamada **armadilha da liquidez**, na qual a política monetária é totalmente ineficaz, e está ilustrada no gráfico da Figura 5.19.

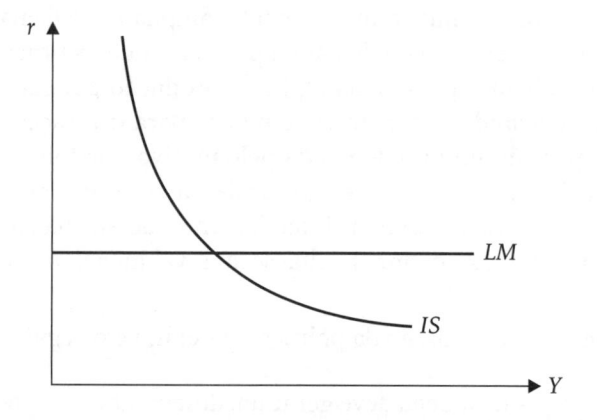

Figura 5.19 Armadilha da liquidez.

O segundo caso ocorre quando a demanda de moeda independe da taxa de juros, isto é, a elasticidade da demanda de moeda em relação à taxa de juros é zero. É o chamado **caso clássico** (Figura 5.20), o mundo da Teoria Quantitativa de Moeda em que a *LM* é vertical. Nesse caso, amplia-se a eficácia da política monetária.

---

considerar que o efeito sobre a taxa de curto prazo é transferido para a de longo prazo. Deve-se destacar que, no pensamento keynesiano, não necessariamente o aumento na oferta de moeda redundará em queda na taxa de juros, caso se amplie a preferência pela liquidez, isto é, caso a demanda de moeda se desloque para cima, ampliando a quantidade demandada de moeda para qualquer nível de taxa de juros. Ainda que ocorra a redução das taxas de juros, esta não necessariamente ampliará o investimento, se acontecer uma queda na eficiência marginal do capital.

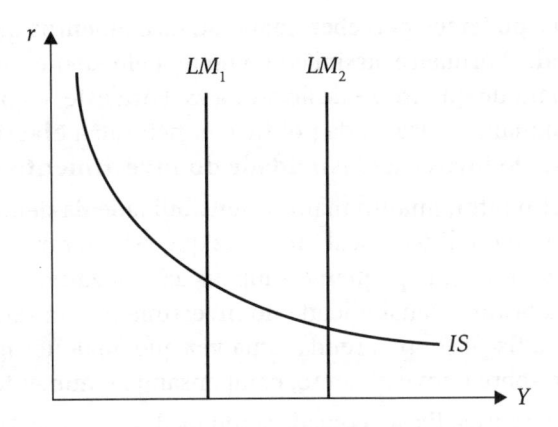

Figura 5.20 Demanda de moeda totalmente inelástica em relação à taxa de juros (caso clássico).

5.4.2 Política fiscal

Quanto à política fiscal, já discutimos no capítulo anterior a forma pela qual a tributação e os gastos públicos afetam a demanda agregada na economia. Partindo da análise então desenvolvida, vamos avaliar o impacto de uma política fiscal expansionista, dentro do modelo *IS-LM*: por exemplo, a elevação do gasto público.

O impacto inicial da variação do gasto público é o deslocamento da curva *IS*. A magnitude desse deslocamento é dada pelo incremento do gasto vezes o multiplicador, conforme já discutido. O impacto final dessa política sobre a economia será o aumento da renda e da taxa de juros, como pode ser visto no gráfico da Figura 5.21.

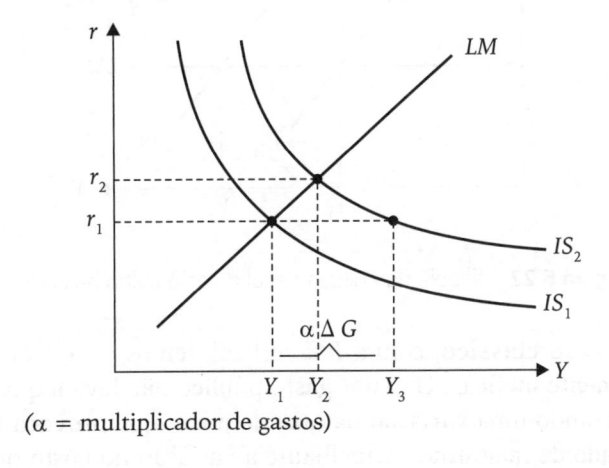

(α = multiplicador de gastos)

Figura 5.21 Elevação do gasto público e o efeito multiplicador no modelo *IS-LM*.

Devemos destacar o seguinte: no modelo keynesiano simples, o impacto do gasto sobre a renda seria igual ao valor horizontal do deslocamento da *IS*, com o que a nova renda seria Y_3 (dado pelo multiplicador de gastos α vezes o aumento dos gastos públicos ΔG).

Por que no modelo *IS-LM* o impacto é menor e a renda se eleva somente para Y_2? Conforme a renda se amplia em decorrência do gasto, aumenta a demanda de moeda. Com a oferta de moeda fixa, a taxa de juros deve se elevar para equilibrar o mercado monetário. A elevação da taxa de juros, por sua vez, faz com que o investimento se reduza, amenizando o impacto da política fiscal expansionista.

Pelo raciocínio acima, podemos perceber quais são os elementos que determinam o grau de **eficácia da política fiscal**. O primeiro, assim como no modelo keynesiano, é o tamanho do **multiplicador**, que determinará de quanto se deslocará a *IS*. Fora este, os outros fatores que afetam são os mesmos que determinam a eficácia da política monetária: a **elasticidade da demanda de moeda em relação à taxa de juros** e a **elasticidade do investimento em relação aos juros**.

Em relação ao primeiro fator, quanto maior a sensibilidade da demanda de moeda à taxa de juros, maior será o impacto da política fiscal, uma vez que esta gerará uma pequena variação na taxa de juros e, por conseguinte, uma pequena compensação negativa por parte do investimento. Por outro lado, quanto maior for a sensibilidade no investimento em relação à taxa de juros, menor será o efeito da política fiscal sobre a renda, uma vez que qualquer mudança na taxa de juros gerará um grande impacto sobre o investimento, compensando o aumento de gastos do governo.

Vejamos a eficácia da política fiscal, considerando os dois casos extremos discutidos no item anterior (efeito da política monetária):

1. No caso da **armadilha da liquidez**, em que a demanda de moeda é infinitamente elástica em relação à taxa de juros, com a *LM* horizontal, o efeito da política fiscal é semelhante ao do modelo keynesiano, discutido no capítulo anterior, uma vez que a taxa de juros não se altera em resposta ao deslocamento da *IS*, não havendo, portanto, redução do investimento. É o caso de máxima eficácia da política fiscal, com o efeito multiplicador funcionando plenamente, como pode ser visto no gráfico da Figura 5.22.

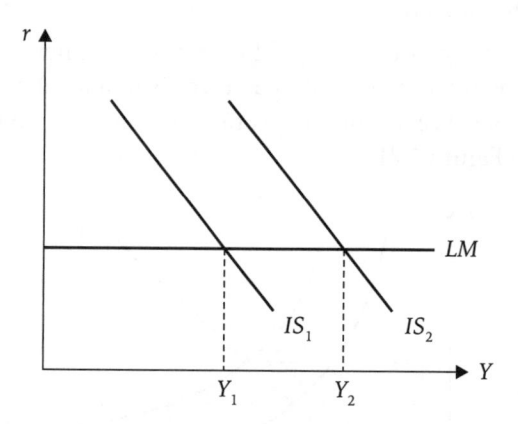

Figura 5.22 Eficácia da política fiscal na armadilha da liquidez.

2. No chamado **caso clássico**, com a *LM* vertical, temos o caso oposto, em que a política fiscal é totalmente ineficaz. O maior gasto público não leva a qualquer alteração da renda, apenas gerando uma variação na taxa de juros, que provoca uma redução no investimento privado de magnitude semelhante à variação no gasto público. Temos apenas a substituição de gastos privados por gastos públicos, o chamado ***crowding-out*** ou **efeito deslocamento**. Esse resultado pode ser visto no gráfico da Figura 5.23.

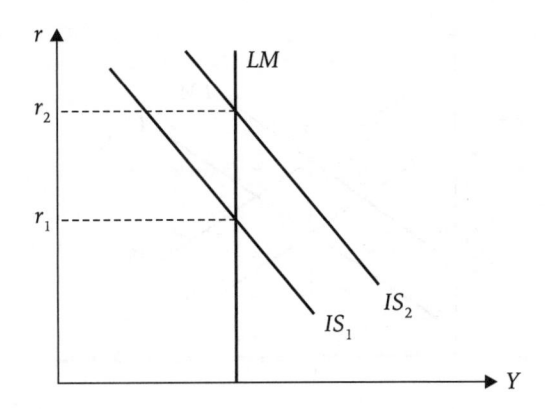

Figura 5.23 Eficácia da política fiscal, supondo *LM* inelástica em relação à taxa de juros (caso clássico).

5.4.3 Combinação de políticas monetária e fiscal e composição do produto

Na situação normal dentro do modelo *IS-LM*, vimos que uma política fiscal expansionista tem o efeito de ampliar o nível de renda e a taxa de juros, o inverso ocorrendo com uma política restritiva. Já uma política monetária expansionista também ampliará a renda, mas levará, por outro lado, à redução da taxa de juros.

Como existem, geralmente, diversos objetivos a serem atingidos pela política econômica ou uma série de restrições que não podem ser violadas,[4] o governo não costuma utilizar um único instrumento, mas uma combinação deles. Em muitos casos, as políticas fiscal e monetária não são totalmente independentes, havendo regras de reação de uma política à outra, alterando os resultados que discutimos anteriormente, em que considerávamos ambas políticas independentes, de tal modo que podíamos alterar uma das curvas, supondo que a outra permaneceria parada.

Consideremos, por exemplo, uma situação em que a meta do Tesouro Nacional (da política fiscal) seja a estabilidade do nível de renda, ou simplesmente que grande parte dos gastos do governo seja inversamente relacionada com o nível de renda e diretamente relacionada com a taxa de juros (pense em política assistencialista, cujos gastos crescem na recessão, e gastos com a dívida pública, que se reduzem com a queda da taxa de juros). Por outro lado, consideremos que, independentemente do Tesouro, o Banco Central resolve fazer uma política restritiva, contraindo a oferta de moeda, deslocando a *LM* para cima e para a esquerda, pressionando a elevação das taxas de juros e a queda da renda.

Quer pelo objetivo de manter a renda constante quer pelas características de gastos descritas, haverá uma reação do Tesouro ampliando os gastos, deslocando a *IS* para cima e para a direita. O resultado pode ser simplesmente a manutenção do nível de renda, com uma grande elevação da taxa de juros (de r_1 para r_3), como pode ser visto no gráfico da Figura 5.24.

---

[4]   Esses pontos ficarão mais claros no decorrer do livro. Nesta seção, apenas discutiremos alguns exemplos simples de combinação de políticas, dentro do arcabouço *IS-LM*.

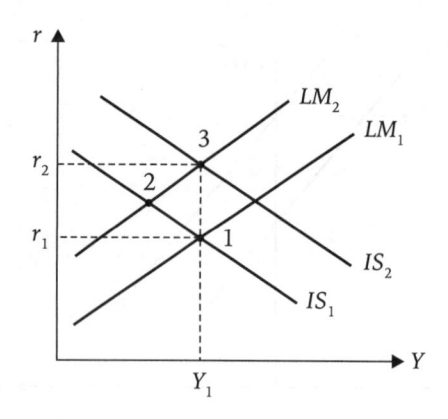

Figura 5.24 Política fiscal expansionista, em resposta à política monetária restritiva.

Uma situação mais plausível é a reação do Banco Central às políticas fiscais, uma vez que estas sofrem uma série de ingerências políticas, enquanto o Bacen poderia atuar de forma mais independente. Vamos supor que o Congresso imponha uma grande elevação dos gastos públicos ao Tesouro, por qualquer motivo que seja. A consequência dessa política, como já discutimos, é o deslocamento da *IS* para cima e para a direita, pressionando a elevação da renda e da taxa de juros, o que se verificará caso o Banco Central não reaja a esta política, mantendo inalterada a oferta de moeda.

Podemos considerar, por outro lado, duas outras regras de atuação do Banco Central. A primeira, de acordo com a qual o Banco Central teria por meta a estabilidade da taxa de juros, quer para manter os investimentos quer por restrições externas à economia (por exemplo, a taxa interna deve ser igual a externa, ou existe a chamada "lei da usura" aprovada constitucionalmente etc.).

Nesse caso, o deslocamento da *IS* ao pressionar a elevação da taxa de juros forçará o Banco Central a ampliar a oferta de moeda, deslocando a *LM* para a direita, evitando o aumento da taxa de juros. Nesse caso, a política fiscal combinada com a reação da política monetária provocará uma grande ampliação da renda, sem impactos sobre a taxa de juros (o gasto público se eleva sem provocar qualquer redução no investimento). Essa situação pode ser vista no gráfico da Figura 5.25. É interessante observar, nesse caso, que, quando o Banco Central tem por objetivo manter a estabilidade das taxas de juros, a oferta de moeda torna-se endógena, ou seja, condicionada à política fiscal.

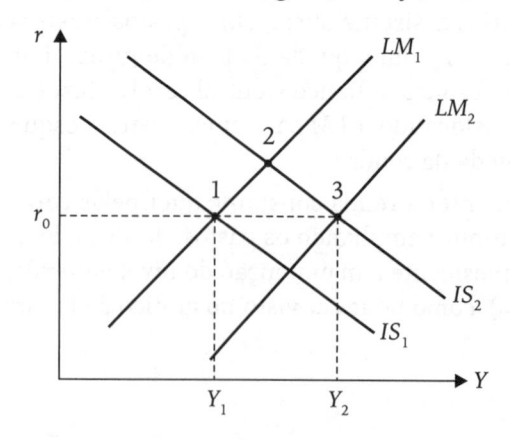

Figura 5.25 Política monetária visando a estabilidade da taxa de juros, em resposta à política fiscal expansionista.

Outra regra que pode ser seguida pelo Banco Central é a manutenção do nível de renda. Como veremos na sequência do livro, ampliações do produto podem ter efeitos negativos sobre o saldo externo ou sobre a estabilidade dos preços, o que pode fazer com que o Banco Central paute sua atuação no sentido de evitar flutuações da renda. Nesse caso, em resposta a uma política fiscal expansionista, a Autoridade Monetária deverá contrair a oferta da moeda, compensando o deslocamento da *IS* para a direita por um deslocamento da *LM* para a esquerda. Assim, a renda permaneceria estável, mas haveria uma grande elevação da taxa de juros, como pode ser visto no gráfico da Figura 5.26. Notemos que o Banco Central contrai a oferta de moeda o suficiente para provocar uma elevação da taxa de juros que faça com que o investimento se reduza o suficiente para contrabalançar o impacto expansionista do maior gasto público.[5]

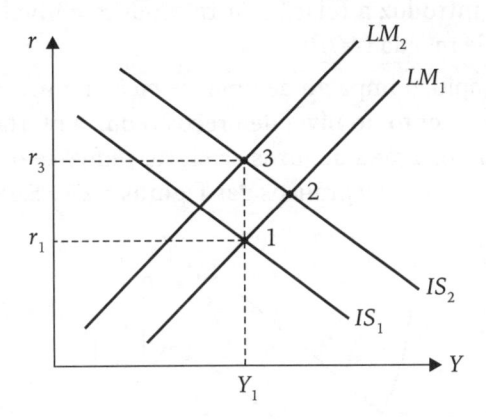

Figura 5.26 Política monetária visando à estabilidade da renda, em resposta a uma política fiscal expansionista.

Dessa forma, o modelo *IS-LM* mostra que tanto a política monetária como a política fiscal podem afetar o nível de renda. Um ponto importante a determinar qual instrumento utilizar é a questão da **composição do produto**. Como já destacamos, apesar de ambas influírem no nível de renda, elas possuem efeitos opostos sobre a taxa de juros.

Assim, tentar obter aumento da renda por intermédio da política fiscal, considerando aumento dos gastos públicos, terá como efeito uma redução do investimento privado em decorrência do aumento da taxa de juros (o *crowding-out*), levando, neste sentido, a uma "estatização" da economia. Considerando novamente uma política fiscal expansionista, mas agora na forma de uma redução dos impostos, também teremos aumento da renda e da taxa de juros, mas agora o crescimento da renda se dará em função da ampliação do consumo com redução do investimento.

No caso da utilização da política monetária, a expansão da renda se faz devido à queda da taxa de juros e à ampliação do investimento.

Assim, o instrumento a ser utilizado depende da avaliação sobre qual a composição de produto que se pretende obter, o que se faz com base na avaliação das condições vigentes.

Inicialmente, poderíamos ser tentados a dizer que o uso da política monetária seria melhor, uma vez que se ampliam o investimento e o crescimento a longo prazo. Entretanto, podemos pensar, por exemplo, na situação de um país pobre, em que o nível de investimento já esteja relativamente alto, mas os padrões de consumo da maior parte da população sejam baixos. Isso justificaria uma expansão pela política fiscal, quer pela redução de impostos quer pelo aumento das transferências à população de baixa renda.

Assim, devemos notar que os instrumentos de política econômica devem ser combinados de acordo com os objetivos pretendidos.

---

[5] Temos, neste caso, um *crowding-out* induzido pela política monetária.

5.5 DEDUZINDO A DEMANDA AGREGADA

Como já observamos, o modelo *IS-LM* considera o nível de preços constante. Para deduzirmos a demanda agregada com base nesse modelo, devemos permitir que este varie, uma vez que a demanda agregada representa quanto os agentes econômicos estão dispostos a adquirir de produto nacional a cada nível de preços. Precisamos, então, passar de um diagrama taxa de juros-renda para preços-renda.

Percebemos que a expressão de determinação da renda de equilíbrio deduzida no item anterior para o modelo *IS-LM* já introduz a relação entre produto e nível de preços, através do comportamento do estoque real de moeda (M/P).

Consideremos, por exemplo, o impacto de uma elevação no nível de preços. Mantido o estoque nominal de moeda, um aumento no nível de preços reduz a oferta real de moeda, deslocando a *LM* para a esquerda. Com isso, a taxa de juros se eleva, reduz-se o investimento e contrai-se o nível de renda, como pode ser visto nos gráficos das Figuras 5.27 e 5.28.

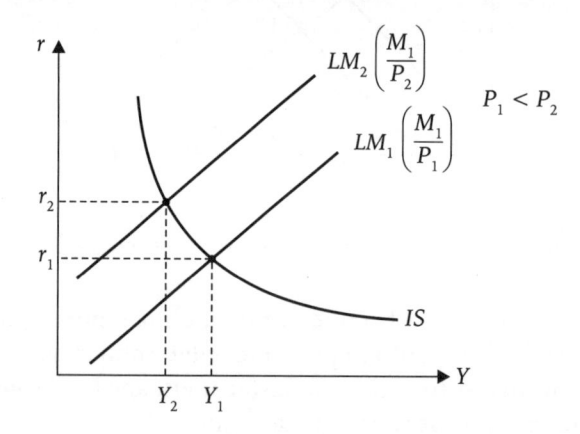

Figura 5.27 Efeito de uma elevação do nível de preços no modelo *IS-LM*.

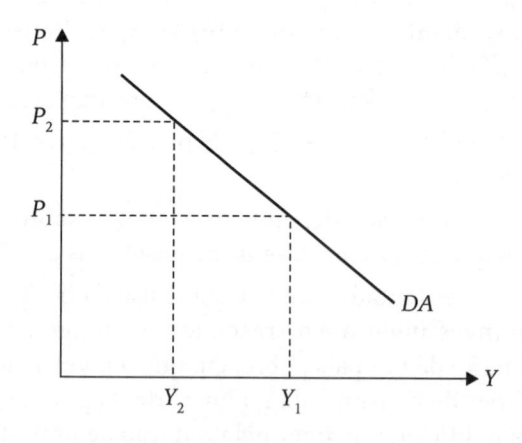

Figura 5.28 Dedução da demanda agregada, com base o modelo *IS-LM*.

Assim, tomando como dados os gastos autônomos, isto é, mantendo a *IS* estável (sem deslocamento) e mantido constante o estoque nominal de moeda M_1, podemos obter a função demanda agregada: elevações no nível de preços provocam redução no produto, ou seja, quanto maior o preço, menor a demanda agregada. A queda na renda e o aumento da taxa de juros reequilibram o mercado monetário. Notemos que, ao longo da curva de demanda agregada, tanto o mercado de bens como o mercado monetário estão em equilíbrio, conforme descrito no modelo *IS-LM*.

Como observamos, a inclinação da curva de demanda agregada depende dos mesmos fatores que determinam a eficácia da política monetária. Isso decorre da própria maneira como a obtivemos. No arcabouço *IS-LM*, o impacto de uma mudança no nível de preços ou no estoque nominal de moeda é exatamente o mesmo: altera-se a oferta real de moeda provocando o deslocamento da *LM*.

Assim, a inclinação da demanda agregada refletirá o impacto da mudança da oferta real de moeda sobre o nível de renda, ou seja, a variação da renda provocada por um deslocamento da curva *LM*. Como vimos ao discutir a eficácia da política monetária, esta depende da elasticidade-juros da demanda de moeda e da elasticidade-juros da demanda de investimento, além do multiplicador. Quanto maior a sensibilidade da demanda de moeda em relação à taxa de juros, e quanto menor a sensibilidade do investimento em relação à taxa de juros, maior será a inclinação da demanda agregada, isto é, menor será a resposta da quantidade demandada em relação a uma variação no nível de preços.

Devemos, porém, notar uma diferença entre a variação nos preços e a quantidade de moeda em relação à demanda agregada. Modificações no nível de preços provocam **movimentos ao longo da curva de demanda**, ou seja, altera-se a quantidade demandada. Já variações no estoque de moeda provocarão **deslocamentos da curva de demanda**.

Dado o estoque nominal de moeda, uma queda no nível de preços provocará a queda na taxa de juros e uma ampliação do investimento, aumentando a quantidade demandada. Esse é um ponto importante a ser frisado: **ao longo da curva de demanda, maiores níveis de renda estão associados a menores taxas de juros acompanhando a queda dos preços**.

Já ao ampliarmos o estoque nominal de moeda, percebemos que, para qualquer nível dado de preços, a taxa de juros se reduzirá, uma vez que aumenta o volume real de moeda (deslocamento para a direita da curva *LM*); ou seja, esta última não é induzida pela queda dos preços, mas pelo aumento no estoque nominal de moeda. Dessa forma, o investimento (a demanda) se ampliará a cada nível de preços, pois a estes níveis estarão associadas menores taxas de juros, deslocando-se a curva de demanda agregada para a direita. Ou seja, para qualquer nível de preços que consideremos, a quantidade demandada será maior, como pode ser visto nos gráficos das Figuras 5.29 e 5.30.[6]

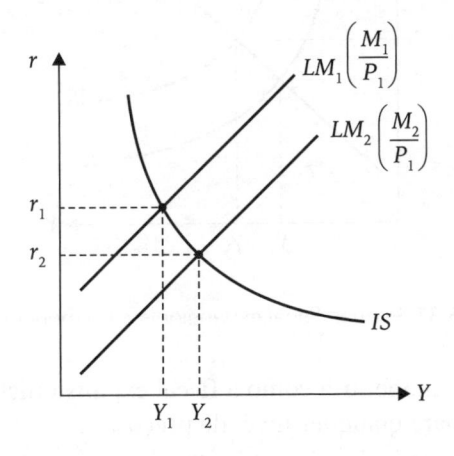

Figura 5.29 Efeito de uma expansão monetária no modelo *IS-LM*.

---

[6] Esse fenômeno também poderia ser constatado com a seguinte pergunta: Para a quantidade demandada permanecer inalterada com uma elevação na quantidade de moeda, em quanto teria que se elevar o nível de preços? O aumento teria que ser o suficiente para manter o estoque real de moeda constante, de modo que a taxa de juros não se elevasse, ou seja, a demanda agregada teria que se deslocar para cima em magnitude semelhante à variação do estoque nominal de moeda.

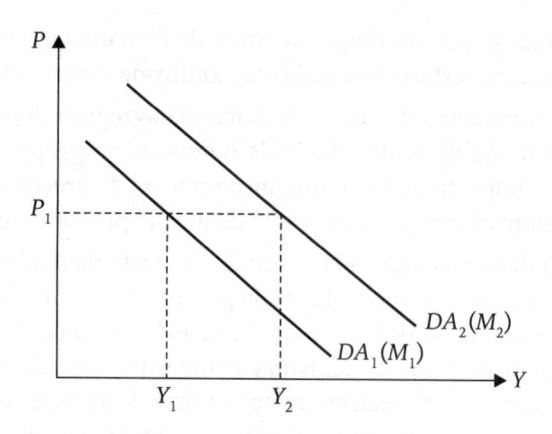

Figura 5.30 Deslocamento da demanda agregada, em função de uma expansão monetária.

Outra variável que influi na posição da demanda são os gastos autônomos: consumo autônomo, investimento autônomo, política fiscal. Vejamos o impacto da modificação de uma dessas variáveis sobre a demanda agregada.

Utilizando o referencial *IS-LM*, consideremos o impacto de uma política fiscal expansionista, como, por exemplo, um aumento nos gastos públicos. O impacto dessa política será o deslocamento da curva *IS* para a direita. Considerando dado nível de preços, isto é, dada a curva *LM*, o efeito dessa política é uma elevação da renda e da taxa de juros, como discutimos anteriormente. Percebemos, nesse caso, que, para qualquer nível de preços que se considere, um aumento nos gastos autônomos faz com que a quantidade demandada se amplie, ou seja, desloca-se para a direita a curva de demanda agregada. Esse movimento pode ser visto nos gráficos das Figuras 5.31 e 5.32.

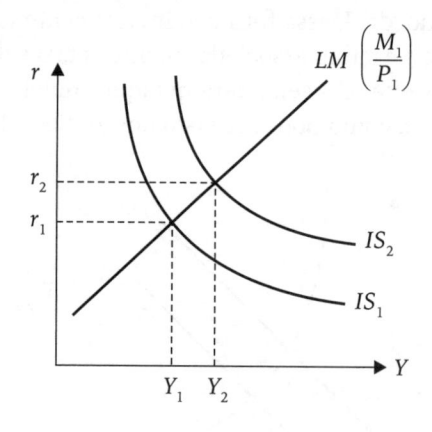

Figura 5.31 Política fiscal expansionista no modelo *IS-LM*.

Portanto, tanto a política monetária como a fiscal expansionista possuem o impacto de elevar a quantidade demandada para qualquer nível de preços.

Uma diferença importante deve ser notada sobre o impacto dessas políticas. No caso da política monetária, tomando qualquer nível de preços, na nova curva de demanda teremos taxas de juros menores associadas a um mesmo nível de renda, ou seja, o crescimento da demanda se dará com um aumento do investimento. Já no caso da política fiscal, para qualquer nível de preços, na nova curva de demanda teremos taxas de juros mais elevadas associadas aos respectivos níveis de renda, ou seja, o crescimento da renda se faz acompanhado de maior participação do setor público na demanda, uma vez que o investimento se retrai em decorrência do aumento da taxa de juros.

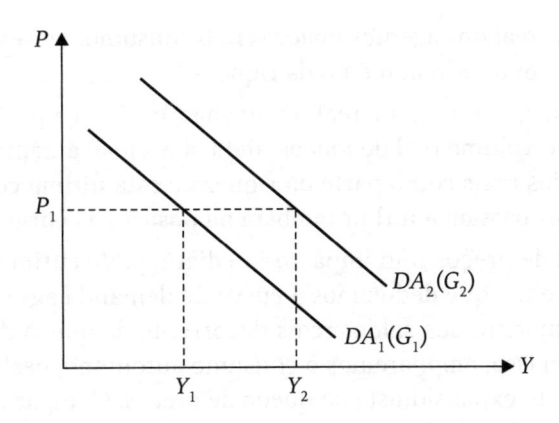

Figura 5.32 Deslocamento da demanda agregada, em função de política fiscal expansionista.

Assim, tanto a política monetária como a fiscal podem afetar a demanda agregada, mas estas levam a resultados diferentes em termos de composição do produto. É um ponto que não deve ser descartado ao se definir o instrumento a ser utilizado.

Os principais pontos destacados em relação à curva de demanda agregada podem ser assim resumidos:

> A curva de demanda agregada se inclina negativamente, porque uma redução do nível de preços eleva os saldos reais M/P, reduz as taxas de juros, elevando o nível de equilíbrio dos gastos e do produto. Tanto uma política monetária como uma política fiscal expansionista deslocam a curva de demanda agregada para cima e para a direita, elevando o nível de equilíbrio dos gastos e do produto a cada nível de preços.

5.6 OUTROS EFEITOS DECORRENTES DA VARIAÇÃO DE PREÇOS NO MODELO *IS-LM*

5.6.1 Efeito Pigou

Um ponto importante sobre o impacto da variação de preços sobre a renda e os gastos não foi considerado até este ponto: o chamado **efeito Pigou**. Até o momento, consideramos uma função consumo determinada pelo consumo autônomo (exógeno) e por uma fração que variava de acordo com a renda disponível (a propensão marginal a consumir). Ou seja, vínhamos considerando o consumo como uma função estável do nível de renda.

Consideremos agora que o consumo não dependa apenas do nível de renda disponível, mas também do estoque real de riqueza.[7] Parece intuitivo que, para níveis de renda semelhantes,

---

[7] Este ponto será mais detalhado no capítulo sobre o consumo (Capítulo 9) ao discutirmos diferentes modelos, como, por exemplo, a teoria do ciclo da vida, a teoria da renda permanente e a questão da escolha intertemporal.

quanto maior for a riqueza real dos agentes maior será o consumo, ou seja, o consumo cresce tanto por aumentos na renda como pelo aumento da riqueza.[8]

Consideremos, agora, que o volume real de moeda (M/P) faça parte da riqueza. Até o momento consideramos que o volume real de moeda afetava exclusivamente a posição da curva *LM*. Ao considerarmos os saldos reais como parte da riqueza e esta última como variável explicativa do consumo, os saldos reais passam a influir também na posição da curva *IS*.

Uma queda no nível de preços tem impacto imediato, já discutimos, que é o de deslocar a curva *LM* para a direita, com o que deduzimos a curva de demanda agregada. Contudo, devemos agora considerar que o aumento dos saldos reais decorrente da queda dos preços ampliará a riqueza dos indivíduos. Com isso, ampliaremos o consumo autônomo, deslocando a curva *IS* para a direita, ampliando o impacto expansionista da queda de preços. Comparando duas situações, uma em que se considera o efeito Pigou e outra em que este é descartado, percebemos que com o efeito Pigou a curva de demanda agregada tende a ser mais horizontal, uma vez que, agora, a variação dos preços tende a afetar a demanda por dois mecanismos: o nível de investimento pelo impacto da variação dos saldos reais na taxa de juros e o nível de consumo em decorrência do efeito riqueza. Notemos, porém, que o efeito riqueza tende a diminuir a variação da taxa de juros, como pode ser visto nos gráficos das Figuras 5.33 e 5.34.

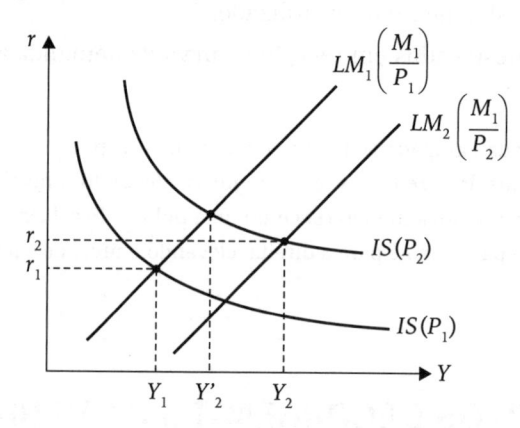

Figura 5.33 Efeito Pigou no modelo *IS-LM,* supondo queda no nível de preços.

---

8   Pensemos no seguinte exemplo: comparemos duas famílias que possuem a mesma renda, mas, enquanto a primeira já possui casa própria, automóvel e um estoque de ativos financeiros que a sustente na velhice, a segunda não possui nada (casa, automóvel, aplicações financeiras etc.). Parece claro que, como a primeira já acumulou uma riqueza que lhe permita estabilidade, não precisando continuar a acumular, isto é, poupar, pode consumir uma parcela maior da renda. Já a segunda, por não possuir qualquer riqueza, se pretender acumular alguma coisa terá que direcionar maior parcela da renda para a poupança, limitando o consumo.

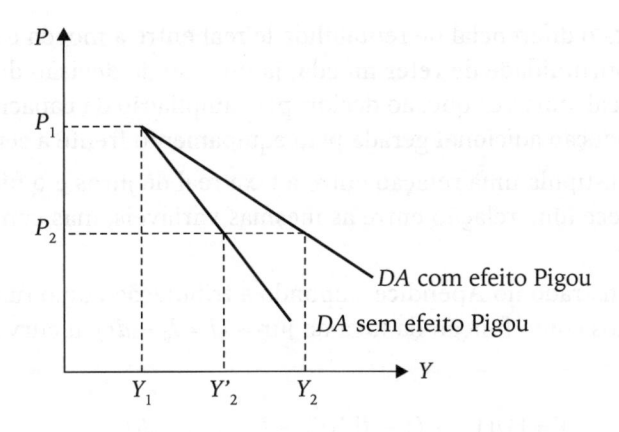

Figura 5.34 Efeito Pigou na demanda agregada.

5.6.2 Efeito Fisher

A introdução da variação de preços traz à tona uma importante questão para o modelo *IS-LM*, que é a diferenciação entre taxa nominal e real de juros, o que não se fazia necessário quando considerávamos o nível de preços dado. Para introduzir o assunto, vamos recorrer ao chamado efeito Fisher[9] e analisar quais impactos este traz aos resultados do modelo *IS-LM*. Podemos partir do seguinte:

$$i = r + \pi \tag{6}$$

sendo *i* a taxa nominal de juros, *r* a taxa real de juros e π a taxa de inflação.

Essa igualdade, como vimos, deve, na realidade, ser expressa em termos de expectativa inflacionária.

$$i = r + \pi^e \tag{7}$$

onde π^e é a taxa de inflação esperada.

Assim, a taxa nominal de juros corresponde à taxa real de juros mais a inflação esperada. Conforme já discutimos, ao negociar a taxa de juros nominal que será aplicada a um determinado título, os agentes estão interessados na taxa real de juros que desejam, isto é, no incremento de poder de compra que a aplicação propiciará. Assim, com base na taxa real de juros desejada *ex ante* e da inflação esperada, definimos a taxa nominal de juros. Como dissemos anteriormente, a taxa real de juros efetiva só será conhecida *ex post*, ao conhecermos a inflação ocorrida no período da aplicação. Caso a inflação esperada e a efetiva sejam diferentes, a taxa real de juros *ex ante* (desejada) será diferente da *ex post* (efetiva).

Tomando o modelo *IS-LM* tradicional, por considerarmos o nível de preços constante, não tínhamos necessidade de diferenciar entre taxa real e taxa nominal de juros. Ao introduzirmos a variação de preços, a inflação, torna-se necessário diferenciar as duas taxas, uma vez que no caso da demanda de moeda, conforme já discutimos no Capítulo 2, a taxa de juros relevante é a

---

9   Discutido no Capítulo 2.

nominal, que representa o diferencial de rentabilidade real entre a moeda e os demais títulos, isto é, reflete o custo de oportunidade de reter moeda; já no caso da decisão de investimento, a taxa de juros relevante é a real, uma vez que, ao decidir pela ampliação da capacidade produtiva, o empresário compara a produção adicional gerada pelo equipamento frente a seu custo real.[10]

Assim, a curva *IS* estipula uma relação entre a taxa real de juros e o nível de renda, já a curva *LM* também estabelece uma relação entre as mesmas variáveis, mas considera a taxa nominal de juros.

Conforme é demonstrado no Apêndice, supondo a tributação como função da renda ($T = tY$) e a função investimentos como função da taxa de juros ($I = I_0 - dr$), a curva *IS* pode ser expressa algebricamente como

$$Y = [1/(1 - c(1 - t)) [(C_0 + I_0 + G_0) - dr] \tag{8}$$

ou:

$$Y = \alpha (A - dr) \tag{9}$$

onde: α = multiplicador keynesiano $[1/(1 - c(1 - t))]$

A = volume de gastos autônomos – $C_0 + I_0 + G_0$

d = sensibilidade do investimento em relação à taxa de juros

r = taxa real de juros

Como $r = i - \pi^e$, a *IS* fica:

$$Y = \alpha (A - d\,i + d\pi^e) \tag{10}$$

A curva *LM* é expressa como:

$$M/P = L(Y,i) \tag{11}$$

Assim, quando trabalhávamos com preços constantes, a expectativa inflacionária podia ser considerada nula, isto é, $\pi^e = 0$, com o que a *IS* podia ser expressa em termos de taxas nominais, e a intersecção da *IS* com a *LM* definia a taxa de juros de equilíbrio, sendo que a real e a nominal possuíam o mesmo valor. Ao considerarmos a variação de preços e a inflação, π^e torna-se diferente de zero, fazendo com que as taxas de juros, real e nominal, passem a ser diferentes. Notemos que, para dada taxa nominal de juros, a taxa real de juros será tanto menor quanto maior a expectativa de inflação. Assim, com aumentos em π^e, o investimento tende a aumentar a uma mesma taxa nominal de juros, deslocando, portanto, para cima e para a direita a curva *IS*. O montante do deslocamento da *IS* será igual à variação em π^e medido verticalmente. Esse processo pode ser visto no gráfico da Figura 5.35.

---

[10] Consideremos por exemplo, que a variação de preço do produto que será produzido por aquele equipamento iguale-se à taxa de inflação; logo, torna-se necessária apenas a comparação em termos reais. Esse ponto será discutido no Capítulo 10, ao analisarmos os modelos de investimento.

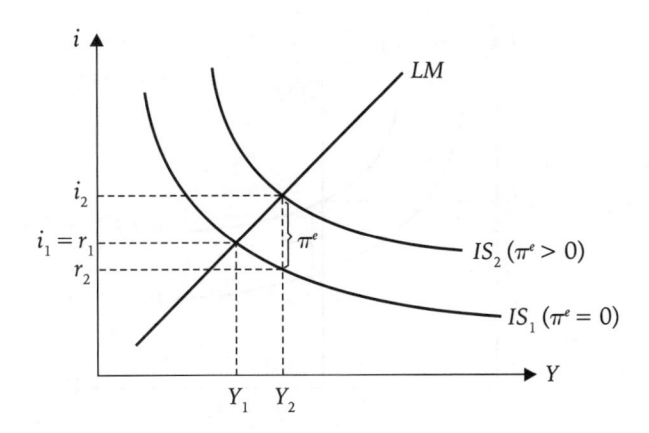

Figura 5.35 Efeito Fisher.

Com o deslocamento da *IS*, tanto o nível de renda como a taxa nominal de juros serão mais elevadas. O aumento da renda provoca a elevação da demanda de moeda; para manter o mercado monetário em equilíbrio, é necessário que a taxa nominal de juros se eleve. A taxa real de juros, porém, se reduz, o que possibilita a ampliação do investimento, induzindo à elevação da renda.

Portanto, o motivo pelo qual a ampliação das expectativas inflacionárias eleva a renda é a queda da taxa real de juros, mesmo com elevação da taxa nominal, que se faz necessária para equilibrar o mercado monetário. Se toda elevação na inflação esperada se transformasse em aumento da taxa nominal, a taxa real não se alteraria, e não haveria qualquer alteração na renda.

Dessa forma, percebemos que o efeito sobre a renda dependerá dos mesmos fatores que afetam a eficácia da política fiscal, destacando-se a inclinação da curva *LM*. Quanto maior a inclinação desta última, ou seja, quanto menor a sensibilidade da demanda de moeda em relação à taxa nominal de juros, maior será a variação da taxa nominal em resposta à mudança na inflação esperada; logo, menor será a variação na taxa real de juros e, por consequência, menores a alteração do investimento e do nível de renda.

Já no caso em que a demanda de moeda é muito sensível em relação à taxa nominal de juros, a maior parte da variação na expectativa de inflação recairá sobre a taxa real de juros, provocando maior variação do investimento e da renda.

Considerando os dois casos limites estudados anteriormente – o caso clássico e a armadilha da liquidez –, teremos:

i. no caso clássico, um aumento da inflação esperada será totalmente repassado para a taxa nominal de juros, mantendo inalterada a real; logo, não provocará impacto sobre a renda;

ii. na armadilha da liquidez, um aumento na expectativa de inflação provocará uma redução de igual magnitude na taxa real de juros.

Esses dois casos podem ser vistos nos gráficos das Figuras 5.36 e 5.37.

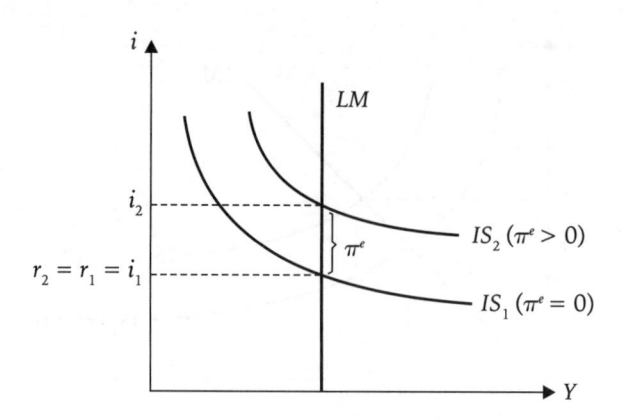

Figura 5.36 Efeito Fisher e modelo clássico.

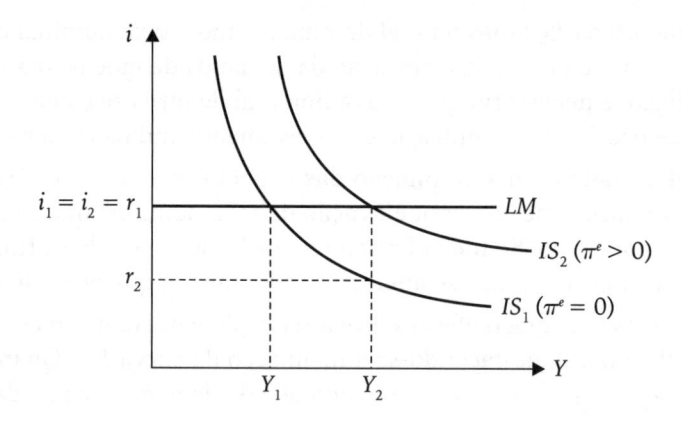

Figura 5.37 Efeito Fisher e a armadilha da liquidez.

Um último ponto a ser destacado em relação ao efeito Fisher é o que ocorre quando se espera uma deflação, isto é, $\pi^e < 0$. Neste caso, ao contrário daquele em que se espera uma inflação positiva, o comportamento das taxas de juros seguirá uma trajetória oposta. As taxas nominais de juros se reduzirão, mas as taxas reais de juros se elevarão, provocando queda do investimento e da renda. Temos um deslocamento da *IS* para a esquerda e para baixo.

Esse ponto é frequentemente levantado nos debates sobre as causas da grande depressão dos anos 1930 nos EUA. Segundo alguns autores, a queda das taxas nominais de juros naquele período não significava uma política monetária folgada; pelo contrário, mostrava uma política monetária apertada. Com a deflação ocorrida, apesar de as taxas nominais estarem em queda, as taxas reais se elevaram significativamente, provocando a brusca queda do investimento e da renda. O impacto da deflação nesse arcabouço pode ser visto no gráfico da Figura 5.38.

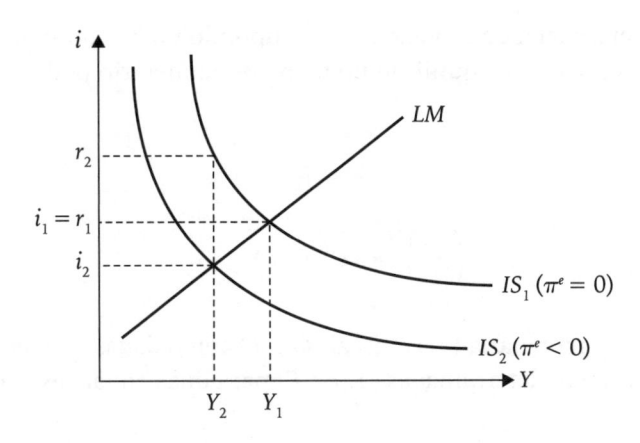

Figura 5.38 Efeito Fisher e deflação.

5.7 CONSIDERAÇÕES FINAIS SOBRE O MODELO *IS-LM*

O modelo *IS-LM*, combinando o mercado de bens e de ativos, complementando o modelo keynesiano discutido no capítulo anterior, é um importante instrumental para se analisar o comportamento da economia no curto prazo e suas flutuações econômicas. Assim como o modelo keynesiano simples visto no capítulo anterior, este modelo considera apenas o comportamento da demanda agregada.

Nos dois capítulos seguintes, introduziremos o setor externo e entraremos na discussão da oferta agregada, que é o que está faltando para completarmos o modelo de determinação da renda. Mas antes de avançar, julgamos oportuno fazer uma digressão sobre os papéis da oferta e da demanda agregada.

5.7.1 Comentários sobre o papel da oferta e da demanda agregadas nos modelos de determinação da renda

Antes de avançarmos no modelo de determinação da renda, julgamos oportuno tecer alguns comentários sobre os papéis da oferta e da demanda agregada até esta altura do livro.

Pela análise desenvolvida até agora, percebemos que a importância da demanda agregada depende da maneira como se considera a oferta agregada. No modelo clássico, discutido no Capítulo 3, vimos que a determinação do produto depende exclusivamente das condições de oferta: dotação de fatores de produção e tecnologia. Ao considerarmos os preços totalmente flexíveis e mercados concorrenciais, o equilíbrio econômico se dá sempre ao nível de pleno emprego dos fatores, não havendo desemprego. Nesse sentido, a demanda agregada e a moeda determinarão apenas o nível absoluto de preços, sem qualquer impacto sobre o produto real, que é dado (oferta agregada vertical).

Já no caso keynesiano, visto no Capítulo 4 (modelo keynesiano simples) e neste capítulo (modelo *IS-LM*), consideramos a existência de desemprego, capacidade ociosa na economia, de tal modo que o nível de preços poderia ser tomado como constante. Nesse sentido, variações na demanda provocavam modificações na utilização dos fatores de produção e, por conseguinte, no produto. Assim, diferentemente do modelo clássico, a demanda agregada determina o produto, com a oferta respondendo à demanda, a um dado nível de preços.

Considerando o referencial do modelo *IS-LM*, supondo uma economia fechada, o equilíbrio no mercado de bens e serviços e o equilíbrio no mercado monetário podem ficar expressos como se segue:

$$Y = C\,(Y - T) + I(r) + G \qquad\qquad \text{Curva } IS: \quad (12)$$

$$\left(\frac{M}{P}\right)^s = M^d(r,\ Y) \qquad\qquad \text{Curva } LM: \quad (13)$$

Tomando as políticas monetária (M) e fiscal (G e T) como dadas, percebemos que existem no modelo três variáveis a serem determinadas (Y, r e P) para duas equações, o que tornaria o modelo indeterminado.

No modelo keynesiano, o modelo torna-se determinado acrescentando-se uma terceira restrição (hipótese):

$$P = P_1 \qquad\qquad\qquad (14)$$

o que permite determinar r e Y. Existe a possibilidade de haver desemprego, dependendo do nível da demanda agregada, que determina o produto real.

No modelo clássico, introduzimos a restrição de que o produto encontra-se em seu nível potencial:

$$Y = Y_P \qquad\qquad\qquad (15)$$

Nesse caso, o ajuste se dá entre P e r. Como a economia está sempre no produto potencial, qualquer variação na demanda agregada repercutirá em P e r sem ter qualquer impacto sobre Y.

Uma questão importante para se determinar a inclinação da curva de oferta agregada é o comportamento dos salários nominais. No caso do modelo clássico, consideramos ajuste instantâneo do salário. Como vimos, o mercado de trabalho define o salário real, que equilibra oferta e demanda de trabalho. Ao ampliarmos a demanda agregada, elevamos o nível de preços dos bens, gerando excesso de demanda no mercado de trabalho que provocará instantaneamente um aumento do salário nominal, recompondo o salário real de equilíbrio, de modo que a quantidade ofertada de bens não se altera. Por outro lado, uma queda na demanda agregada provocará redução de preços e excesso de oferta de trabalho, fazendo com que os salários nominais se reduzam instantaneamente, com o salário real mantendo-se na situação de equilíbrio. Percebemos, nesse modelo, que os preços são corrigidos instantaneamente para equilibrar o mercado de bens, e o mesmo vale para os salários nominais para equilibrar o mercado de trabalho. Assim, conhecido o nível de preços da economia, os salários nominais ajustam-se automaticamente para gerar o salário real, que equilibra o mercado de trabalho. Como foi destacado ao discutirmos o modelo clássico, supomos a inexistência de qualquer imperfeição de mercado, por exemplo custos de transação na revisão das decisões dos agentes, como no caso das contratações ou demissões de trabalhadores.

No caso keynesiano, por outro lado, supomos a rigidez salarial, em que as empresas podem alterar os níveis de produção sem impactos sobre os custos e, portanto, sobre os preços. Assim, a oferta pode responder à demanda sem pressionar o nível de preços. A rigidez pode ser explicada por uma série de motivos: existência de contratos, custos de transação, problemas informacionais etc.

Tanto a oferta agregada vertical como a horizontal representam situações ideais que devem ser preservadas como referência de análise, mas cujo realismo não parece confirmar. Tanto considerar uma passividade total às condições de demanda, não atribuindo a ela qualquer papel na determinação do produto, como a posição oposta, em que as condições de oferta não colocam qualquer restrição à expansão do produto, parecem não se verificar na realidade. Flutuações da demanda impactam tanto sobre o produto como sobre o nível de preços.

Devemos notar que a validade dos modelos ideais anteriormente descritos está muito vinculada ao prazo que se considera na análise. A **curto prazo**, quer pela existência de contratos que fazem com que os salários sejam rígidos, quer porque as empresas não reagem automaticamente às flutuações no mercado de bens e desvios dos salários reais em relação à produtividade do trabalho com demissões e contratações, dado que estas mudanças implicam custos (recrutamento, seleção, treinamento etc.), a economia tende a se aproximar da situação descrita no modelo keynesiano. As firmas podem ampliar a produção com horas extras em momentos de expansão, ou podem utilizar a mão de obra para serviços de manutenção em momentos de recessão, fazendo com que o mercado não opere da forma descrita no modelo neoclássico.

Já a **longo prazo**, persistindo situações de desequilíbrio – desemprego ou superemprego –, os preços e salários tendem a variar, de modo a buscar-se o equilíbrio. Assim, por exemplo, ao longo da vigência de um contrato, mesmo havendo desemprego na economia, os salários não podem ser revistos, mas, uma vez corrido o tempo de vigência dos contratos e permanecendo a situação de desemprego, os contratos podem ser renegociados com reduções salariais.

Outro exemplo: a curto prazo, as empresas podem não reagir a uma queda das vendas demitindo trabalhadores, devido aos custos de recontratação quando a economia se recuperar. Contudo, se a economia permanece por um longo período de tempo desaquecida, os custos de recontratação passam a ser inferiores ao custo de manutenção do trabalhador empregado, estimulando o ajustamento do nível de emprego.

Assim, quanto maior o prazo considerado, maior a possibilidade de que as variáveis se ajustem à situação de equilíbrio. Ou seja, a curto prazo os preços possuem certa rigidez, a longo prazo estes tendem a ser totalmente flexíveis. Com isso, a oferta agregada de curto prazo assemelha-se à oferta keynesiana horizontal, e será tanto mais assim quanto maior a rigidez dos preços. Já a longo prazo, considerando que os salários reais respondam às situações de desequilíbrio no mercado de trabalho, a economia tende à situação de equilíbrio de pleno emprego, valendo a oferta agregada vertical do modelo neoclássico.

Na sequência do livro, discutiremos mais detalhadamente a oferta agregada. Desenvolveremos modelos que se colocam como casos intermediários dos até então discutidos. Esses modelos consideram uma curva de oferta agregada positivamente inclinada a curto prazo, com o que oscilações da demanda podem provocar tanto modificações do produto como dos preços. Nessa discussão, introduziremos a questão das expectativas e seu papel na economia e também a questão da inflação. Voltaremos a discutir o equilíbrio econômico, combinando oferta agregada e demanda agregada, nesse modelo completo, e rediscutiremos as flutuações econômicas: os ciclos econômicos e o impacto das políticas econômicas.

Antes de avançarmos na discussão da oferta agregada, vamos ampliar os resultados dos modelos anteriormente discutidos, considerando o caso de uma economia aberta, no próximo capítulo.

EXERCÍCIOS RESOLVIDOS

1. **(Exame ANPEC, 2008)** As seguintes equações descrevem uma economia fechada:

$$C = 100 + 0,9 \cdot (Y - T)$$
$$I = 900 - 100 \cdot r$$
$$(M/P)^d = Y/i$$
$$(M/P)^s = 1.000$$
$$G = 800$$
$$T = 1.000$$

em que r é a taxa de juros real e i é a taxa de juros nominal, ambas expressas em percentual ao ano (por exemplo, se $r = 1\%$, a equação de investimento será $I = 900 - 100 \times 1$). Se a inflação esperada for de 5%, calcule a taxa nominal de juros de equilíbrio (resposta em % a.a.). Obs.: se a relação exata entre três variáveis x, y e z é $(1 + x) = (1 + y)/(1 + z)$, usar a aproximação $x = y - z$.

Derivação da *IS* (equilíbrio entre oferta e demanda agregada em economia fechada):

$$Y = C + I + G$$
$$Y = [100 + 0,9 \cdot (Y - T)] + [900 - 100 \cdot r] + [800]$$
$$Y = 100 + 0,9 \cdot Y - 900 + 900 - 100 \cdot r + 800$$
$$Y = 9.000 - 1000 \cdot r$$

Derivação da *LM* (equilíbrio entre oferta e demanda por moeda):

$$(M/P)d = (M/P)s$$
$$Y/i = 1.000$$
$$Y = 1.000i$$

Levando em conta que $r = i - \pi^e$ (equação de Fisher) e que $\pi^e = 5\%$ (conforme enunciado), tem-se que $i = r + \pi^e = r + 5\%$. Substituindo esta última igualdade na função *LM* e igualando com a função *IS*, tem-se o seguinte:

$$9.000 - 1.000 \cdot r = 1.000 \cdot (r + 5)$$
$$9.000 - 1.000 \cdot r = 1.000 \cdot r + 5.000$$
$$- 2000 \cdot r = - 4.000$$
$$r = 2\%$$

Voltando à relação $i = r + \pi^e$, tem-se que $i = 2\% + 5\% = 7\%$.

2. Classifique as sentenças a seguir como verdadeiras ou falsas:

a) **(Exame ANPEC, 1994)** Quanto maior o multiplicador e maior a elasticidade do investimento em relação à taxa de juros, mais inclinada a curva *IS*.

Falsa: se o investimento for muito sensível à taxa de juros, uma pequena variação da taxa de juros induzirá uma grande variação do investimento com maior impacto sobre a renda (a *IS* será menos inclinada ou mais horizontal); e se o multiplicador for elevado, qualquer variação do investimento induzirá maior crescimento da renda; portanto, menor será a inclinação da *IS* (ela será mais horizontal).

b) **(Exame ANPEC, 1994)** Quanto menor a elasticidade da demanda por moeda em relação à taxa de juros, mais inclinada será a curva *LM*.

Verdadeira: nesse caso, havendo uma pequena variação da renda, necessitar-se-á de uma grande variação da taxa de juros para equilibrar o mercado monetário, assim mais inclinada será a *LM*. No caso limite em que a demanda por moeda é totalmente insensível em relação à taxa de juros, a *LM* é vertical (caso clássico).

c) **(Exame ANPEC, 1994)** Abaixo da curva *LM* tem-se excesso de oferta de moeda, enquanto acima da curva *IS* é uma região de excesso de oferta de bens.

Falsa: no caso da curva *IS* está correta a afirmação, pois pontos acima/à direita da *IS* significam que a taxa de juros está muito elevada (e, com isso, o investimento baixo) para um dado nível de produto, ocasionando excesso de oferta de bens, que levará à redução de produto devido à acumulação de estoques que ocorrerá nas firmas. Já no caso do mercado monetário, pontos abaixo da *LM* significam excesso de demanda de moeda, ou seja, a taxa de juros está muito baixa para um dado nível de renda. Com isso, a taxa de juros é insuficiente para desestimular a demanda de moeda, que está elevada pelo nível de renda. Sendo assim, a taxa de juros deverá se elevar para desestimular a retenção de moeda.

d) **(Exame ANPEC, 2014)** Com base no modelo *IS-LM*, a política monetária torna-se menos eficaz e a política fiscal torna-se mais eficaz caso o investimento agregado se torne mais sensível a alterações na taxa de juros.

Falsa: se o investimento agregado é mais sensível à taxa de juros (lembre-se que o único termo da demanda agregada que é influenciada pela taxa de juros é o investimento), a *IS* é menos inclinada (mais horizontal), e a política monetária torna-se mais eficaz.

e) **(Exame ANPEC, 2014)** Com base no modelo *IS-LM*, uma situação de armadilha de liquidez ocorreria se a curva *LM* fosse horizontal.

Verdadeira: a armadilha da liquidez ocorre quando a elasticidade da demanda por moeda em relação à taxa de juros tende ao infinito (demanda por moeda perfeitamente elástica à taxa de juros), ou seja, se a *LM* for horizontal.

f) **(Exame ANPEC, 2007)** No caso geral, um aumento de gastos públicos faz com que aumentem o produto e a demanda de moeda para transações. Isso explica o aumento da taxa de juros, do qual decorre o *crowding out*.

Verdadeira: o caso geral se refere a uma *IS* com inclinação negativa e uma *LM* com inclinação positiva. Um aumento dos gastos públicos (deslocamento da *IS* para a direita) aumenta a demanda agregada, o que faz aumentar o produto e a demanda por moeda. Para uma dada oferta de moeda, ocorre aumento de juros, o que desestimula o investimento. O produto final, maior que o inicial, terá uma participação relativa maior dos gastos do governo e menor de investimento, que é justamente o efeito *crowding out*.

g) **(Exame ANPEC, 2007)** O efeito Pigou é provocado pelo efeito riqueza dos consumidores que, em situação de deflação e sob o pressuposto de oferta monetária rígida, resulta em aumento da renda e torna a curva de demanda agregada menos elástica.

Falsa: o efeito Pigou ocorre se considerarmos que o consumo é influenciado pela riqueza dos indivíduos e que esta é composta, entre outros itens, pelo estoque real de moeda (*M/P*) dos agentes. Nesse caso, uma deflação, que aumenta a oferta real de moeda e desloca a *LM* para baixo, também desloca a *IS* para direita, na medida em que aumenta a renda e, portanto, o consumo dos agentes. Assim, conforme discutido ao longo deste capítulo, a demanda agregada se torna mais elástica (mais horizontal).

h) **(Exame ANPEC, 2005)** Caso a elasticidade-juro da demanda de moeda seja nula e a elasticidade-juro do investimento seja infinita, uma expansão monetária alterará apenas a taxa de juro de equilíbrio, em nada influenciando a renda.

Falsa: conforme a elasticidade-juro do investimento aumenta, a *IS* se torna cada vez mais horizontal, e caso a elasticidade-juro da demanda por moeda diminua, a *LM* se torna cada vez mais vertical. Conforme a *IS* se torna mais horizontal e a *LM* mais vertical, uma expansão monetária exercerá efeitos cada vez maiores sobre a renda.

i) **(Exame ANPEC, 2005)** Em uma situação de armadilha da liquidez, a política fiscal é eficaz para tirar a economia da recessão.

Verdadeira: conforme discutido ao longo deste capítulo, o caso da armadilha da liquidez se refere ao caso em que a *LM* é totalmente horizontal e, nesse caso, uma elevação da oferta de moeda causa efeito nulo sobre a *LM*, pois temos uma situação em que qualquer aumento da oferta de moeda será retido pelo público. Nessa situação, somente a política fiscal exerce efeito sobre a renda.

j) **(Exame ANPEC, 2002)** No modelo *IS-LM* para economia fechada, com *LM* positivamente inclinada, quanto maior for a alíquota do imposto sobre a renda, maior será a queda da taxa de juros decorrente de um dado aumento na oferta de moeda.

Verdadeira: quando o imposto deixa de ser exógeno e passa a ser endógeno via uma alíquota de imposto sobre a renda, a curva *IS* fica cada vez mais inclinada conforme a alíquota aumenta e, consequentemente, variações da *LM* (oferta de moeda) geram maiores variações na taxa de juros.

3. Considere o conceito de oferta de encaixes reais (*Ms/P*), onde *P* representa o nível geral de preços. Suponha um aumento de *P* e considere a curva *IS* inalterada. Qual o resultado desse aumento sobre a taxa de juros e renda?

Podemos entender a *LM* como sendo construída a partir de um dado nível de encaixes reais (*Ms/P*). Nesse caso, o aumento em *P* (e a consequente queda em (*Ms/P*) implica no deslocamento da *LM* para a esquerda. No novo equilíbrio, a renda (*Y*) será menor e a taxa de juros (*r*) maior. Esse exercício permite também construir a curva de oferta agregada: um aumento em *P* representa uma queda em *Y*.

REFERÊNCIAS

BAILEY, M. J. *National income and the price level: a study in macro-economic theory.* New York: McGraw-Hill, 1971.

HANSEN, A. *Um guia para Keynes.* São Paulo: Vértice Universitária, 1987.

HICKS, J. R. *Mr. Keynes and the classics*: a suggested interpretation. Econometrica, 5 (1937).

LUCAS JR., R. Some international evidence on output-inflation tradeoffs. *American Economic Review*, American Economic Association, June 1973.

APÊNDICE – FORMALIZAÇÃO SIMPLES DO MODELO *IS-LM*

CURVA *IS*

O equilíbrio no mercado de bens se dá quando:[11]

$$Y = C + I + G \tag{A.1}$$

função consumo:	$C = C_0 + c\,(Y - T)$	(A.2)
função investimento:	$I = I_0 - dr$	(A.3)
função tributação:	$T = tY$	(A.4)
gastos do governo:	$G = G_0$ (exógeno)	(A.5)

onde: C = consumo

Y = produto

T = impostos

G = gastos públicos

r = taxa de juros

são as variáveis; e:

C_0 = consumo autônomo

c = propensão marginal a consumir

I_0 = investimento autônomo

d = coeficiente que mede a sensibilidade do investimento em relação à taxa de juros

t = participação dos impostos na renda

são os chamados **parâmetros** do modelo.

Assim, a curva *IS* pode ser expressa pela seguinte relação:

$$Y = C_0 + c(Y - tY) + I_0 - dr + G_0$$
$$Y = \frac{1}{1 - c(1-t)}(C_0 + I_0 + G_0) - \frac{1}{1 - c(1-t)} \cdot dr \tag{A.6}$$

onde $\{1/[1 - c(1 - t)]\}$ é o multiplicador de gastos keynesianos, que chamamos de α.

Desenvolvendo:

$$Y = \alpha\,(C_0 + I_0 + G_0) - d\,\alpha\,r$$
$$Y = \alpha A - d\,\alpha\,r \tag{A.7}$$
$$Y = \alpha\,(A - dr)$$

onde: $A = C_0 + I_0 + G_0$ = nível de gastos autônomos.

---

[11] Consideraremos uma economia fechada.

O intercepto da curva *IS* é dado pelos gastos autônomos (αA), que determinam a posição da curva *IS*, enquanto a inclinação da curva, a relação de *Y* e *r*, é dada por ($-dr$), mostrando a relação inversa entre elas.

CURVA *LM*

A curva *LM*, como vimos, representa o equilíbrio no mercado monetário, que podemos expressar assim:

$$M^s/P = M^d(Y, r) \tag{A.8}$$

onde: M^s/P = oferta de moeda determinada exogenamente (controlada pelo Banco Central);

$M^d(Y, r)$ = demanda de moeda, que varia positivamente com a renda e negativamente com a taxa de juros.

Considerando uma função demanda por moeda linear, temos:

$$M^d = eY - fr \tag{A.9}$$

onde: e = sensibilidade da demanda de moeda em relação à renda;

f = sensibilidade da demanda de moeda em relação à taxa de juros.

Assim, a curva *LM* é obtida com base no equilíbrio entre a oferta e a demanda por moeda:

$$M^s/P = eY - fr \tag{A.10}$$

Curva *LM*:

$$r = \frac{e}{f}Y - \frac{1}{f}\left(\frac{M^s}{P}\right) \tag{A.11}$$

O termo $1/f(M/P)$ nos dá o intercepto da curva *LM* e sua inclinação é dada por e/f.

Quanto maior a oferta de moeda, mais para baixo estará a *LM*, e sua inclinação será tanto maior quanto maior a resposta da demanda de moeda em relação à renda, e quanto menor em relação à taxa de juros.

EQUILÍBRIO *IS-LM*

O equilíbrio no modelo *IS-LM* pode ser obtido com base na seguinte relação:

$$Y = \alpha A - d \alpha r \tag{A.12}$$

Substituindo a curva *LM* na *IS*, temos:

$$Y = \alpha A - d\alpha\left[\left(\frac{e}{f}\right)Y - \left(\frac{1}{f}\right)\left(\frac{M^s}{P}\right)\right]$$

$$Y + d\alpha\left(\frac{e}{f}\right)Y = \alpha A + d\alpha\left(\frac{1}{f}\right)\left(\frac{M^s}{P}\right) \tag{A.13}$$

$$Y = \left\{ \alpha A \, / \left[1 - d\alpha \left(\frac{e}{f} \right) \right] \right\} + \left\{ d\alpha \left(\frac{1}{f} \right) \left(\frac{M^s}{P} \right) \, / \left[1 - d\alpha \left(\frac{e}{f} \right) \right] \right\} \qquad \text{(A.14)}$$

Multiplicando numeradores e denominadores por f, vem:

$$Y = \{ f\alpha A \, / \, (f - d\alpha e) \} + \left\{ d\alpha \left(\frac{M^s}{P} \right) \, / \, (f - d\alpha e) \right\}$$

$$Y = \alpha \left[f A + d \left(\frac{M^s}{P} \right) \right] \, / \, (f - d\alpha e)$$

$$\text{(A.15)}$$

Determinando o nível de renda de equilíbrio, substituímos na curva *LM* e obtemos o nível de taxa de juros:

$$r = \left(\frac{e}{f} \right) \left\{ \alpha \left[f A + d \left(\frac{M^s}{P} \right) \right] \, / \, (f - d\alpha e) \right\} - \left(\frac{1}{f} \right) \left(\frac{M^s}{P} \right) \qquad \text{(A.16)}$$

sendo a expressão entre os colchetes o valor do produto Y determinado acima.

ECONOMIA ABERTA

6

Amaury Patrick Gremaud

INTRODUÇÃO

Como vimos no Capítulo 1, sobre contas nacionais, um país realiza uma série de transações econômicas com residentes de outros países. Estas fazem-se por meio do comércio tanto de bens e serviços (exportações, importações, turismo etc.) quanto de ativos (direitos e obrigações: investimentos diretos, endividamento externo, colocações de papéis no exterior etc.).

As transações internacionais permitem uma série de ganhos de eficiência, tais como:

i.   especialização na produção de bens em que o país possua vantagens comparativas, possibilitando a obtenção de uma massa de produtos maior com a mesma quantidade de fatores de produção (desloca-se a curva de possibilidades de produção para a direita, aumentando-se o bem-estar do país);

ii. diversificação dos produtos a que os cidadãos têm acesso;

iii. diversificação das opções de portfólio dos agentes, reduzindo-se o risco;

iv. possibilidade de antecipação do consumo futuro pelos residentes, recorrendo ao endividamento externo;

v.   ampliação da concorrência nos mercados domésticos, limitando o poder de oligopólios e monopólios.

Como vimos anteriormente, as transações entre os residentes de um país e o resto do mundo são registradas na balança de pagamentos. Esta divide-se em dois grupos principais de contas: as Contas Correntes, associadas aos fluxos de bens e serviços, e o Movimento de Capitais, ligado aos direitos e às obrigações.

Neste capítulo, estudaremos os determinantes do saldo em conta corrente e do saldo na conta de capital. Discutiremos como o modelo anteriormente visto de determinação da renda e da taxa de juros é alterado, ao considerarmos uma economia aberta, e analisaremos também o impacto das políticas econômicas sob diferentes regimes cambiais.

6.1 CONSIDERAÇÕES SOBRE CÂMBIO E BALANÇA DE PAGAMENTOS

6.1.1 Taxa de câmbio

Para que as transações internacionais sejam viáveis, os preços nos diferentes países devem poder ser comparados, e deve haver formas de converter a moeda de um país na moeda de outro. Assim, da internacionalidade das trocas e da nacionalidade das moedas surge a taxa de câmbio.

A **taxa de câmbio** mostra qual é a relação de troca entre duas unidades monetárias diferentes, ou seja, o preço relativo entre diferentes moedas.

Em alguns países, essa taxa é expressa como o preço de uma unidade de moeda estrangeira em termos de moeda nacional, como é o caso brasileiro, em que se expressa a taxa de câmbio considerando-se quantos reais valem um dólar (por exemplo, o dólar custa R$ 1,10). Em outros países, define-se a taxa de câmbio como o preço de uma unidade de moeda nacional em termos de moeda estrangeira. Assim, quando se diz nos EUA que a taxa de câmbio iene-dólar está em 92, está-se referindo ao fato de que um dólar vale 92 ienes.

Chamamos a relação entre quantidades de moeda de **taxa de câmbio nominal**. Dizemos que ocorreu uma **valorização nominal** de câmbio quando a moeda nacional ficou relativamente mais cara que a moeda estrangeira em termos monetários, ou seja, uma unidade de moeda nacional compra mais unidades de moeda estrangeira.

Assim, se a taxa de câmbio iene-dólar aumentasse e passasse para 95, significaria que houve uma valorização do dólar. No caso brasileiro, como usualmente expressamos a taxa de câmbio como a quantidade de moeda nacional para se obter uma unidade de moeda estrangeira, uma valorização nominal do real corresponderia à taxa de câmbio diminuir e passar, digamos, para R$ 1,02. Nesse caso, teríamos que dar menos reais para obter um dólar; portanto, a moeda brasileira se valorizou frente à moeda americana.

Já quando a moeda de um país passa a valer relativamente menos em comparação com uma moeda estrangeira, dizemos que ocorreu uma **desvalorização nominal**. No caso dos EUA, quando a taxa de câmbio iene-dólar passa para 90, o dólar se desvalorizou, pois com menos ienes se obtém um dólar. No caso do Brasil, o real se desvaloriza quando a taxa de câmbio passa, por exemplo, para R$ 1,115; devemos dar mais moeda brasileira para obter uma unidade da moeda norte-americana.

Para determinar os fluxos comerciais entre os países, a taxa de câmbio relevante é a chamada **taxa de câmbio real**, que corresponde aos preços relativos entre o produto nacional e o estrangeiro (ou vice-versa, conforme se define a taxa de câmbio nominal). No caso brasileiro, a taxa de câmbio real pode ser obtida pela seguinte expressão:

$$\theta = \frac{EP^*}{P} \tag{1}$$

onde: θ = taxa de câmbio real

E = taxa de câmbio nominal (R$/US$)

P^* = preço do produto estrangeiro, em US$

P = preço do produto nacional, em R$

Assim, EP^* é o preço do produto estrangeiro, em R$, com o que a taxa de câmbio real é, na verdade, a razão entre o preço do produto estrangeiro e o preço do produto nacional, ambos medidos em reais.

Considere-se que um automóvel produzido no Brasil custe R$ 15.000,00 e o mesmo automóvel nos Estados Unidos custe US$ 12.000,00. Se a taxa de câmbio nominal no Brasil for de R$ 1,00/US$ 1,00, teremos a seguinte taxa de câmbio real:

$$\theta = \frac{1,00\,(R\$/US\$) \times US\$\,12.000}{R\$\,15.000} = \frac{R\$\,12.000}{R\$\,15.000} = 0,8 \tag{2}$$

Ou seja, o carro norte-americano é 20% mais barato que o brasileiro. Se a taxa de câmbio nominal passar para R$ 1,25/US$ 1,00, a taxa de câmbio real passará para 1,00 igualando o preço dos automóveis nos dois países, quando expressos na mesma moeda.

Nesse caso, quando a taxa de câmbio real passou de 0,8 para 1,00 dizemos que houve uma **desvalorização real** da moeda brasileira. Esta também poderia ter ocorrido por uma elevação dos preços em US$ nos EUA ou por uma redução dos preços em R$ no Brasil. Uma desvalorização da taxa de câmbio real significa que o produto nacional ficou relativamente mais barato que o estrangeiro, estimulando a demanda por esse produto, tanto pelas exportações quanto pela diminuição das importações. Se os preços se mantiverem constantes em ambos os países, uma desvalorização nominal da taxa de câmbio acarreta desvalorização real, barateando o produto nacional.

Notemos que uma desvalorização da taxa de câmbio nominal não significa necessariamente uma desvalorização da taxa real. Suponhamos, por exemplo, que a taxa de câmbio nominal se desvalorize em 10% em dado intervalo de tempo, mas que nesse período o preço interno tenha-se elevado 20% e o externo tenha-se mantido constante. Percebemos que não só não houve desvalorização da taxa de câmbio real, como também esta se valorizou, isto é, o produto nacional ficou relativamente mais caro. Para fins de comércio, a taxa de câmbio relevante é a taxa real e não a nominal.

Outro conceito importante relativo à taxa de câmbio é a chamada **taxa de câmbio efetiva**. Como vimos, a taxa de câmbio nominal estabelece uma cotação entre duas moedas, e a taxa de câmbio real o preço relativo do produto de dois países expresso na mesma moeda. Entretanto, um país não possui, em geral, um único parceiro comercial, mas vários. O Brasil transaciona com os países do Mercosul, da Comunidade Econômica Europeia, com os EUA, o Japão e vários outros países. Ao calcularmos a taxa real de câmbio, deveríamos considerar a relação de preços com todos os parceiros comerciais. É isso que a taxa de câmbio efetiva busca medir, ao ponderar as diversas taxas reais de câmbio, de acordo com a importância dos parceiros comerciais.

6.2 REGIMES CAMBIAIS

Definidos os principais conceitos de taxa de câmbio, a segunda questão importante é como se determina o valor da taxa nominal de câmbio. Os dois principais tipos de regime cambial são o de câmbio fixo e o de câmbio flutuante.

No **regime de câmbio fixo**, o Banco Central determina o valor da taxa de câmbio, e se compromete a comprar e vender divisas à taxa estipulada. Notemos que, para este regime poder funcionar, o Banco Central deve possuir moeda estrangeira em quantidade suficiente para atender a uma situação de excesso de demanda por esta moeda (uma situação de déficit na balança de pagamentos) à taxa estabelecida, bem como deve aceitar a perda de graus de liberdade na condução da política monetária, adquirindo qualquer excesso de oferta de moeda estrangeira (superávit na balança de pagamentos). Notemos que, uma vez fixada a taxa de câmbio, a atuação do Banco Central faz-se no sentido de garantir essa taxa.

Devemos destacar que, em tal regime cambial, nem uma situação de déficits persistentes nem uma de superávits na balança de pagamentos são sustentáveis a longo prazo. Quanto à primeira situação, o volume de reservas torna-se restrição, uma vez que com sucessivos déficits as reservas se esgotarão. Já quando existem superávits sucessivos e acúmulos crescentes de reservas pelo país, isto terá um custo de oportunidade, representado por uma restrição ao aumento do bem-estar da sociedade (sacrifica-se consumo presente). Assim, nenhuma dessas situações é desejável de modo persistente.

Quanto ao **regime de taxas flutuantes de câmbio**, sua característica básica é que a taxa de câmbio deve ajustar-se de modo a equilibrar o mercado de divisas. Em uma situação de excesso de demanda por moeda estrangeira, esta terá seu preço elevado, ou seja, a moeda nacional se desvalorizará. Quando houver um excesso de oferta de moeda estrangeira, seu preço cairá, isto é, a moeda nacional se valorizará. Notemos que o princípio básico do regime de câmbio flutuante é um mercado de divisas do tipo concorrência perfeita, sem intervenções do Banco Central, de modo que qualquer desequilíbrio seja prontamente eliminado pelo mecanismo de preço (alteração da taxa de câmbio). Com isso, a balança de pagamentos estará sempre em equilíbrio, pois os déficits (excesso de demanda por divisas) tendem a desaparecer com a desvalorização cambial, e eventuais superávits (excesso de oferta) são afastados com a valorização da moeda nacional.

Como o Banco Central não tem que intervir no mercado de divisas para garantir o valor da moeda nacional, ele pode perseguir por meio da política monetária outros objetivos que não a simples manutenção da taxa de câmbio fixa. O mercado determina a taxa de câmbio, tornando-a menos sujeita às arbitrariedades das autoridades governamentais, e a liberdade dada à política monetária é a principal vantagem atribuída ao sistema de câmbio flutuante.

Algumas desvantagens são associadas a este sistema. A principal delas refere-se à instabilidade em virtude da maior volatilidade da taxa de câmbio. As maiores flutuações das taxas podem desestabilizar os fluxos comerciais, restringindo o comércio internacional (ressurgimento de protecionismo), e, ao ampliar a incerteza, podem levar a reduções nos investimentos.[1]

Com base nesses regimes "ideais", desenvolveu-se uma série de outros regimes nos diversos países. Um sistema que ganhou destaque após 1973 foi o de "**flutuação suja**" (*dirty floating*). O princípio básico é o do regime flutuante, mas, ao contrário daquele, que preconiza a determinação da taxa de câmbio em um mercado livre do tipo concorrência perfeita, neste a determinação continua dando-se no mercado, em cujo funcionamento existe a presença de um grande ator que consegue influir na taxa: as intervenções do Banco Central, que tentam balizar os movimentos desejados da taxa de câmbio. Notemos que, nesse regime, tenta-se preservar os graus de liberdade do sistema de câmbio flutuante, mas introduzindo mecanismos que permitam limitar sua instabilidade.

Outro regime desenvolvido no período recente é o das chamadas "**bandas cambiais**". De acordo com este, fixamos uma taxa de câmbio central, e um intervalo aceito de variação para cima e para baixo. Enquanto a taxa de câmbio estiver dentro do intervalo estipulado, sua determinação segue o sistema flutuante; atingidos os limites, o Banco Central age como se fosse um sistema de câmbio fixo. Ao atingir o limite máximo de desvalorização aceito, o Banco Central entra no mercado vendendo moeda estrangeira, e ao atingir o limite de valorização o Banco Central intervém, comprando moeda estrangeira. Em geral, os bancos centrais também executam intervenções intramargens para evitar que se atinjam os limites estipulados.[2]

---

[1]   A respeito dos prós e dos contras de cada um dos regimes cambiais, principalmente do flutuante, ver Krugman e Obstfeld (2015).

[2]   Quanto ao sistema de bandas, é interessante observar as regras de funcionamento do Sistema Monetário Europeu. Neste, atingidos os limites das bandas entre as moedas da comunidade, aciona-se uma série de mecanismos de financiamento ao Banco Central, cuja moeda está sob pressão de intervenção conjunta dos bancos centrais envolvidos.

Tanto o sistema de câmbio fixo quanto o de bandas apresentam algumas dificuldades em economias sujeitas a inflação elevada, devido à introdução de regras de correção para a taxa nominal de câmbio (no caso do sistema de bandas, correção da taxa central), de modo a evitar grandes oscilações na taxa real de câmbio provocadas pela inflação. No Brasil, cuja economia se caracterizou ao longo da história pela presença de elevadas taxas de inflação, desenvolveu-se a partir de 1968 o que se poderia denominar de **regime de taxa de câmbio real fixa**. Neste, o Banco Central corrigia regularmente a taxa de câmbio nominal pelo diferencial entre as inflações interna e externa.[3] Era o sistema de **minidesvalorizações** seguindo a regra da paridade do poder de compra, que discutiremos a seguir. Assim, a taxa de câmbio nominal variava, mas a taxa real permanecia relativamente constante.

No sistema de bandas, principalmente na presença de inflação e em países de relações econômicas internacionais instáveis, surgem algumas dificuldades especialmente no que se refere às regras de correção da taxa central e à amplitude da banda. Quanto à amplitude, um fator importante a determiná-la é a exposição da economia a ataques especulativos ou a reversões nos fluxos de divisas (por exemplo, elevada dependência da exportação de produtos primários, elevada variância no saldo em transações correntes, forte presença de capitais estrangeiros de curto prazo no financiamento da economia, instabilidade nos fundamentos macroeconômicos etc.).

6.2.1 Saldo em conta corrente da balança de pagamentos

Como vimos no Capítulo 1, os componentes da Renda Líquida Enviada ao Exterior, em que se destacam os juros remetidos por conta da dívida externa e a remessa de lucros das multinacionais que estão instaladas no país, podem ser considerados heranças do passado. Assim, o saldo em conta corrente da balança de pagamentos depende, no curto prazo, crucialmente das exportações líquidas de bens e serviços não fatores (a Transferência Líquida de Recursos ao Exterior).

O **volume de importações** de um país depende do nível de atividade econômica, isto é, da **renda nominal** e da **taxa de câmbio real**, que reflete a competitividade da produção doméstica em relação à externa. Quanto maior o nível de renda, maiores serão as importações, uma vez que amplia a demanda de bens, inclusive em seu componente externo. Quanto mais valorizada estiver a taxa de câmbio real, mais barato será o produto importado *vis-à-vis* com o interno, estimulando as importações.

Já as **exportações** dependem basicamente da **renda do resto do mundo**, uma vez que, quanto maior o nível de atividade nos demais países, maior será a demanda internacional, repercutindo positivamente sobre as exportações do país, e da **taxa de câmbio real**, pois quanto mais desvalorizada for esta última, maior será a competitividade dos produtos domésticos, ampliando as exportações.

---

[3] Em muitos momentos, não se seguiu essa regra no Brasil. Como a inflação interna era muito elevada, muitas vezes desconsiderava-se a inflação externa, utilizando-se o próprio índice de correção monetária para a correção cambial. Em outros momentos, o câmbio foi arbitrariamente manipulado pelos gestores da política econômica, quer por objetivos de equilíbrio externo quer para atingir-se a estabilização interna, reduzindo as taxas de inflação. Em 1980, a correção cambial foi prefixada em 45% para o ano, após ter ocorrido uma maxidesvalorização de 30% em dezembro de 1979, sendo que em 1980 a taxa de inflação foi de 77%. Em fevereiro de 1983, houve uma nova maxidesvalorização de 30%. A partir de 1985, a sistemática de correção cambial foi frequentemente alterada: de fevereiro de 1986 a fevereiro de 1987, o câmbio ficou congelado; depois, em janeiro de 1989, houve novo congelamento (nessa fase, ainda ocorreu uma série de máxi e minidesvalorizações); em março de 1990, passou-se para o câmbio flutuante; e novas alterações se sucederam no período recente – volta ao câmbio real fixo (Ministro Marcílio M. Moreira), volta ao flutuante (início do Plano Real), introdução do sistema de bandas etc.

Assim, o saldo em conta corrente, dados os níveis de renda interno e externo, depende basicamente da taxa de câmbio real. Além dessas variáveis, deve-se notar que os países utilizam outros instrumentos para afetar os fluxos comerciais: barreiras tarifárias, cotas, incentivos fiscais etc.

6.2.2 Movimento de capitais

Quanto ao fluxo de capitais entre países, seus determinantes são semelhantes às decisões de portfólio tomadas internamente. O investidor, ao decidir onde alocar o capital, faz a análise do binômio risco-retorno. Considerando que o risco seja semelhante entre todos os países, o capital tenderia a fluir para aqueles países que oferecem a maior taxa de retorno, em virtude, por exemplo, de uma escassez desse fator de produção. Com o capital fluindo para esses países, a tendência é de redução da taxa de retorno e, no limite, espera-se que o retorno seja equivalente em todos os países.

Em um mundo com mobilidade de capital, tenderia a valer a seguinte **condição de arbitragem**:

$$r = r^* + \text{expectativa de desvalorização da taxa de câmbio nominal}$$
$$+ \text{ custos de transação} + \text{ risco do país} \tag{3}$$

onde r = taxa real de juros interna

r^* = taxa real de juros internacional

Considerando a livre mobilidade de capital, isto é, inexistindo custos de transação para a negociação com ativos entre os países, e que não haja riscos, a condição de arbitragem restringe-se à igualdade entre as taxas reais de juros interna e externa, quando expressas na mesma moeda. Se o retorno interno superar o internacional, haverá um grande influxo de recursos no país, tal que o diferencial tenderá a ser eliminado.

Assim, inicialmente, concluímos que o **movimento de capitais** depende basicamente do **diferencial entre as taxas de juros nos diversos países**. Notemos que, quando as taxas de juros são expressas em diferentes moedas, estas divergirão de acordo com as expectativas referentes ao comportamento da taxa de câmbio. Assim, esperamos que, se determinada moeda irá valorizar-se, a taxa de juros interna expressa na moeda do país será menor que a taxa de juros internacional expressa, por exemplo, na moeda referência; se a expectativa for de desvalorização (por exemplo, do real em relação ao dólar), a taxa de juros em real terá que ser maior que a taxa de juros expressa em dólares.

Nessas circunstâncias, consideremos o caso de um país pequeno, em termos econômicos, que não tem poder de afetar as condições do mercado internacional, isto é, cuja capacidade de absorver recursos ou de ofertar recursos é insignificante frente ao tamanho do mercado mundial de capitais, de tal modo que sua presença não afeta a taxa de juros internacional. Assim, com perfeita mobilidade de capital, um país pequeno pode financiar qualquer déficit de transações correntes ou aplicar seu superávit a uma taxa de juros dada pelo mercado internacional. Ou seja, o saldo da conta de capital é infinitamente elástico em relação à taxa de juros.

Se considerarmos um país grande, cuja presença afeta as condições de mercado, uma demanda maior de recursos pressionará por elevações nas taxas de juros internacionais, com o que um aumento no saldo da conta de capital está associado a maiores taxas de juros.

Caso a mobilidade de capital seja imperfeita, por exemplo, se o risco-país crescer, um aumento no saldo da conta de capital só ocorrerá com maiores taxas de juros. Para nossa finalidade, devemos destacar apenas que o movimento de capitais reflete as decisões de portfólio tomadas pelos agentes em termos mundiais. As particularidades dependem da existência de diferencial de riscos, de custos de transação ou da dimensão do país. Voltaremos a discutir isso adiante, ao modelarmos as condições de equilíbrio externo da economia.

6.2.3 Paridade do poder de compra

Uma questão que geralmente se expõe é como determinar o valor da taxa de câmbio nominal e seu comportamento a longo prazo. A teoria da paridade do poder de compra tenta responder a essa questão.

Essa teoria parte da chamada **lei do preço único**, de acordo com a qual produtos homogêneos devem ter o mesmo custo nos diferentes mercados, quando expressos na mesma moeda. O exemplo geralmente utilizado é o do Big Mac, que é um produto homogêneo, seja em Nova York, em São Paulo, em Paris, em Tóquio, em Moscou ou onde quer que seja. De acordo com a lei do preço único, o Big Mac deveria ter o mesmo preço em São Paulo e em Nova York, por exemplo, de tal modo que o consumidor brasileiro ou norte-americano fosse indiferente entre comprar em qualquer um dos dois mercados. Assim, pela lei do preço único, teríamos:

$$P_{BR}^{R\$} = P_{EUA}^{R\$} = E \times P_{EUA}^{US\$} \tag{4}$$

onde: $P_{BR}^{R\$}$ = preço de um produto no Brasil expresso em reais

$P_{EUA}^{R\$}$ = preço de um produto nos EUA expresso em reais

E = taxa de câmbio (R\$/US\$)

$P_{EUA}^{US\$}$ = preço de um produto nos EUA em dólar

Para comparar os preços do mesmo produto nos diferentes mercados, estes devem ser expressos na mesma unidade monetária; no caso, utilizamos o R\$. Para fazer a conversão, tomamos o preço em US\$ do produto e multiplicamos pela taxa de câmbio entre as duas moedas.

A igualdade entre ambos os preços é garantida pelo funcionamento do mercado. Inexistindo custos de transação, se o preço do mesmo produto for menor no Brasil que nos EUA, todos os consumidores americanos direcionarão sua demanda para o produto brasileiro, de tal modo que a elevação da demanda no mercado nacional tenderia a elevar o preço do produto brasileiro, e a diminuição da demanda nos EUA tenderia a reduzir o respectivo preço, até que os dois se igualassem. Se os preços nos respectivos países refletem as condições de custo e, portanto, de competitividade dos dois países, a taxa de câmbio de acordo com esta lei será determinada de tal forma a igualar o preço dos dois países, quando expressos na mesma moeda. Por exemplo: um Big Mac custa em São Paulo R\$ 4,00 e em Nova York US\$ 3,00; pela lei do preço único, a taxa de câmbio R\$/US\$ terá que ser de R\$ 1,33/US\$ 1,00, de tal modo a igualar o preço dos produtos, quando expressos na mesma moeda.

$$E = P_{BR}^{R\$} / P_{EUA}^{US\$} \tag{5}$$

Se a taxa de câmbio for inferior a esta, o produto americano será mais barato que o brasileiro, canalizando para si toda a demanda. Se, ao inverso, a taxa de câmbio for maior que esta (mais desvalorizada a moeda brasileira), o produto brasileiro será mais barato, canalizando para si toda a demanda.

Extrapolada para a economia em conjunto, a lei do preço único nos dá a condição de paridade do poder de compra das moedas. Nesse caso, ao invés de definirmos a taxa de câmbio como a relação entre os preços de uma única mercadoria expressa em diferentes moedas, relacionamos o nível geral de preços (conjunto de mercadorias-cesta de consumo) nos dois países. Dessa forma:

$$E = P_{BR} / PE_{UA} \tag{6}$$

Essa é a chamada **versão absoluta da paridade do poder de compra**. Muitas críticas são levantadas em relação a essa teoria.

A primeira é a suposição de que inexistam **custos de transação**, de modo que todo e qualquer produto possa ser transacionável no mercado internacional. Assim, no exemplo do Big Mac, supõe-se que se este tiver preços diferentes nas diversas localidades em que exista McDonald's, a tendência é que os consumidores procurem aquelas praças em que o preço seja menor, até que se igualem os preços em todos os locais. Assim, se o Big Mac estiver mais barato na Avenida Paulista do que em Wall Street, deverá ocorrer lotação nos McDonald's da Paulista na hora do almoço, enquanto os de New York ficarão vazios, e esse processo levaria à equalização dos preços. Percebe-se, nesse caso, o irrealismo da suposição.

Existe uma série de produtos, independentemente de serem mais caros em um lugar que em outros, cujo custo de transação ou cuja dificuldade de obter no lugar em que estejam mais baratos permite que existam diferenciações de preços. Os serviços, em geral, enquadram-se neste caso: o aluguel, as refeições fora de casa, o corte de cabelo etc. Mesmo se o corte de cabelo for mais barato em Buenos Aires que em São Paulo, o custo de deslocamento para cortar o cabelo em Buenos Aires acaba tornando-o mais caro do que fazê-lo em São Paulo; se eu trabalhasse no Rio de Janeiro, mas o aluguel fosse mais barato em Cancun, isso não justificaria morar em Cancun e trabalhar no Rio, pois o custo de deslocamento tornaria mais barato morar no Rio, e assim por diante. Ou seja, existem bens que, independentemente do preço nos diferentes países, não induzem fluxos comerciais. Estes são os chamados **não transacionáveis (*non-tradeables*)**. Como essas mercadorias correspondem a uma parcela significativa das cestas de consumo dos indivíduos, o nível geral de preços, ao computá-las, pode não ser o melhor indicador para determinação da taxa de câmbio.

A segunda crítica é que a **versão absoluta da paridade do poder de compra** considera cestas homogêneas de consumo nos diferentes países, o que não é o caso. Várias outras limitações dificultam a aplicação da versão absoluta dessa teoria.

Existe a chamada versão relativa da paridade do poder de compra, que não busca determinar em termos absolutos o valor adequado da taxa de câmbio, mas explicar como se dá a correção cambial ao longo do tempo. De acordo com essa teoria, a taxa de câmbio nominal deve ser corrigida ao longo do tempo pelo diferencial entre a inflação doméstica e a internacional, de modo a manter a taxa de câmbio real constante, ou seja, o poder de compra da moeda. Assim,

$$\left(1 + \frac{\Delta E}{E}\right) = (1 + \pi) / (1 + \pi^*) \tag{7}$$

onde: $\Delta E/E$ = variação percentual da taxa de câmbio nominal em dado período

π = inflação doméstica no mesmo período

π^* = inflação externa no mesmo período

Para variações infinitesimais (pequenas), expressamos essa relação simplesmente como uma diferença:

$$\frac{\Delta E}{E} = \pi - \pi^* \tag{8}$$

Na versão relativa, supomos que, partindo de uma situação de taxa de câmbio real de equilíbrio, para que esta possa ser mantida, a taxa de câmbio nominal deve ser corrigida pelo diferencial de inflação, não considerando modificações na taxa de câmbio real de equilíbrio.

6.3 MODELO DE DETERMINAÇÃO DA RENDA COM ECONOMIA ABERTA

Na sequência, estudaremos o funcionamento de uma economia aberta tanto no longo prazo, dentro do chamado modelo clássico que discutimos anteriormente, quanto no curto prazo, dentro da abordagem *IS-LM*. Por enquanto, estaremos sempre considerando o caso de uma economia aberta de pequenas dimensões, ou seja, cuja demanda ou oferta de capitais não afete a taxa de juros internacional.

6.3.1 Introduzindo o setor externo no modelo clássico

Como vimos ao discutir o modelo clássico, ou a chamada economia no longo prazo, em que todos os preços são flexíveis, o produto da economia é determinado pelo estoque de fatores de produção existentes. Como os preços são totalmente flexíveis, o equilíbrio se dará em uma situação de pleno emprego dos fatores, ou seja, o nível de produto é dado por fatores reais, independente de variáveis monetárias, e a demanda sempre ajusta a oferta.

Com base nas identidades extraídas do sistema de contas nacionais, temos:

$$Y = C + I + G + (X - M)$$
$$Y - C - I - G = (X - M)$$

(9)

Chamando $C + I + G$ de **absorção interna ou doméstica**, percebemos, pela identidade acima, que o saldo em conta corrente $(X - M)$[4] corresponde à diferença entre a produção interna e a absorção doméstica. Se determinado país absorve mais do que produz, essa diferença terá que ser suprida por oferta de produtos externos, o que resultará em um déficit em transações correntes. Se a absorção for inferior à produção, isso liberará recursos que poderão ser exportados, gerando um superávit em conta corrente.

Tomando a identidade acima e somando/subtraindo a arrecadação de impostos do lado esquerdo desta, podemos reescrevê-la da seguinte forma:

$$(Y - C - T) + (T - G) - I = X - M$$

(10)

Pela definição de poupança, temos:

$Y - C - T$ = poupança privada (Sp)

$T - G$ = poupança pública (Sg)

Assim:

$$Sp + Sg - I = X - M$$

(11)

Chamando

$$Sp + Sg = S \text{ poupança interna}$$

(12)

---

[4] No Capítulo 1, sobre Contas Nacionais, X e M representam exportações e importações não fatores, excluindo os serviços de fatores (ou Renda Líquida Enviada ao Exterior). Por simplificação, consideramos neste capítulo que o saldo $(X - M)$ é o saldo em transações correntes, ou seja, a soma da Balança Comercial, do Balanço de Serviços e Rendas e as Transferências Unilaterais.

Chegamos a

$$S - I = X - M \tag{13}$$

Essa identidade mostra que o saldo em transações correntes iguala a diferença entre a poupança interna e o investimento na economia. Ou seja, se houver um excesso de poupança sobre investimento, haverá um superávit em transações correntes; pelo contrário, se o investimento superar o nível de poupança, haverá um déficit em transações correntes.

Caso haja excesso de investimento em relação à poupança interna, para que a acumulação de capital nesse nível se verifique, o país deverá recorrer à poupança externa para financiá-la, ou seja, deverá haver entrada de capitais externos no país para viabilizá-la. Assim, a conta capital e Financeira da balança de pagamentos terá que ser superavitária. Por outro lado, caso a poupança interna supere as possibilidades de investimento na economia (acumulação de capital), esse excedente buscará oportunidades de investimento em outros países, com o que a conta capital e Financeira será deficitária, ou seja, haverá uma transferência de poupança interna para o resto do mundo. Portanto, $(S - I)$ corresponde ao saldo da conta capital e Financeira da balança de pagamentos com sinal invertido.

Pela igualdade entre $(S - I)$ e o saldo em conta corrente, mostra-se o que já discutimos anteriormente sobre a igualdade entre o saldo em conta corrente e o saldo da conta capital e Financeira com sinal invertido. Percebemos a inter-relação entre as duas partes da balança de pagamentos, ambas refletindo o mesmo fenômeno, nessa concepção: a insuficiência ou o excesso de poupança interna frente às oportunidades de investimento da economia, ou ainda o excesso ou insuficiência de absorção interna frente ao produto.

Como está sendo considerada inicialmente uma situação de livre **mobilidade de capitais**, na qual todos os países possuem acesso ao mercado de capitais internacionais e, supõe-se, uma economia pequena, cujo tamanho é insignificante para exercer qualquer pressão no sentido de alterar o preço neste mercado, a taxa de juros passa a ser dada para essa economia (ela é tomadora de preço). Para determinarmos o saldo em transações correntes para esta economia, basta determinarmos qual será a diferença entre poupança e investimento, isto é, o saldo da conta capital e Financeira a esta taxa de juros dada pelo mercado internacional. Para tal, temos:

$$I = I(r) \tag{14}$$

que é a função investimento discutida anteriormente, com o nível de investimento variando inversamente com a taxa real de juros.

Quanto à poupança, como já destacamos, podemos deduzi-la ou de uma função consumo do tipo keynesiana, em que o consumo (e a poupança) depende basicamente do nível de produto, ou, como veremos no Capítulo 9, de uma função consumo do tipo escolha intertemporal, em que a taxa real de juros exerce um papel de destaque na determinação de como a renda se aloca entre consumo e poupança.

No caso da função consumo keynesiana, teremos:

$$S = Y - C \tag{15}$$

sendo: $C = C(Y)$

$\quad\quad Y = F(K, L)$

Como no modelo de longo prazo Y é dado pelo estoque de fatores de produção, C também será dado e, portanto, também a poupança (sendo esta independente da taxa de juros).

O nível de investimento é obtido pela função investimento, considerando-se o nível de taxa de juros internacional (r^*), que passa a ser o que prevalecerá na economia, dada a definição de uma economia pequena com livre acesso ao mercado de capitais internacionais. Assim:

$$r - r^*$$
$$I = I(r^*) \tag{16}$$

O saldo da conta de capital será:

$$I(r^*) - S \tag{17}$$

Como o saldo em conta corrente (TC) é o da conta capital e Financeira e com sinal invertido, tem-se:

$$TC = S - I(r^*) \tag{18}$$

Se a taxa de juros internacional for maior (como r_B^* no gráfico da Figura 6.1) do que a taxa de juros que equilibraria a oferta e a demanda agregada no caso de uma economia fechada (r_A), haverá superávit em transações correntes, uma vez que o investimento será inferior à poupança. Se a taxa de juros internacional for inferior (r_C^*) à que igualaria poupança e investimento, no caso de uma economia fechada, haverá déficit em transações correntes devido ao excesso de investimento. A determinação do saldo em conta corrente pode ser vista no gráfico da Figura 6.1.

Se considerarmos a função consumo uma escolha intertemporal, a análise da determinação do saldo em conta corrente permanecerá a mesma. A única alteração será que agora a poupança passa a responder positivamente em relação à taxa de juros. Assim, havendo divergência entre a taxa de juros vigente no mercado internacional e a que prevaleceria no caso de uma economia fechada, potencializar-se-ão os déficits ou superávits em conta corrente.

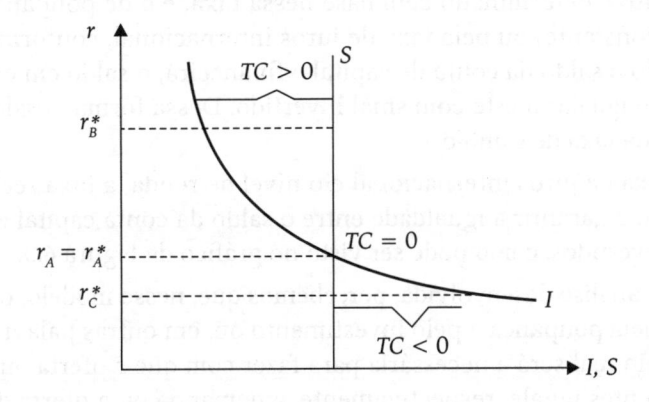

Figura 6.1 Determinação do saldo em transações correntes. Modelo clássico com pequena economia aberta e consumo independente da taxa de juros.

Imaginemos inicialmente que a taxa de juros internacional é exatamente igual àquela que iguala poupança interna e investimento em uma economia fechada (em $r_A^* = r_A$ no gráfico da Figura 6.2). Nesse caso, o saldo em conta corrente será zero. Suponhamos agora que a taxa de juros internacional se eleve, passando para r_B^*. Isso levará à redução do investimento, como no caso anterior, e um superávit em conta corrente. A poupança se elevará, diminuindo o consumo, e com isso a absorção interna reduz-se ainda mais, ampliando o superávit. O inverso ocorrerá se a taxa de juros internacional se situar abaixo da que equilibraria a economia fechada r_C^*.

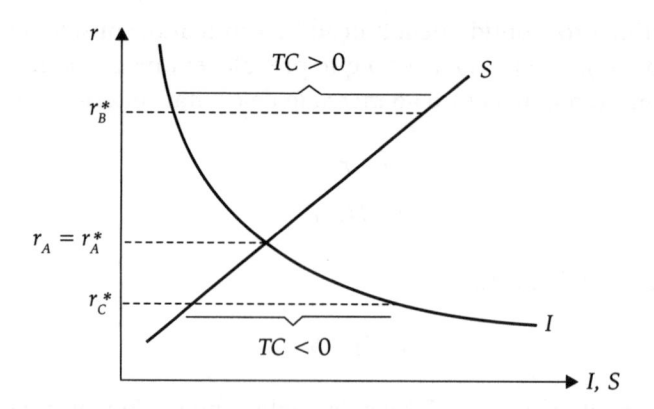

Figura 6.2 Determinação do saldo em transações correntes. Modelo clássico com pequena economia aberta e consumo dependente da taxa de juros.

Uma vez vista a determinação do saldo da conta capital e financeira, por conseguinte da conta corrente, podemos passar à determinação da taxa de câmbio real. A conta capital e financeira reflete as condições de financiamento da economia frente às oportunidades de investimento. Como dissemos anteriormente, o capital flui para os locais em que encontra melhores oportunidades de valorização. Já a conta corrente, como destacamos, uma vez que o nível de renda está dado, dependerá basicamente da taxa de câmbio real. Quanto mais valorizada a taxa de câmbio, mais caro será o produto doméstico frente ao internacional, deteriorando o saldo em transações correntes, e vice-versa. Assim,[5]

$$(X - M) = TC = TC(\theta) \tag{19}$$

Dada a taxa de juros internacional, o saldo da conta capital e financeira é dado, uma vez que o nível de investimento é determinado com base nessa taxa, e o de poupança é determinado ou pelo nível de renda (constante) ou pela taxa de juros internacional, conforme a função consumo que se considere. Dado o saldo da conta de capital e financeira, o saldo em conta corrente necessariamente terá que se igualar a este com sinal invertido. Dessa forma, o saldo da conta capital e financeira independe da taxa de câmbio.

Assim, dada a taxa de juros internacional e o nível de renda, a taxa real de câmbio será determinada de tal modo a garantir a igualdade entre o saldo da conta capital e financeira da conta corrente com sinais invertidos, como pode ser visto no gráfico da Figura 6.3.

De acordo com a análise desenvolvida, percebemos que, nesse modelo, o saldo em conta corrente é determinado pela poupança e pelo investimento ou, em outras palavras, pela absorção interna. A taxa de câmbio real será a necessária para fazer com que a oferta ou demanda de divisas pelas transações correntes iguale, respectivamente, a demanda ou a oferta de divisas pela conta capital e financeira.

Resta analisar como as diversas políticas econômicas podem afetar o saldo em conta corrente e a taxa de câmbio real neste modelo. Devemos recordar que, no modelo clássico, em primeiro lugar, a política econômica não afeta o nível de produto, que é dado pelo estoque de fatores de

---

[5] Notemos que, se considerássemos a taxa de câmbio nominal expressa como US\$/R\$, a taxa de câmbio real seria $E.P/P^*$; nesse caso, o câmbio real se desvalorizaria quando essa relação diminuísse, e se valorizaria quando essa relação aumentasse. Assim, o saldo em transações correntes seria uma função inversa da taxa de câmbio real.

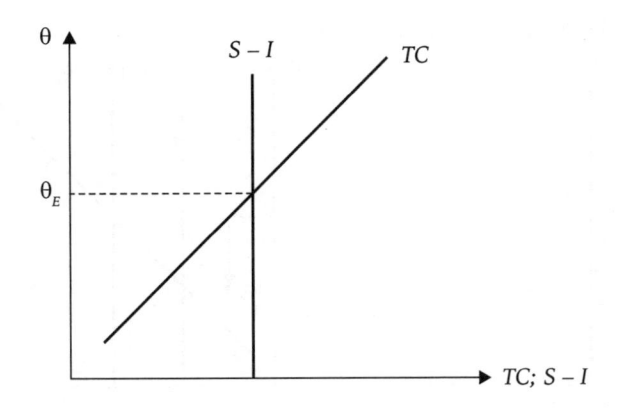

Figura 6.3 Determinação da taxa de câmbio real. Modelo clássico com pequena economia aberta.

produção e, em segundo lugar, que a moeda nesse modelo afeta apenas as variáveis nominais, não tendo qualquer impacto sobre variáveis reais.

Assim, a política monetária, ao tratar de setor externo, afetaria apenas a taxa de câmbio nominal, que acompanharia a alteração nos demais preços nominais, de modo a manter-se a taxa de câmbio real constante.

Quanto ao efeito de uma política fiscal, suponhamos inicialmente um aumento no gasto público não acompanhado por elevação nos impostos. Qual será o impacto sobre o saldo em transações correntes e sobre a taxa de câmbio real? Como vimos:

$$S - I = X - M$$
$$(Sp + Sg) - I = (X - M) \tag{20}$$
$$(Y - C - T) + (T - G) - I = (X - M)$$

Como o aumento no gasto público não afeta a dotação de fatores da economia, não tem qualquer impacto sobre a renda, e como os impostos não se alterarão, a poupança privada permanece a mesma. Mantida a arrecadação de impostos, o aumento nos gastos públicos provocará uma redução da poupança governamental $(T - G)$, que levará a uma queda da poupança interna, uma vez que a poupança privada se manteve inalterada. Como a economia é pequena, a taxa de juros internacional mantém-se constante, permanecendo o mesmo nível de investimento.

Dessa forma, o aumento dos gastos públicos terá como efeitos um aumento no saldo da conta capital e financeira, maior entrada ou menor saída de recursos (diminui o saldo de poupança menos investimento, que é a conta capital e financeira com sinal invertido). Como o saldo em conta corrente é igual ao da conta capital e financeira com sinal invertido, este se deteriorará, o que se faz com uma valorização da taxa de câmbio real. Essa queda do saldo em conta corrente e a valorização da taxa de câmbio real em decorrência de uma política fiscal expansionista podem ser vistas nos gráficos da Figura 6.4.

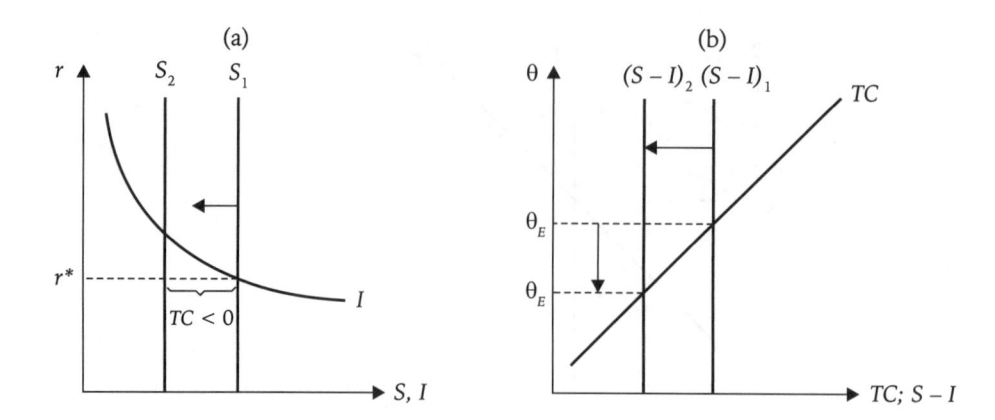

Figura 6.4 Efeito de uma política fiscal nacional expansionista sobre: (a) saldo em transações correntes e (b) taxa de câmbio real. Modelo clássico com pequena economia aberta.

Se houver uma política de estímulo ao investimento o resultado será o mesmo, pois também ampliará a absorção interna *vis-à-vis* com o produto. Assim, de acordo com este modelo, para melhorar o saldo em conta corrente, as políticas devem buscar controlar os gastos, ampliando o nível de poupança interna, sem o que não se conseguem melhores saldos em conta corrente.

Além da política monetária e fiscal, é interessante analisar o efeito de uma política comercial neste modelo. Uma medida geralmente utilizada pelos países para melhorar a conta corrente é a imposição de medidas protecionistas, quer pela elevação de tarifas, quer pela imposição de cotas ou proibições a determinadas importações. Notemos que, novamente, essas medidas não exercem qualquer impacto sobre a poupança e o investimento, e como tal mantêm inalterado o saldo da conta capital e financeira. Essas medidas, porém, fazem com que em um mesmo nível de taxa de câmbio real as importações diminuam, fazendo com que o saldo em conta corrente se eleve para cada nível de taxa de câmbio real; isto é, desloca para a direita a curva de saldo em conta corrente. Como não houve qualquer alteração no saldo da conta capital e financeira, a situação final será o mesmo saldo em conta corrente. Para tal, a taxa de câmbio real terá que se valorizar, o que acarretará diminuição das exportações, uma vez que o produto nacional se encarecerá em face ao dos demais países, e as importações não diminuirão tanto quanto o fariam se o câmbio não se valorizasse, uma vez que o barateamento dessas importações, em decorrência do câmbio, diminui o efeito decorrente da política protecionista.

Assim, o resultado final da política protecionista será apenas uma diminuição do comércio internacional, pois o país exportará e importará menos do que antes, levando a uma perda de eficiência. O saldo em conta corrente não melhorará e apenas a taxa de câmbio se valorizará. Esse processo pode ser visto nos gráficos da Figura 6.5.

Outro ponto que merece ser analisado é o impacto de políticas fiscais no resto do mundo sobre o saldo em conta corrente e a taxa de câmbio do país. Suponhamos que em todos os países, exceto o Brasil, os governos resolvam gastar mais. O resultado dessa política será uma redução da poupança em nível mundial, o que provocará uma elevação na taxa de juros internacional. Esse aumento na taxa de juros provocará redução do investimento no Brasil. Como a política fiscal interna não se altera e o nível de renda também permanece o mesmo, o nível de poupança interna não se altera. Com isso, haverá diminuição no saldo da conta capital e financeira, o que significa um aumento no saldo em conta corrente, o que necessitará de desvalorização da taxa de câmbio real. Esse processo pode ser visto nos gráficos da Figura 6.6.

Percebemos, portanto, que de acordo com esse modelo, alterações no saldo em conta corrente dependem exclusivamente de alterações no nível de poupança e de investimento interno, e a taxa de câmbio real será determinada pelo equilíbrio entre a conta corrente e a conta de capital (com sinais invertidos).

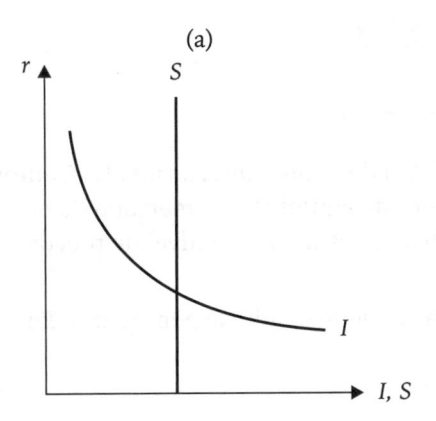 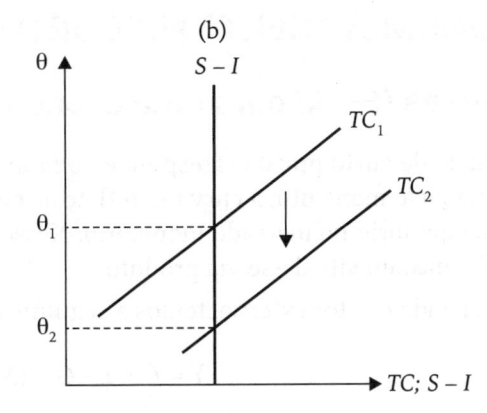

Figura 6.5 Efeito de uma política aduaneira nacional protecionista sobre: (a) saldo em transações correntes e (b) taxa de câmbio real. Modelo clássico com pequena economia aberta.

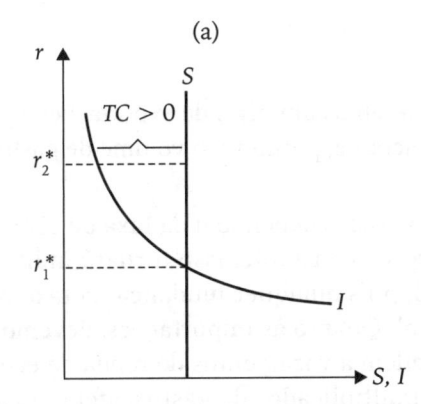 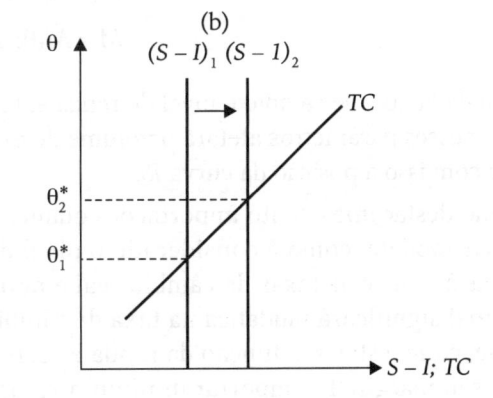

Figura 6.6 Efeito de uma política fiscal do resto do mundo expansionista sobre: (a) saldo em transações correntes e (b) taxa de câmbio real. Modelo clássico com pequena economia aberta.

Esses são os principais aspectos do modelo clássico de longo prazo, considerando-se uma economia aberta, que podem ser resumidos no Quadro 6.1. Analisaremos na sequência a economia aberta no curto prazo, quando os preços são rígidos e o produto pode alterar-se.

Quadro 6.1 Modelo clássico com pequena economia aberta: efeitos da política econômica

	Saldo de transações correntes	Taxa de câmbio real
Política fiscal nacional expansionista	Diminuição do saldo (ou aparecimento de déficit)	Valorização da taxa de câmbio real
Política fiscal do resto do mundo expansionista	Aumento do saldo (ou aparecimento de superávit)	Desvalorização da taxa de câmbio real
Política aduaneira nacional protecionista	Sem efeito sobre o saldo	Valorização da taxa de câmbio real

Obs.: No modelo clássico, o produto é determinado pelos fatores de produção e a política monetária não tem efeito real, só afetando a taxa de câmbio nominal, não a real.

6.4 ECONOMIA ABERTA NO CURTO PRAZO

6.4.1 Curvas *IS-LM* para uma economia aberta

O modelo de curto prazo corresponde ao modelo *IS-LM* discutido anteriormente. Conforme destacado naquele momento, a curva *IS* reflete as condições de equilíbrio no mercado de bens e a curva *LM* o equilíbrio no mercado monetário. Nesse modelo, considera-se o nível de preços constante, e todo ajustamento dá-se via produto.

Introduzindo o setor externo, temos a seguinte alteração no mercado de bens (curva *IS*):

$$Y = C + I + G + (X - M) \tag{21}$$

As propriedades da curva *IS* permanecem as mesmas, e a única mudança é que, ao considerarmos o setor externo, introduzimos no modelo a taxa de câmbio 0 e a renda externa Y^*, de forma que as funções exportações e importações ficam:

$$X = X(\theta; Y^*)$$
$$M = M(\theta; Y) \tag{22}$$

Para dada taxa de câmbio e nível de renda externa, teremos um nível de exportações. Qualquer alteração nesses parâmetros afetará o volume de exportações e, portanto, o volume de gastos autônomos, e com isso a posição da curva *IS*.

Como destacamos, tanto importações quanto exportações dependem da taxa de câmbio real, mas, nesse modelo, como é considerado o nível de preços constante, isso tornará indiferente a diferenciação entre as taxas de câmbio real e nominal, pois qualquer mudança na taxa de câmbio nominal significará mudança na taxa de câmbio real. Quanto às importações, devemos notar ainda que, como estas são função da renda e correspondem a vazamentos de renda da economia, a propensão marginal a importar diminui o valor do multiplicador de gastos, afetando assim a inclinação da curva *IS*. No caso de uma economia aberta, a variação na renda decorrente de um aumento dos gastos autônomos será menor, pois o multiplicador diminui.

Uma desvalorização da taxa de câmbio torna o produto nacional mais barato, estimulando as exportações e desincentivando as importações. Essa melhora no saldo em conta corrente desloca a curva *IS* para a direita. Já uma valorização da taxa de câmbio terá o efeito oposto, deslocando a *IS* para a esquerda.

A questão do vazamento de renda propiciado pelas importações permite definir dois efeitos até então desconsiderados no processo de determinação da renda. Quando se amplia a renda em determinado país em decorrência, por exemplo, de um aumento nos gastos públicos, como parcela desse aumento de renda se direcionará para as importações (que significam exportações para os outros países), este crescimento na demanda externa funcionará como uma elevação na despesa autônoma nos demais países e assim uma elevação da renda dos mesmos.

Esse impacto da variação da renda interna sobre a renda dos demais países é chamado de **efeito-transbordamento** e refere-se ao fato de não se conseguir circunscrever o efeito de uma política expansionista ou recessiva ao âmbito interno.

Esse efeito-transbordamento gerará ainda outros impactos de menor importância, denominados **efeitos-repercussão**. O aumento de renda no país cujo setor externo cresceu em decorrência da política expansionista no primeiro país irá induzir, por sua vez, um aumento das importações deste país, que ampliarão as exportações do país que realizou a política expansionista original, gerando um novo efeito expansionista sobre sua renda.

Notemos que, conforme a dimensão do efeito-transbordamento, os países acabam perdendo em parte a autonomia para implementarem políticas econômicas, ao aumentar a interdependência entre as economias. Por exemplo, se determinado país deseja conter a atividade econômica, mas seu vizinho passa a adotar uma política expansionista, isto poderá, de acordo com a integração das duas economias, anular as tentativas contracionistas do primeiro.

Devemos destacar que a importância do efeito-transbordamento depende do grau de abertura da economia e de sua dimensão perante a economia mundial. Uma política expansionista nos EUA trará efeitos significativos sobre o resto do mundo pela dimensão de sua economia. Por exemplo, no início dos anos 1980, quando os EUA adotaram uma política recessiva, praticamente todos os países tiveram que acompanhá-lo. No caso dos países da América Latina, com destaque para o Brasil, isso gerou uma série de problemas para o setor exportador, com uma profunda queda nos termos de troca dos produtos brasileiros. Em 1984, porém, quando retomou-se o crescimento nos EUA, o Brasil conseguiu um crescimento econômico significativo, apesar de políticas internas restritivas, devido ao desempenho do setor exportador.

Esses fatos permitem dimensionar a importância do efeito-transbordamento originado dos países desenvolvidos para o caso das economias pequenas. Variações nas despesas autônomas e na renda da economia brasileira com certeza trarão efeitos-transbordamento insignificantes para as economias norte-americana, alemã, japonesa, mas com certeza influirão na economia argentina ou paraguaia, ou seja, nos parceiros menores.

Enfim, esses são os efeitos da introdução do setor externo na curva *IS*. A curva *LM* não será afetada pela introdução do setor externo. A demanda de moeda continua dependendo da renda e da taxa de juros, respondendo positivamente em relação à primeira variável e negativamente em relação à segunda. Dada a oferta de moeda, a curva *LM* representará os pares (Y,r) que equilibram esse mercado.

6.4.2 Curva *BP* e equilíbrio externo

Para prosseguirmos a análise, deduziremos uma terceira curva, denominada **curva BP**, que representa os pontos de equilíbrio da balança de pagamentos. Como já enfatizamos várias vezes, a balança de pagamentos decompõe-se em transações correntes e movimento de capitais.

$$BP = TC + MK \qquad (23)$$

O saldo em transações correntes depende da taxa de câmbio e dos níveis de renda interno e externo. Dada a taxa de câmbio e a renda externa, teremos um valor dado de exportações, e elevações na renda interna ampliam as importações, o que diminui o saldo em transações correntes.

Já o movimento de capitais depende essencialmente das decisões de portfólio dos agentes em busca de maximizar o retorno de certa carteira. Com isso, o movimento de capitais responde positivamente ao diferencial entre as taxas de juros interna e externa. Assim, dada a taxa de juros internacional, a entrada de capitais tende a se ampliar quanto maior a taxa de juros. Dessa forma, temos:

$$BP = TC(Y) + MK(r) \qquad (24)$$

Para que o saldo na balança de pagamentos seja igual a zero:

$$TC(Y) = - MK(r) \qquad (25)$$

A curva *BP* representa os pares (Y,r) que satisfazem a condição de equilíbrio na balança de pagamentos (saldo igual a zero).[6]

A **inclinação** da curva *BP* dependerá basicamente do **grau de mobilidade de capitais**, isto é, da forma como estes respondem a variações na taxa de juros.

6.4.2.1 Curva *BP* sem mobilidade de capital

Podemos considerar, em primeiro lugar, um país que não tenha acesso ao mercado internacional de capitais, isto é, uma situação em que não exista movimento de capitais. Em uma situação como esta, a condição de equilíbrio da balança de pagamentos reduz-se a um saldo zero em transações correntes, ou seja, quando exportações e importações se igualam. Como estamos considerando a taxa de câmbio e o nível de renda externa como dados, temos que o volume de exportações passa a ser uma variável exógena. As importações, por outro lado, são uma função crescente do nível de renda interna. Assim, teremos:

$$X = X_0$$
$$M = mY$$
$$TC = X_0 - mY \tag{26}$$
$$TC = 0 \implies X_0 = mY$$
$$Y_{BP=0} = X_0/m$$

Percebemos que nessa situação haverá um único nível de renda que equilibra a conta corrente e, portanto, o balanço de pagamentos, independente da taxa de juros, como pode ser visto pelo gráfico da Figura 6.7.

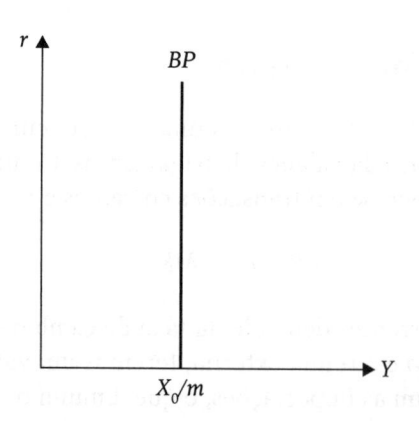

Figura 6.7 A curva *BP*: economia aberta no curto prazo sem mobilidade de capital.

Notemos que para níveis mais elevados de renda, as importações crescerão sem serem acompanhadas por aumento das exportações, o que resultará no aparecimento de déficits em transações correntes. Para níveis inferiores de renda, as importações serão menores que as exportações,

---

[6] Lembrar da discussão sobre a estrutura da balança de pagamentos: esta, por definição, tem saldo igual a zero ao incluir-se o movimento de capitais compensatórios. Nesse ponto, em nível teórico, estamos considerando apenas o movimento de capitais autônomos, ou seja, aquele que se faz voluntariamente. Assim, a condição de equilíbrio é que os movimentos de capitais desejados igualem (com sinal invertido) o saldo em transações correntes.

resultando em superávit. Assim, pontos à direita da curva *BP* significam a existência de déficits e pontos à esquerda representam superávits, como pode ser visto pelos gráficos da Figura 6.8.

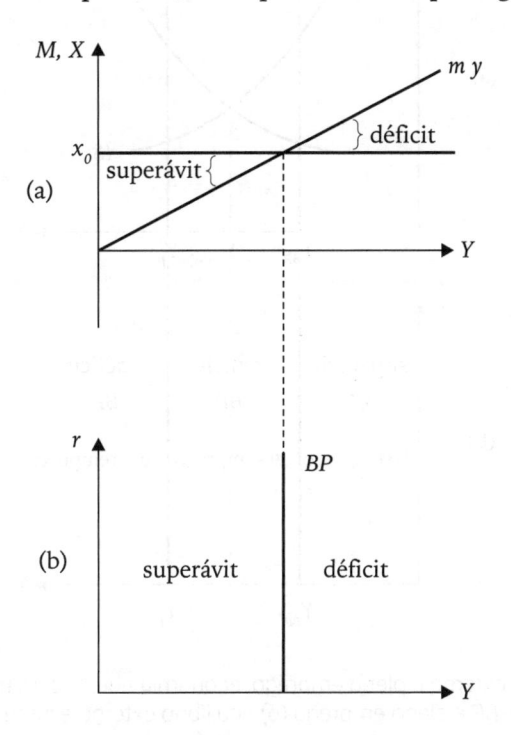

Figura 6.8 Equilíbrio externo no curto prazo sem mobilidade de capital: (a) saldo da balança de pagamentos e nível de renda e (b) equilíbrio externo e a curva *BP*.

Nessa situação, se o objetivo da economia for tanto o equilíbrio externo (situar-se em um ponto sobre a *BP*) quanto o equilíbrio interno (ponto de intersecção da *IS* e da *LM*), com a taxa de câmbio e a renda do resto do mundo dadas, o equilíbrio externo impõe uma restrição em que haverá um único nível de renda interna compatível com o equilíbrio externo, sendo que este não será afetado quer por política fiscal quer por política monetária.

Suponhamos, por exemplo, que o governo queira tanto atingir o nível de produto de pleno emprego dado por Y_P quanto o equilíbrio externo que é obtido em Y_{BP}, e que a economia esteja inicialmente em Y_1, dado pela intersecção da *IS* e da *LM*. Percebemos, pelo exemplo, que enquanto o pleno emprego exige políticas econômicas expansionistas, o equilíbrio externo exige políticas contracionistas, ou seja, utilizando-se apenas de instrumentos fiscais e monetários, os dois objetivos tornam-se incompatíveis. Isso pode ser visto pelos gráficos da Figura 6.9.

A única maneira de atingirmos as duas metas simultaneamente é fazermos com que a renda que equilibra a balança de pagamentos seja exatamente a renda de pleno emprego. Para tal, dada a propensão marginal a importar, devemos gerar um volume de exportações autônomas compatível com o volume de importações na situação de pleno emprego.

Como vimos, o nível de exportações pode ser alterado quer por fatores fora do controle da economia, como a renda do resto do mundo, que ao crescer poderá induzir maiores exportações, quer por políticas que visem alterar a composição da demanda, dentro da qual destaca-se a política cambial: uma desvalorização da taxa de câmbio tanto amplia o volume de exportações para qualquer nível de renda externa (ao baratear o produto nacional) quanto diminui as importações para cada nível de renda interna, pois encarece o produto estrangeiro. Dessa forma, deslocamos a *BP* para a direita, ampliando o produto compatível com o equilíbrio externo.

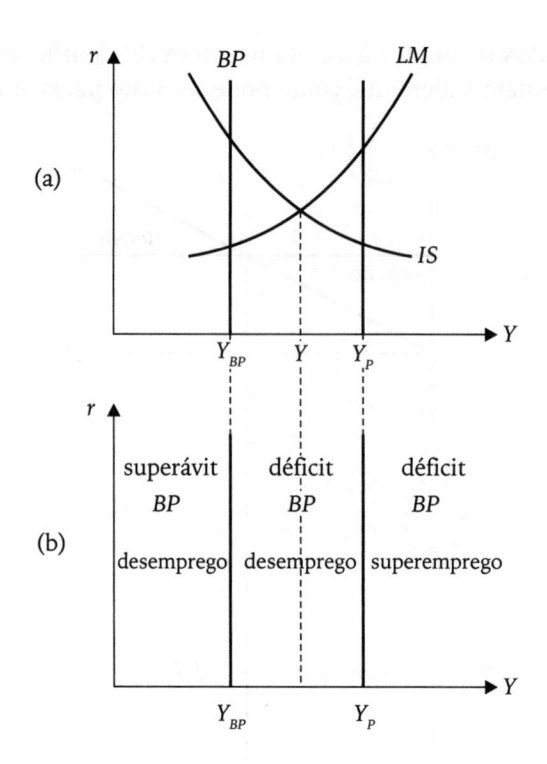

Figura 6.9 Equilíbrio externo e pleno emprego: economia aberta sem mobilidade de capital:
(a) *IS-LM-BP* e pleno emprego (b) equilíbrio externo e interno e nível de renda.

Como vimos anteriormente, a desvalorização cambial também deslocará a *IS* para fora. O efeito da desvalorização pode ser visto no gráfico da Figura 6.10. Uma valorização do câmbio provocará deslocamentos opostos. Se o governo quiser atingir o pleno emprego deverá, portanto, ajustar a taxa de câmbio para esse fim, de modo a preservar-se o equilíbrio externo.

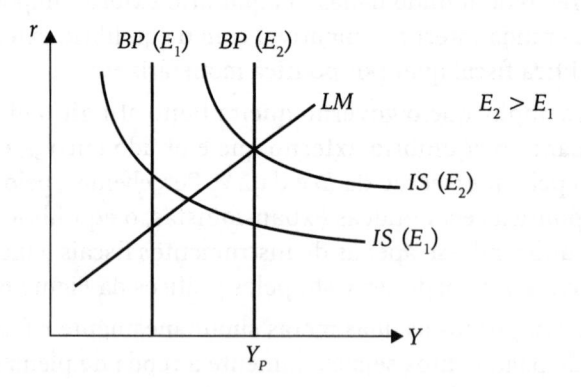

Figura 6.10 Desvalorização cambial e pleno emprego.
Modelo *IS-LM-BP* e economia sem mobilidade de capital.

Notemos que uma desvalorização cambial amplia a demanda por produtos nacionais elevando o emprego interno, mas isso significa uma redução das exportações do resto do mundo e, portanto, da demanda nos demais países, reduzindo o emprego nestes. Essa forma de combater o desemprego é conhecida como ***beggar-the-neighboor***; ou seja, uma política de penalização dos vizinhos, pois corrige-se o desemprego interno exportando este para os demais países.[7]

6.4.2.2 Curva *BP* com livre mobilidade de capital

Outra possibilidade para traçarmos a curva *BP* é a situação de uma economia de pequeno porte discutida anteriormente, ou seja, uma situação de livre acesso do país ao mercado internacional de capitais, à taxa de juros prevalecente neste mercado. Em uma situação como esta, qualquer déficit em transações correntes pode ser financiado à taxa de juros vigente no mercado internacional, e qualquer superávit pode ser aplicado no exterior a essa mesma taxa de juros. Ou seja, em tal situação, o saldo em transações correntes é irrelevante para se determinar o equilíbrio de *BP*, uma vez que sempre haverá um movimento de capitais compensatórios a uma taxa de juros estipulada pelo mercado internacional.

Nessa situação de livre mobilidade de capital, a variável relevante para determinar o equilíbrio de *BP* passa a ser a taxa de juros e não mais o nível de renda, uma vez que o saldo na balança de pagamentos passa a ser infinitamente elástico em relação à taxa de juros. Uma taxa de juros ligeiramente superior à taxa internacional induzirá uma entrada massiva de capitais (um grande superávit na balança de pagamentos), que forçará a igualdade entre as taxas; uma taxa ligeiramente inferior levará, por outro lado, a uma saída massiva de capitais, isto é, a profundos déficits no balanço de pagamentos. Ou seja, haverá um único nível de taxa de juros interna compatível com o equilíbrio externo:

$$r = r^* \qquad (27)$$

Essa igualdade passa a expressar a curva *BP*, como pode ser visto no gráfico da Figura 6.11.

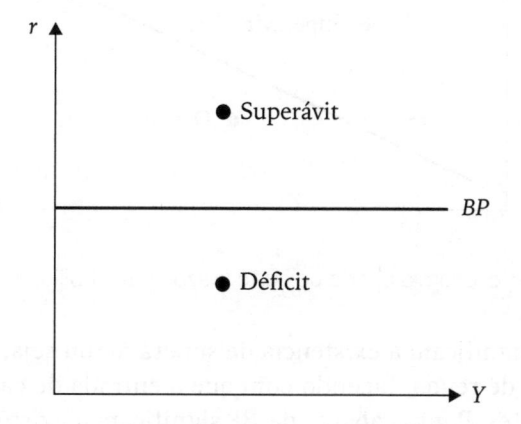

Figura 6.11 Curva *BP* economia aberta no curto prazo com livre mobilidade de capital.

Pontos acima da *BP* significam superávit e pontos abaixo, déficit. Percebemos que o nível de renda deixa de ser uma variável relevante para determinar o saldo externo.

---

[7] Esse fato pode ser ilustrado pelos impactos do Plano Real sobre a economia argentina. A valorização cambial ocorrida após o Plano Real no Brasil melhorou em muito o desempenho do setor exportador da Argentina, permitindo que este país perseguisse o equilíbrio sem maiores ampliações do desemprego. Toda vez em que se ameaçou desvalorizar o real depois disso, houve motivo de grande apreensão na economia argentina, que passou a despender uma série de esforços diplomáticos para que o Brasil não mexesse na taxa de câmbio.

6.4.2.3 Curva *BP* com mobilidade imperfeita de capitais

O caso intermediário refere-se a uma economia de grande porte, ou a uma situação de mobilidade imperfeita de capitais. Em uma situação como essa, tanto a renda quanto a taxa de juros passam a desempenhar um papel relevante para se atingir o equilíbrio externo. Uma elevação no nível de renda levará a uma deterioração do saldo em transações correntes, aumentando a necessidade de recursos externos para financiá-la. No caso de uma grande economia, sua maior demanda por recursos pressionará o mercado internacional, aumentando a taxa de juros vigente no mercado, fazendo com que elevações na renda sejam acompanhadas por elevações na taxa de juros, de modo a manter o *BP* em equilíbrio.

Alternativamente, podemos pensar na existência de mobilidade imperfeita de capital ou de maiores riscos associados a maiores déficits em transações correntes (ou ao volume de endividamento externo do país). Nesse caso, se aumentar o nível de renda interna e o déficit em transações correntes se ampliar, os financiadores internacionais exigirão uma taxa de juros mais elevada para aceitarem financiá-lo (para correrem o risco associado a um maior endividamento). Assim, mesmo um país de pequeno porte não conseguiria financiar qualquer déficit à taxa de juros vigente.

Dessa maneira, a curva *BP* é positivamente inclinada, isto é, aumentos na renda devem ser acompanhados por elevações na taxa de juros, de modo a manter o *BP* em equilíbrio, como pode ser visto no gráfico da Figura 6.12.

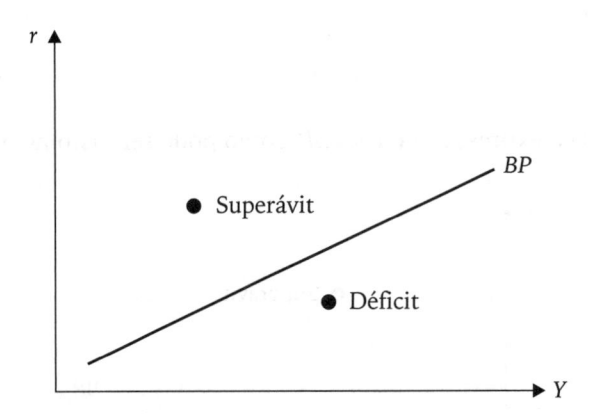

Figura 6.12 Curva *BP*: economia aberta no curto prazo com mobilidade imperfeita de capital.

Pontos acima da *BP* significam a existência de superávit, ou seja, a taxa de juros está muito elevada para aquele nível de renda, fazendo com que a entrada de capital supere as necessidades das transações correntes. Pontos abaixo da *BP* significam a existência de déficits, ou seja, a taxa de juros é muito baixa para induzir uma entrada de capital suficiente para cobrir as necessidades de transações correntes.

Dessa forma, para pontos acima da *BP*, ou a taxa de juros interna deve reduzir-se para diminuir a entrada de capitais ou devem-se induzir elevações na renda interna para ampliar o déficit de *TC*. Pontos abaixo da *BP* devem ser corrigidos ou por elevação na taxa de juros, para estimular maior entrada de capital, ou por reduções de renda, para melhorar o saldo em transações correntes.

6.5 DETERMINAÇÃO DOS EQUILÍBRIOS INTERNO E EXTERNO E IMPACTO DAS POLÍTICAS ECONÔMICAS SOB DIFERENTES REGIMES CAMBIAIS

O objetivo nesta seção será discutir, com base no referencial *IS-LM-BP*, como se dará a determinação do nível de renda em uma economia aberta e como a política econômica ou alterações em outras variáveis exógenas podem afetar o equilíbrio sob diferentes regimes cambiais. Antes de entrarmos nessa análise, devemos recordar que, no sistema de câmbio fixo, o Banco Central compromete-se a vender e comprar divisas à taxa estipulada, para manter em equilíbrio no mercado de divisas. Já no regime de câmbio flutuante, o Banco Central não intervém e a taxa de câmbio se ajusta de modo a igualar a oferta e a demanda de divisas.

Também devemos lembrar que, com a introdução do setor externo, da curva *BP*, o equilíbrio pleno passa a ser obtido quando ocorre o equilíbrio simultâneo no mercado de bens, no mercado monetário, e no setor externo, isto é, no ponto de intersecção das três curvas – *IS/LM/BP*.

A análise para as três situações destacadas anteriormente será feita: sem mobilidade de capitais (economia sem acesso ao mercado internacional de capitais), com perfeita mobilidade de capitais (economia pequena com acesso ao mercado internacional de capitais) e com mobilidade imperfeita de capitais (economia grande com acesso ao mercado internacional de capitais).

6.5.1 Caso de uma economia sem mobilidade de capitais

Numa economia sem mobilidade de capitais, ou seja, sem acesso ao mercado internacional de capitais, o modelo pode ser descrito pelas seguintes equações:

Curva *IS*:

$$Y = C(Y - T) + I(r) + G + X(E, Y^*) - M(E, Y) \tag{28}$$

Curva *LM*:

$$M^S/P = M^d(Y,r) \tag{29}$$

Curva *BP*:

$$Y_{BP=0} = X_0/m \tag{30}$$

O equilíbrio pleno é ilustrado no gráfico da Figura 6.13.

Com base nesse modelo, podemos passar a responder às questões sobre o impacto das diferentes políticas econômicas sob diferentes regimes cambiais.

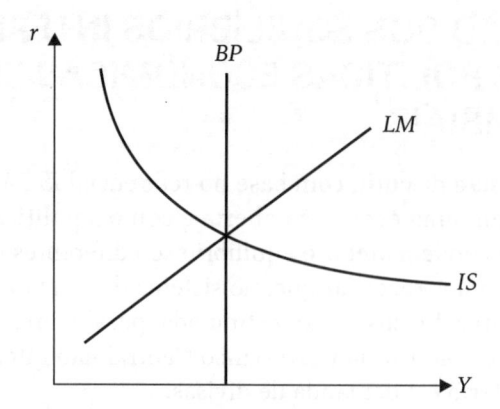

Figura 6.13 Modelo *IS-LM-BP* e equilíbrio pleno sem mobilidade de capital.

6.5.1.1 Câmbio fixo

Suponhamos inicialmente o regime de câmbio fixo. Partindo de uma situação de equilíbrio, o que acontecerá se o Banco Central resolver expandir a oferta de moeda?

O aumento da oferta de moeda levará inicialmente a um deslocamento da curva *LM* para a direita. Com isso, o equilíbrio interno passará do ponto 1 para o ponto 2, onde a nova *LM* intercepta a *IS*. Neste ponto teremos uma taxa de juros inferior à inicial, com o que se ampliam o investimento e o nível de renda. Com o aumento da renda, as importações se ampliam, levando ao aparecimento de déficits no balanço de pagamentos. Como estamos considerando um regime de câmbio fixo, o Banco Central terá que atender esta maior demanda por moeda estrangeira, vendendo-a aos agentes, o que provocará uma redução no nível de reservas internacionais e a uma redução na oferta de moeda (a *LM* se desloca para a esquerda).

Esse processo de contração monetária persistirá até que o déficit de *BP* seja eliminado, o que só ocorrerá quando o nível de renda voltar ao inicial. Isso ocorrerá porque a taxa de juros começa a se elevar, conforme a oferta de moeda se contrai, fazendo com que o investimento vá retornando ao nível inicial. Percebemos que o equilíbrio final será exatamente o mesmo que o inicial, uma vez que a *LM* volta à posição original (ponto 1). A única alteração que se verificará é no Balanço das Autoridades Monetárias, em que constarão uma quantidade maior de crédito doméstico (fonte inicial da expansão monetária) e uma quantidade menor de reservas internacionais. O gráfico da Figura 6.14 mostra o efeito da política monetária nesta situação.

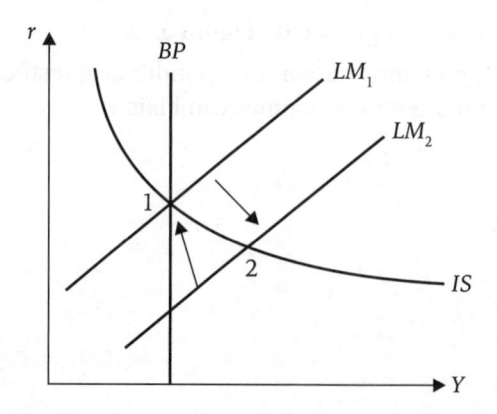

Figura 6.14 Política monetária expansionista. Modelo *IS-LM-BP*
sem mobilidade de capital e regime de câmbio fixo.

Uma contração monetária também não teria qualquer efeito na economia, uma vez que a *LM*, depois de um deslocamento para a esquerda, também retornaria à posição original. A diferença seria que esta levaria temporariamente ao aparecimento de superávits de *BP* e à ampliação do nível de reservas.

Suponhamos agora um aumento no gasto público (ou redução de impostos) para avaliarmos o efeito de uma política fiscal. O impacto inicial seria um deslocamento da *IS* para a direita, fazendo com que o equilíbrio interno se desse com uma taxa de juros mais elevada (com uma redução do investimento privado, que não compensa totalmente os maiores gastos públicos) e um nível de renda maior. O nível de renda mais elevado provoca o aparecimento de déficits na balança de pagamentos, forçando o Banco Central a perder reservas internacionais, contraindo a oferta de moeda. Nesse processo, a taxa de juros vai se elevando, reduzindo ainda mais o investimento. Esse processo persistirá até que o nível de renda volte ao ponto original, eliminando o desequilíbrio externo, mas agora a taxa de juros será mais elevada. Percebemos que nesse processo existe uma perda de reservas internacionais em virtude dos déficits temporários, enquanto o nível de renda situou-se acima daquele compatível com o equilíbrio externo, e uma substituição do investimento por gastos públicos, isto é, uma alteração na composição da demanda (o chamado *crowding-out*, em que o gasto público expulsou o gasto privado). Esse processo pode ser visto no gráfico da Figura 6.15.

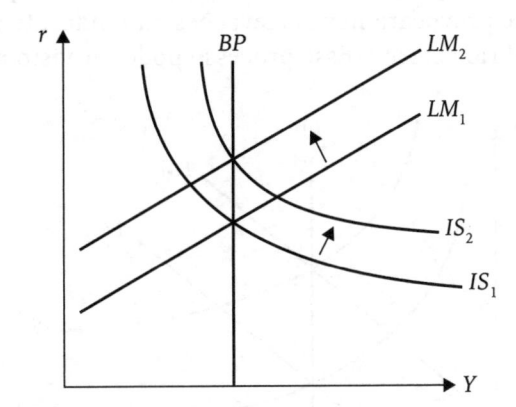

Figura 6.15 Política fiscal expansionista. Modelo *IS-LM-BP* sem mobilidade de capital e regime de câmbio fixo.

Caso tivesse ocorrido uma política fiscal contracionista, podemos observar pelo gráfico da Figura 6.16 que o produto final também não seria alterado, mas ao final o país estaria com maior volume de reservas internacionais devido aos superávits transitórios, e o investimento cresceria, ocupando o espaço da queda nos gastos públicos, devido à redução na taxa de juros (um efeito *crowding-out* ao contrário).

O último ponto a ser analisado é o efeito da política cambial. Consideremos o caso de uma desvalorização cambial. Com esta, o produto nacional fica relativamente mais barato que o produto estrangeiro, estimulando as exportações e diminuindo as importações (demanda que passa a se direcionar para produção doméstica), levando a uma melhora no saldo em transações correntes. Com isso, o país poderá ampliar o produto, pois, como ocorre melhora no saldo em transações correntes para cada nível de renda, o produto compatível com o equilíbrio externo será maior, deslocando a curva *BP* para a direita.

A melhor *performance* do setor externo significa aumento na demanda agregada, o que provocará um deslocamento da *IS* para a direita, ampliando a renda e o nível de taxa de juros na nova posição de equilíbrio interno. Considerando-se que o deslocamento da *IS* seja inferior

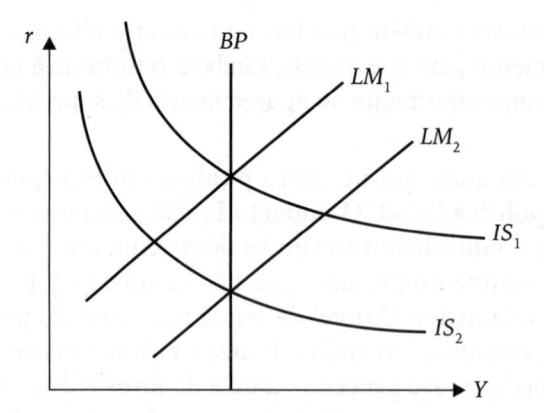

Figura 6.16 Política fiscal contracionista. Modelo *IS-LM-BP* sem mobilidade de capital e regime de câmbio fixo.

ao da BP,[8] haverá neste novo equilíbrio interno um superávit na balança de pagamentos. Como estamos considerando o sistema de câmbio fixo, o Banco Central adquirirá essa oferta excedente de divisas emitindo moeda, o que provoca o deslocamento da LM para a direita, até que seja eliminado o superávit, o que provocará novas elevações na renda, até que esta atinja o novo nível compatível com o equilíbrio externo. Esse processo pode ser visto no gráfico da Figura 6.17.

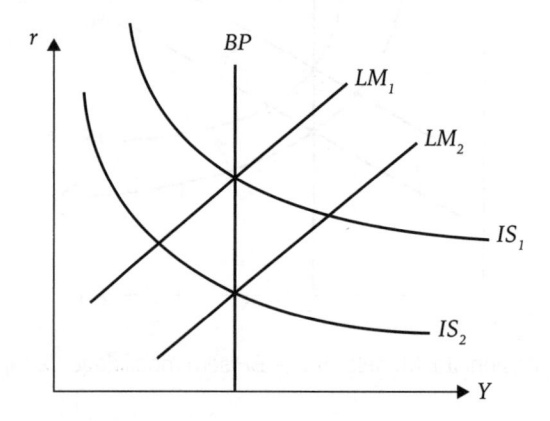

Figura 6.17 Política cambial: efeitos de uma desvalorização cambial. Modelo *IS-LM-BP* sem mobilidade de capital e regime de câmbio fixo.

Percebemos, como dito anteriormente, que em uma situação na qual não exista mobilidade de capital, a única forma de se afetar o nível de renda seria a alteração na taxa de câmbio, que provocaria uma realocação nos gastos ampliando o nível de produto compatível com o equilíbrio externo. Outro ponto que podemos destacar da análise anterior é a passividade da política monetária em um sistema de câmbio fixo. Os saldos da balança de pagamentos passam a ditar o comportamento do agregado monetário, que apenas se ajustará para fazer com que o produto se equilibre ao nível compatível com o equilíbrio externo, o que pode ser percebido pelos

---

[8] O deslocamento da BP será igual a $\Delta X_0.1/1 - m$, considerando-se que não ocorra alteração na propensão marginal a importar (m), enquanto o deslocamento da IS será o multiplicador da economia aberta vezes a variação nas exportações $[\Delta X_0.1/1 - c(1 - t)m]$ sendo que este último termo é inferior a $1/1 - m$. Assim, o deslocamento da BP é maior que o da IS.

exemplos anteriores com a *LM* sempre se ajustando para interceptar a *IS* e a *BP* no ponto de intersecção de ambas.

6.5.1.2 Câmbio flutuante

Consideremos agora o caso de taxas de câmbio flutuantes. Novamente, tomaremos os exemplos partindo de uma situação de equilíbrio pleno.

Vejamos o efeito de uma política monetária expansionista. O primeiro impacto é o deslocamento da *LM* para direita, o que ocasionará uma queda na taxa de juros, ampliando o investimento e a renda. Esse aumento na renda gerará pressões sobre as importações, ampliando a demanda por divisas, forçando a desvalorização da moeda nacional, o que melhorará o saldo em transações correntes, para cada nível de produto.

Dessa forma, tanto a BP quanto a *IS* se deslocarão para a direita. Isso provocará novo aumento na renda. Nesse processo, conforme a taxa de câmbio vai se desvalorizando, a taxa de juros vai se elevando, reduzindo o investimento, cuja queda é mais do que compensada pelo melhor desempenho do setor externo. O processo de desvalorização cambial persiste até que a *IS* e a *BP* se interceptem sobre a nova *LM*. Esse processo pode ser visto no gráfico da Figura 6.18.

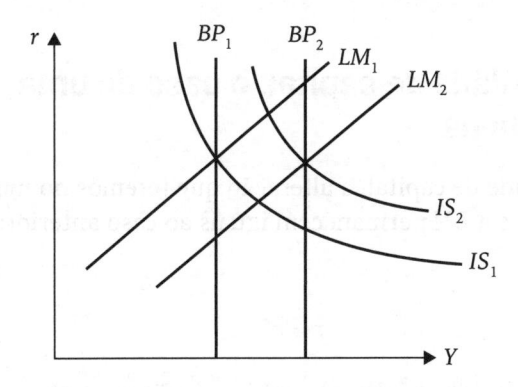

Figura 6.18 Política monetária expansionista. Modelo *IS-LM-BP* sem mobilidade de capital e regime de câmbio flutuante.

Suponhamos agora uma política fiscal expansionista, via elevação dos gastos públicos. O primeiro impacto será o deslocamento da *IS* para a direita, ampliando a renda e a taxa de juros. O aumento da renda pressionará o setor externo, com tendência ao aparecimento de déficits, o que induzirá a desvalorização da moeda nacional. Isso provocará o deslocamento da *BP* para a direita e um novo deslocamento da *IS*. Percebemos que a variação da renda será superior àquela induzida inicialmente pela política fiscal, pois a desvalorização cambial decorrente levará a uma nova onda de crescimento em virtude da melhora do setor externo. Esse processo pode ser visto no gráfico da Figura 6.19.

Percebemos pelos casos anteriores que, com taxa de câmbio flutuante, a curva *BP* sempre interceptará a *LM* e a *IS* no ponto em que ambas se cruzam, dado que qualquer desequilíbrio da *BP* será corrigido pela alteração na taxa de câmbio. Um segundo ponto a ser destacado é que os movimentos de renda induzidos pela política econômica são potencializados pelas mudanças na taxa de câmbio e por seu efeito sobre as exportações. E um terceiro ponto é que, com câmbio flutuante, a *LM* deixa de flutuar para se adequar a dada situação de equilíbrio determinada pela *IS* e pela *BP*. Como o Banco Central não intervém no mercado de câmbio, ele consegue controlar o agregado monetário independentemente da situação externa.

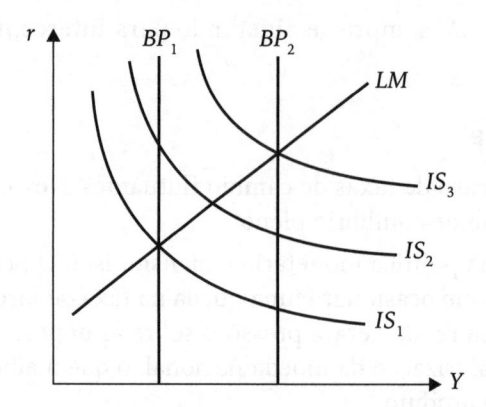

Figura 6.19 Política fiscal expansionista. Modelo *IS-LM-BP* sem mobilidade de capital e regime de câmbio flutuante.

Não cabe falarmos em política cambial, já que esta não existe com sistema de câmbio flutuante, pois a determinação da taxa de câmbio passa a ser uma atribuição do mercado.

6.5.2 Perfeita mobilidade de capital: o caso de uma economia pequena

Com perfeita mobilidade de capital, a alteração que teremos no modelo será na especificação da curva *BP*, sendo que a *IS* e a *LM* permanecem iguais ao caso anterior:

Curva *BP*:

$$r = r^* \tag{31}$$

O equilíbrio pleno agora é ilustrado pelo gráfico da Figura 6.20.

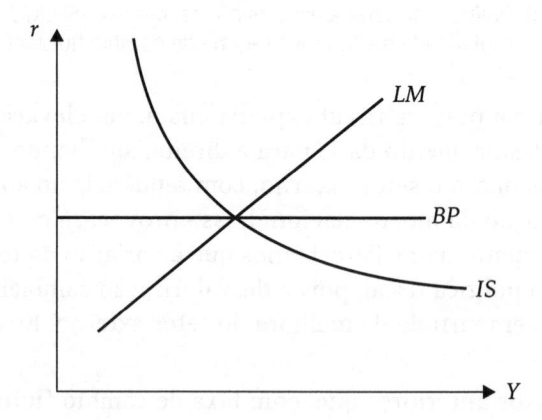

Figura 6.20 Modelo *IS-LM-BP* e equilíbrio pleno com livre mobilidade de capital.

Novamente, consideraremos que a economia sempre esteja inicialmente em uma situação de equilíbrio pleno, quando ocorre alguma alteração na política econômica. Começaremos analisando o sistema de câmbio fixo e, depois, o flutuante.

6.5.2.1 Câmbio fixo

Supondo então câmbio fixo e livre mobilidade de capital, qual será o impacto da política monetária? Consideremos o caso de uma expansão monetária. O impacto inicial será o deslocamento na curva *LM* para a direita, pressionando a taxa de juros para baixo. Com perfeita mobilidade de capital, isso induzirá uma fuga massiva de capitais do país, ou seja, um profundo déficit na balança de pagamentos.

A maior procura por moeda estrangeira terá de ser atendida pelo Banco Central, desfazendo-se das reservas internacionais, para poder manter a taxa de câmbio fixa, o que provocará a retração da oferta de moeda até que a *LM* volte à posição original, restabelecendo a condição de igualdade entre as taxas interna e externa de juros, cessando a fuga de capitais. Percebe-se que a política monetária é totalmente inoperante neste caso, uma vez que o Banco Central não tem nenhum controle sobre o agregado monetário, que terá de se ajustar para garantir a igualdade entre as taxas de juros.[9] Esse processo pode ser visto no gráfico da Figura 6.21.

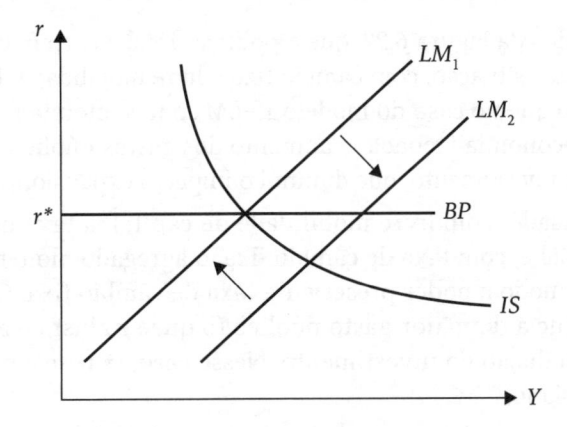

Figura 6.21 Política monetária expansionista. Modelo *IS-LM-BP* com livre mobilidade de capital e regime de câmbio fixo.

Considerando-se agora uma política fiscal expansionista, o impacto inicial dar-se-á por meio de um deslocamento da *IS* para a direita, o que provocará elevação na renda e na taxa de juros. Com a pressão ascendente na taxa de juros interna forçando-a para níveis superiores às taxas internacionais, haverá uma grande entrada de capitais no país (superávit no balanço de pagamentos), o que gerará divisas que serão adquiridas pelo Banco Central emitindo moeda, o que deslocará a *LM* para a direita, ampliando o efeito expansionista da política fiscal, como pode ser visto no gráfico da Figura 6.22.

---

[9]   No caso sem mobilidade de capital, com taxa de câmbio fixa, a política monetária também era inoperante. Deve-se notar, porém, que a velocidade de ajustamento nos dois casos é bastante diferente. Quando o desequilíbrio se dá apenas em transações correntes, e de acordo com o nível de reservas do Banco Central, este pode sustentar durante um bom período de tempo uma situação de desequilíbrio. No caso de superávits decorrentes das transações correntes, sem mobilidade de capitais, o Banco Central pode recorrer com certa margem a políticas de esterilização monetária, pela contração do crédito doméstico líquido, mantendo o superávit durante certo período de tempo. Já ao considerarmos livre mobilidade de capital, o ajustamento se dá de forma muito mais rápida. Os movimentos massivos na conta de capital tornam praticamente impossível ao Banco Central manter desequilíbrios por períodos longos, tanto porque em geral não possui volumes de reservas suficientes (no caso de déficits), quanto pelos elevados custos envolvidos em políticas de esterilização (no caso de profundos superávits). Assim, apesar de resultados semelhantes, a velocidade dos ajustamentos é significativamente diferente.

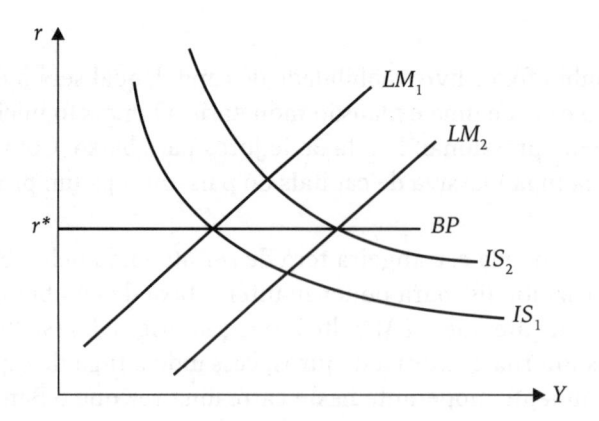

Figura 6.22 Política fiscal expansionista. Modelo *IS-LM-BP* com livre mobilidade de capital e regime de câmbio fixo.

Percebemos, no gráfico da Figura 6.22, que a política fiscal é extremamente eficiente para afetar o nível de produto. Nessa situação, com câmbio fixo e livre mobilidade de capitais, o resultado da política fiscal é melhor do que no caso do modelo *IS-LM* com economia fechada. A razão para isso é a seguinte: no caso da economia fechada, o aumento dos gastos públicos pressiona a elevação da taxa de juros, reduzindo o investimento, que diminui o impacto expansionista da política fiscal.

Já no caso ora analisado, com livre mobilidade de capital, a taxa de juros interna é ditada pelo mercado internacional e, com taxa de câmbio fixa, o agregado monetário se ajustará para garantir essa igualdade, de modo a poder preservar a taxa de câmbio fixa. Com isso, a taxa de juros não se altera em decorrência do maior gasto público (o que se ajusta é a quantidade de moeda), não havendo, portanto, redução do investimento. Nesse caso, tem-se a operação plena do multiplicador de gastos keynesiano.

Consideremos agora o caso de uma desvalorização cambial. Devemos notar inicialmente que, como é o movimento de capitais que determina o equilíbrio da balança de pagamentos, a desvalorização não provocará qualquer deslocamento na *BP*. O impacto dessa medida será o deslocamento da *IS* pela ampliação das exportações (que compõem o gasto autônomo). Esse deslocamento, semelhante ao caso da política fiscal expansionista, pressionará a taxa de juros para cima, induzindo uma entrada de recursos no país. Como o regime é de câmbio fixo, o Banco Central comprará esse excesso de divisas ampliando a oferta de moeda, o que deslocará a *LM* até o ponto em que não existam mais pressões para a elevação da taxa de juros interna. Percebemos pelo gráfico da Figura 6.23 que essa política tem o mesmo efeito de uma ampliação dos gastos públicos.

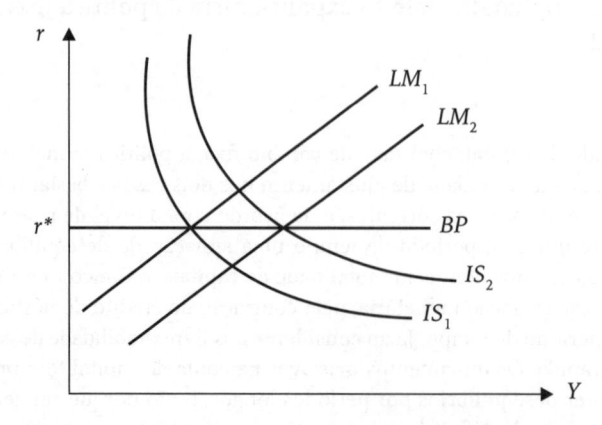

Figura 6.23 Política cambial: efeitos de uma desvalorização cambial. Modelo *IS-LM-BP* com livre mobilidade de capital e regime de câmbio fixo.

6.5.2.2 Câmbio flutuante

Considerando um sistema de taxa de câmbio flutuante, vejamos o impacto das políticas econômicas. Esse caso, com livre mobilidade de capital e taxa de câmbio flutuante, dentro do modelo *IS-LM*, é o chamado **Modelo Mundell-Fleming**.

Uma expansão monetária nesse modelo terá os seguintes impactos: inicialmente, a *LM* se desloca para a direita, gerando pressões no sentido de redução da taxa de juros, o que provocará um aumento na demanda de moeda estrangeira para remeter capital ao exterior. Essa maior procura por moeda estrangeira provocará a desvalorização da moeda nacional ampliando as exportações e deslocando a *IS* para a direita. A taxa de câmbio se desvalorizará até que a *IS* intercepte a *LM* ao nível da taxa de juros internacional, quando cessa a pressão pela desvalorização. Nesse caso, a política monetária é plenamente eficaz, pois ao induzir a desvalorização da moeda nacional, melhora o saldo em transações correntes, ampliando a demanda por produto doméstico e, portanto, ampliando a renda. Esse caso pode ser visto no gráfico da Figura 6.24.

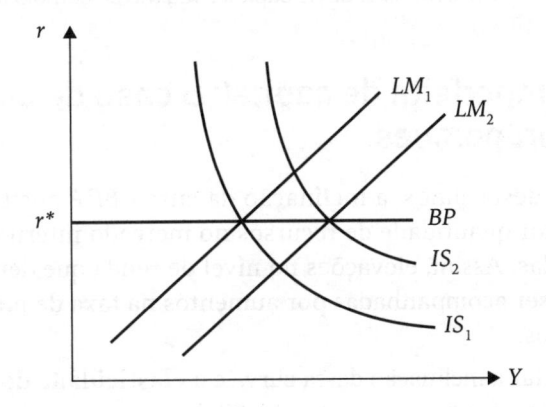

Figura 6.24 Política monetária expansionista. Modelo *IS-LM-BP* com livre mobilidade de capital e regime de câmbio flutuante.

No caso de uma expansão nos gastos públicos, o efeito imediato será o deslocamento da *IS* para a direita, o que pressionará a taxa de juros para cima e, consequentemente, uma procura maior por moeda nacional, devido ao ingresso de capitais. Esse fato induzirá a uma valorização da moeda nacional, encarecendo o produto nacional *vis-à-vis* com o estrangeiro, reduzindo a demanda e fazendo a *IS* deslocar-se para a esquerda. Isso se manterá até que a *IS* volte à posição original, eliminando a pressão da entrada de capitais no mercado de câmbio. Nesse processo, a taxa de câmbio se valorizou de forma que a queda da demanda externa fosse exatamente igual ao aumento do gasto público, o que torna nulo o resultado final em termos de produto. Ou seja, ocorre uma espécie de *crowding-out*, só que agora expulsando demanda externa através do movimento da taxa de câmbio. Esse processo pode ser visto no gráfico da Figura 6.25.

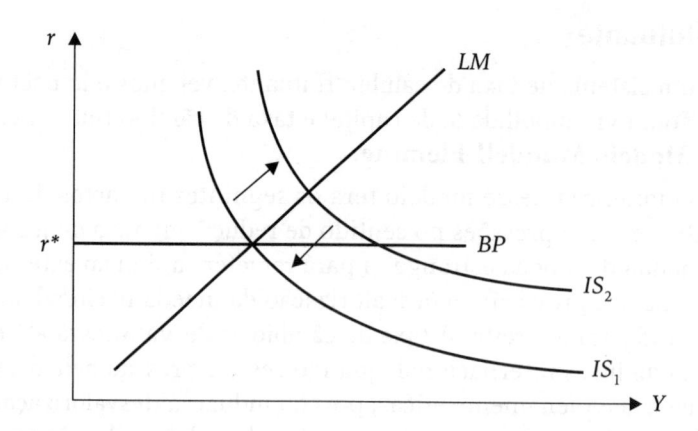

Figura 6.25 Política fiscal expansionista. Modelo *IS-LM-BP* com livre mobilidade de capital e regime de câmbio flutuante.

6.5.3 Mobilidade imperfeita de capital: o caso de uma economia de grandes proporções

Nesse caso, como já destacamos, a inclinação da curva *BP* é positiva, uma vez que, para o país conseguir captar maior quantidade de recursos no mercado internacional, terá que oferecer taxas de juros mais elevadas. Assim, elevações no nível de renda que deteriorem o saldo em transações correntes deverão ser acompanhadas por aumentos na taxa de juros, para estimular maior entrada de capitais externos.

O principal fator a afetar a inclinação dessa curva é a **elasticidade do movimento de capitais em relação à taxa de juros**: quanto maior essa sensibilidade, menor será a inclinação dessa curva.

Uma segunda variável a afetar a inclinação da *BP* será a propensão marginal a importar. Quanto maior for essa variável, maior será a deterioração do saldo em transações correntes decorrente de certa expansão da renda, o que irá requerer maiores elevações na taxa de juros para induzir o financiamento da economia. Assim, quanto maior a propensão marginal a importar, maior a inclinação da *BP*.

Como a *LM* também é positivamente inclinada, nos casos que analisarmos devem-se sempre considerar duas situações: uma em que a *BP* seja mais inclinada que a *LM*, e outra em que ocorra o oposto. Apenas para iniciarmos a discussão, devemos notar que no primeiro caso os resultados se aproximarão da situação em que não haja mobilidade de capital (com a curva *BP* sendo vertical), e no segundo se aproximarão do caso com perfeita mobilidade de capital (em que a *BP* é horizontal).

6.5.3.1 Câmbio fixo

Vamos supor inicialmente uma política fiscal expansionista, por meio de um aumento dos gastos públicos, na situação de *BP* mais inclinada que a *LM*.

O aumento dos gastos públicos provocará tanto a elevação do nível de renda quanto da taxa de juros. No novo equilíbrio interno, haverá um déficit na balança de pagamentos, pois a deterioração do saldo em transações correntes provocado pelo aumento da renda superou a melhora da conta de capital propiciada pelo aumento da taxa de juros. Como estamos considerando o sistema de câmbio fixo, o Banco Central atende à maior demanda por moeda estrangeira desfazendo-se das reservas internacionais e contraindo a oferta monetária. Isso provocará uma redução da renda, melhorando o saldo em transações correntes, e elevará a taxa de juros, promovendo maior entrada de capital. Esse processo persistirá até que se restabeleça o equilíbrio externo, o que ocorrerá quando a *LM* passar pelo novo ponto de intersecção da *BP* com a nova *IS*. Isso pode ser visualizado no gráfico da Figura 6.26. A economia passa inicialmente do ponto 1 para o ponto 2 e depois para o ponto 3.

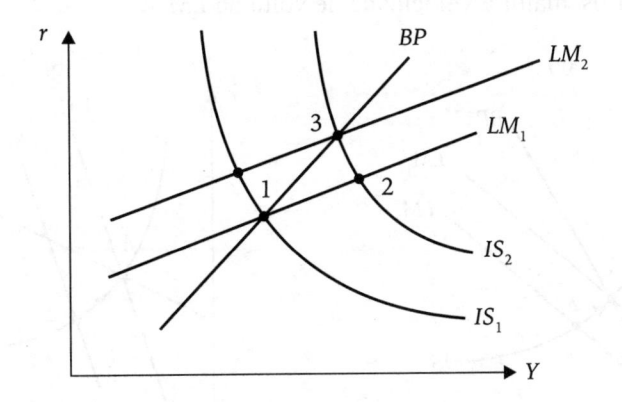

Figura 6.26 Política fiscal expansionista. Modelo *IS-LM-BP* com mobilidade imperfeita de capital, regime de câmbio fixo, *BP* mais inclinada que *LM*.

No caso de a *LM* ser mais inclinada que a *BP* (gráfico da Figura 6.27), a expansão fiscal deslocará a *IS* para a direita, fazendo com que a economia passe do ponto 1 para o ponto 2, com nível de renda e taxa de juros mais elevados. Ao contrário da situação anterior, no ponto 2 haverá um superávit na balança de pagamentos, pois a entrada de capitais induzida pela maior taxa de juros será maior que a deterioração do saldo em transações correntes decorrente da expansão da renda. A aquisição desse superávit pelo Banco Central, uma vez que estamos considerando o regime de câmbio fixo, levará à expansão monetária e ao deslocamento da *LM* para a direita, até que esta intercepte a *IS* e a *BP* no ponto 3, em que a taxa de juros é inferior ao ponto 2, e o nível de renda maior. Assim, potencializamos o efeito da política fiscal sobre a renda.

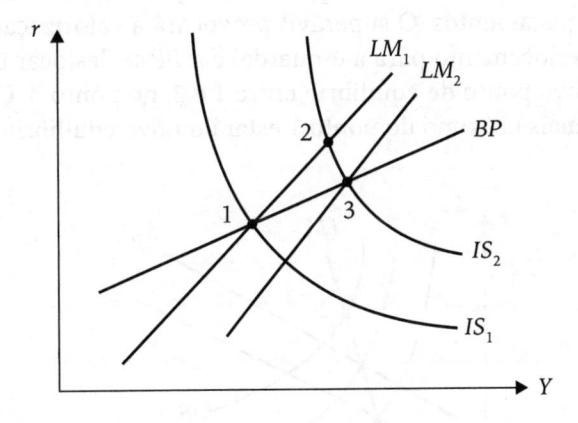

Figura 6.27 Política fiscal expansionista. Modelo *IS-LM-BP* com mobilidade imperfeita de capital, regime de câmbio fixo, *LM* mais inclinada que *BP*.

Quanto à política monetária, supondo uma expansão da quantidade de moeda, independentemente de qual das duas curvas (*BP* ou *LM*) seja mais inclinada, observaremos num primeiro momento a queda da taxa de juros, a elevação da renda e o aparecimento de um déficit no balanço de pagamentos, sinalizados no ponto 2, dos gráficos da Figura 6.28. Considerando taxa de câmbio fixa, o Banco Central irá perder reservas internacionais, contraindo ao longo do tempo a oferta de moeda, fazendo a *LM* voltar à posição original. A única diferença existente em considerarmos a *BP* mais ou menos inclinada em relação à *LM* é a velocidade com que esta última volta à posição inicial. Quanto menor a inclinação da *BP*, isto é, quanto maior a elasticidade da conta de capital em relação à taxa de juros, maior a velocidade de volta da *LM*.

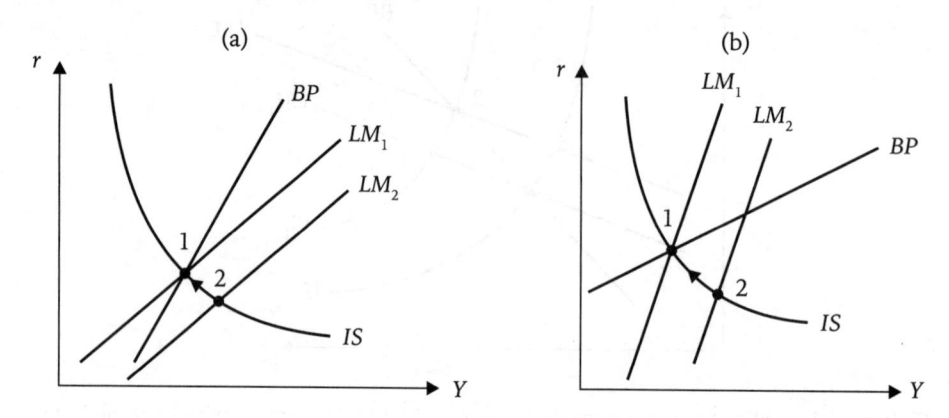

Figura 6.28 Política monetária expansionista. Modelo *IS-LM-BP* com mobilidade imperfeita de capital, regime de câmbio fixo: (a) *BP* mais inclinada que *LM* e (b) *LM* mais inclinada que *BP*.

6.5.3.2 Câmbio flutuante

Considerando os mesmos exemplos, mas agora em um sistema de câmbio flutuante, vejamos os resultados.

Vamos supor inicialmente um aumento dos gastos públicos em uma situação em que a *LM* seja mais inclinada que a *BP*. O aumento dos gastos provocará um deslocamento da *IS* para a direita, levando a economia do ponto 1 para o ponto 2, no gráfico da Figura 6.29. Neste último, a taxa de juros e a renda são mais elevadas que na situação inicial, e há o aparecimento de um superávit na balança de pagamentos. O superávit provocará a valorização da taxa de câmbio, fazendo a *IS* se contrair (deslocamento para a esquerda) e a *BP* se deslocar para cima, tal que a economia encontrará um novo ponto de equilíbrio entre 1 e 2, no ponto 3. Quanto mais próxima da horizontal estiver a *BP*, mais próximo do ponto 1 estará o novo equilíbrio, mostrando a ineficácia da política fiscal.

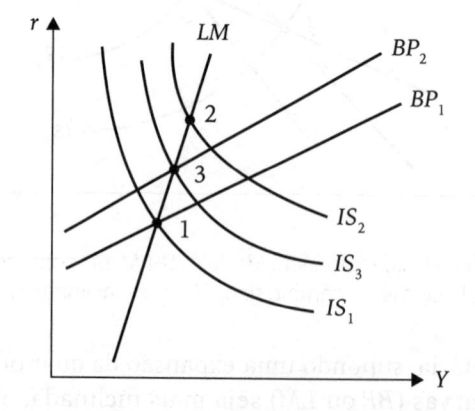

Figura 6.29 Política fiscal expansionista. Modelo *IS-LM-BP* com mobilidade imperfeita de capital, regime de câmbio flutuante, *LM* mais inclinada que *BP*.

No segundo caso, considerando-se que a *BP* possua uma inclinação superior à da *LM*, o aumento do gasto público deslocará a *IS* para a direita levando a economia do ponto 1 para o ponto 2 (gráfico da Figura 6.30), com maior nível de renda e de taxa de juros, mas, diferentemente da situação anterior, com déficit no balanço de pagamentos. Esse déficit provocará a desvalorização da taxa de câmbio, o que fará a *BP* se deslocar para baixo (direita) e a *IS* sofrer um novo deslocamento também para a direita. A economia encontrará um novo equilíbrio sobre a curva *LM* (ponto 3), onde ocorram simultaneamente os equilíbrios interno e externo. Notemos que, pela política fiscal nesse caso, forçar uma desvalorização da taxa de câmbio, barateando o produto nacional, gera um segundo impacto expansionista na economia. Assim, no ponto 3, o nível de renda será maior que no ponto 2, mostrando que a política fiscal volta a ser eficaz.

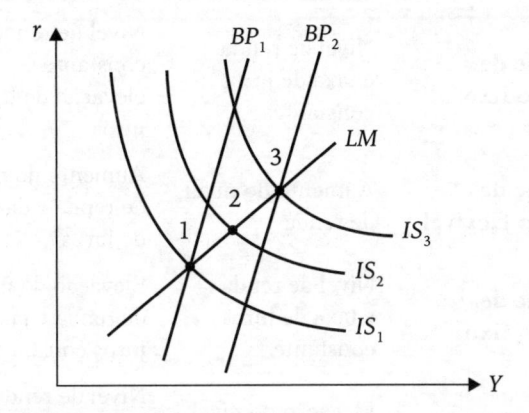

Figura 6.30 Política fiscal expansionista. Modelo *IS-LM-BP* com mobilidade imperfeita de capital, regime de câmbio flutuante, *BP* mais inclinada que *LM*.

Quanto à política monetária, novamente tornam-se indiferentes as inclinações da *LM* e da *BP*. O mecanismo será o mesmo para qualquer um dos dois casos. Supondo-se uma expansão monetária, isto fará a *LM* se deslocar para fora (direita), levando a economia a uma nova situação com menores taxas de juros, maior nível de renda e déficit na balança de pagamentos. Esse déficit provocará a desvalorização da taxa de câmbio, que fará a *IS* e a *BP* deslocarem-se para a direita, potencializando o impacto expansionista da política monetária. Essa situação pode ser vista nos gráficos da Figura 6.31.

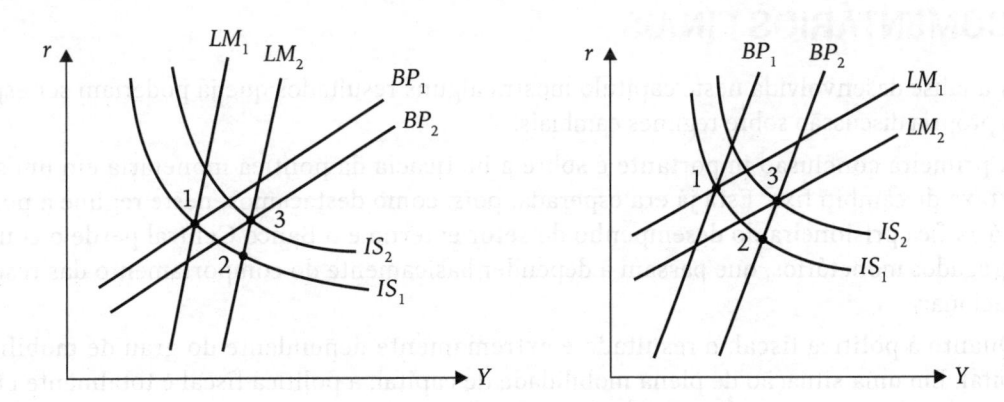

Figura 6.31 Política monetária expansionista. Modelo *IS-LM-BP* com mobilidade imperfeita de capital, regime de câmbio flutuante, (a) *BP* mais inclinada que *LM* e (b) *LM* mais inclinada que *BP*.

6.5.4 Resumo dos efeitos de políticas econômicas no modelo *IS-LM-BP*

O Quadro 6.2, a seguir, sintetiza os principais efeitos de políticas econômicas alternativas sobre o nível de renda e a taxa de juros, dentro do arcabouço no modelo *IS-LM-BP*.

Quadro 6.2 Modelo *IS-LM-BP* e os efeitos das políticas econômicas sobre a renda e a taxa de juros

		Política monetária expansionista	Política fiscal expansionista	Política cambial: desvalorização cambial
Sem mobilidade de capital	**Regime de câmbio fixo**	Nível de renda e taxa de juros constantes	Nível de renda constante e elevação da taxa de juros	Aumento do nível de renda
	Regime de câmbio flexível	Aumento do nível de renda	Aumento do nível de renda e da taxa de juros	–
Livre mobilidade de capital (economia pequena)	**Regime de câmbio fixo**	Nível de renda e taxa de juros constante	Elevação do nível de renda e taxa de juros constante	Elevação do nível de renda e taxa de juros constante
	Regime de câmbio flexível	Elevação do nível de renda e taxa de juros constante	Nível de renda e taxa de juros permanecem os mesmos	–
Mobilidade imperfeita de capital (economia grande)	**Regime de câmbio fixo**	Nível de renda e taxa de juros constantes	Elevação do nível de renda e da taxa de juros	Aumento do nível de renda
	Regime de câmbio flexível	Aumento do nível de renda	Elevação do nível de renda e da taxa de juros	–

6.6 COMENTÁRIOS FINAIS

A análise desenvolvida neste capítulo mostra alguns resultados que já poderiam ser esperados da própria discussão sobre regimes cambiais.

A primeira conclusão importante é sobre a ineficácia da política monetária em um sistema de taxa de câmbio fixa. Esta já era esperada, pois, como destacamos, neste regime a política monetária fica prisioneira do desempenho do setor externo e o Banco Central perde o controle dos agregados monetários, que passam a depender basicamente do comportamento das reservas internacionais.

Quanto à política fiscal, o resultado é extremamente dependente do grau de mobilidade do capital. Em uma situação de plena mobilidade de capital, a política fiscal é totalmente eficaz, pois as pressões que exerce sobre a taxa de juros e o consequente impacto sobre o saldo da conta de capital faz com que o agregado monetário se ajuste ao sentido da política fiscal: ampliam-se os gastos públicos, amplia-se a oferta de moeda e vice-versa. Já em uma situação em que não haja mobilidade de capital, a política fiscal perde toda eficácia, pois o nível de renda passa a ser determinado pelos condicionantes das transações correntes. Com o nível de renda dado, o aumento de gastos públicos apenas provocará o *crowding-out*.

Neste último caso, á única política possível para afetar o nível de renda é a de substituição de gastos com bens produzidos no exterior por gastos domésticos, por exemplo, por meio de uma desvalorização cambial ou mesmo de uma política tarifária.

Com taxa de câmbio flutuante e a possibilidade de se retomar a política monetária, esta torna-se eficiente. Notemos que a eficiência da política monetária será tanto maior quanto maior for a mobilidade de capital.

A política fiscal, por outro lado, em um regime de câmbio flutuante, tem sua eficiência inversamente relacionada ao grau de mobilidade de capital. No limite, com perfeita mobilidade, a política fiscal é totalmente ineficaz, apenas provocando (via alteração da taxa de câmbio) a substituição entre demanda externa e interna.

Quando comparamos o modelo de curto prazo (*IS/LM*) com o de longo prazo (modelo clássico), percebemos outra questão importante. Enquanto no primeiro o setor externo consegue afetar o nível de produto, com o que a taxa de câmbio pode transformar-se em um instrumento para geração de emprego interno, no longo prazo, novamente, o nível de produto interno torna-se independente de qualquer componente de demanda, uma vez que este é dado. Uma implicação importante que aparece é que um excesso de demanda interna pode transformar-se agora em déficit em transações correntes e absorção de poupança externa, não mais impactando os preços.

O que determinará se o país será absorvedor ou não de poupança externa passa a ser as oportunidades de investimento na economia. Se a taxa de juros que equilibrava a demanda e a oferta, no caso da economia fechada, superar o nível de taxas internacionais, ocorrerá entrada de capitais no país, uma vez que, tomando-se em conta a vigência da taxa de juros internacional, gerar-se-á um escassez de poupança interna, para financiar o total de investimentos.

EXERCÍCIOS RESOLVIDOS

1. **(Exame ANPEC 2007 – modificado)** Um investidor estrangeiro tem a opção de investir certo montante (em dólares) em seu país à taxa de juros de 6%, ou em um ativo de risco equivalente no Brasil à taxa de 3% por determinado prazo. Sabendo-se que a taxa de câmbio no início do período é de R$ 2/US$ 1, qual deve ser a taxa de câmbio ao final do período que respeita a paridade descoberta da taxa de juros?

   Conforme discutido ao longo deste capítulo, caso haja plena mobilidade de capitais entre os países, vale a seguinte relação de arbitragem:

$$i = i^* + \left[\frac{E^e_{t+1} - E_t}{E_t} \right]$$

   Esta é a relação que define a **paridade descoberta de juros**, que estabelece que, tudo o mais constante, a taxa de câmbio deve se valorizar/desvalorizar em função da diferença das taxas de juros internacional e doméstica para que o investimento no ativo doméstico e o investimento no ativo internacional gerem ao investidor a mesma taxa de retorno (que inclui não só a taxa de juros em si, mas também as variações da taxa de câmbio). Com base nas informações do enunciado, tem-se então a taxa de câmbio esperada para o final do período:

$$0,03 = 0,06 + [E^e_{t+1} - 2] / 2$$

$$E^e_{t+1} = 2 \cdot (0,03 - 0,06) + 2$$

$$E^e_{t+1} = 1,94$$

2. **(Exame ANPEC 2009 – modificada)** Considere uma economia aberta, descrita pelas seguintes funções consumo, investimento, exportações líquidas e demanda por moeda:

$$C = 100 + 0,6 \cdot Y$$

$$I = 50 - 4 \cdot i$$

$$NX = 50 + 0,1 \cdot Y^* - 0,1 \cdot Y + 70.\varepsilon$$

$$(M/P)^d = 0,5 \cdot Y/i$$

Em que Y é o produto doméstico, $Y^* = 1.000$ é o produto externo, i é a taxa de juros doméstica e ε é a taxa de câmbio real. Os gastos do governo são $G = 100$; os níveis dos preços interno e externo são iguais a $P = P^* = 1$; a taxa de juros externa é $i^* = 5$. Há livre mobilidade de capitais. O governo deste país adota um regime de câmbio fixo (com taxa de câmbio nominal igual a 1) e não há expectativa de que esta paridade será alterada no futuro.

Com base nestas informações, calcule:

a) o produto de equilíbrio;

b) o saldo da balança comercial;

c) a oferta nominal de moeda.

Resolução:

a) Como a economia é aberta, com livre mobilidade de capitais e sem expectativa de desvalorização da taxa de câmbio, a taxa de juros interna é igual à taxa de juros externa ($i = i^*$). Assim, o produto de equilíbrio pode ser calculado como:

$$Y = C + I + G + NX$$

$$Y = 100 + 0,6 \cdot Y + 50 - 4 \cdot (5) + 100 + 50 + 0,1 \cdot (1000) - 0,1Y + 70 \cdot (1)$$

$$Y = 100 + 30 + 100 + 50 + 100 + 70 + (0,6 - 0,1) \cdot Y$$

$$Y = 900$$

Note que neste caso não é preciso calcularmos a função *LM*, pois o regime de câmbio fixo automaticamente define a oferta de moeda doméstica.

b) Dado que $Y = 900$ (conforme calculado anteriormente) e que $\varepsilon = 1$ (conforme apresentado no enunciado), então o saldo da balança comercial é dado por:

$$NX = 50 + 0,1 \cdot (1.000) - 0,1 \cdot (900) + 70 \cdot (1)$$

$$NX = 130$$

c) O mercado monetário atinge seu equilíbrio quando a demanda por moeda (em termos reais) é igual à oferta real de moeda. Conforme o enunciado, essa demanda é dada por $(M/P)^d = 0,5 \cdot Y/i$. Substituindo os valores obtidos anteriormente, tem-se que a demanda é igual a $(M/P)^d = 0,5 \cdot (900)/5 = 90$, e esse deve ser o valor da oferta real de moeda (M/P). Assumindo que P seja igual a 1, então, a oferta nominal é igual a $90 \cdot (1) = 90$.

3. Classifique as sentenças a seguir como verdadeiras ou falsas:

a) **(Exame ANPEC 2011)** A taxa de câmbio nominal refere-se ao preço relativo entre duas moedas, enquanto que a taxa de câmbio real corresponde à razão entre o preço do produto estrangeiro e o preço do produto nacional, ambos expressos na mesma moeda.

Verdadeira: essas são, de fato, as definições de taxa de câmbio nominal e taxa de câmbio real.

b) **(Exame ANPEC 2005)** A paridade do poder de compra absoluta implica que o câmbio real é sempre igual a 1.

Verdadeira: valendo a paridade absoluta do poder de compra, os produtos estrangeiro e doméstico devem ter exatamente os mesmos preços quando avaliados em uma mesma moeda, o que faz com que a taxa de câmbio real seja exatamente igual a um. É por isto que a paridade absoluta do poder de compra também é chamada de "lei do preço único", segundo a qual produtos homogêneos transacionados livremente entre os países devem ter exatamente o mesmo preço quando avaliados em uma mesma moeda.

c) **(Exame ANPEC 2011)** De acordo com a versão relativa da paridade do poder de compra, a taxa de câmbio deve flutuar de forma que a diferença entre as taxas de inflação doméstica e externa permaneça constante.

Verdadeira: de acordo com a versão relativa da paridade do poder de compra, a variação na taxa de câmbio nominal é dada pela diferença entre a taxa de inflação doméstica e a taxa de inflação estrangeira, de modo a manter a taxa de câmbio real constante ao longo do tempo.

d) **(Exame ANPEC 2012 – adaptada)** De acordo com a hipótese de paridade descoberta de juros, a taxa de juros em certo país A deve ser igual à taxa de juros em outro país B, corrigida pelo diferencial de inflação entre os dois países.

Falsa: segundo a paridade descoberta da taxa de juros, a taxa de juros de um país A deve ser igual à taxa de juros de um país B corrigida pela **desvalorização cambial** (e não pelo diferencial de inflação).

e) **(Exame ANPEC 2012)** Quanto maior a mobilidade de capitais, maior a inclinação da curva balanço de pagamentos (BP). Isso significa que menor é a elevação necessária na taxa de juros para compensar o déficit no saldo total do BP resultante de uma dada expansão do nível de renda.

Falsa: toda a sentença está correta exceto pelo fato de que, quanto maior a mobilidade de capitais, MENOR a inclinação (mais horizontal) da curva BP. Quando há mobilidade perfeita de capitais (caso Mundell-Fleming), a curva BP fica totalmente no nível do juro internacional ($i = i^*$)

f) **(Exame ANPEC 2012)** A curva BP é dada pelas combinações do nível de renda e da taxa de juros que tornam o saldo total do balanço de pagamentos nulo. Qualquer ponto abaixo da curva BP representa um superávit, e qualquer ponto acima um déficit no saldo do balanço de pagamentos.

Falsa: pontos abaixo da curva BP representam déficit no balanço de pagamentos, ao passo que pontos acima da curva BP representam superávit no balanço de pagamentos.

g) **(Exame ANPEC 2006)** Em um regime de câmbio flutuante e perfeita mobilidade de capital, uma política monetária expansionista causa depreciação da moeda doméstica, enquanto uma política fiscal expansionista causa sua apreciação.

Verdadeira: perfeita mobilidade de capital se refere ao caso em que a função SBP é totalmente horizontal. Neste caso, uma política monetária expansionista (deslocamento da *LM* para baixo), ao reduzir juros e elevar a renda doméstica, faz com que o balanço de pagamentos registre déficit. Assim, a saída de moeda estrangeira do país desvaloriza a moeda doméstica frente à estrangeira. Já no caso de uma política fiscal expansionista (deslocamento da *IS* para a direita), faz com que o balanço de pagamentos registre superávit. Desse modo, a entrada de moeda estrangeira faz com que a moeda doméstica se valorize frente à estrangeira.

h) **(Exame ANPEC 2005 – adaptada)** Em um regime de taxas flutuantes de câmbio e perfeita mobilidade de capitais, expansões fiscais são ineficazes para influenciar a renda.

Verdadeira: no caso de perfeita mobilidade de capitais, uma expansão fiscal gera deslocamento para a direita da curva *IS* e, consequentemente, um superávit do balanço de pagamentos. Com isso, há entrada de moeda estrangeira no país, valorização da moeda nacional e piora da balança comercial (queda das exportações e aumento das importações), trazendo novamente a *IS* para a posição anterior. Assim, ao final do ajustamento, a renda volta exatamente para o ponto inicial.

i) **(Exame ANPEC 2013)** Supondo que a poupança e o investimento não dependam da taxa de câmbio real, um aumento generalizado de despesas públicas no resto do mundo provoca aumento das exportações líquidas e depreciação da taxa de câmbio real da pequena economia aberta.

Verdadeira: tome um modelo *IS-LM-BP* com mobilidade perfeita de capitais (*BP* horizontal no nível do juro internacional) e câmbio flexível. Um aumento generalizado nos gastos públicos no restante do mundo causa deslocamento da curva *IS* (do resto do mundo) e, *ceteris paribus*, aumenta a renda externa e a taxa de juros externa (ou seja, do resto do mundo). O diferencial de juros fará com que os capitais fluam de pequena economia para o restante do mundo e a saída de moeda estrangeira da pequena economia aberta causará uma desvalorização de sua moeda frente à moeda estrangeira.[10]

REFERÊNCIA

KRUGMAN, P.; OBSTFELD, M.; MELITZ, M. *International economics:* theory and policy. 10. ed. Pearson Education, 2015.

---

[10] É verdade que o aumento da renda externa aumentará as exportações líquidas da pequena economia aberta e causará entrada de moeda estrangeira no país. Mas, como estamos em uma pequena economia aberta, o diferencial de juros causará saída de capitais estrangeiros desta pequena economia aberta de tal forma que o saldo entre entrada e saída de moeda estrangeira será negativo.

7

A OFERTA AGREGADA

Marco Antonio Sandoval de Vasoncellos
Rudinei Toneto Jr.

INTRODUÇÃO

Nos capítulos anteriores vimos que, no longo prazo, a oferta agregada tende a ser vertical, situando-se no nível de produto de pleno emprego. Ou seja, como os preços tornam-se perfeitamente flexíveis, no longo prazo a economia tende ao equilíbrio de pleno emprego, com o estoque de fatores de produção ditando o nível de produto, enquanto a demanda agregada passa a afetar basicamente o nível de preços. Tem-se assim uma curva de oferta agregada vertical no plano $P - Y$, com o produto fixado no nível de pleno emprego, variando apenas os preços. Essa situação já foi discutida no Capítulo 3 e é ilustrada pela Figura 7.1(a).

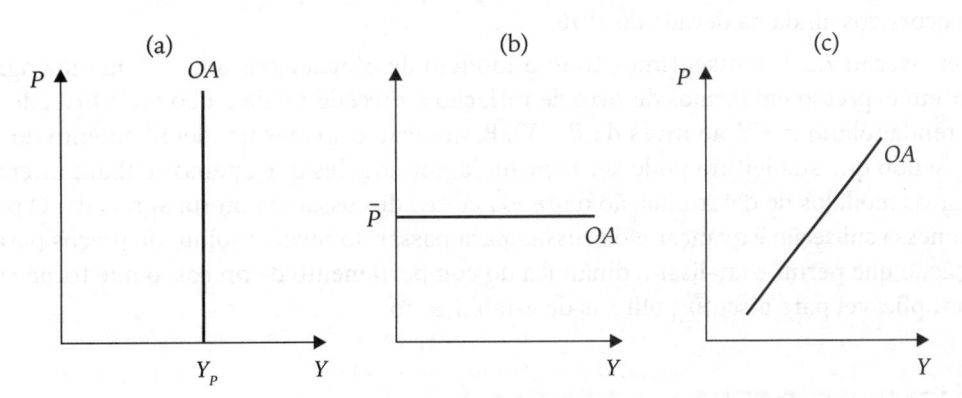

Figura 7.1 Oferta agregada: os casos clássico, keynesiano e intermediário.

Vimos no Capítulo 4 que, no curto prazo, com os preços e salários rígidos, a demanda agregada passa a assumir um papel central na determinação do produto e por conseguinte nas flutuações que a economia apresenta. No plano $P - Y$, há uma oferta agregada horizontal, a um nível de preços fixado, variando apenas o produto real; é a chamada oferta agregada keynesiana (Figura 7.1(b)).

Na realidade, porém, pode-se imaginar uma situação em que nem a oferta agregada esteja fixa em um nível de preços, nem seja imóvel no nível de pleno emprego. Pode-se pensar uma situação como a ilustrada em (c) na Figura 7.1, com uma oferta agregada positivamente inclinada no espaço $P - Y$. A existência deste tipo de oferta agregada coloca o *trade-off* crescimento × inflação na análise da política econômica.

No caso clássico (a), uma política monetária expansionista tinha apenas efeitos sobre o nível de preços; já no caso keynesiano (b) extremado, como os preços são rígidos, todo efeito se dá sobre o nível de produto. Com uma curva de oferta agregada como (c), uma política que busque a elevação da renda gera também efeitos sobre o nível de preços.

Este capítulo divide-se em alguns tópicos além desta Introdução. Na seção 7.1, buscamos deduzir, por meio de dois modelos, a curva de oferta agregada positivamente inclinada. Em primeiro lugar, consideramos um modelo em que os salários nominais dependem do salário anterior e do nível de desemprego e em que os preços são formados segundo uma regra de *mark-up* sobre os custos diretos (salários). A esse modelo demos o nome **Oferta Agregada a partir dos preços passados**.

Em seguida, introduzimos a questão das expectativas, na qual considera-se que os agentes formam preços não olhando para o passado, mas para o futuro, chegando à chamada **curva de oferta de Lucas**.

Na seção 7.2, analisamos a chamada *curva de Phillips*, que se constitui em outra forma de expressar a oferta agregada positivamente inclinada. A curva de Phillips, ao invés de nível de preços e de produto, relaciona inflação e desemprego. Nesse ponto, procura-se aprofundar a discussão acerca da formação de expectativas. Discutem-se dois modelos básicos:

1. as chamadas **expectativas adaptativas**, por meio das quais se chega à chamada versão aceleracionista (ou Friedman-Phelps) da curva de Phillips; e

2. as **expectativas racionais**, incorporando as principais consequências do desenvolvimento dessa noção, que ganhou importância dentro da economia a partir dos anos 1970.

Em seguida, introduzimos, na subseção 7.2.3, os impactos dos chamados **choques de oferta**. Esses choques ganharam notoriedade na economia a partir das análises relativas aos choques do petróleo ocorridos ainda na década de 1970.

Na subseção 7.2.4, rediscutimos todo o modelo de oferta agregada × demanda agregada, agora porém expresso em termos de *taxa* de inflação e *nível* de renda e não mais *nível* de preço e *nível* de renda (plano $\pi - Y$, ao invés de $P - Y$). Essa seção é apenas um detalhamento do modelo anterior, sendo que sua leitura pode ser suprimida por aqueles que apenas tenham interesse em completar os modelos de determinação da renda com a discussão da oferta agregada. O principal interesse nessa subseção é avançar a discussão para passar do nível absoluto de preços para a taxa de inflação, o que permite analisar a dinâmica do comportamento de preços, o que torna esse modelo mais aplicável para discutir políticas de estabilização.

7.1 CURVA DE OFERTA AGREGADA

Inicialmente, precisamos encontrar a expressão para a oferta agregada que relacione o produto real da economia e os preços praticados, em nível agregado. Existem vários modelos de oferta agregada que vêm sendo desenvolvidos nos últimos 30 anos. Consideraremos dois modelos principais, um baseado em preços defasados, e que tem uma hipótese de indexação, e outro, mais difundido, baseado em preços esperados, com base nas expectativas dos agentes em relação ao comportamento futuro da demanda agregada (a chamada oferta de Lucas).

7.1.1 Curva de oferta agregada com base em preços passados

Partiremos do mercado de trabalho, ou seja, da relação entre salários e emprego, e chegaremos à curva de oferta agregada, ou seja, relação entre preços e produto.

É razoável supor que as empresas decidam quantos trabalhadores contratar com base no salário real e no quanto esperam vender, ou seja, no produto esperado, sendo que este último depende tanto do produto corrente como do produto potencial, tal que:

$$N^d = N^d (Y^e; W/P) = N^d (Y, Y_P, W/P) \tag{1}$$

onde: N^d = demanda de mão de obra por parte das empresas

Y^e = produto esperado

Y = produto corrente

Y_P = produto de pleno emprego

W/P = salário real

Consideremos adicionalmente que o salário nominal responda à situação prevalecente do mercado de trabalho: com desemprego, o salário nominal tende a se reduzir; havendo superemprego (excesso de demanda de mão de obra pelas empresas), o salário nominal tende a se elevar.

Podemos considerar que o salário se altera tomando por base o salário do período anterior e a situação existente no mercado de trabalho, o que pode ser expresso assim:

$$W = W_{-1}[1 - \delta(\mu - \mu_N)] \tag{2}$$

onde W = salário nominal do período corrente

W_{-1} = salário nominal do período anterior

δ = parâmetro que mede a sensibilidade do salário nominal em relação ao desemprego

μ = **taxa de desemprego**: definida como a diferença entre o total de trabalhadores dispostos e capazes de trabalhar (N_T) e os que estão efetivamente trabalhando (N), em relação ao total, isto é,

$$\mu = \frac{N_T - N}{N_T} \tag{3}$$

μ_N = **taxa de desemprego natural:** é a taxa de desemprego que existe em uma situação de equilíbrio de longo prazo. Pressupõe-se que, mesmo em uma situação de pleno emprego, exista algum desemprego.[1] A taxa de desemprego natural pode ser definida como a diferença entre o total de trabalhadores capazes (N_T) e os que efetivamente trabalham em uma situação de pleno emprego (N_P) em relação ao total, isto é,

$$\mu_N = \frac{N_T - N_P}{N_T} \tag{4}$$

---

[1] Sempre existe algum desemprego em função de problemas ditos friccionais. Apesar de parecer contraditório, mesmo em uma situação de pleno emprego existem algumas pessoas que deixaram seus empregos e ainda não estão ocupando novos postos de trabalho, ou novos ingressantes procurando melhores oportunidades. É importante ressaltar que esse tipo de desemprego não é fruto de insuficiência de demanda agregada (ver Apêndice A do Capítulo 3).

Substituindo a taxa de desemprego μ e a taxa natural de desemprego μ_N em (2) vem

$$W = W_{-1} \left[1 - \delta \left(\frac{N_P - N}{N_T} \right) \right] \tag{5}$$

Se a taxa de desemprego for natural, ou seja, existir pleno emprego (a renda é Y_P), tem-se que

$$N = N_P \implies \mu = \mu_N \implies W = W_{-1} \tag{6}$$

O salário real, portanto, estará, dentro da lógica do mercado de trabalho neoclássico, em seu nível de equilíbrio.

Como queremos chegar à oferta agregada (relação $P - Y$), o passo seguinte é passar das taxas de emprego para o produto. Nesse sentido, a equação anterior pode ser expressa em termos da relação entre o nível de produto e o produto potencial, considerando a chamada **Lei de Okun**, que estabelece uma relação entre produto e desemprego. Essa lei nos mostra que o **hiato de produto**, isto é, a diferença do produto potencial (Y_P) em relação ao produto efetivo (Y), é proporcional à diferença entre a taxa de desemprego e a taxa natural (**taxa de desemprego de pleno emprego**). Fornece, por exemplo, uma medida de quanto cresce o produto quando o desemprego decresce de 1%. Essa relação é bastante óbvia, uma vez que o produto será maior quanto menor o desemprego. Assim, a Lei de Okun pode ser expressada como segue

$$(\mu - \mu_N) = \lambda \, (Y_P - Y) \tag{7}$$

onde λ é um parâmetro que mede a sensibilidade do desemprego em relação ao hiato do produto ($\lambda > 0$).

Ou seja, se o produto efetivo for inferior ao potencial, a taxa de desemprego será superior à taxa natural.

$$(Y_P - Y) > 0 \implies (\mu - \mu_N) > 0 \tag{8}$$

Substituindo (7) em (2), temos:

$$W = W_{-1} \, [1 - \delta \, \lambda \, (Y_P - Y)] \tag{9}$$

Finalmente, para chegarmos aos preços de mercado, podemos considerar que as empresas formam seus preços de acordo com uma regra de *mark-up*, isto é, aplicando uma margem multiplicativa sobre os custos diretos, dos quais o principal componente são os salários. Temos assim:

$$P = \gamma W \tag{10}$$

onde $\gamma > 1$ é o *mark-up*.

Substituindo W pela expressão (2), temos:

$$P = \gamma W_{-1} \, [1 - \delta \, (\mu - \mu_N)] \tag{11}$$

Como vale também para o período anterior

$$P_{-1} = \gamma W_{-1} \tag{12}$$

segue que

$$P = P_{-1} \, [1 - \delta \, (\mu - \mu_N)] \tag{13}$$

Finalmente, substituindo (7) em (13), vem:

$$P = P_{-1} [1 - \delta\lambda ((Y_P - Y)] \tag{14}$$

Assim, o preço corrente é dado pelo preço vigente no período anterior mais um fator de correção dado pela distância entre o produto efetivo e o produto potencial. Quando o produto encontra-se em seu nível potencial, $(Y = Y_P)$, segue que $P = P_{-1}$.

Essa relação pode ser vista na Figura 7.2 e pode ser considerada uma **primeira aproximação da curva de oferta agregada**, estabelecendo uma relação positiva entre o nível corrente de preços e o produto. Se o produto estiver abaixo do nível potencial $(Y < Y_P)$, o nível de preços correntes situar-se-á abaixo do nível de preços vigente no período anterior, e caso o produto esteja acima do potencial,[2] o nível de preços situar-se-á acima dos preços do período anterior.

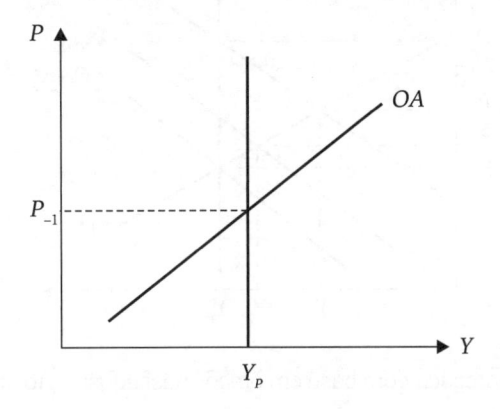

Figura 7.2 A curva de oferta agregada com base em preços passados.

Essa curva foi traçada considerando-se um dado nível de salário nominal. Elevações neste último farão com que toda a curva de oferta agregada se desloque, pois, para qualquer nível de produto dado, a elevação de custos fará com que as empresas exijam um nível de preços mais elevado (lembrar que estamos considerando o preço como um múltiplo do salário nominal, segundo uma regra de *mark-up*). Assim, uma elevação do salário nominal desloca a curva de oferta agregada para a esquerda e para cima, e uma redução a deslocará para a direita e para baixo.

Como o comportamento do salário nominal depende a longo prazo das condições de desemprego ou de superemprego, conclui-se que este tende a ajustar-se no sentido de garantir a situação de pleno emprego, com o que a curva de oferta de curto prazo (AO_{CP}) ficará oscilando constantemente em resposta às condições do mercado de trabalho e do salário nominal. Dado esse movimento, o produto tenderá no longo prazo a seu nível potencial, independentemente do nível de preços. Ou seja, voltamos a uma constatação já enunciada, qual seja, de que a oferta agregada de longo prazo (AO_{LP}) é vertical ao nível do produto de pleno emprego, conforme preconizado pela teoria neoclássica.

Dada a demanda agregada, suponhamos que o nível de salário nominal faça com que a oferta agregada de curto prazo seja AO_{CP1}. Na Figura 7.3, AO_{CP1} intercepta a reta de produto potencial AO_{LP} ao nível de preços prevalecente no período anterior (P_{-1}).

---

[2] Como já observamos no Capítulo 1, o conceito de pleno emprego, na macroeconomia, não é exatamente um conceito *físico* (todas as máquinas ocupadas, não há mão de obra desempregada), mas *econômico*, no sentido de que o *mercado de trabalho está em equilíbrio*. Nesse sentido, podemos falar de "produto acima do produto potencial", onde ocorre superemprego (horas extras, mais turnos de trabalho etc.).

A intersecção dessa oferta com a demanda agregada determinará os novos níveis de preços e de produto, que serão respectivamente P_1 e Y_1. Nessa situação, haverá desemprego, fazendo com que os salários nominais se reduzam, com o que a AO_{CP1} se desloca para baixo (AO_{CP2}).

De acordo com nossa definição da curva de oferta, a nova AO_{CP2} interceptará o produto potencial ao nível de preços prevalecente no período 1, ou seja, em P_1. O deslocamento para baixo da curva de oferta levará a uma redução do nível de preços e a uma ampliação do produto, mas no qual ainda haverá desemprego, o que resultará em nova redução do salário nominal e em novo deslocamento da curva de oferta agregada de curto prazo.

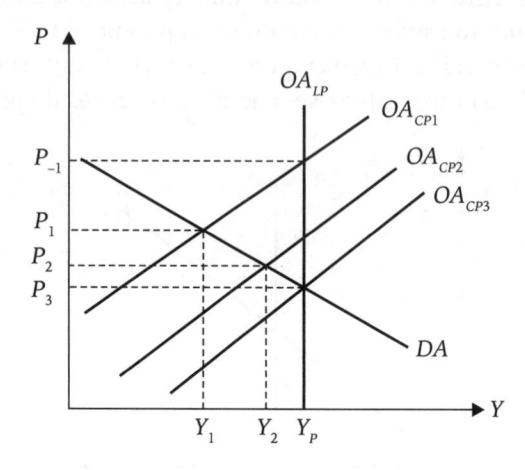

Figura 7.3 Oferta agregada com base em preços passados: curto prazo e longo prazo.

Esse processo persistirá até que a curva de oferta agregada de curto prazo intercepte a curva de demanda agregada ao nível do produto potencial (AO_{CP3}), ao nível de preços P_3.

Percebe-se, portanto, que o produto de pleno emprego é a situação para a qual a economia tende ao longo do tempo, uma vez que no longo prazo tanto os preços como os salários são flexíveis. Assim, a reta vertical no produto potencial, representando a oferta agregada de longo prazo, pode ser tomada como uma referência para onde tende a economia.

7.1.2 Curva de oferta de Lucas

Vamos introduzir na análise a questão das expectativas e chegar à curva de oferta agregada desenvolvida por Lucas Jr. (1973).

Diferentemente do modelo desenvolvido no último tópico, em que considerávamos que o nível de preços flutuava em torno do nível de preços do período anterior, de acordo com a distância do produto em relação ao produto potencial, agora consideraremos que os agentes formam expectativas em relação ao preço que vigorará no próximo período, de acordo com suas expectativas sobre o comportamento da demanda agregada. A partir daí, determina-se o salário nominal compatível com o nível de preços esperado, de modo a garantir-se o pleno emprego. O nível de oferta corrente desviará do produto potencial de acordo com os desvios do nível de preços efetivo em relação ao nível de preços esperado (que depende das expectativas sobre a demanda agregada).

Assim, a **curva de oferta agregada**, conhecida como **oferta de Lucas**, tem a seguinte forma:

$$Y = Y_P + \alpha (P - P^e); \alpha > 0 \tag{15}$$

onde: Y_P = Produto potencial à taxa natural de desemprego

P = Nível corrente de preço

P^e = Preço esperado

O termo α representa a sensibilidade de resposta do produto a mudanças inesperadas de preços. Dessa forma, se o nível de preços correntes superar o nível esperado, o produto superará o produto potencial; e se for inferior, o produto será inferior ao potencial. Caso as expectativas dos agentes se confirmem com o nível de preços atingindo o esperado, o produto corrente alcançará o potencial (Figura 7.4).

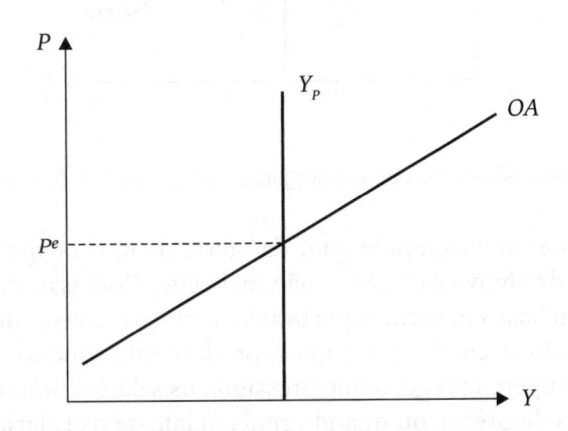

Figura 7.4 Curva de oferta de Lucas.

Comparando com nossa formulação anterior da curva de oferta agregada (equação (14)), tínhamos que o produto não se alteraria de um período para outro quando $P = P_{-1}$. O produto não se altera em nossa formulação inicial apenas quando o mercado de trabalho está em equilíbrio, isto é, quando está na taxa natural de desemprego. Assim, a persistência do nível de preços de um período para outro significa que estamos em uma situação de pleno emprego.

Quando ocorre a expansão do produto de um período em relação ao outro, ela é acompanhada por uma elevação dos preços e vice-versa. Em termos formais, tanto faz usar P^e ou P_{-1}, pois este pode ser considerado um caso particular de formação de expectativas, no qual os agentes esperam que o nível de preços do passado recente vá permanecer no período corrente.

As duas formulações para a curva de oferta agregada (equações 14 ou 15) mostram que, no curto prazo, podem-se obter elevações no produto, desde que se aceitem maiores níveis de preços. Assim, uma política econômica não prevista que amplie a demanda agregada (desloque-a para a direita) tem, no curto prazo, efeito positivo sobre o produto, mas também tem efeito positivo sobre preços. Em qualquer um dos modelos, políticas expansionistas não esperadas pelos agentes resultarão no curto prazo tanto em elevação do produto como dos preços, mas no longo prazo, apenas os preços serão afetados.

Suponhamos que, em dado momento, o nível de preços esperado seja P^e_1, correspondendo ao nível ao qual, dada certa expectativa em relação às políticas monetária e fiscal, a curva de demanda agregada esperada (DA_1) intercepta o produto potencial, conforme a Figura 7.5.

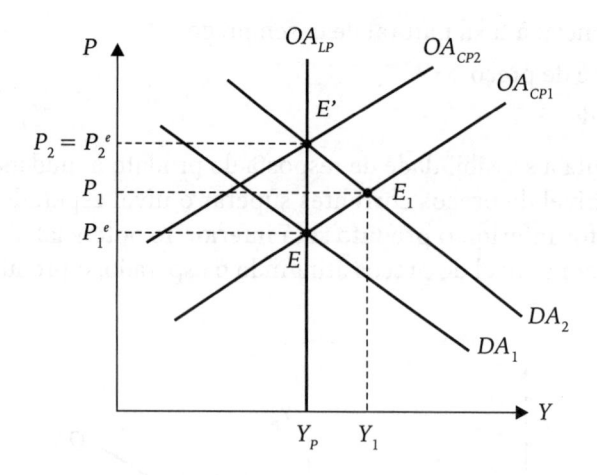

Figura 7.5 Expansão da demanda agregada: efeitos no curto e no longo prazos.

Caso ocorra um aumento inesperado quer da oferta de moeda, quer dos gastos públicos, a curva de demanda agregada efetiva será DA_2 e não mais DA_1. Com isso, dada uma oferta agregada de curto prazo obtida com base em certa expectativa de preços, o nível de preços efetivo será superior ao esperado, situando-se em P_1, com o que o produto será superior ao potencial – Y_1. Nesse nível de produto, haverá superemprego, o que pressiona os salários nominais. Quando os agentes reveem suas expectativas de preços ou quando renegociam-se os salários nominais, a curva de oferta agregada de curto prazo se desloca para cima (para AO_{CP2}), levando à nova ampliação dos preços com redução no produto, que volta ao nível potencial, como pode ser visto na Figura 7.5. No longo prazo, o resultado final é apenas uma elevação dos preços, não existindo efeito sobre o nível de renda. Assim, novamente, no longo prazo, vale a hipótese clássica de uma curva de oferta agregada vertical.[3]

7.2 CURVA DE PHILLIPS E A QUESTÃO DAS EXPECTATIVAS

O problema inicial do capítulo era mostrar que a oferta agregada de curto prazo era positivamente inclinada, de tal modo que a demanda agregada não seria a única determinante do nível de produto, conforme o modelo keynesiano, nem tampouco teria a irrelevância a ela atribuída no modelo neoclássico, em que esta apenas determinaria o nível de preços, sem qualquer efeito sobre o produto.

A análise do processo inflacionário é de difícil visualização no modelo oferta × demanda agregada. Essa visualização é facilitada pelo uso do arcabouço da chamada **curva de Phillips**, que relaciona inflação e desemprego. A curva recebe esse nome devido aos trabalhos pioneiros de A. W. Phillips, que estabeleceu uma relação inversa entre taxas de inflação e de desemprego de modo empírico.

A curva de Phillips pode ser deduzida com base na oferta agregada, como faremos a seguir, inicialmente com base no modelo com preços defasados e depois incorporando expectativas,

---

[3] Existe uma série de modelos de oferta agregada relativamente recentes que também desembocam na equação de Lucas, embora partindo de diferentes premissas, como, por exemplo: (a) rigidez dos salários nominais durante certo período de tempo; (b) informação imperfeita por parte dos trabalhadores (a chamada *percepção equivocada dos trabalhadores*); (c) preços rígidos; e (d) informação imperfeita por parte das empresas (percepção equivocada por parte dos empresários). Uma síntese desses modelos pode ser encontrada em Mankiw (2015).

chegando a uma formulação mais moderna da curva, de modo a se poder discutir tanto o papel das expectativas como o dos choques de oferta.

Começamos com uma formulação bem simples da curva de oferta (equação 13), em que o nível de preços do período corrente oscila em torno do nível de preços do período anterior, de acordo com a diferença entre a taxa de desemprego efetiva e a taxa de desemprego natural.

$$P = P_{-1}[1 - \delta(\mu - \mu_N)] \tag{16}$$

Da expressão acima, podemos deduzir a curva de Phillips, rearranjando os termos da equação assim:

$$\frac{P - P_{-1}}{P_{-1}} = -\delta(\mu - \mu_N) \tag{17}$$

O termo do lado esquerdo da equação é a definição de **taxa de inflação**, que chamaremos de n. Assim, temos:

$$\pi = -\delta(\mu - \mu_N) \tag{18}$$

que nos mostra a relação inversa entre inflação e desemprego, conforme a relação estabelecida pela curva de Phillips. Se se pretende diminuir o desemprego, disso resultará mais inflação e vice-versa. Essa curva estabelece o *trade-off* entre essas duas variáveis, e traz uma importante mensagem: o combate à inflação exige ampliação do desemprego ou, como definiremos à frente, impõe-se uma taxa de sacrifício para a sociedade. Essa relação encontra-se expressa na Figura 7.6.

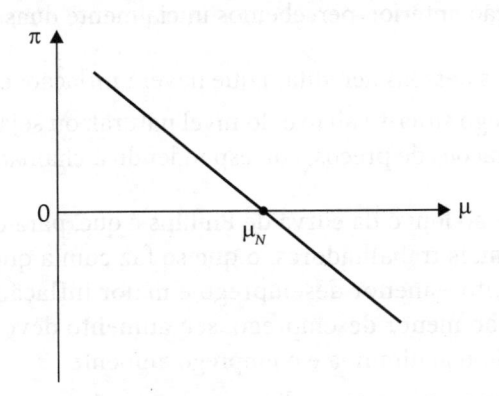

Figura 7.6 Curva de Phillips.

Devemos notar que, de acordo com a curva de oferta agregada que definimos, quando $Y = Y_P$, segue que $P = P_{-1}$. Dessa forma, quando o produto se encontra em seu nível potencial e o desemprego se encontra em sua taxa natural, isto é, na taxa de desemprego de pleno emprego, a taxa de inflação é zero.

Também podemos deduzir uma versão modificada para a curva de Phillips, com base na oferta agregada de Lucas apresentada no item anterior. A equação de Lucas (15) é:

$$Y = Y_P + \alpha(P - P^e) \tag{19}$$

A lei de Okun estabelece (equação 7):

$$\mu - \mu_N = \lambda(Y_P - Y) \tag{20}$$

Com base em (15), podemos fazer:

$$P = P_e - 1/\alpha \, (Y_P - Y) \tag{21}$$

Juntando com (7), temos:

$$P = P^e - \varphi(\mu - \mu_N) \tag{22}$$

onde $\varphi = 1/\lambda\alpha$ mede a sensibilidade dos preços à taxa de desemprego, sendo obtido com base na sensibilidade do produto em relação ao desemprego λ e na sensibilidade do nível de preços em relação ao produto a (parâmetros definidos anteriormente).

Transformando os níveis de preços efetivos e esperados em termos de variação em relação ao período anterior, temos:

$$P - P_{-1} = P^e - P_{-1} - \varphi(\mu - \mu_N) \tag{23}$$

ou seja:

$$\pi = \pi^e - \varphi(\mu - \mu_N) \tag{24}$$

onde π^e = taxa de inflação esperada.[4]

Chegamos em (24), novamente à curva de Phillips, que estabelece uma relação inversa entre inflação e desemprego. Considerando uma expectativa de inflação igual a zero ($\pi^e = 0$), isto é, $P^e = P_{-1}$, temos a curva de Phillips já deduzida anteriormente (18).

De acordo com a equação anterior, percebemos inicialmente duas causas para a inflação:

i.   ela existe porque as pessoas acreditam que haverá inflação; e

ii. porque o desemprego situa-se abaixo do nível natural, ou seja, o produto supera o potencial levando a elevações de preços, correspondendo à chamada **inflação de demanda**.

Um aspecto importante ao longo da curva de Phillips é que, para que o desemprego diminua, as firmas devem contratar mais trabalhadores, o que se faz com a queda do salário real. Assim, para que haja esse movimento – menor desemprego e maior inflação –, mesmo que os salários nominais se elevem devido ao menor desemprego, seu aumento deve ser inferior ao do nível de preços, de modo que o salário real diminua e o emprego aumente.

Podemos completar a análise anterior adicionando um elemento aleatório na equação. Este representaria, por exemplo, choques de oferta, como a elevação dos preços das matérias-primas (choque do petróleo, por exemplo). Nesse caso, acrescentaríamos uma terceira causa para explicar a inflação: os choques de oferta, que correspondem à chamada **inflação de custos**. Assim, temos uma formulação mais geral para a curva de Phillips.

$$\pi = \pi^e - \varphi(\mu - \mu_N) + \varepsilon \tag{25}$$

onde ε = **choques de oferta** (podem ser positivos ou negativos).

Em uma situação onde $\pi^e = 0$ e não ocorram choques de oferta, a única explicação para a inflação passa a ser o nível de emprego. Caso a taxa de desemprego esteja em seu nível natural,

---

4   A rigor, as taxas de inflação são as variações percentuais dos preços $\left[\dfrac{P - P_{-1}}{P_{-1}} \right]$. Para maior precisão, pode-se considerar P o logaritmo dos preços, de modo que a variação de P se aproxima da variação percentual dos preços.

a inflação será igual a zero. Já se o desemprego for inferior à taxa natural, haverá inflação, e se o desemprego for superior, haverá deflação.

Suponhamos agora que os agentes passem a acreditar que haverá inflação: $\pi^e > 0$. Nessa circunstância, mesmo que não ocorram choques de oferta ou que a taxa de desemprego seja igual à natural, haverá inflação $\pi = \pi^e$. Assim, quanto maior for a expectativa inflacionária, maior será a taxa de inflação efetiva para qualquer nível de desemprego, ou seja, alterações em π^e deslocam a curva de Phillips.

O mesmo vale para o elemento de choques de oferta: um choque de oferta positivo (uma redução no preço dos produtos agrícolas: $\varepsilon < 0$) desloca para baixo a curva de Phillips, enquanto um aumento no preços das matérias-primas a desloca para cima. A influência desses fatores na posição da curva de Phillips pode ser vista na Figura 7.7.

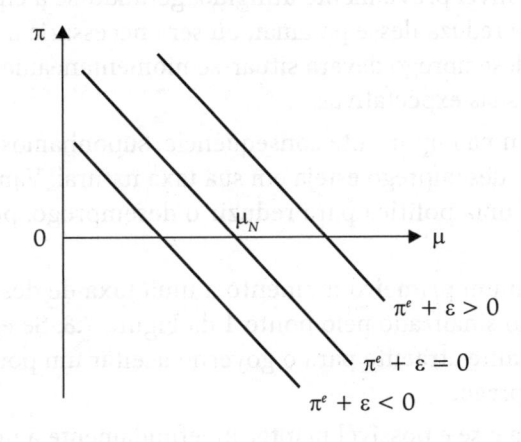

Figura 7.7 Choques de oferta e mudanças nas expectativas: deslocamento na curva de Phillips.

Uma vez introduzida a curva de Phillips, torna-se necessário discutir com um pouco mais de detalhe a questão da formação de expectativas. Podemos imaginar várias regras possíveis para tal. Pode-se considerar por exemplo, que o indivíduo espere que o valor de uma variável seja a média do valor observado nos últimos períodos (2, 3, 4, 5 ou quantos períodos quiser). Pode-se recorrer ao uso da astrologia, da numerologia etc.

Consideraremos para efeito de nosso estudo duas hipóteses sobre a formação de expectativas:

i.   expectativas adaptativas; e
ii. expectativas racionais.

Discutiremos sua constituição e quais suas implicações para nosso objeto de estudo.

7.2.1 Curva de Philips com expectativas adaptativas: versão aceleracionista

A hipótese das expectativas adaptativas nos diz que os indivíduos corrigem suas expectativas em relação ao valor esperado de uma variável de acordo com os erros que cometeram no passado. Assim, por exemplo, se no período anterior o agente subestimou a taxa de inflação, ele corrigirá sua nova expectativa, levando em consideração a subestimação. Assim, essa regra pode ser explicitada pela seguinte equação:

$$\pi_t^e = \pi_{t-1}^e + \beta(\pi_{t-1} - \pi_{t-1}^e) \tag{26}$$

sendo β = velocidade de correção das expectativas

Consideremos o caso em que $\beta = 1$. Nesse caso, o valor esperado de uma variável será sempre o valor verificado no último período. É uma regra muito simples, e muito seguida: os agentes acham que o passado recente é o melhor previsor para o presente e para o futuro.

Assim, com

$$\beta = 1 \implies \pi_t^e = \pi_{t-1} \tag{27}$$

Nesse caso, quando os indivíduos olham para o passado como melhor previsor do futuro, mesmo que não haja choques de oferta ou o desemprego se encontre em sua taxa natural, a inflação tende a se perpetuar no nível previamente atingido, gerando-se a chamada **inércia inflacionária**. Para que a inflação se reduza desse patamar, ou será necessária a ocorrência de um choque deflacionário, ou a taxa de desemprego deverá situar-se momentaneamente acima da natural, forçando os agentes a reverem suas expectativas.

A análise anterior traz uma importante consequência: suponhamos que em dado momento a inflação seja zero e a taxa de desemprego esteja em sua taxa natural. Vamos supor adicionalmente que o governo decida fazer uma política para reduzir o desemprego, por exemplo, ampliando a oferta de moeda.

Essa política levará em um primeiro momento a uma taxa de desemprego menor e a uma taxa de inflação maior, como sinalizado pelo ponto 1 da Figura 7.8. Se esse ponto fosse sustentável a longo prazo, seria bastante atraente para o governo aceitar um pouco mais de inflação para conseguir um menor desemprego.

A questão que se coloca é se é possível manter indefinidamente a menor taxa de desemprego com o mesmo patamar inflacionário. Como veremos na sequência, a resposta é não. O aumento da inflação faz com que os agentes ampliem suas expectativas inflacionárias, deslocando a curva de Phillips para a direita e para cima. Mantida nos períodos seguintes a mesma taxa de expansão monetária, a taxa de inflação se estabilizará em π_1, mas o desemprego voltará a sua taxa natural (ponto 2 da Figura 7.8). Se o governo pretender manter indefinidamente o desemprego abaixo da taxa natural, isto irá requerer taxas crescentes de expansão monetária e de inflação.[5]

Dada essa aceleração inflacionária, o *trade-off* inflação-desemprego só vale no curto prazo. No longo prazo, o governo não conseguirá manter indefinidamente a inflação acima do esperado, uma vez que os agentes aprenderam com os erros do passado.

Percebemos, portanto, que **a curva de Phillips de longo prazo é vertical**, ou seja, no longo prazo a economia situar-se-á na taxa natural de desemprego e qualquer tentativa de reduzi-la apenas gerará inflação. Esse é o mesmo resultado a que chegamos na curva de oferta agregada: no longo prazo, o produto situa-se em seu nível potencial e apenas os preços variam.

A introdução das expectativas na curva de Phillips permite-nos analisar o fenômeno marcante da década de 1970, a **estagflação**, que corresponde à presença simultânea de inflação e desemprego. No arcabouço da curva de Phillips tradicional, sem expectativas, este fenômeno não poderia ocorrer. Ao introduzirmos as expectativas, podemos explicá-lo conforme a Figura 7.8.

---

[5] Como estamos considerando a taxa de inflação, isto é, a taxa de variação do nível geral de preços, levamos em consideração a taxa de expansão monetária. A manutenção de inflação estável requer uma taxa de expansão monetária estável. Quando consideramos uma expansão do estoque monetário *once for all*, isto é, de uma só vez, isto trará aumento no nível geral de preços, mas não levará a um processo inflacionário, isto é, a um processo contínuo de elevação no nível geral de preços. Caso assim fosse, o estoque real de moeda seria sensivelmente reduzido, levando à queda do nível de atividade e à queda dos preços.

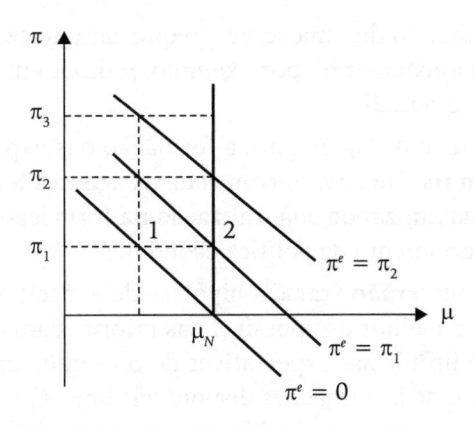

Figura 7.8 Curva de Phillips e expectativas.

Mesmo que estejamos convivendo com desemprego, mas as expectativas inflacionárias sejam elevadas, poderemos ter inflação.

7.2.2 Expectativas racionais

Como vimos na análise precedente, as expectativas cumprem um papel central na determinação dos resultados da política econômica e no valor das variáveis econômicas. Como tal, a maneira como as pessoas formam suas expectativas é de crucial importância para a análise econômica.

Até o momento, consideramos uma regra bastante simples de formação de expectativas, na qual o valor esperado para uma variável no período corrente é igual ao último valor observado, ou, ainda, que seja o último valor esperado mais um fator de correção em decorrência do erro incorrido no passado. A igualdade entre o valor esperado e o último observado é, como vimos, um caso particular das chamadas expectativas adaptativas.

De acordo com essa regra, os indivíduos estão constantemente olhando para o passado e incorporando seus erros nas expectativas correntes. Ou seja, simplesmente contamina-se o presente com os erros do passado, sem levar em consideração as novas informações que estejam à disposição, perenizando-se os erros.

A desconsideração sobre as informações do presente, sobre o contexto atual na formulação das expectativas, parece algo bastante irracional, e provocou uma série de críticas a esta abordagem. Conforme mostra a curva de Phillips, esse tipo de regra traz uma importante consequência em termos de sacrifício envolvido no combate inflacionário. Se os indivíduos estão sempre jogando a inflação do passado para o futuro, a única forma de combatê-la é fazer com que o desemprego se situe acima da taxa natural, de modo que os trabalhadores passem a aceitar menores reajustes salariais, fazendo com que a inflação vá declinando e as expectativas se revertendo no futuro: com a queda da inflação efetiva, período a período, devido ao desemprego, as expectativas entram em trajetória declinante.

A perda de produto decorrente do combate à inflação reflete a chamada **taxa de sacrifício**: quanto se perde de produto para reduzir a inflação em 1%. Suponhamos, por exemplo, que a taxa de sacrifício seja igual a 1, ou seja, para se reduzir de um ponto percentual a taxa de inflação, perde-se 1% em termos de produto. Consideremos um país qualquer que conviva com uma taxa de inflação da ordem dos 10% a.a. e queira reduzi-la para zero. Pela hipótese de que a taxa de sacrifício seja igual a 1, isso exigirá uma queda de 10% no produto. Os gestores da política econômica podem optar por fazê-lo de uma só vez, o que caracterizaria uma estratégia de choque, ou distribuir no tempo o ajustamento, por exemplo, reduzir em 2% a.a. durante cinco anos, de acordo com uma estratégia gradualista.

Consideremos agora outra abordagem para a formação das expectativas, a chamada **hipótese das expectativas racionais**. De acordo com esta, os agentes levam em consideração todas as informações disponíveis, maximizando sua utilização na formação das expectativas, inclusive aquelas relacionadas ao comportamento da política econômica.

Em sua **versão simples** ou **versão fraca**, a hipótese de expectativas racionais pode ser definida como os agentes fazendo o melhor uso possível das informações de que dispõem. Nesse caso, os erros do passado deixam de influir nas expectativas do presente, uma vez que estas últimas são formadas com base no conjunto de informações disponíveis hoje. Com isso, os agentes não incorrem em erros sistemáticos, ou seja, os erros de diferentes períodos não são autocorrelacionados.

Na **versão forte** da hipótese das expectativas racionais, assume-se que os agentes, em suas expectativas, sempre acertam na média o valor efetivo da variável. Assim, a hipótese das expectativas racionais implica:

$$E(\pi^e) = \pi$$
$$\text{Cov } \varepsilon_t, \varepsilon_{t-1} = 0 \tag{28}$$

sendo E e *cov* os símbolos estatísticos de esperança matemática (média esperada) e covariância (uma medida de associação entre duas variáveis), e ε = erro na previsão.

Assumir a hipótese das expectativas racionais traz importantes implicações para a análise que desenvolvemos até o momento.

Consideremos, por exemplo, um caso no qual os salários sejam fixos em virtude de contratos de trabalho. Suponhamos uma expansão monetária que desloque a demanda agregada para a direita. Com salários nominais fixados, a expansão monetária levará a um aumento no nível de preços, que reduzirá o salário real, tornando o trabalho mais barato, induzindo as empresas a contratarem mais mão de obra e, portanto, aumentando o preço do produto.

Consideremos agora que os agentes se valem das chamadas expectativas racionais e que a expansão monetária já era esperada por eles. No contrato de trabalho eles poderiam, por exemplo, incluir uma cláusula de correção dos salários nominais, tal que no momento da expansão monetária os salários fossem corrigidos. Então, quando a oferta de moeda se ampliasse, tanto a demanda quanto a oferta agregada se elevariam.

Nesse caso, a política monetária não teria qualquer impacto sobre o produto, apenas sobre os preços. Isso também valeria para a política fiscal e para os demais modelos. Portanto, considerando expectativas racionais, qualquer choque perfeitamente antecipado não teria qualquer efeito sobre o produto, a curva de oferta agregada de curto prazo também seria vertical. Apenas choques não antecipados poderiam ter algum efeito.

No caso da curva de Phillips, também se considerando a existência de expectativas racionais, eliminar-se-ia o *trade-off* entre inflação e desemprego no curto prazo e a curva tornar-se-ia vertical. Se os agentes forem capazes de previsão perfeita, isto é, se o valor efetivo da variável for exatamente igual ao valor esperado, no caso da curva de Phillips, o desemprego estará sempre em sua taxa natural; no caso da oferta agregada, o produto não se desviará do potencial. Os desvios só poderão ocorrer devido à ocorrência de choques. Assim, se:

$$\pi = \pi^e - \varphi(\mu - \mu_N) + \varepsilon \tag{29}$$

e

$$\pi = \pi^e \tag{30}$$

então, com choques aleatórios iguais a zero,

$$\mu = \mu_N \tag{31}$$

Essa situação será válida mesmo que o governo tenha por objetivo alterá-la. Qualquer política de redução de desemprego antecipada pelos agentes transformar-se-ia em inflação.

No que diz respeito ao combate à inflação, também tem-se uma consequência importante. Com expectativas racionais, pode-se eliminar a necessidade de recessão para combater a inflação, ou seja, deixa de existir a chamada taxa de sacrifício. Para reduzir a inflação, basta o governo apresentar um plano consistente de combate à inflação, como por exemplo anunciar que estancará a emissão monetária. Caso o governo tenha credibilidade e os agentes confiem nas medidas anunciadas e as considerem adequadas aos fins propostos, estes reveem suas expectativas, e a inflação pode declinar sem qualquer perda de produto. Mesmo que vários economistas, de diferentes escolas, utilizem a hipótese das expectativas racionais, principalmente em sua versão fraca, muitos não fazem parte da chamada escola das expectativas racionais.[6] De acordo com esta, além da hipótese sobre a regra de formação das expectativas pelos agentes, considera-se que os mercados sempre se equilibram (isto é, os preços são flexíveis) e que os agentes formam seus preços de modo a atingir a situação de pleno emprego (com maximização de lucros e bem-estar, ou seja, de modo a atingir uma situação de eficiência paretiana).

Dadas essas hipóteses, a economia sempre se encontrará a pleno emprego, sem a existência de desemprego involuntário. As flutuações que ocorrem no produto decorrem exclusivamente da percepção equivocada ou informação imperfeita dos agentes (trabalhadores e empresários), que confundem os sinais emitidos por uma variação de preços.

Nessa concepção, a política monetária só poderia influir no produto se fosse um fator surpresa, ou seja, se não fosse antecipada. Como os agentes não incorrem em erros sistemáticos, as surpresas não podem ser reeditadas com frequência, assim a política monetária não pode afetar sistematicamente o nível de produto.

7.2.3 Choques de oferta

Como vimos nas seções anteriores, ao definirmos a curva de Phillips, choques de oferta (ε) afetam a posição da curva. Nesta seção, procuraremos mostrar, com o arcabouço da curva de oferta agregada desenvolvido neste capítulo, os impactos de choques de oferta sobre a economia.

Consideremos, por exemplo, o choque do petróleo na década de 1970. Com o aumento do preço da matéria-prima, elevaram-se os custos das empresas, fazendo com que, para oferecer a mesma quantidade de produto, estas passassem a exigir um maior nível de preços, ou seja, desloca-se para cima e para esquerda a curva de oferta agregada.

Se a economia encontrava-se inicialmente em uma situação de equilíbrio ao nível do produto potencial, e se não se alterarem nem a oferta de moeda nem a política fiscal, mantendo inalterada a curva de demanda agregada, o resultado imediato do choque de oferta será uma elevação dos preços e uma redução do produto, como pode ser visto no ponto E', na Figura 7.9.

---

[6]   Os principais autores desta escola são: Robert Lucas, Thomas Sargent e Neil Wallace.

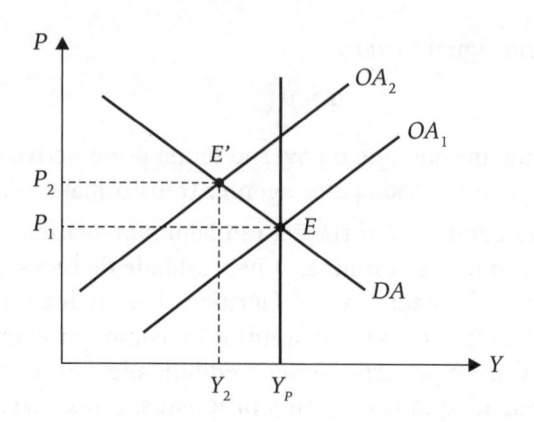

Figura 7.9 Oferta e demanda agregada: efeito de um choque de oferta.

Notemos que no ponto E' haverá desemprego. Se o governo não tomar nenhuma medida em resposta ao choque, de acordo com nossa hipótese de que os salários nominais se reduzem na existência de desemprego, ao longo do tempo, conforme o desemprego vai se mantendo, os salários nominais vão se reduzindo, e a curva de oferta agregada tende a voltar a sua posição original. O custo associado a isto é que, quanto maior a rigidez salarial, mais prolongado tende a ser o desemprego, até que o salário se ajuste à nova situação.

Ocorre, porém, que vários governos não aceitaram o ônus de se manterem paralisados diante do choque, e preferiram agir de modo a evitar o desemprego. Se o objetivo for manter o desemprego em sua taxa natural, isto é, o produto no nível potencial, o governo pode reagir ao choque provocando um deslocamento da demanda agregada, tal que esta intercepte a nova curva de oferta agregada no nível de produto potencial.

Para tal, poderia, por exemplo, ampliar a oferta de moeda, deslocando a demanda agregada para cima e para a direita, conforme a Figura 7.10.

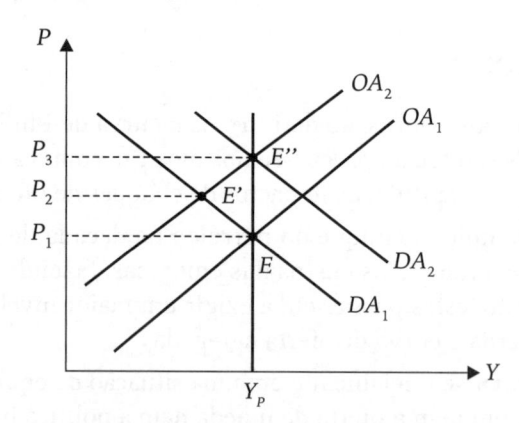

Figura 7.10 Política acomodatícia.

Percebemos que, com esta política, o governo consegue evitar a queda do produto e o desemprego, mas em consequência leva a maior elevação do nível de preços (para P_3). Esse tipo de resposta a choques de oferta é chamado **política acomodatícia**: o governo prefere acomodar o choque a um maior nível de preços a aceitar a queda de produto e o desemprego.

Suponhamos a curva de Phillips com expectativas adaptativas descrita anteriormente. Considerando-se uma situação inicial em que a expectativa de inflação seja zero e não haja choques de oferta (ou seja, a taxa de desemprego seja igual à taxa natural), a taxa de inflação será zero.

Quando ocorre o choque, a curva de Phillips desloca-se para cima (para CP_1), gerando uma taxa de inflação ao nível da taxa natural de desemprego igual a ε, conforme a Figura 7.11.

Notemos, porém, que se o governo não fizer nada, mantendo uma taxa de expansão monetária igual a zero, a inflação será inferior, mas isso resultará em desemprego no ponto A na Figura 7.11. No momento seguinte, a expectativa inflacionária será π_1 e, na ausência de novos choques, a curva de Phillips volta para uma posição intermediária. Mantido o desemprego, a taxa de inflação será menor que a esperada, podendo inclusive ser zero (ponto B). Isso leva as pessoas a reverem novamente suas expectativas deslocando novamente para baixo a curva de Phillips, que, em nosso exemplo, voltaria à posição original. Note-se que, como ainda há desemprego, no ponto C haverá deflação. O estoque real de moeda começa a voltar a seu nível inicial (lembrar que ele foi corroído pela inflação) e a economia volta à posição original: taxa de desemprego natural e inflação zero.

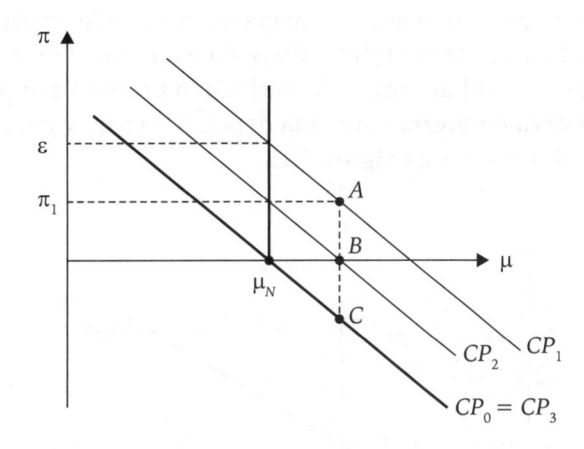

Figura 7.11 Curva de Phillips e choque de oferta.

Já se o governo for tentar acomodar o choque, de modo a evitar o desemprego, terá que ampliar a taxa de emissão monetária, gerando uma inflação no primeiro momento igual ao choque de oferta (ε). Ao ser incorporada nas expectativas esta taxa de inflação, para manter a economia na taxa natural de desemprego, o governo deverá manter uma taxa de expansão monetária maior, perpetuando a inflação no novo patamar. Esse processo poderá ficar mais claro com o instrumental desenvolvido na seção seguinte.

7.2.4 Determinação do produto e da inflação

Nesta seção desenvolveremos um modelo que busca explicar a determinação tanto da inflação como do produto. Para tal, definiremos as curvas de oferta e demanda agregada como uma relação entre quantidade (nível) de produto e taxas de inflação, para que no equilíbrio entre oferta e demanda tenhamos a determinação das duas variáveis.[7]

Assim, passamos a falar em oferta e demanda agregada no plano ($\pi - Y$). Esta parte do capítulo também incluirá as análises feitas com expectativas incorporadas não apenas à oferta, mas também à demanda agregada.

---

[7] Esta seção segue a estrutura de análise apresentada em Dornbush e Fisher (1982, Capítulo 13).

Esta seção é apenas um detalhamento do modelo anterior, passando do nível absoluto de preços para a taxa de inflação, o que permite analisar a dinâmica do comportamento de preços e da renda. Como já observamos, ela pode ser dispensável por aqueles que tenham apenas o interesse de completar os modelos de determinação da renda.

Podemos transformar a curva de Phillips em uma curva de oferta agregada, com a utilização da Lei de Okun, definindo uma relação entre nível de produto e taxa de inflação. Ou seja, passamos a definir a oferta agregada não mais em relação ao **nível** de preços, mas em relação à **taxa** de inflação.

$$\pi = \pi^e + \gamma(Y - Y_P) \tag{32}$$

onde γ mede a sensibilidade da inflação aos desvios do produto.

De acordo com essa formulação, percebe-se que a inflação se desvia do valor esperado quando o produto se desvia do potencial; ou, inversamente, pode-se dizer que o produto desvia-se do potencial quando a inflação efetiva difere da esperada. Observe-se novamente que, se supusermos que os agentes tenham previsão perfeita, o produto sempre estará em seu nível potencial. A posição da curva de oferta agregada depende exclusivamente da taxa de inflação esperada. Essa relação pode ser vista na Figura 7.12.

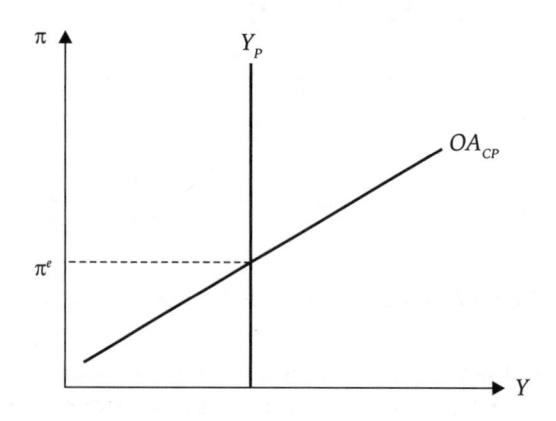

Figura 7.12 Oferta agregada no plano $\pi - Y$.

No longo prazo, como vimos anteriormente, após realizados todos os ajustamentos de preços na economia, o produto tende a seu nível potencial. Como os preços são totalmente flexíveis no longo prazo, caímos no chamado mundo (neo)clássico. Conforme discutido no Capítulo 3, a inflação era um fenômeno meramente monetário, no sentido de que as elevações de preços decorriam simples e unicamente da expansão monetária. Dessa forma, se no longo prazo vale o mundo neoclássico, pode-se inferir daí que a taxa de inflação, ou seja, a taxa de variação dos preços, deve igualar-se à taxa de expansão monetária. Para tal, basta analisarmos o equilíbrio no mercado monetário:

$$M^d(Y,i) = M^s/P$$
$$P \cdot M^d(Y,i) = M^s \tag{33}$$

Como no longo prazo tanto a taxa de juros como o nível de renda já passaram por todos os ajustamentos e seus valores se mantêm estáveis:

$$\Delta\%P = \Delta\%M^S$$
$$\pi = m \tag{34}$$

onde m = taxa de variação do estoque de moeda.

Esse resultado deve ser relativizado, devido a uma série de perturbações que podem ocorrer na economia, e mesmo porque o produto potencial pode variar no longo prazo, com o acúmulo de capital ou inovações tecnológicas, por exemplo, o que pode fazer a inflação não ser exatamente igual à taxa de expansão monetária. Este resultado, porém, pode ser tomado como uma aproximação, ou uma tendência: no longo prazo a inflação tende a acompanhar o crescimento monetário.[8]

Para que possamos ter a determinação conjunta da inflação e do produto neste modelo, devemos construir a curva de demanda agregada, tal que a quantidade demandada também seja função da taxa de inflação.

Em nossa discussão anterior, a demanda agregada dependia dos gastos autônomos, em especial da política fiscal, e da quantidade de moeda. Quanto à política fiscal, a variação na demanda agregada decorrente dessa variável depende da variação na intensidade da política fiscal. Para medir o impacto da política fiscal sobre a demanda agregada, utilizaremos uma variável que define a variação do chamado **superávit ou déficit de pleno emprego**, para a qual usaremos a letra f.

Quanto à moeda, vimos que a curva LM é traçada para um volume de saldos reais (M^s/P). Para que haja um deslocamento da LM e, portanto, uma alteração do nível de renda, a variação do estoque de moeda deve diferir da variação dos preços. Assim, uma ampliação da renda (da quantidade demandada) está associada a uma variação do estoque de moeda superior à taxa de inflação.

Podemos, então, verificar como se determinam as variações na quantidade demandada:

$$\Delta Y^d = \theta f + \phi(m - \pi) \tag{35}$$

Onde f = variação do déficit de pleno emprego

    m = taxa de variação do estoque nominal de moeda

    $(\theta$ e $\phi)$ = parâmetros maiores do que zero (o primeiro mede a sensibilidade da demanda agregada a variações na política fiscal e o segundo, a sensibilidade da demanda agregada a variações nos saldos monetários reais).

Como

$$\Delta Y^d = Y^d - Y_{-1}, \tag{36}$$

temos:

$$Y^d = Y_{-1} + \theta f + \phi(m - \pi) \tag{37}$$

Percebemos a relação inversa entre quantidade demandada e taxa de inflação. Dada a taxa de crescimento monetário, quanto maior a taxa de inflação, menor será o estoque de saldos monetários reais, o que acarretará maior taxa de juros e por consequência menor volume de investimentos, levando à diminuição da quantidade demandada. Essa relação aparece expressa na Figura 7.13. Um ponto importante a ser destacado é que, se não ocorrem variações na política fiscal (quando a taxa de inflação é igual à taxa de crescimento monetário), a quantidade demandada é igual à renda do período anterior quando a taxa de inflação coincidir com a taxa de crescimento monetário.

---

[8]   Com variações na renda, por exemplo, como a demanda de moeda varia com esta, o aumento da demanda de moeda decorrente da expansão da renda deve ser deduzido da taxa de expansão monetária, para se chegar a um valor aproximado da taxa de inflação.

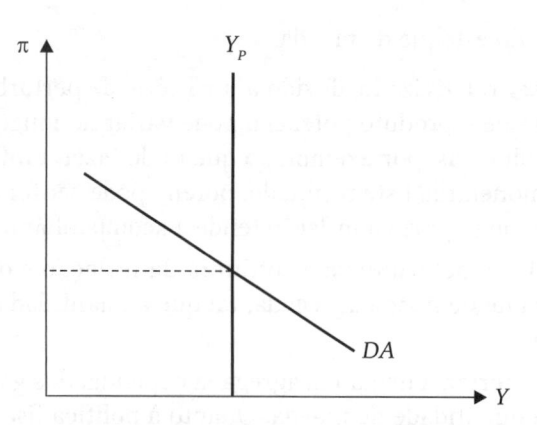

Figura 7.13 Demanda agregada no plano π – Y.

A posição da curva de demanda agregada, tal como formulada até o momento, depende da variável de política fiscal, da taxa de crescimento monetário e do produto defasado. Quanto maiores forem essas variáveis, mais para a direita e para cima situar-se-á a curva de demanda, ou seja, a quantidade demandada se amplia para qualquer nível dado de inflação.

Para completarmos a análise da demanda, podemos considerar a influência das expectativas inflacionárias sobre a quantidade demandada. Essa influência dá-se pelo fato de a inflação esperada afetar o comportamento da taxa real de juros, conforme visto ao discutirmos o chamado efeito Fisher, no Capítulo 5, de acordo com o qual:

$$i = r + \pi^e \tag{38}$$

Ou seja, a taxa nominal de juros corresponde à taxa real de juros mais a inflação esperada. Conforme já discutido, ao negociarem a taxa de juros nominal que será aplicada a determinado título, os agentes estão interessados na taxa real de juros que desejam, isto é, no incremento de poder de compra que a aplicação propiciará. Assim, com base na taxa real de juros desejada *ex ante* e na inflação esperada, define-se a taxa nominal de juros. A taxa real de juros efetiva só será conhecida *ex post* ao conhecer-se a inflação ocorrida no período da aplicação. Caso as inflações esperada e efetiva sejam diferentes, a taxa real de juros *ex ante* (desejada) será diferente da *ex post* (efetiva).

Tomando o modelo *IS/LM* tradicional, como considerávamos o nível de preços constante, não havia a necessidade de diferenciar entre taxa real e taxa nominal de juros. Ao introduzirmos a taxa de inflação, torna-se necessário diferenciar as duas taxas, uma vez que, no caso da demanda de moeda (conforme já discutido no Capítulo 2), a taxa de juros relevante é a nominal, que representa o diferencial de rentabilidade real entre a moeda e os demais títulos, isto é, reflete o custo de oportunidade de reter moeda. No caso da decisão de investimento, a taxa de juros relevante, como vimos, é a real, uma vez que, ao decidir pela ampliação da capacidade produtiva, o empresário compara a produção adicional gerada pelo equipamento com seu custo real.[9] Assim, a curva *IS* estipula uma relação entre a *taxa real de juros* e o nível de renda, enquanto a curva *LM* também estabelece uma relação entre as mesmas variáveis, mas considera a **taxa nominal de juros**.

---

[9] Considera-se, por exemplo, que a variação de preço do produto que será produzido por aquele equipamento iguale-se à taxa de inflação. Logo, torna-se necessário apenas a comparação em termos reais. Esse ponto ficará mais claro no Capítulo 10, ao discutirmos os modelos de investimento.

Curva IS:

$$Y = \alpha\,(A - br) \tag{39}$$

Onde α = multiplicador keynesiano $\left[\dfrac{1}{1 - c(1 - t)}\right]$

A = volume de gastos autônomos

c = sensibilidade do investimento em relação à taxa de juros

r = taxa real de juros

Logo:

$$Y = \alpha\,(A - c\,i + c\,\pi^e) \tag{40}$$

Curva LM:

$$M^S/P = M^d(Y,i) \tag{41}$$

Assim, quando trabalhávamos com preços constantes, a expectativa inflacionária podia ser considerada nula, isto é, $\pi^e = 0$, com o que a IS podia ser expressa em termos de taxas nominais e a intersecção da IS com a LM definia a taxa de juros de equilíbrio, sendo que a real e a nominal possuíam o mesmo valor.

Ao considerarmos a variação de preços e a inflação, π^e torna-se diferente de zero, fazendo com que as taxas de juros, real e nominal, passem a ser diferentes. Para uma taxa nominal de juros, a taxa real de juros será tanto menor quanto maior a expectativa de inflação. Assim, com aumentos em π, o investimento tende a aumentar a uma mesma taxa nominal, deslocando, portanto, para cima e para a direita a curva IS. O montante do deslocamento da IS será igual à variação em π^e, medido verticalmente. Esse processo pode ser visto na Figura 7.14.

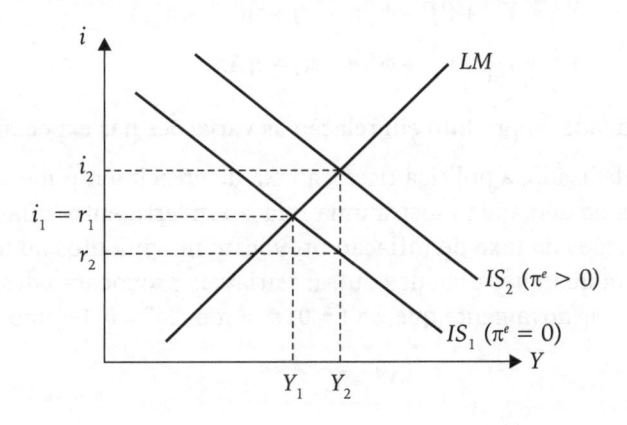

Figura 7.14 Ampliação da inflação esperada e seu impacto sobre o modelo IS-LM.

Percebemos que, com o deslocamento da IS, tanto o nível de renda como a taxa nominal de juros serão mais elevados. O aumento da renda provoca a elevação da demanda de moeda. Para manter o mercado monetário em equilíbrio, é necessário que a taxa nominal de juros se eleve. A taxa real de juros, porém, se reduz, o que possibilita a ampliação do investimento, induzindo a elevação da renda.

Portanto, o motivo pelo qual a ampliação das expectativas inflacionárias eleva a renda é a queda da taxa real de juros, mesmo com elevação da taxa nominal, que se faz necessária para equilibrar o mercado monetário. Note-se que, se toda ampliação na inflação esperada se transformasse em elevação da taxa nominal, a taxa real não se alteraria, e não haveria qualquer alteração na renda.

Dessa forma, percebe-se que o efeito sobre a renda dependerá dos mesmos fatores que afetam a eficácia da política fiscal, destacando-se a inclinação da curva *LM*. Quanto maior a inclinação desta última, ou seja, quanto menor a sensibilidade da demanda de moeda em relação à taxa nominal de juros, maior será a variação da taxa nominal em resposta à mudança na inflação esperada; logo, menor será a variação na taxa real de juros e, por consequência, menor a alteração do investimento e do nível de renda.

Já no caso em que a demanda de moeda é muito sensível em relação à taxa nominal de juros, a maior parte da variação na expectativa de inflação recairá sobre a taxa real de juros, provocando maior variação do investimento e da renda.

Considerando os dois casos limites estudados no Capítulo 5 – o caso clássico e a armadilha da liquidez –, teremos:

i. no primeiro, um aumento da inflação esperada será totalmente repassado para a taxa nominal de juros, mantendo inalterada a real; logo, não provocará impacto sobre a renda; e

ii. no segundo caso, um aumento na expectativa de inflação provocará redução de igual magnitude na taxa real de juros, o que afetará a demanda de investimentos e o nível do produto.

Nos casos intermediários, ambas as taxas serão afetadas.

Portanto, em primeiro lugar, é a variação na expectativa de inflação que afeta a demanda (produto). Em segundo lugar, esse impacto dependerá da sensibilidade da demanda de moeda em relação à taxa nominal de juros, da sensibilidade do investimento em relação à taxa real de juros e do multiplicador.

Assim, podemos completar a função demanda agregada incorporando as expectativas:

$$Y^d = Y_{-1} + \theta f + \phi(m - \pi) + \eta(\pi^e - \pi^e_{-1})$$
$$Y^d = Y_{-1} + \theta f + \phi(m - \pi) + \eta \Delta \pi^e \tag{42}$$

onde m mede a sensibilidade do produto em relação às variações nas expectativas.

Dados o produto defasado, a política fiscal, a taxa de crescimento monetário e as expectativas de inflação, a curva de demanda mostra uma relação inversa entre quantidade demandada e taxa de inflação. Alterações na taxa de inflação provocam movimentos ao longo da curva de demanda. Modificações em qualquer uma das outras variáveis provocarão deslocamentos da curva de demanda. Deve-se notar novamente que, se $f = 0$, $m = \pi$ e $\Delta \pi^e = 0$, teremos então:

$$Y^d = Y_{-1} \tag{43}$$

A curva de demanda agregada aparece na Figura 7.15.

O equilíbrio, isto é, a determinação da taxa de inflação e do produto que fazem com que a oferta agregada seja igual à demanda agregada pode agora ser obtido:

OA:

$$\pi = \pi^e + \delta\lambda(Y/Y_p - 1) \tag{44}$$

DA:

$$Y^d = Y_{-1} + \theta f + \phi(m - \pi) + \eta \Delta \pi^e \tag{45}$$

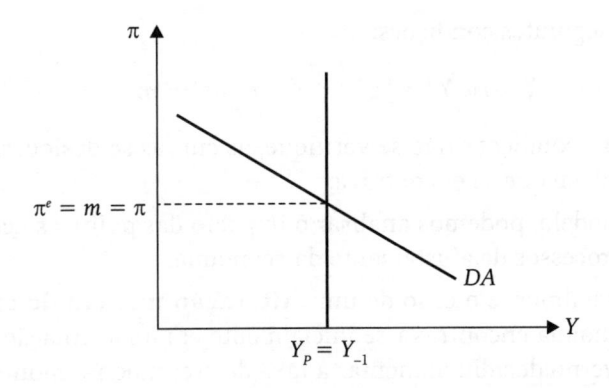

Figura 7.15 Demanda agregada com expectativas no espaço $\pi - Y$.

O equilíbrio é mostrado na Figura 7.16. Em uma condição de excesso de oferta, a inflação tende a se reduzir e, no caso de um excesso de demanda, deve elevar-se.

Um ponto importante a ser destacado é que a posição da curva de oferta agregada depende da inflação esperada; portanto, alterações nesta última deslocarão a curva de oferta agregada. Note-se que, quando a expectativa inflacionária muda, deslocando a OA, também modifica-se a curva de demanda agregada. Assim, nesse modelo, toda variação da OA é acompanhada por variações na DA.[10]

Devemos destacar também que o equilíbrio apresentado na Figura 7.16 só será estável se este também for um equilíbrio de longo prazo, isto é: $Y_E = Y_P$. O chamado equilíbrio pleno de longo prazo implica estabilidade das curvas de DA e OA.

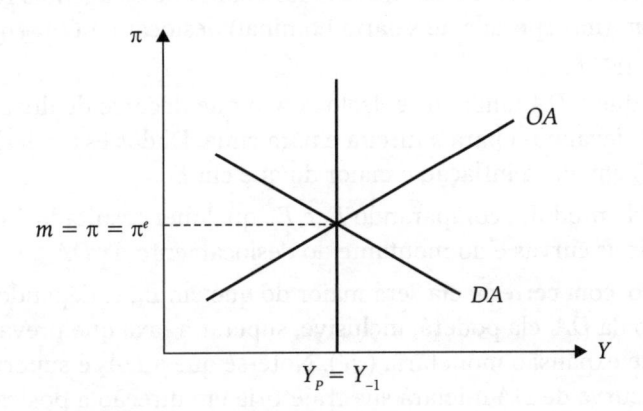

Figura 7.16 Oferta e demanda agregada no espaço $\pi - Y$.

---

[10] Deve-se notar que os deslocamentos da DA em resposta a alterações na inflação esperada deverão ser menores que no caso da OA (na sequência no texto, quando necessário, assumiremos esta hipótese), pois apenas a variação nesta afeta a posição da demanda e também porque, em virtude de todas as etapas pelas quais esta variável afeta a demanda, o parâmetro que mede a sensibilidade da demanda em relação a esta variável não deve possuir um valor significativo.

Para tal, temos as seguintes condições:

$$Y = Y_P; \; Y^d = Y; \; Y^d = Y_{-1}; \; \pi = \pi^e = m \tag{46}$$

Caso alguma dessas condições não se verifique, as curvas se deslocarão, afastando a economia do equilíbrio parcial em que se encontrava.

Com base nesse modelo, podemos analisar o impacto das políticas econômicas sobre o produto e a inflação e os processos de ajustamento da economia.

Consideremos inicialmente o caso de uma **alteração na taxa de expansão monetária**. Suponhamos que a economia encontrava-se inicialmente em uma situação de equilíbrio de pleno emprego, quando o governo decidiu aumentar a taxa de crescimento monetário. Consideraremos adicionalmente, num primeiro momento, que $\pi^e = \pi_{-1}$, isto é, os agentes não fazem previsão perfeita (usam o passado como melhor previsor).

O aumento em m provoca um deslocamento para a direita da curva de DA. Dada a hipótese que formulamos sobre a formação de expectativas, estas não serão alteradas inicialmente, com o que a OA permanecerá na mesma posição. Apesar de a taxa de inflação se elevar, não atingirá imediatamente seu novo valor de longo prazo, isto é, permanecerá inicialmente abaixo da nova taxa de expansão monetária. Com isso, os saldos monetários reais ampliar-se-ão, provocando a queda da taxa real de juros e o aumento do investimento. Como o aumento da inflação ainda não se incorporou às expectativas inflacionárias e aos salários nominais, os salários reais se reduzem, ampliando as contratações de mão de obra e a quantidade ofertada.

Assim, o impacto inicial de maior taxa de expansão monetária será o aumento do produto e da taxa de inflação, conforme sinalizados na Figura 7.17, com a passagem da economia do ponto E para o ponto E_1.

Notemos que o novo equilíbrio não é estável. Nessa situação, estará havendo superemprego, pressionando os salários, e a elevação da inflação fará com que os agentes revejam suas expectativas. A mudança em π^e (incorporada ao salário nominal) deslocará a OA_{CB} que interceptará Y_P ao nível de inflação dado por E_1.

Notemos porém que a DA também se deslocará, o que decorre de duas alterações: aumento em Y_{-1} variação em π^e, levando-a para a direita e para cima. Dados esses deslocamentos, a economia caminhará para E_2 em que a inflação é maior do que em E_1.

Quanto ao nível de produto, comparando E_1 e E_2, qualquer resultado é possível, dependendo da inclinação de ambas as curvas e do montante do deslocamento da DA.

Quanto à inflação, com certeza, ela será maior do que em E_1, e, dependendo da inclinação da OA e do deslocamento da DA, ela poderá, inclusive, superar a taxa que prevalecerá a longo prazo, dada pela nova taxa de expansão monetária (m'). Note-se que a DA_2 é superior a que vigorará no longo prazo (DA_1). A curva de DA iniciará sua trajetória em direção à posição inicial tão logo diminua a $\Delta\pi^e$ e comece a diminuir o produto defasado.

O importante a frisar do processo de ajustamento da economia a uma nova taxa de crescimento monetário, de acordo com as hipóteses que formulamos, é que o caminho não é direto. O produto ficará em alguns momentos acima do potencial, em outros abaixo, até que se atinja o novo equilíbrio de longo prazo. Como a inflação terá que ficar um período acima de sua taxa de longo prazo, como veremos adiante, dessa forma, o produto deve ficar necessariamente abaixo, para fazer com que a inflação num segundo momento se reduza e convirja para sua taxa de longo prazo.

O fato de a inflação ficar durante certo período acima da taxa de longo prazo é o chamado fenômeno da **ultrapassagem** (*overshooting*). A necessidade desse fenômeno pode ser percebida pela condição de equilíbrio no mercado monetário. Note-se que em E e E_2 o nível de produto é o mesmo e, como tal, a taxa real de juros é a mesma, o que implica que toda elevação da inflação

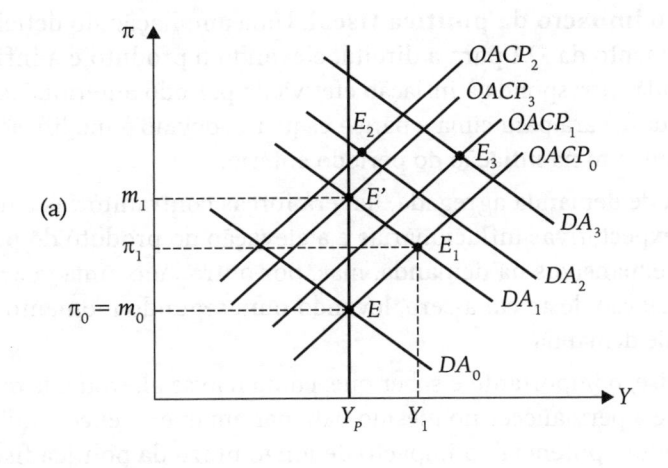

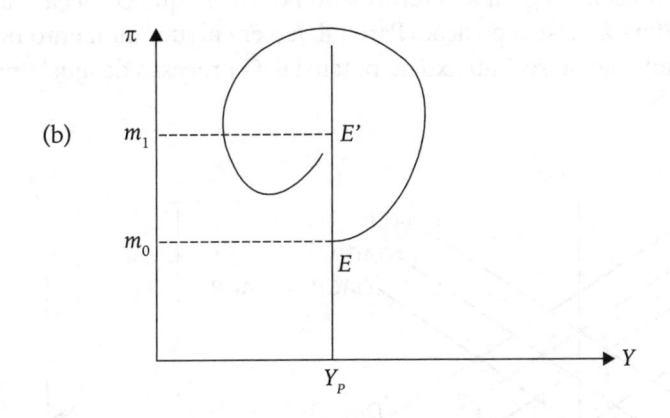

Figura 7.17 Processo de ajustamento e aumento na taxa de expansão monetária.

transformou-se em elevação na taxa nominal de juros. Contudo, com o mesmo nível de renda e taxa nominal de juros mais elevada, a demanda por saldos monetários é inferior em E_2. Logo, para o mercado monetário estar em equilíbrio neste ponto, a oferta de saldos reais deve ser menor.

Entretanto, se a inflação caminhar instantaneamente para o equilíbrio de longo prazo, igualando-se à nova taxa de expansão monetária, a oferta de saldos reais não se alterará, com o que haverá excesso de oferta de moeda neste ponto.

Assim, para que o mercado monetário se equilibre, é necessário que a inflação se situe acima da expansão monetária durante um período, para diminuir a oferta de saldos reais e garantir o equilíbrio do mercado monetário. Só não haveria a necessidade da ultrapassagem caso a demanda de moeda fosse totalmente insensível à taxa nominal de juros, conforme descrito no chamado caso clássico.

O processo de ajustamento da economia a um aumento na taxa de expansão monetária pode ser visto nas Figuras 7.17(a) e 7.17(b).

Caso supuséssemos expectativas racionais (previsão perfeita) e o aumento na taxa de expansão monetária fosse perfeitamente antecipado pelos agentes, a curva de oferta agregada já se deslocaria também instantaneamente para sua posição final, e a economia caminharia diretamente para E'. Porém, para isto ocorrer, deve-se considerar, como já destacamos, que a demanda de moeda seja insensível à taxa nominal de juros; caso contrário, o mercado monetário ficaria em desequilíbrio.

Vejamos agora o **impacto da política fiscal**. Uma ampliação do déficit de pleno emprego levará a um deslocamento da *DA* para a direita, elevando o produto e a inflação, considerando que a inflação esperada corresponda à inflação efetiva do período anterior. No momento seguinte, a oferta agregada se deslocará para cima e para a esquerda devido à modificação na inflação esperada, causada pelo aumento na inflação do período anterior.

Quanto à curva de demanda agregada, haverá forças contraditórias agindo sobre ela: a variação positiva nas expectativas inflacionárias e a elevação do produto do período anterior provocam movimentos expansivos na demanda, mas, por outro lado, uma vez alterado o déficit de pleno emprego, a variação deste cai a zero, levando num segundo momento a um deslocamento para baixo da curva de demanda.

Para nossa análise, o importante é saber que, como não se alterou a taxa de expansão monetária, a inflação tende a permanecer no mesmo patamar em que se encontrava, e como o produto sempre tende ao produto potencial, o impacto de longo prazo da política fiscal será nulo. Dessa forma, a demanda agregada chegará a determinado ponto em que começará a se retrair e a oferta agregada também voltará à mesma posição. Para tal, haverá algum momento no processo de ajustamento em que o produto situar-se-á abaixo do potencial. O processo de ajustamento encontra-se nas Figuras 7.18(a) e 7.18(b).

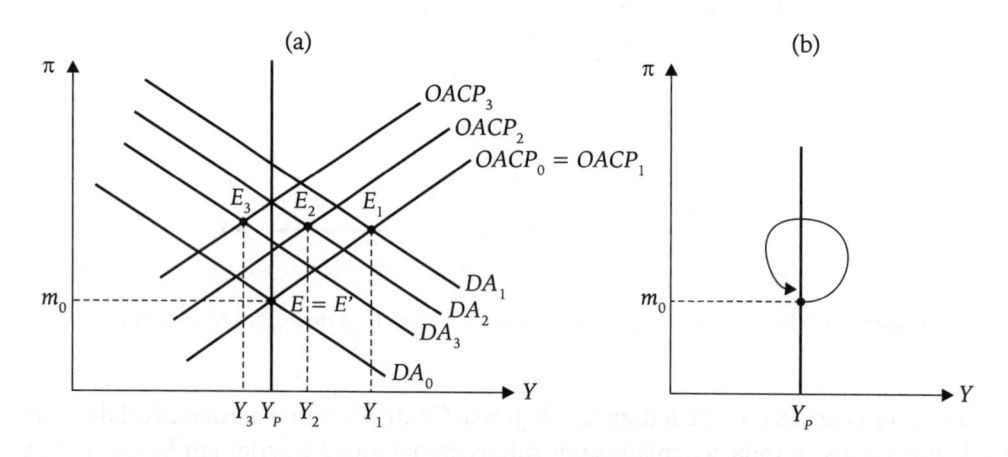

Figura 7.18 Processo de ajustamento de uma política fiscal expansionista.

Um ponto importante a ser discutido em relação aos efeitos da política fiscal é a questão das expectativas. Segundo alguns adeptos das expectativas racionais, nem a curto prazo uma ampliação do déficit público possuiria um impacto positivo sobre o produto, pois os agentes veem isso como uma ampliação dos impostos futuros, e aumentam o nível de poupança atual para fazer frente aos impostos. Dessa forma, a função demanda agregada ficaria inalterada. Essa é a chamada **equivalência ricardiana**, que discutiremos no Capítulo 10.

EXERCÍCIOS RESOLVIDOS

1. Classifique as sentenças a seguir como verdadeiras ou falsas:

    a) **(Exame ANPEC 2005)** Uma elevação das expectativas de inflação desloca a curva de Phillips para cima e para a direita.

    Verdadeira: conforme discutido neste capítulo, a curva de Phillips pode ser genericamente representada como:

    $$\pi = \pi^e - \varphi(\mu - \mu_N) + \varepsilon$$

    Portanto, um aumento da inflação esperada (π^e) realmente desloca a curva de Phillips para cima e para a direita.

    b) A versão aceleracionista da curva de Phillips é horizontal no longo prazo, implicando que não há como uma política monetária afetar o nível de emprego de forma permanente.

    Falsa: conforme visto ao longo do capítulo, no longo prazo a curva de Phillips é vertical no nível do desemprego natural, o que implica que o *trade-off* entre inflação e desemprego inexiste no longo prazo.

    c) A Lei de Okun estabelece uma relação positiva entre o desvio do desemprego (em relação ao seu nível natural) e o desvio do produto (em relação ao seu nível natural).

    Falsa: conforme discutido ao longo do capítulo, a lei de Okun estabelece que, quando o desemprego está acima do seu nível natural, o produto está abaixo do seu nível natural. Portanto, esta relação é negativa.

    d) **(Exame ANPEC 2014)** As expectativas racionais se formam considerando o comportamento futuro, prospectivo, da variável a ser prevista.

    Verdadeira: segundo a teoria das expectativas racionais, os agentes consideram todas as informações disponíveis (sobre o passado, sobre o presente e sobre o futuro) para formarem expectativas, contrapondo-se às expectativas adaptativas, que só consideram as informações do passado.

    e) **(Exame ANPEC 2013)** Considerando a curva de oferta agregada de Lucas, em um modelo de expectativas racionais com informação imperfeita, se as firmas se deparam com um aumento nos preços de seus produtos, elas interpretam isso como pleno aumento de seus preços relativos.

    Falsa: de acordo com a curva de oferta de Lucas, dado que os produtores não conseguem observar todos os preços ao mesmo tempo, é possível que confundam uma elevação no nível geral de preços com uma variação dos preços relativos, isto é, aumento (ou diminuição) dos preços de seus produtos em relação ao nível geral de preços. Essa confusão, causada pelo problema de informação imperfeita, pode gerar mudanças na oferta agregada no curto prazo. No longo prazo, entretanto, isso não se mantém, pois a produção retorna para seu nível natural.

    f) **(Exame ANPEC 2013)** Nos modelos de expectativas racionais, a política monetária é neutra no curto prazo.

    Falsa: nos modelos de expectativas racionais, os movimentos antecipados de política monetária são neutros no curto prazo, já que os agentes incorporam as mudanças imediatamente, mesmo que elas ainda não tenham entrado em vigor. No entanto, as políticas não antecipadas ("surpresas") exercem efeito sobre o produto.

g) Com expectativas racionais, a curva de Phillips é vertical mesmo no curto prazo.

Verdadeira: conforme discutido ao longo deste capítulo, tanto a política fiscal como a política monetária exerceriam efeitos nulos sobre o produto e sobre o emprego caso fossem perfeitamente antecipadas pelos agentes, ou seja, apenas choques não antecipados poderiam ter algum efeito. Assim, o desemprego estará sempre em sua taxa natural, o que faz com que a curva de Phillips seja totalmente vertical no nível do desemprego natural.

h) Assumindo-se expectativas racionais e que a política monetária tenha credibilidade, a redução pré-anunciada na taxa de crescimento do estoque monetário é eficaz no combate à inflação.

Verdadeira: conforme discutido no final deste capítulo, caso uma política de redução da oferta de moeda seja antecipada e crível, ela causará um ajustamento da economia em que os preços cairão instantaneamente sem nenhum efeito negativo sobre o produto.

2. Classifique as sentenças abaixo como verdadeira ou falsa.

a) As curvas de oferta e de demanda agregadas são representações exatas das mesmas curvas em microeconomia.

Falsa: as inclinações da curva de demanda e de oferta agregada de curto prazo são iguais àquelas encontradas na análise microeconômica. Mas as semelhanças param por aí. Em microeconomia, as curvas de oferta e demanda são determinadas a partir da otimização de funções que representam o comportamento do consumidor e da firma. Na macroeconomia, a curva de demanda deriva do modelo *IS/LM*, enquanto a curva de oferta de curto prazo é explicada pela denominada curva de Lucas.

b) Considerando a curva de oferta de Lucas, quanto maior os preços esperados, maior será o nível de atividade econômica.

Falsa: ocorre o contrário. Isso porque na referida curva o aumento de P^e reduz Y tendo em vista o sinal negativo da equação. Uma explicação econômica pode ser encontrada na hipótese de que os custos são determinados a partir dos preços esperados. Logo, um aumento destes tende a elevar o custo das empresas, resultando em um deslocamento da curva de oferta de curto prazo para a esquerda. Essa situação ocorre quando a economia encontra-se acima do pleno emprego.

c) Se as expectativas forem adaptativas e supondo que $P = P^e$, então, partindo de uma inflação maior do que zero, temos o fenômeno da inflação inercial.

Verdadeira: considerando a curva de oferta de Lucas, se $P = P^e$ e as expectativas são adaptativas, então $\pi_t = \pi_{t-1}$, o que caracteriza a inflação inercial.

d) A curva de demanda agregada "clássica" pode ser deslocada por alterações na velocidade de circulação da moeda.

Verdadeira: se entendermos o termo "clássico" como sendo representado pela teoria quantitativa da moeda, então a afirmativa é verdadeira. Em termos formais, temos que

$$P \cdot Y = M \cdot V$$

ou

$$Y = MV/P$$

Essa equação representa a curva de demanda agregada. Tanto variações em M quanto em V provocam deslocamentos na curva.

REFERÊNCIAS

LUCAS JR., R. Some international evidence on output-inflation tradeoffs. *American Economic Review*, American Economic Association, June 1973.

MANKIW, N. G. *Macroeconomia*. 8. ed. Rio de Janeiro: LTC, 2015.

PHILLIPS, A. W. The relationships between unemployment and the rate of change money wages in the U.K., 1861 – 1957. *Economica*, Nov. 1958.

CICLOS ECONÔMICOS

8

Rudinei Toneto Jr.

8.1 ABORDAGEM KEYNESIANA

Como destacamos ao início do livro, o estudo da macroeconomia caracterizou-se pelo estudo das flutuações econômicas. Começamos nossa análise da determinação da renda explicando o modelo neoclássico, ou o modelo de longo prazo, em que, com preços flexíveis e sem imperfeições nos mercados, o produto sempre estaria em seu nível potencial, sendo determinado pelas condições de oferta: estoque de fatores de produção e tecnologia. As flutuações da demanda apenas repercutiriam sobre o nível de preços, sem afetar a quantidade produzida, ou seja, a oferta agregada era vertical, insensível ao nível de preços absolutos.

No Capítulo 4, discutimos as ideias de Keynes. Conforme visto, a teoria keynesiana significou uma reviravolta na análise econômica, passando para a demanda agregada o papel determinante do produto. Keynes colocou as variações do investimento decorrentes das mudanças de expectativas dos empresários em relação ao futuro na chamada Eficiência Marginal do Capital, como principal causa das alterações na demanda agregada e por conseguinte da renda. Com a hipótese de salários rígidos,[1] as variações da demanda passavam a afetar o produto e não apenas os preços.

Naquele capítulo, apresentamos uma forma de elaborar o comportamento cíclico da economia por meio do comportamento dos estoques, o que denominamos de **ciclo dos estoques**. A pergunta naquele momento era como a economia atingiria seu novo patamar de renda de equilíbrio, a partir de uma variação nos gastos autônomos. Como vimos, no chamado modelo do multiplicador, quando da ocorrência de uma mudança nos gastos autônomos, isso levaria a uma alteração na renda igual à variação inicial da renda vezes o chamado multiplicador, que decorria dos gastos induzidos a partir dos gastos iniciais. Assim, supondo-se uma variação inicial no investimento (ΔI), isso levaria a uma variação na renda (ΔY) igual a $\alpha\Delta I$, em que a representa o multiplicador de gastos. Nessa análise simples, o impacto do multiplicador seria uma passagem direta (suave) de um nível de renda para outro, sem que se gerassem ciclos nesse processo.

Quando introduzimos a questão dos estoques e consideramos que as empresas tinham por objetivo manter uma parcela fixa do produto na forma de estoques, vimos que variações

---

[1] Como destacado no Capítulo 4, sobre Keynes, a hipótese dos salários rígidos não é uma necessidade para explicar o impacto da demanda sobre o produto. Em uma situação de desemprego, mesmo que os salários se reduzissem, se os empresários não possuíssem expectativas de vender a produção, não contratariam mão de obra adicional.

inesperadas da demanda agregada provocavam inicialmente tanto variações na produção quanto no nível de estoques. As alterações no nível de estoques afetavam, por sua vez, as decisões de produção das empresas, que agora deveriam produzir para atender tanto os níveis existentes de demanda quanto as necessidades impostas pela política de manutenção de estoques da firma. Assim, como vimos no Capítulo 4, um aumento inesperado da demanda agregada leva ao aumento da produção e a uma redução dos estoques, o inverso ocorrendo em caso de uma contração da demanda; no instante seguinte, as empresas deverão produzir para atenderem à maior demanda e para reporem os estoques. Esse comportamento fará, em determinado momento, a produção situar-se inclusive acima do novo produto de equilíbrio e em outros abaixo, ou seja, a passagem de uma situação de equilíbrio para outra faz-se de forma cíclica e não direta, conforme o modelo do multiplicador simples. Formalmente, tem-se o seguinte:

$$Y = C + I + \Delta \text{ estoques} \tag{1}$$

A produção dá-se para atender ao consumo, ao investimento e às variações de estoques.[2] O investimento, conforme discutido, depende das expectativas (o chamado **instinto animal** conforme Keynes). A produção para consumo pode ser considerada uma função das vendas esperadas. Por facilidade, consideramos que os empresários esperam que o consumo seja igual ao do período anterior. Assim, como

$$C = cY \tag{2}$$

e

$$C = C_{-1} \tag{3}$$

segue-se que

$$C = cY_{-1} \tag{4}$$

A variação de estoques em certo período é dada pela seguinte expressão:

$$\Delta \text{ estoques em } t - 1 = c\,Y_{-1} - c\,Y_{-2} \tag{5}$$

Uma vez ocorrida uma variação inesperada no nível de renda e no consumo, as empresas que desejam manter certo nível de estoques irão produzir tanto para atender a demanda como para repor estoques. Assim:

$$Y = C + I + A \text{ estoques}$$
$$Y = cY_{-1} + (c\,Y_{-1} - cY_{-2}) + I \tag{6}$$
$$Y = 2cY_{-1} - cY_{-2} + I$$

Percebe-se pela expressão anterior que a economia só estará na posição de equilíbrio quando $Y_{-1} = Y_{-2}$, de modo que a variação de estoques seja zero. Como uma variação inesperada da demanda leva à mudança no nível de estoques, isso determina um caráter cíclico de aproximação à nova renda de equilíbrio.

---

[2] Lembre-se de que, apesar de em contabilidade nacional, a variação de estoques estar embutida no investimento, no modelo teórico de determinação da renda, consideramos apenas o investimento voluntário, com o que desmembramos entre investimento e variação de estoques.

Dentro da mesma abordagem keynesiana, podemos ter outra explicação para o comportamento cíclico da economia, de acordo com chamado **modelo multiplicador-acelerador**. Nesse modelo, o investimento é determinado de acordo com a variação da produção ocorrida no período anterior. Assim, dentro dessa abordagem, podemos considerar o investimento da seguinte maneira:

$$I = I_0 + d\Delta Y_{-1} \tag{7}$$

ou

$$I = I_0 + d(Y_{-1} - Y_{-2}) \tag{8}$$

Ou seja, o investimento possui um componente autônomo mais um componente que decorre do comportamento da renda no período anterior. Considerando-se que o consumo seja função da renda defasada de um período, temos:

$$C = c\, Y_{-1} \tag{9}$$

Sendo $Y = C + I$, temos:

$$Y = c\, Y_{-1} + I_0 + d(Y_{-1} - Y_{-2})$$
$$Y = (c + d)Y_{-1} + I_0 - d\, Y_{-2} \tag{10}$$

Percebe-se pela expressão acima que, se em dado momento ampliarmos o investimento autônomo, teremos um crescimento do produto em relação ao nível anterior. Isso, por sua vez, levará a crescimentos adicionais do investimento, cujos impactos adicionais só irão diminuindo conforme for diminuindo a variação da renda. O equilíbrio só será atingido quando $Y_{-1} = Y_{-2}$. Novamente, explica-se o caráter cíclico do ajustamento entre as duas situações de equilíbrio.

O enfoque keynesiano sobre as flutuações econômicas centrou-se principalmente nas oscilações do investimento em decorrência das alterações no comportamento dos empresários (nos chamados "espíritos animais"). Ocorria uma profunda queda na eficiência marginal do capital, que provocava profunda retração do investimento autônomo. No arcabouço *IS-LM* discutido, isso significava que o volume de investimento se retraía para qualquer nível de taxa de juros considerada, ou seja, ocorria uma profunda queda na curva *IS*.

Essa foi, por exemplo, uma das explicações para a crise dos anos 1930 que mais se sustentou. Outra forma de ver aquela flutuação era uma queda do consumo autônomo, em decorrência de uma desvalorização da riqueza, provocada, por exemplo, pela quebra da Bolsa em 1929.

O importante a destacar é que as flutuações decorrem de perturbações que afetam o gasto autônomo. A forma proposta por Keynes para compensar essas fontes de oscilação era o Estado atuar como regulador da demanda agregada, utilizando-se dos instrumentos de política econômica, monetária e, principalmente, fiscal, como forma de manter a estabilidade do produto em um alto nível de emprego.

A principal crítica nesse sentido vem daqueles que consideram a política econômica como principal fonte de perturbações, ou seja, longe de estabilizar o produto, a intervenção do governo é o principal fator de instabilidade. O maior expoente dessa crítica é Milton Friedman, em sua obra *História monetária dos Estados Unidos*, em que o autor atribui aos erros de condução da política monetária pelo FED a depressão econômica dos anos 1930. Segundo o autor, o forte controle monetário exercido naquele momento, em especial a passividade com o processo de falências bancárias, desencadeou a depressão.

8.2 NOVAS TEORIAS CLÁSSICAS E CICLO REAL DE NEGÓCIOS

8.2.1 Percepção equivocada e flutuações econômicas

Conforme discutido na análise da oferta agregada e da hipótese de expectativas racionais, no capítulo anterior, a principal explicação daqueles que acreditam que os mercados sempre se ajustam, isto é, que os preços desempenham a função de igualar a oferta e a demanda em um mercado do tipo concorrência perfeita, é a existência de problemas informacionais, que fazem com que os agentes se enganem sobre os valores reais das variáveis ao tomarem suas decisões.

As novas teorias que se têm desenvolvido para explicar os ciclos partem das hipóteses do modelo neoclássico discutido no Capítulo 3; aceitam suas premissas, mas incorporam um elemento de percepção equivocada por parte dos agentes.

A origem dessa ideia de flutuações em uma economia perfeitamente competitiva, decorrente de informações imperfeitas, vem do discurso de Friedman na American Economic Association em 1967, transcrito e publicado na *American Economic Review* em 1968 (*The role of monetary policy*).

De acordo com o autor, o impacto imediato de uma política monetária expansionista dá-se sobre a produção e o emprego, uma vez que, considerando-se que os agentes econômicos estivessem esperando preços estáveis, fixaram preços e salários com base nessa expectativa. Como leva tempo para eles se ajustarem à nova demanda, reagirão inicialmente produzindo mais e trabalhando mais.

O aumento inicial do estoque de moeda leva ao deslocamento da demanda agregada para a direita, elevando o nível geral de preços. Como este aumento não era esperado pelos agentes (trabalhadores e empresários), isso leva a erros de percepção pelos mesmos. Ao verem seus preços aumentando, os agentes acreditam que isso seja aumento de preços relativos e não do nível geral de preços, e por isso ampliam a oferta.

Assim, no caso dos trabalhadores, a elevação dos salários nominais é tida como um aumento do salário real e os leva a oferecer maior quantidade de trabalho. Como os salários reais estão efetivamente se reduzindo, as empresas contratam mais trabalhadores e ampliam a produção. Conforme já destacado, as flutuações só ocorrem porque os agentes possuem informações incompletas.

Essa ideia de Friedman foi formalizada por Lucas, que é um dos maiores expoentes da chamada escola das expectativas racionais.

Lucas considera o mercado de cada bem como se fosse uma ilha em que os agentes, atuando em cada mercado, possuem informações da própria ilha, mas não das demais ilhas, só sabendo o que acontece no resto depois de algum tempo. Para qualquer aumento de preço em qualquer uma das ilhas, os respectivos produtores devem interpretá-lo ou como um aumento do nível geral de preços (ocorrido em todas as ilhas, mantendo inalterados os preços relativos e, portanto, a quantidade ofertada) ou como um aumento isolado em sua ilha e, portanto, elevam seu preço frente aos demais, isto é, aumentam o preço relativo, induzindo a uma ampliação da quantidade ofertada. Considerando-se que os agentes ajam de acordo com a hipótese das expectativas racionais, um dado choque de demanda será interpretado em parte com cada caso, resultando em ampliação da oferta.

Chega-se assim à chamada oferta de Lucas, que deduzimos no capítulo anterior:

$$Y = Y_P + \Delta(P - P^e) \qquad (11)$$

Percebe-se, portanto, que as flutuações econômicas, neste caso, decorrem do fato de o nível de preços efetivo desviar-se do nível esperado. Dessa forma, tem-se as implicações da escola das expectativas racionais: variações previstas na oferta de moeda não afetam a produção; apenas as mudanças imprevistas o fariam. Uma implicação importante deste resultado, como já mostrado, é que a principal fonte de instabilidade econômica acaba sendo os choques de política econômica, ou seja, o governo mais instabiliza do que estabiliza a economia.

Uma formalização mais completa dos ciclos pode ser obtida com os chamados ciclos reais de negócios, que discutiremos a seguir.

8.2.2 Ciclos reais de negócios

Essa teoria busca explicar os ciclos dos negócios com base no referencial clássico. Considera-se em primeiro lugar que os choques tecnológicos são os principais distúrbios a que estão sujeitas as economias, e que esses choques propagam-se em mercados concorrenciais, com o que a economia encontra-se sempre no nível de pleno emprego, isto é, os preços são perfeitamente flexíveis, garantindo o equilíbrio econômico.

O choque tecnológico amplia a produtividade do trabalho, levando a um aumento na demanda de mão de obra. Quanto à oferta de mão de obra, considera-se que exista a chamada **substituição intertemporal na oferta de mão de obra**, isto é, os trabalhadores podem escolher o melhor momento para exercerem a oferta de trabalho. Significa que quando ocorre elevação do salário real, mesmo que pequena, induzirá os trabalhadores a oferecerem mais trabalho hoje e menos no futuro e vice-versa. Ou seja, com a possibilidade de os trabalhadores deslocarem trabalho no tempo, haverá a ampliação da quantidade ofertada sempre que o salário real estiver elevando-se, e uma contração quando os salários reais estiverem reduzindo-se. Assim, uma pequena variação do salário real, motivada pela ampliação da demanda, induzirá a uma oferta de trabalho maior que permitirá o aumento da produção.

Como veremos na sequência, ao introduzir-se a questão da substituição intertemporal na oferta de trabalho, a própria taxa de juros afetará a quantidade ofertada, abrindo-se um mecanismo pelo qual a política fiscal pode afetar o nível de produto.

Observamos que o choque tecnológico, ao elevar a produtividade marginal do capital, aumenta o investimento, ampliando o estoque de capital da economia. Com a alteração na dotação de fatores da economia, desloca-se a tendência em torno da qual passa a oscilar o produto. Com isso, explica-se a persistência de níveis mais elevados de produção ao longo do tempo.

A explicação das expansões econômicas por meio das inovações tecnológicas é bastante plausível. Ao se inovarem, as empresas ampliam seus gastos para adaptarem-se à nova tecnologia, estimulando a economia. Este processo foi detalhadamente descrito por Schumpeter, que colocou a inovação como elemento central do desenvolvimento econômico.

A questão que se coloca é como explicar as recessões com base nesse referencial. Inicialmente, poderíamos supor que, uma vez passada a onda inovativa, a demanda se contrairia, explicando as recessões. A dificuldade decorre do fato de que, de acordo com a teoria dos ciclos reais, assumindo-se as hipóteses do modelo clássico, a economia encontra-se sempre em nível de pleno emprego. É possível vislumbrar a ampliação do produto potencial decorrente do choque tecnológico, mas torna-se necessário explicar como ocorre a queda. Para tal, os autores que defendem esta teoria consideram a existência de choques tecnológicos negativos que reduzem a produtividade dos fatores, diminuindo o produto potencial. Entre os chamados choques negativos, poderíamos citar, por exemplo, a legislação ambiental, problemas climáticos etc. Com a introdução dos choques negativos, explica-se tanto a expansão quanto a contração econômica.

Para completarmos a análise da teoria dos ciclos reais, podemos considerar o seguinte modelo simplificado.

Consideremos o modelo *IS-LM*, supondo expectativa inflacionária igual a zero, tal que não precisemos diferenciar entre taxa real e nominal de juros:

Curva *IS*:

$$Y = C(Y - T) + I(r) + G \tag{12}$$

Curva *LM*:

$$M^S/P = M^d (r,Y) \tag{13}$$

Como no modelo clássico consideram-se os preços totalmente flexíveis, sabemos que o nível de produto sempre se encontrará em seu nível potencial, ou seja, de acordo com a dotação de fatores da economia:

$$Y = F(K, N) \tag{14}$$

Dentro do modelo *IS-LM*, considerando-se as variações de preços, os saldos reais, que definem a posição da *LM*, sempre se ajustarão, de modo que a *LM* sempre interceptará a curva *IS* ao nível de renda de pleno emprego. Caso *IS* e a *LM* se interceptem em uma posição abaixo da de pleno emprego, os preços se reduzirão, ampliando o volume de saldos reais, deslocando a *LM* para a direita até o ponto em que ambas se interceptem no nível de pleno emprego, onde os preços se estabilizam.

Dessa forma, dada uma curva *IS*, cuja posição é determinada pela política fiscal, e dada a renda potencial, determina-se o nível de taxa de juros da economia. Nesse caso, a oferta de moeda é irrelevante para a determinação da taxa de juros.

Considerando-se a dotação de fatores (capital e trabalho) constantes, esse modelo fornece as conclusões do modelo clássico: com preços flexíveis, a economia sempre se encontrará em equilíbrio de pleno emprego e as variáveis monetárias não afetam as variáveis reais.

Considere-se agora a possibilidade de substituição intertemporal na oferta de trabalho. Nesse caso, a oferta de trabalho dependerá da comparação feita pelo trabalhador dos incentivos econômicos a ele oferecidos nos diferentes momentos. Vamos supor como incentivo básico o salário (como estamos considerando a ausência de inflação, podemos trabalhar com o salário nominal).

O trabalhador, ao decidir quando deve ofertar trabalho, deve comparar o salário nos diferentes momentos de tempo. Para fazer a comparação do salário em diferentes momentos, o trabalhador deve tomar por base determinada data, ou seja, deve trazer os salários futuros para valor presente ou levar o salário de hoje para um valor futuro. Considerando-se dois períodos apenas, podemos definir o preço relativo intertemporal do trabalho. Suponha-se que o trabalhador possa escolher entre trabalhar hoje ou daqui a um ano. Adicionalmente, vamos supor que ele conhece o salário de hoje e o de amanhã.

Como comparar os dois? O valor do salário daqui a um ano pode ser obtido pela seguinte questão: se eu receber o salário hoje e aplicar todo o dinheiro no mercado financeiro, quanto terei daqui a um ano?

Tomando-se uma taxa de juros (r), daqui a um ano o trabalhador terá o principal (o salário recebido hoje, W_1) mais os juros incidentes sobre este (rW_1). Assim, o valor futuro do salário de hoje é: $(1 + r)W_1$. Conhecendo-se o salário do período 2 (W_2), pode-se definir o preço relativo intertemporal do trabalho:

$$Preço\ Relativo\ Intertemporal = [(1 + r)\ W_1]/W_2 \tag{15}$$

Quando a relação é maior do que 1, é preferível oferecer trabalho hoje, e quando inferior a 1, é melhor oferecer trabalho no futuro. Para essa formulação, percebe-se que a oferta de trabalho passa a ser influenciada pela taxa de juros. Mesmo que o salário hoje seja significativamente inferior ao do futuro (10% a.a. menos, por exemplo), mas que a taxa de juros seja elevada (15% a.a., por exemplo), neste caso, mesmo recebendo menos em termos de salário, passa a ser vantajoso para o trabalhador oferecer mais trabalho hoje do que no futuro.

Dessa forma, são três as possibilidades para se ampliar a oferta de trabalho no presente: aumento da taxa de juros, aumento do salário no período 1 ou queda do salário no período 2. Com a introdução da substituição intertemporal, a oferta agregada passa a responder positivamente à taxa de juros, ou seja, ampliações na taxa de juros ao elevar a oferta de trabalho aumentam a oferta agregada.

Com isso, oscilações na demanda agregada provocadas por variações na política fiscal provocam elevações no produto, ao elevarem a taxa de juros. Uma questão a ser destacada: diferentemente do caso clássico tradicional em que a política fiscal expansionista, ao elevar a taxa de juros, apenas provocava o chamado *crowding-out*, isto é, a expulsão dos gastos privados, neste modelo, ao alterar-se a dotação de fatores (amplia-se a oferta de mão de obra), tem-se um impacto expansionista sobre o produto. Chega-se por caminhos diferentes ao mesmo resultado do modelo *IS-LM* tradicional para o caso da política fiscal expansionista: ampliação da taxa de juros e do produto.

No caso dos choques tecnológicos, desloca-se tanto a curva de oferta agregada devido à maior produtividade quanto a demanda agregada, pelo crescimento do investimento em resposta ao choque. Deve-se apenas notar neste caso o seguinte: o nível de preços pode ter qualquer comportamento: aumentar, caso o deslocamento da demanda seja maior do que o da oferta; permanecer estagnado, caso os dois deslocamentos sejam equivalentes; e reduzir caso o deslocamento da oferta seja maior.

A ampliação do produto aumenta a demanda por moeda, mantida a mesma oferta monetária; como estamos considerando também a variação da demanda agregada, o nível de preços pode não se reduzir significativamente, ou até mesmo subir (neste caso, reduzindo a oferta real de moeda). Como a renda subiu, a taxa de juros terá que se elevar para equilibrar o mercado monetário. Nesse caso, amplia-se a oferta de trabalho, o que contribui, junto com a produtividade maior, para explicar o crescimento do produto.

8.2.3 Considerações finais sobre os ciclos econômicos: os novos keynesianos e a rigidez de preços

Não é o objetivo deste livro detalhar as novas contribuições que têm sido dadas para explicar os ciclos econômicos. Uma série de pesquisas recentes tem buscado fundamentar em termos microeconômicos a existência de ciclos a partir de um referencial denominado **novo keynesiano**, que incorpora imperfeições de mercado e rigidez de preços. Apenas enunciaremos alguns dos fatores explicativos:

- **Contratos de trabalho:** a existência de contratos de trabalho de prazo longo faz com que os salários não convirjam rapidamente para equilibrar o mercado de trabalho. Esse ajustamento gradual torna a oferta agregada positivamente inclinada, fazendo as variações da demanda ter efeitos sobre o produto.

- **Determinação sindical de salários:** assume-se que os sindicatos negociam a favor de seus membros e não da classe trabalhadora como um todo. Em uma situação de queda de demanda e de desemprego, os trabalhadores podem estar interessados em salários menores em troca de mais emprego, mas os sindicatos, na defesa dos sindicalizados, podem resistir a essas quedas.

• **Contratos implícitos para proteger o valor do salário real do trabalhador:** supõe-se que os trabalhadores são avessos ao risco e têm medo de amplas flutuações no nível de renda. Assim, a empresa funcionaria como uma seguradora que cobriria o risco das flutuações do salário real.

• **Salários eficiência:** rigidez salarial decorrente do custo da empresa em avaliar o esforço e a produtividade dos trabalhadores isoladamente. Acredita-se que, pagando mais ao funcionário, este se sentirá menos tentado a enganar a empresa, isto é, trabalhar com má vontade, diminuir a qualidade do trabalho etc., e passará a se esforçar mais. Percebe-se que a ideia básica é que, quanto maior o salário, maior é o risco que o trabalhador corre se for mandado embora (custo de oportunidade).

• **Custo de cardápio (*menu cost*):** considera-se que as alterações nos preços nominais envolvem custos para as empresas, devido a relações produtor-cliente, custos de remarcação etc. Com isso, mesmo em situações de excesso de demanda, elas podem mostrar-se relutantes a elevar os preços.

As considerações acima sobre a rigidez de preços e salários traz importantes consequências. A principal delas é que oscilações da demanda afetarão principalmente o produto e o emprego. Em contextos de queda de demanda, o ajuste se fará via desemprego e não por queda dos preços. Note-se que grande parte da rigidez dos preços decorre de problemas de coordenação entre os agentes. Assim, pode-se concluir que a existência de recessões decorre principalmente do fato de os agentes não conseguirem coordenar suas ações em torno da redução dos preços.

8.3 POLÍTICA ECONÔMICA

O último ponto a ser discutido neste capítulo é a questão da política econômica, isto é, da capacidade de o governo intervir nas flutuações econômicas. Como visto, na teoria keynesiana atribui-se um papel essencial ao governo, enquanto nos modelos clássicos o governo aparece mais como fonte de instabilidade do que de correção dos desequilíbrios. A estabilidade econômica é uma função do governo ou não? O governo deve utilizar os instrumentos monetários e fiscais, por exemplo, para evitar recessões? Existe uma ampla discussão a esse respeito, e nesta seção apenas atentaremos para alguns pontos que estão no debate.

A primeira questão a ser colocada é sobre a possibilidade de a política econômica enfrentar os problemas a que se propõe, como, por exemplo, evitar as flutuações econômicas decorrentes de choques econômicos. A primeira dificuldade nesse sentido são as chamadas **defasagens** existentes. Podemos definir dois tipos de defasagens da política econômica:

• **Defasagem interna:** corresponde ao intervalo de tempo que transcorre entre a ocorrência do choque econômico e a ação política por parte do governo. Esta defasagem decorre do tempo que se gasta com o reconhecimento do choque e com a implementação da política adequada. Um ponto relevante na questão do reconhecimento é saber se a perturbação econômica é temporária ou permanente. Por temporária entende-se um desvio de rota que logo tende a ser corrigido pelos rumos normais dos negócios. Nesse caso, a melhor alternativa pode ser não fazer nada em relação ao choque. Caso identifique-se que o choque seja permanente, a alternativa da intervenção pública pode ser mais adequada. Entretanto, uma vez reconhecido que o choque seja permanente, tem-se um segundo problema: identifica-se o choque, estuda-se a melhor forma de corrigi-lo para depois implementá-lo. Tanto a análise da melhor política quanto sua implementação demandam tempo.

- **Defasagem externa:** esta defasagem refere-se ao intervalo de tempo entre a implementação da política e sua repercussão sobre a economia, ou seja, até que comece a surtir efeito sobre o desempenho econômico.

O maior problema das defasagens é que, uma vez identificado o choque, decidido intervir sobre o mesmo, identificado o instrumento econômico adequado, e finalmente quando a política econômica começa a surtir efeito, as condições econômicas podem já estar completamente alteradas, tendo um efeito desestabilizador ao invés de estabilizador.

Dessa forma, a existência de defasagens é um forte argumento contra a tentativa dos governos de evitarem as flutuações econômicas. Suponha que o governo identifique um desaquecimento econômico e, com receio do desemprego que este irá gerar, decida adotar uma política monetária expansionista para refreá-lo. Caso a política só comece a surtir efeito quando as condições já se reverteram e a economia esteja aquecida, o impacto pode ser uma série de pressões inflacionárias.

Em geral, os instrumentos de política fiscal possuem uma defasagem interna maior, pois necessitam ser aprovados pelo Congresso, enquanto os instrumentos de política monetária possuem uma defasagem externa maior. Enquanto os instrumentos de política fiscal atuam diretamente sobre a demanda, a política monetária atua indiretamente, demorando para que, uma vez implementada a política monetária, esta atinja seu objetivo.

Uma forma de evitar as defasagens é a utilização dos chamados **estabilizadores automáticos**, cuja atuação começa tão logo ocorra o choque, independentemente da identificação e da tomada de decisão por parte do governo. Neste sentido, podemos destacar as **alíquotas progressivas de imposto**, cuja arrecadação se expande quando a economia está aquecida, funcionando como um freio natural, e se reduz quando a economia se desaquece. Outro exemplo corresponde aos **gastos assistenciais**, como o seguro-desemprego, que tendem a se ampliar nas recessões e contrair nas expansões. Consegue-se com esses instrumentos reduzir as defasagens das políticas econômicas.

Considerando a existência de defasagens, a eficácia da política econômica passa a depender da capacidade de os gestores conseguirem antecipar de forma relativamente precisa as condições econômicas futuras, de modo a poderem atuar sobre os ciclos antes mesmo que estes ocorram.

Os principais instrumentos utilizados para tentar prever (antecipar) o futuro são os chamados indicadores antecedentes e a formulação de cenários econômicos.

A técnica dos **indicadores antecedentes** refere-se à escolha de uma série de variáveis que componham um índice, e cujo valor em dado momento do tempo consiga antecipar o comportamento da variável objetivo no futuro. Em geral, utilizam-se séries sobre o comportamento do mercado de ativos (bolsa de valores, mercados futuros etc.), dados do comércio varejista (consultas ao Serviço de Proteção ao Crédito – SPC, telecheques etc.), consumo de energia elétrica, cimento etc. Estas informações, além de apresentarem correlação elevada com a variável objetivo, com a defasagem desejada para a antecipação, devem estar disponíveis em tempo hábil, ou seja, o intervalo de tempo entre a ocorrência do fato e a divulgação da informação não pode ser significativa.

Quanto à **elaboração de cenários econômicos**, a técnica inclui a construção de um modelo econômico que explicite as variáveis endógenas cujos valores buscamos determinar, as variáveis exógenas que influem em seu comportamento e a relação entre as variáveis, isto é, a estimação dos parâmetros que relacionam as variáveis. Em seguida, devem-se formular hipóteses sobre o comportamento das variáveis exógenas para poder-se estimar o comportamento das variáveis desejadas. A formulação das hipóteses depende da identificação dos problemas econômicos por parte do analista econômico e da identificação do comportamento dos agentes econômicos.

Percebe-se que, por qualquer método que se privilegie, inúmeras dificuldades se colocam para a previsão do futuro. Segundo vários autores, os economistas estão muito mal preparados para a tarefa, mesmo que sejam os mais qualificados para tal. Assim como o governo, no objetivo de formular a política econômica, está interessado no futuro, os agentes econômicos também buscam essas informações para definirem sua melhor estratégia, e esta ação do setor privado pode alterar completamente o resultado. Dadas as dificuldades colocadas, vários autores defendem que o melhor para o governo é não fazer nada.

Quanto à reação dos agentes diante das políticas do governo, podemos formular uma crítica adicional à utilização de política econômica, a chamada **crítica de Lucas**. Como vimos anteriormente, as expectativas desempenham um papel fundamental, afetando o comportamento das variáveis econômicas. O problema que se coloca é que as próprias políticas afetam as expectativas dos agentes econômicos. Assim, as estimativas dos efeitos de uma alteração na política econômica devem levar em consideração a maneira como as expectativas reagirão a essa política. Como isto em geral não é feito pelos formuladores das políticas econômicas, estas podem levar a resultados opostos ao desejado. Novamente, pode parecer mais aconselhável o governo não fazer nada.

Uma segunda questão em relação à política econômica é como esta deve ser conduzida. A pergunta é se o governo deve seguir um conjunto de regras ou agir de forma discricionária, conforme diagnostica a situação. Essa discussão muitas vezes foi confundida com a discussão sobre se a política econômica deve ou não atuar sobre os ciclos, ou seja, se ela deve ser ativa ou passiva frente às condições econômicas.

Entretanto, são discussões distintas. Uma política pode seguir regras e ser ativa, ao contrário do que muitas vezes se fez crer. Quando se diz que uma **política deve seguir regras**, está-se referindo ao fato de que os formuladores devem anunciar antecipadamente qual será a resposta da política econômica em cada caso, ou seja, os agentes devem saber quais são os tipos de ações que serão tomadas pelo governo, isto é, o objetivo da política econômica não deve ser provocar surpresas nos agentes econômicos. A regra muitas vezes pode ser a de que o governo não deve fazer nada, ou seja, tenha um papel passivo; ou, como algumas propostas para a política monetária segundo as quais, independentemente da situação econômica, o Banco Central deveria manter uma taxa de expansão monetária constante, por exemplo, 3% a.a., o que também configura uma política passiva.

A política econômica pode, porém, ser conduzida por regras e ser ativa. Considere o caso, por exemplo, em que o Banco Central fixe que a expansão monetária anual será de 5%, mais uma parte que oscile conforme a taxa de desemprego se afaste da taxa natural. Suponha que a taxa natural de desemprego seja de 4% e que se estipule que, para cada ponto percentual em que a economia se afaste desta, a variação do estoque monetário responda em dobro. A quantidade de moeda se expandiria quando a taxa de desemprego fosse maior e se contrairia quando fosse menor. Assim, teríamos:

$$\Delta M/M = 5 + 2(\mu - 4\%) \tag{16}$$

Percebe-se pela equação que, apesar de ser uma regra de comportamento do agregado monetário, não se constitui uma política passiva. O governo intervém de forma expansionista quando o desemprego se amplia, e de forma contracionista quando a economia está em expansão e o desemprego em queda. Dessa forma, tanto se está combatendo a recessão como as pressões inflacionárias na expansão.

Já a **condução discricionária da política econômica** refere-se ao fato de que o governo decide a política econômica a ser adotada caso a caso. Isto é, os formuladores da política econômica identificam determinada situação e decidem qual a maneira mais adequada para agir sobre ela.

Várias críticas são levantadas contra a discricionariedade da política econômica. As principais são:

a) **Problemas de arbitrariedade**

- Incompetência: o processo político é aleatório, e não tem como separar sugestões de charlatões das de economistas competentes. Muitas vezes o proponente da política econômica não possui condições de avaliar satisfatoriamente o que deve ser feito.

- Oportunismo: os responsáveis pela política econômica podem ter interesses que entram em choque com o bem-estar social, por exemplo, fins eleitoreiros ou mesmo interesses pessoais. Isto acontece em situações nas quais existem órgãos reguladores de determinadas atividades, mas permite-se que o agente regulador/fiscalizador seja capturado pelo regulado/fiscalizado; por exemplo, diretores do Banco Central que possuem interesses conjuntos com o sistema bancário: pode-se sujeitar a política monetária aos interesses dos bancos. Outro exemplo refere-se ao chamado ciclo econômico político, pelo qual a política econômica do governante depende do estágio do mandato em que ele se encontra e adota políticas austeras contra a inflação nos primeiros anos para liberar no período final, de modo a gerar mais emprego e expansão econômica para conseguir se reeleger.

b) **Inconsistência temporal das políticas discricionárias**

- A questão, nesse sentido, refere-se ao incentivo do governo em manter políticas anunciadas. O governo pode, por exemplo, anunciar forte controle monetário e dos gastos públicos com antecedência, como parte de um plano de combate à inflação. Uma vez feito o anúncio, isto afetará as expectativas dos agentes que reverão suas estimativas. Com isso, se os agentes acreditarem nas propostas do governo, independentemente de este cumpri-las, a inflação tende a ceder. Contudo, uma vez que o governo tenha atingido o objetivo a que se propunha, mesmo sem efetivar as medidas, por que tomá-las e arcar com o ônus político da recessão? Ou seja, uma vez conseguido o objetivo, tem-se um estímulo a renegar a política anunciada.

Vários exemplos podem ser dados a respeito da inconsistência temporal: o governo anuncia que não negociará com terroristas em hipótese nenhuma, mas, uma vez que os terroristas façam reféns, o ônus político de não negociar pode ser muito elevado para manter a ameaça. Um professor anuncia uma prova dificílima para avaliar os alunos, com o objetivo de que eles estudem, mas na data da prova, considerando que os alunos tenham estudado, o professor tem um estímulo para não aplicar a prova pelo fato de ter que corrigi-la.

Se essa for a regra e nunca houver um cumprimento das medidas anunciadas, os indivíduos passam a desconfiar da política econômica, e qualquer anúncio de política econômica terá efeito desestabilizador, pois as expectativas irão em sentido contrário.

Pela discussão deste capítulo, percebem-se o sem-número de dificuldades que se colocam aos formuladores de política econômica e as razões que fazem com que a economia possa se desviar de uma trajetória estável. No Capítulo 9, passaremos a discutir o que faz a economia crescer a longo prazo.

EXERCÍCIOS RESOLVIDOS

1. Classifique as sentenças a seguir como verdadeiras ou falsas:

   a) **(Exame APE 2014)** A hipótese de expectativas racionais é o principal motivo de disputa entre os novos keynesianos e os novos clássicos.

   Falsa: os novos keynesianos aceitaram a hipótese de expectativas racionais, mas discordam dos novos clássicos em relação à existência de rigidez de preços e salários, que defendem existir por conta de custos de cardápio, por exemplo.

   b) **(Exame ANPEC 2013)** De acordo com a teoria dos ciclos reais, choques de oferta são transitórios e choques de demanda são permanentes.

   Falsa: de acordo com essa teoria, os choques de oferta têm efeitos permanentes. Como essa teoria é uma extensão das implicações da teoria de expectativas racionais e da teoria do passeio aleatório do produto, considera que choques de demanda não são importantes fontes de flutuação.

   c) **(Exame ANPEC 2013)** Os modelos novos keynesianos incorporam as expectativas racionais, mas observam que a economia demora mais para retornar ao equilíbrio por causa da rigidez de preços e salários.

   Verdadeira: de fato, os modelos novos keynesianos incorporaram as críticas das expectativas racionais, mas mantêm a visão de que os mercados têm imperfeições (como a rigidez de preços e salários) que dificultam o retorno da economia ao pleno emprego.

   d) **(Exame ANPEC 2013)** De acordo com a teoria dos ciclos reais, mudanças antecipadas de política monetária não têm efeitos reais sobre a economia.

   Verdadeira: para a teoria dos ciclos reais a moeda é neutra, ou seja, alterações antecipadas na oferta monetária não têm nenhum efeito sobre o produto corrente.

   e) **(Exame ANPEC 2014)** Segundo os novos clássicos, pode-se afirmar que, supondo-se que a política monetária tenha credibilidade, a redução pré-anunciada na taxa de crescimento do estoque monetário é eficaz no combate à inflação.

   Verdadeira: segundo a teoria das expectativas racionais, os indivíduos utilizam todas as informações disponíveis para formarem suas expectativas. Portanto, uma política econômica contracionista crível será imediatamente incorporada às expectativas e, assim, ela será eficiente do ponto de vista do combate à inflação e pouco ou nada custosa em termos de redução do produto.

   f) **(Exame ANPEC 2013)** A teoria dos ciclos reais pressupõe que o produto esteja sempre no seu nível natural.

   Verdadeira: esse é o pressuposto básico da teoria de ciclos reais. A partir dessa hipótese, considera que a economia em um mercado perfeito sofre diversos choques que afetam o nível do produto. As alterações tecnológicas constituem a forma mais importante de choques econômicos, ou seja, é a principal causa de flutuações econômicas.

   g) **(Exame ANPEC 2013)** Segundo os modelos novos keynesianos, quando há um aumento de preços na economia, as firmas só aumentarão seus próprios preços se os benefícios forem maiores que os custos de reajustar os preços.

Verdadeira: segundo os modelos novos keynesianos, a firma que deseja alterar os preços de seus produtos enfrenta o chamado custo de cardápio. Assim, frente a um aumento na demanda, as firmas podem escolher aumentar a produção em vez de aumentar os preços, ou seja, a decisão de aumentar os preços só ocorre se os benefícios superarem os custos de menu.

h) **(Exame ANPEC 2013)** Segundo os modelos novos keynesianos, a política monetária antecipada é neutra no curto prazo.

Falsa: segundo os modelos novos keynesianos, dado que há rigidez de preços e salários na economia, mesmo uma política monetária perfeitamente antecipada pelos agentes exerce efeitos sobre o emprego e a renda (efeitos reais).

i) **(Exame ANPEC 2016)** A existência de um viés inflacionário (proposto por Kydland e Prescott) constitui-se em um dos argumentos contrários ao uso discricionário da política monetária.

Verdadeira: de acordo com Kydland e Prescott, a melhor forma de conduzir uma política monetária que gere credibilidade diante do problema de inconsistência temporal seria a adoção de regras.

REFERÊNCIAS

FRIEDMAN, M. The role of monetary policy. *American Economic Review*, Mar. 1968.

_____. *A program for monetary stability*. New York: Fordham University Press, 1959.

LUCAS JR., Robert E. *Studies in business cycle theory*. Cambridge: MIT Press, 1981.

CONSUMO E ESCOLHA INTERTEMPORAL

9

Fábio Augusto Reis Gomes

INTRODUÇÃO

A decisão de consumo é similar à decisão de poupar na medida em que a poupança é justamente dada pela diferença entre renda e consumo. Considerando isso, é instrutivo começar este capítulo discutindo o papel da poupança e os fatores que a motivam. De um modo geral, os economistas entendem que poupança é consumo futuro (ROMER, 2012). De fato, seja qual for o fator que motiva a poupança, uma vez que os recursos foram acumulados, o consumo futuro é potencializado. Naturalmente, esse acúmulo de recursos se dá via o sacrifício de reduzir o consumo corrente. Assim, fica evidente um *trade-off* intertemporal entre consumo hoje e consumo futuro que é mediado pela decisão de poupança.

É importante destacar que os modelos introdutórios de microeconomia não contemplam esse *trade-off*. Em tais modelos o bem-estar do consumidor depende de diversos bens, mas considera-se apenas um único período e, portanto, o consumidor enfrenta apenas o *trade-off* intratemporal: o aumento do consumo de um bem reduz os recursos disponíveis para consumir os outros bens. Já em macroeconomia queremos estudar a evolução de agregados como o consumo e a poupança, sendo fundamental considerar na decisão de quanto consumir hoje os impactos sobre o consumo futuro. Por isso, é necessário ter um modelo com pelo menos dois períodos de tempo, mas não é necessário considerar vários bens de consumo. Neste capítulo, nos debruçamos sobre o *trade-off* intertemporal inerente à decisão de consumo e, por essa razão, consideramos um modelo com dois períodos no qual a variável de consumo representa apenas um bem ou uma cesta de bens, como o consumo agregado, sem entrarmos em detalhes sobre os seus componentes.

Finalmente, uma vez estabelecido que a abordagem intertemporal é a apropriada para estudar a evolução do consumo e da poupança, é oportuno investigar as razões pelas quais os consumidores poupam. Browning e Lusardi (1996) citam oito razões para poupar listadas em 1936 por J. Maynard Keynes e adicionam uma nona, a saber:[1]

1. para constituir uma reserva contra contingências imprevistas (**motivo precaucional**);

2. para prover recursos a fim de manter no futuro uma certa relação entre recursos disponíveis e necessidades do indivíduo (**ciclo de vida**);

---

[1] Os termos entre parênteses foram adicionados por Browning e Lusardi (1996) e refletem como alguns desses motivos para poupar tornaram-se conhecidos na literatura de consumo.

3. para se beneficiar da taxa de juros (**substituição intertemporal**);

4. para desfrutar de um consumo gradualmente crescente;

5. para desfrutar de uma sensação de independência, tendo capacidade de realizar ações, ainda que essas não tenham sido especificadas previamente;

6. para garantir uma massa de recursos que viabilize empreendimentos diversos;

7. para deixar uma herança;

8. para satisfazer pura avareza;

9. para acumular recursos a fim de dar a entrada – pagamento inicial – da compra de casas, carros ou outros bens duráveis.

O motivo **ciclo de vida** é central em nossa análise por refletir uma preocupação do consumidor em manter um padrão de consumo estável, sendo esta a característica central de modelos intertemporais. Nesta abordagem também fica evidente o motivo **substituição intertemporal**, segundo o qual o consumidor muda sua trajetória de consumo quando as condições da economia (taxa de juros) se alteram. Para estudar o **motivo precaucional** adicionamos risco à análise, considerando que a renda futura do consumidor é uma variável aleatória, cujo valor exato não é conhecido antecipadamente. Sob certas condições, esse risco faz com que os consumidores poupem mais e esta poupança adicional é intitulada poupança precaucional.

Portanto, dos nove fatores mencionados, esses três são detalhados nas análises feitas com base na abordagem intertemporal. No entanto, como é usual, iniciamos nosso estudo pela função consumo keynesiana que, curiosamente, não reflete os fatores elencados pelo próprio Keynes. Se por um lado isso é curioso, por outro lado não é surpreendente na medida em que, como destacado por Simonsen e Cysne (2007), Keynes postulou sua função consumo por introspecção, sem maiores fundamentos teóricos ou empíricos!

9.1 FUNÇÃO CONSUMO KEYNESIANA

A análise keynesiana da função consumo, contida no livro terceiro da *Teoria geral*, está presente em praticamente todos os manuais de macroeconomia. Essa análise é, por vezes, usada para subsidiar políticas econômicas de estímulo da economia via consumo. Nessa perspectiva, o consumo poderia ser estimulado via redução de impostos e, como o consumo é um importante componente da demanda agregada, fatalmente seria estimulada toda a economia.

Como vimos no Capítulo 4, na análise keynesiana a função consumo é dada por:

$$C = C_0 + cY \tag{1}$$

em que C é o consumo e Y é a renda (disponível). O parâmetro C_0 é o consumo autônomo, que independe da renda, sendo positivo ($C_0 > 0$). O parâmetro c é chamado de propensão marginal a consumir. Segundo o que Keynes chama de Lei Psicológica Fundamental, a propensão marginal a consumir estaria entre zero e um ($0 < 1 < c$). Portanto, o consumo agregado é determinado pela renda: o consumo aumenta quando a renda aumenta ($c > 0$), mas não na mesma proporção ($c < 1$).[2]

Podemos representar a função consumo (1) graficamente (Figura 9.1).

---

[2] Isto implica que parte do aumento de renda é consumida imediatamente e o restante é poupado. Como a poupança financia o consumo futuro, conclui-se que o consumo presente e o consumo futuro são tratados como bens normais, pois ambos aumentam com a elevação da renda.

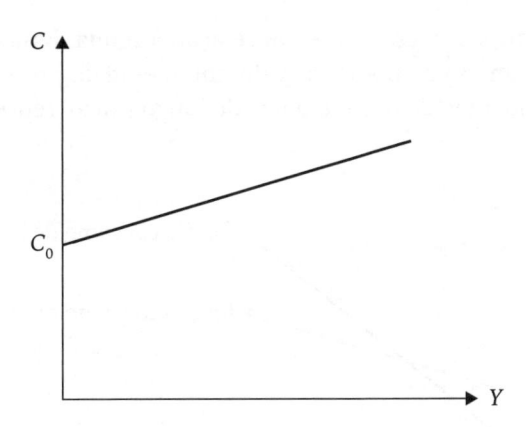

Figura 9.1 Função consumo keynesiana.

O fato de o consumo depender da renda tem importante implicação na eficácia da política fiscal, em decorrência do efeito multiplicador. Para verificar isso, considere o modelo keynesiano simplificado dado por:

$$Y = C + I + G + X - M \tag{2}$$

em que I, G, X e M são, respectivamente, o investimento, os dispêndios do governo, as exportações e as importações. Tratando essas variáveis como exógenas, o equilíbrio do modelo é obtido ao se considerar que o consumo é função da renda. Substituindo a função consumo (1) na expressão (2), conclui-se que:

$$Y = \frac{1}{1-c}\left[C_0 + I + G + X - M\right] \tag{3}$$

Diferenciando (3) com respeito ao gasto do governo, obtemos o multiplicador da política fiscal, como segue:

$$\frac{dY}{dG} = \frac{1}{1-c} \tag{4}$$

Como $0 < c < 1$, esse multiplicador é, evidentemente, maior do que 1. Podemos verificar que se c fosse igual a zero (inexistência de relação entre consumo e renda), o valor do multiplicador seria 1, o que implicaria uma relação de um para um entre variações em G e Y. Portanto, o fato de o consumo depender da renda e de c estar entre zero e um amplia a capacidade da política fiscal de estimular a renda.

Também com base na função consumo keynesiana podemos verificar que a razão entre o nível de consumo e o nível de renda, conhecida como **propensão média a consumir**, cai à medida que a renda aumenta. De fato, considerando a função consumo (1), podemos verificar que:

$$\frac{d\left(C/Y\right)}{dY} = -\frac{1}{Y^2}C_0 < 0 \tag{5}$$

Isso significa que famílias de renda alta tendem a ter uma taxa de poupança maior do que as de renda baixa.

Com o desenvolvimento das técnicas econométricas, não tardaram a aparecer trabalhos empíricos que avaliaram a função consumo keynesiana. Um dos estudos mais importantes deve-se ao economista Simon Kuznets que, com base em uma série temporal para o período de 1869 a 1938, verificou uma proporcionalidade entre a renda e o consumo, rejeitando a hipótese de a propensão média a consumir ser decrescente em relação à renda. Essa evidência sugeria que, no longo prazo, a função consumo se comportaria diferentemente da proposta keynesiana. Teríamos assim duas funções consumo, uma de curto e outra de longo prazo, representadas na Figura 9.2.

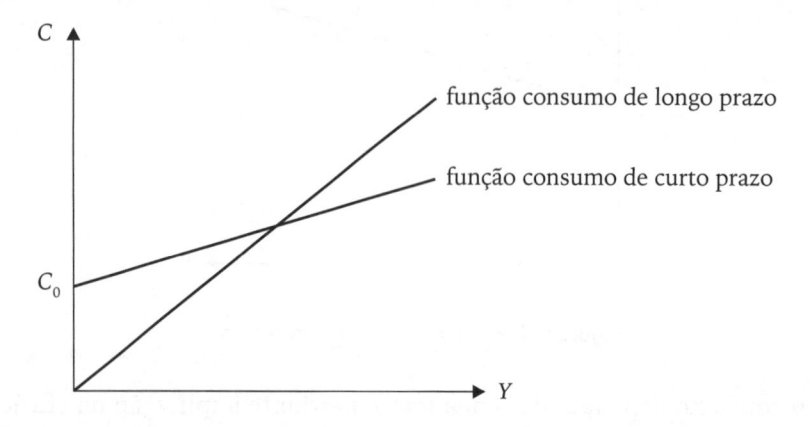

Figura 9.2 Funções consumo de curto e de longo prazos.

Uma provável explicação para essa diferença reside no fato de que a função consumo de curto prazo deve ser considerada em dado ano, com base nas classes de renda (dados em *cross--section*), chamada de função consumo a partir de orçamentos familiares, enquanto a longo prazo tem-se uma função consumo a partir de séries de tempo (Figuras 9.3 e 9.4).

O formato da função consumo com base em orçamentos familiares revela que, se a renda se eleva, o consumo também se eleva, mas a taxas decrescentes, já que há uma elevação na taxa de poupança nas classes mais elevadas de renda. Nessa perspectiva, a propensão média a consumir seria decrescente, em linha com o argumento keynesiano. Quanto ao formato da função consumo de longo prazo, os resultados estatísticos têm revelado que é linear, e que a propensão marginal e média a consumir são constantes e iguais, ou seja, uma reta partindo da origem.

Os resultados dos trabalhos empíricos motivaram uma série de novas explicações para o comportamento do consumo. Grande parte dessas explicações foram derivadas da contribuição de Irving Fisher nos anos 1930 acerca da escolha intertemporal, que leva em conta justamente o *trade-off* intertemporal das decisões sobre consumo presente e futuro.

Antes de analisarmos a abordagem intertemporal, uma última reflexão sobre o modelo keynesiano deve ser feita. Argumentamos, anteriormente, que a análise em macroeconomia está intimamente associada a modelos intertemporais, mas a abordagem keynesiana não considera o *trade-off* intertemporal na decisão de consumo, pois a cada período o consumidor segue uma regra fixa, consumindo uma fração de sua renda. Embora o *trade-off* intertemporal, ou qualquer outro, não seja modelado, isso não impede o estudo da evolução do consumo e da poupança. Por exemplo, suponha que a economia se encontre em equilíbrio inicial com renda Y_0 e que ocorra um aumento permanente do gasto do governo de G_0 para G_1. Este aumento, $\Delta G_1 = G_1 - G_0 > 0$, tem um impacto imediato e idêntico sobre a renda, que se torna $Y_1 = Y_0 + \Delta G_1$. Esta nova renda define um novo nível de consumo e de poupança. Ora, mas o consumo faz parte da demanda agregada, estimulando novamente a renda, o que acarreta novo valor para próprio consumo e para a poupança. Esse efeito sequencial é que dá origem ao multiplicador dos gastos fiscais, $1/(1 - c)$, e que permite que sejam construídas as trajetórias da renda, consumo e poupança. Portanto, essa análise iterativa de composição de efeitos permite que seja analisada a evolução de qualquer variável do modelo.

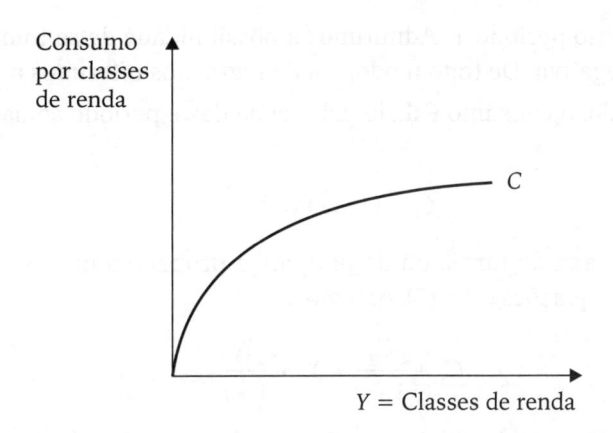

Figura 9.3 Função consumo com base em orçamentos familiares.

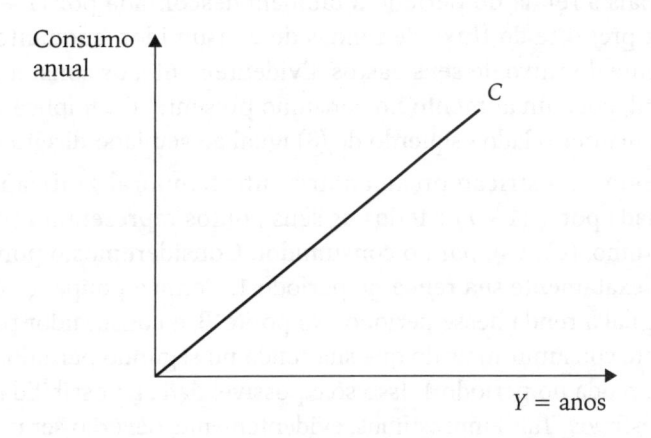

Figura 9.4 Função consumo por séries de tempo.

9.2 ABORDAGEM INTERTEMPORAL

Na abordagem intertemporal, cujo pioneiro foi Irving Fisher, as famílias decidem quanto consumir e poupar hoje, levando em conta o futuro. A preocupação com o futuro é evidenciada quando pessoas economicamente ativas poupam para financiar um consumo desejável no futuro, já que, quando idosas, é esperada uma queda na renda. De todo modo, as famílias podem tomar empréstimos para consumir mais no presente. Esses empréstimos, porém, deverão ser pagos, comprometendo parte do consumo no futuro.

Para entendermos como as famílias alocam o consumo ao longo do tempo, consideramos um modelo simples de dois períodos. O período 1 representa a juventude, enquanto que o período 2 representa a velhice do consumidor. Consideramos, ainda, Y_1 e C_1 a renda e o consumo do consumidor quando jovem e Y_2 e C_2 sua renda e consumo quando velho, respectivamente.

A renda no período 1 é alocada entre consumo e poupança, respeitando a restrição de que o consumo é igual a renda menos a poupança:

$$C_1 = Y_1 - S \tag{6}$$

em que S é a poupança no período 1. Admitimos a possibilidade de se tomarem empréstimos, de modo que S pode ser negativa. De todo modo, via de regra, nos referimos a S como poupança.

No segundo período, o consumo é dado pela renda deste período somada ao retorno bruto da poupança:

$$C_2 = (1 + r)S + Y_2 \tag{7}$$

em que r representa a taxa de juros, ou da poupança propriamente ($S > 0$) ou do empréstimo ($S < 0$). Combinando as equações (6) e (7), obtemos:

$$C_1 + \frac{C_2}{1+r} = Y_1 + \frac{Y_2}{1+r} \tag{8}$$

que representa a restrição orçamentária intertemporal do consumidor, segundo a qual o consumo no período 1 mais o consumo no período 2, descontado pelo fator $(1 + r)$, tem que ser igual à renda no período 1 mais a renda no período 2 também descontada por $(1 + r)$. O lado direito da restrição (8) é o valor presente do fluxo de rendas do consumidor, enquanto o lado esquerdo refere-se ao valor presente do fluxo de seus gastos. Evidentemente, os consumidores enfrentam um *trade-off* intertemporal, pois um aumento no consumo presente, C_1, implica uma redução no consumo futuro, C_2, para manter o lado esquerdo de (8) igual ao seu lado direito que está fixo!

Podemos apresentar a restrição orçamentária intertemporal graficamente (Figura 9.5). A inclinação da reta é dada por $-(1 + r)$ e todos os seus pontos representam combinações possíveis de trajetórias de consumo, (C_1, C_2), para o consumidor. Consideremos o ponto A. Nesse ponto, o consumidor consome exatamente sua renda no período 1. Como a poupança é nula, o consumo no período 2 também é igual à renda nesse período. No ponto B, o consumidor poupa no primeiro período, o que lhe permite consumir mais do que sua renda no segundo período. No ponto C, ele consome mais do que sua renda no período 1. Isso só é possível dada a possibilidade que o consumidor tem de levantar empréstimos. Tais empréstimos, evidentemente, deverão ser pagos no período 2.

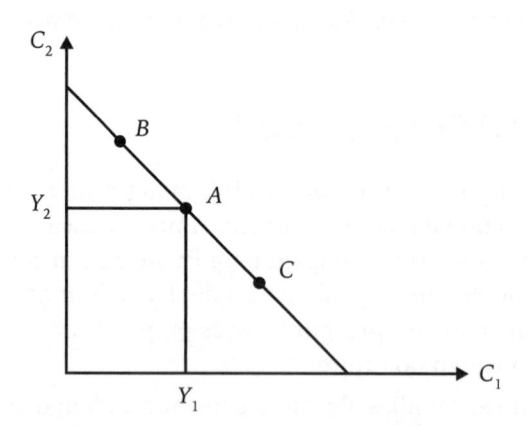

Figura 9.5 Restrição orçamentária intertemporal.

Para analisarmos a escolha do consumidor, vamos supor que suas preferências quanto à alocação do consumo possam ser representadas por curvas de indiferença convexas em relação à origem (Figura 9.6). Nos modelos introdutórios de microeconomia, com um único período e dois bens, aprendemos que convexidade significa gosto por diversificação: o consumidor prefere cestas equilibradas a cestas intensivas em apenas um dos dois bens. Como nosso modelo tem apenas um bem, mas dois períodos, convexidade significa que o consumidor não quer concentrar todo seu consumo em um único período. O consumidor quer suavizar seu consumo ao longo do tempo.

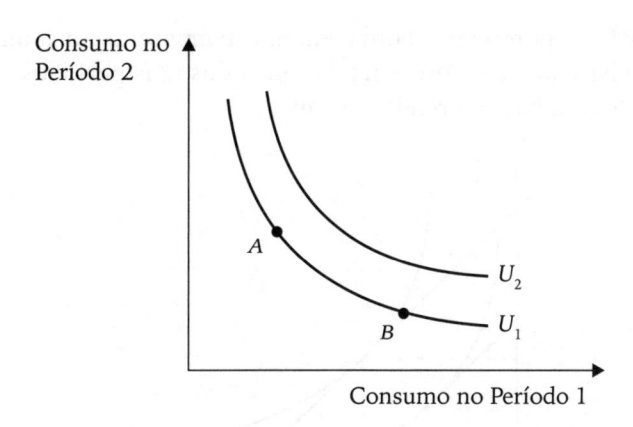

Figura 9.6 Preferências pelo consumo.

A Figura 9.6 apresenta duas curvas de indiferença. Cada uma delas representa combinações de consumo nos períodos 1 e 2, que proporcionam o mesmo nível de utilidade. Curvas de indiferença mais altas são preferíveis. Assim, o consumidor é indiferente entre as combinações de consumo dos pontos A e B e todos os pontos da curva U_2 são preferíveis aos pontos da curva U_1. A inclinação da curva de indiferença é dada pela **taxa marginal de substituição** entre o consumo nos períodos 1 e 2 e representa o quanto o consumidor está disposto a abrir mão do consumo no primeiro período para poder consumir mais no segundo período.

A decisão do consumidor pode ser facilmente obtida, combinando-se as curvas de indiferença com a **restrição orçamentária intertemporal** (R) (Figura 9.7). Como curvas de indiferença mais elevadas são preferíveis, o consumidor escolhe a trajetória de consumo (C_1, C_2) situada a curva de indiferença mais elevada que respeita a restrição orçamentária intertemporal. Consequentemente, a alocação dá-se no ponto E, onde a curva de indiferença tangencia a restrição orçamentária intertemporal. A tangência implica que a taxa marginal de substituição é igual à inclinação da restrição orçamentária.

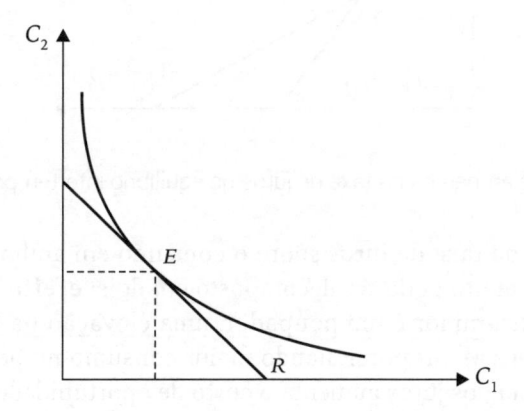

Figura 9.7 Equilíbrio do consumidor.

Uma vez entendido como o consumidor faz suas escolhas, podemos analisar os efeitos da elevação da renda sobre a alocação de consumo presente e futuro. Consideremos um aumento da renda no período 1. Esse aumento pode ser representado por um deslocamento da restrição orçamentária para cima (Figura 9.8). Podemos notar que um aumento na renda no primeiro período aumenta o consumo tanto neste período quanto no segundo período. Um aumento na renda futura também descola a restrição orçamentária do mesmo modo, gerando efeitos similares.

Esses resultados são obtidos porque na abordagem intertemporal o consumidor decide o consumo presente e futuro com base no valor presente da renda dos dois períodos – lado direito da equação (8) –, e não somente com base na renda corrente.

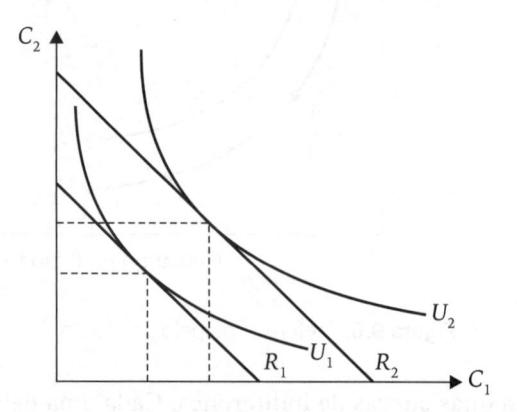

Figura 9.8 Efeito de aumentos no nível de renda no equilíbrio intertemporal do consumidor.

Alterações na taxa de juros também provocam mudanças na trajetória ótima do consumo. Vamos supor uma elevação nas taxas de juros, $R_2 > R_1$. Graficamente, temos uma mudança na inclinação da restrição orçamentária (Figura 9.9).

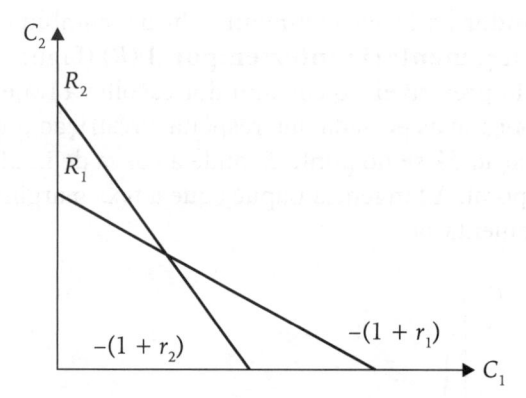

Figura 9.9 Efeito de aumentos na taxa de juros no equilíbrio intertemporal do consumidor.

O efeito da alteração da taxa de juros sobre o consumo em ambos os períodos não é direto como no caso anterior. Tal efeito pode ser decomposto em dois: **efeito renda** e **efeito substituição**. Por exemplo, se o consumidor é um poupador, uma elevação na taxa de juros melhora sua situação (percepção de riqueza), proporcionando maior consumo no período 2. Trata-se do efeito renda. Além disso, a elevação dos juros aumenta o custo de oportunidade do consumo no período 1, induzindo o consumidor a substituir o consumo no período 1 por consumo no período 2 (efeito substituição). O **efeito total** é dado pela soma dos dois efeitos e, no caso do poupador, podemos afirmar com certeza que o consumo no período 2 aumenta com o aumento na taxa de juros. Com relação ao período 1, no entanto, nada podemos afirmar *a priori*, já que o efeito renda tende a aumentar o consumo no período 1, mas o efeito substituição tem impacto oposto. Lembre-se que a função consumo keynesiana não depende da taxa de juros e, inclusive por isso, no modelo keynesiano simplificado a política monetária não tem destaque algum.

Embora a solução do modelo de dois períodos já tenha sido discutida por meio de gráficos, vale a pena estudar a solução analítica do caso particular no qual a função utilidade é logarítmica. Nesse caso, o consumidor maximiza a seguinte função de bem-estar:

$$U\left(C_1, C_2\right) = ln\left(C_1\right) + \beta ln\left(C_2\right) \tag{9}$$

em que $0 < \beta < 1$ é o desconto intertemporal. Este parâmetro, por ser menor do que um, desconta a utilidade proveniente do consumo futuro e, portanto, reflete o fato de que damos mais importância ao presente do que ao futuro.[3] Sujeito à restrição orçamentária intertemporal (8), o consumidor maximiza $U(C_1, C_2)$, escolhendo C_1 e C_2. É possível mostrar que a solução deste problema é dada por:[4]

$$C_1^* = \frac{1}{1+\beta}\left(Y_1 + \frac{Y_2}{1+r}\right) \tag{10}$$

$$C_2^* = \beta \frac{1+r}{1+\beta}\left(Y_1 + \frac{Y_2}{1+r}\right) \tag{11}$$

$$S^* = \frac{1}{1+\beta}\left(\beta Y_1 - \frac{Y_2}{1+r}\right) \tag{12}$$

Vale destacar alguns pontos. É evidente que C_1 e C_2 dependem do valor presente da renda e, consequentemente, aumentos em Y_1 e/ou Y_2 aumentam tanto C_1^* quanto C_2^*. Como esperado, se a renda é grande no primeiro período, relativamente ao segundo período, a tendência é poupar. Mais precisamente, $S^* > 0$ quando $\beta Y_1 > Y_2/(1+r)$. Por outro lado, se a renda no segundo período é relativamente maior, então, o consumidor toma emprestado e financia o consumo presente com a renda futura ($S^* < 0$). Fica evidente a preocupação do consumidor em suavizar o consumo, sendo explicitado o *motivo ciclo de vida* para poupar (ou tomar empréstimos).

Por fim, analisamos os impactos da elevação da taxa de juros sobre o consumo e a poupança. Note que há uma redução em C_1^* uma vez que o valor presente da renda do consumidor diminui. Há ainda um aumento em S^*. Isso não significa que necessariamente $S^* > 0$. O consumidor pode simplesmente ter reduzido o volume de empréstimos tomados. Finalmente, no segundo período, há um aumento em C_2^*. Embora o valor presente da renda do consumidor tenha diminuído, a poupança adicional (ou empréstimo menor) permite um aumento do consumo no segundo período.

Essa análise pode ser feita de forma alternativa. Note que $C_2^* = \beta(1+r)\,C_1^*$. Assim, alterações na taxa de juros induzem o consumidor a substituir consumo entre os períodos. Em particular, um aumento na taxa de juros torna a razão C_2^*/C_1^* maior. Como a taxa de juros é o custo de oportunidade do consumo presente, aumentos dessa taxa levam o consumidor a priorizar consumo futuro. Fica claro o motivo **substituição intertemporal** para poupar: há uma realocação do consumo intertemporalmente em função de alterações na taxa de juros.

---

[3]   Note que β reflete uma certa impaciência do consumidor que dá maior peso à utilidade do consumo presente do que à utilidade do consumo futuro. Assim, este parâmetro guarda uma conexão com a taxa de juros. A taxa de juros remunera a poupança desse consumidor, levando-o a abrir mão de consumo corrente. Quanto menor β, maior deve ser a taxa de juros para que o consumidor poupe.

[4]   Para detalhes sobre a solução do problema, veja o Apêndice.

9.3 CONSUMO E RENDA PERMANENTE

A principal contribuição da teoria do consumo baseada na escolha intertemporal é que as famílias, em suas decisões quanto ao consumo, levam em conta não apenas a renda corrente mas também a renda futura. Tal ideia foi aperfeiçoada por Milton Friedman na década de 1950, a partir da h**ipótese da renda permanente**.

Para Friedman, as pessoas tendem a manter um padrão de consumo estável ao longo do tempo. Esse padrão de consumo depende do que Friedman chamou de **renda permanente**, ou seja, aquela renda que as famílias esperam receber ao longo de sua vida. Alterações no consumo, segundo essa teoria, são devidas a alterações na renda permanente.

Para ilustrar essas características, vamos considerar um caso particular do modelo baseado na função utilidade logarítmica no qual $\beta = 1$ e $r = 0$. Com isso, as equações (10), (11) e (12) tornam-se:

$$C_1^* = \frac{Y_1 + Y_2}{2} \tag{13}$$

$$C_2^* = \frac{Y_1 + Y_2}{2} \tag{14}$$

$$S^* = \frac{Y_1 - Y_2}{2} \tag{15}$$

Portanto, o consumo depende da renda permanente, $(Y_1 + Y_2)/2$, sendo perfeitamente suavizado: divide-se a renda total pelo número de períodos. Poupa quando $Y_1 > Y_2$ para evitar uma queda do consumo no segundo período. Toma-se emprestado quando $Y_1 < Y_2$ para evitar que o consumo no primeiro período seja menor do que no segundo período.

Embora esse seja um modelo bastante simples, esses resultados talvez expliquem por que as pessoas buscam qualificação superior e por que a renda é mais volátil do que o consumo. Pessoas formadas geralmente possuem maior renda permanente e, portanto, maior consumo do que as que não possuem curso superior. Além disso, os consumidores se defrontam com alterações temporárias de renda. Como exemplo, podemos citar a sazonalidade da renda de um produtor rural: na época da colheita, sua renda é maior do que no período de entressafra. Isso, no entanto, não significa que esse produtor consuma mais na safra do que na entressafra. Ele busca nivelar seu consumo ao longo do ano, poupando no período de abundância (renda alta) e despoupando nos momentos de escassez (renda baixa). Deste modo, a volatilidade da renda não é transferida para o consumo.

Mesmo no caso keynesiano, com o consumo dependendo apenas da renda corrente, pode-se vislumbrar um estímulo à qualificação. No entanto, a determinação do consumo com base na renda permanente e o uso da poupança para suavizar o consumo constituíram inovações importantes. Em particular, enquanto a função consumo keynesiana (1) aponta que qualquer alteração na renda corrente é transferida para o consumo, na abordagem de Friedman alterações transitórias na renda teriam pouco ou nenhum efeito sobre o consumo, porque as pessoas usam a poupança e os empréstimos para manter um padrão estável de consumo ao longo do tempo.

Finalmente, enquanto a abordagem keynesiana é usada para justificar uma redução de impostos com objetivo de estimular o consumo e, consequentemente, a renda, tal mecanismo pode não funcionar no modelo de Friedman. Suponha que ocorra uma redução do imposto de renda no primeiro período compensada por um aumento do imposto de renda no segundo período que mantenha constante a renda permanente, então o consumo presente e o consumo futuro não são alterados, conforme equações (13) e (14).[5]

---

[5] Esse resultado é conhecido como Equivalência Ricardiana.

9.4 MODELO DO CICLO DE VIDA

Outra importante contribuição sobre o consumo baseada na abordagem intertemporal de Fisher deve-se a Franco Modigliani, também ocorrida nos anos 1950 e conhecida como **modelo do ciclo de vida do consumo e poupança**. Segundo esse modelo, as pessoas decidem quanto poupar e quanto consumir de acordo com as expectativas sobre o fluxo de renda durante todo seu período de vida. A ideia baseia-se no fato de que, ao longo da vida, a renda dos consumidores tende a sofrer variações significativas. Quando jovem, a pessoa experimenta uma renda menor. Com o passar dos anos, a consolidação de sua vida profissional proporciona renda maior. Ao atingir a velhice, a renda das pessoas tende a sofrer uma queda significativa, geralmente pela impossibilidade de continuar trabalhando.

Além disso, quando jovens, as pessoas tendem a despoupar ou tomar empréstimos, já que esperam uma renda maior no futuro. No auge de sua vida profissional, pagam os empréstimos e ainda poupam para poder continuar com o mesmo padrão de vida quando velhas. Essa transferência de poupança dos jovens para os velhos pode ser espontânea ou compulsória. A **poupança espontânea** dá-se quando o consumidor se programa ao longo de sua vida. O consumidor também pode recorrer, por comodidade, a planos de previdência privada. Por outro lado, a **poupança compulsória** dá-se por imposição do governo, que se encarrega, via sistema de previdência pública, de transferir poupança entre as gerações. Talvez essa imposição se justifique pelo fato de o governo entender que os jovens não se preocupam adequadamente com a velhice.

9.5 RESTRIÇÃO DE CRÉDITO E POUPANÇA PRECAUCIONAL

Na abordagem intertemporal, a poupança é o instrumento utilizado pelo consumidor para suavizar o consumo. Ainda que a renda do consumidor oscile bastante, o consumidor, ora poupando, ora despoupando, manteria um nível de consumo estável. No entanto, se ele não tem acesso ao crédito, fica impedido de tomar empréstimos, embora inda possa poupar. Para levar isso em conta no nosso modelo de dois períodos, teríamos que adicionar a restrição $S \geq 0$.[6]

Para entender melhor essa questão, recorremos à equação (15), segundo a qual o consumidor deseja poupar quando $Y_1 > Y_2$. Nessa situação, a incapacidade de tomar empréstimos não afeta as decisões do consumidor, que continua suavizando seu consumo. No entanto, quando $Y_1 < Y_2$, o consumidor gostaria de tomar emprestado, mas não consegue fazê-lo em virtude da restrição de crédito. O consumidor gostaria de consumir mais do que Y_1 no primeiro período, mas, como ele não consegue empréstimo, resta-lhe consumir exatamente Y_1. Consequentemente, a poupança é nula e no segundo período o consumo é igual a Y_2. Note que o consumo em cada período é igual à renda do respectivo período. Portanto, se o consumidor deseja tomar empréstimos e não consegue, a solução do problema intertemporal assemelha-se ao caso keynesiano: não há suavização do consumo e a renda corrente volta a ser o determinante principal do consumo, ao invés da renda permanente.

O motivo precaucional surge quando há alguma incerteza sobre variáveis futuras relevantes para o consumidor. Por exemplo, é natural assumir que a renda futura não é conhecida hoje, havendo, inclusive, a chance de o consumidor perder o emprego no futuro. Para efeito de comparação, considere dois consumidores que se distinguem apenas pelo risco: um consumidor tem renda futura conhecida e igual a Y_2, o outro tem renda futura desconhecida (incerta) mas com

---

6   É importante destacar que adicionar a restrição de crédito não nos faz abandonar a abordagem intertemporal. Como Browning e Crossley (2001) explicam, a abordagem intertemporal constitui uma metodologia de construção de modelos. No caso, basta adicionar ao modelo básico à restrição $S \geq 0$.

valor esperado Y_2. Por simplicidade, suponha que $Y_1 = Y_2$. O consumidor que não se defronta com o risco tem poupança nula, isto é, $S^* = 0$, conforme a equação (15). No entanto, o consumidor que está sujeito a perder o emprego pode ter renda nula no segundo período e, por isso, esperamos que ele escolha $S^* \geq 0$, com o intuito de evitar um cenário no qual ele perde o emprego e não tem poupança alguma para financiar seu consumo. Essa poupança adicional, feita em função do risco de perder o emprego, é chamada de poupança precaucional.[7]

Por um lado, sob restrição de crédito, o consumidor não toma emprestado, pois está impedido de fazê-lo. Por outro lado, quanto maior o risco de desemprego no futuro, menor a chance de o consumidor tomar emprestado, já que ele quer poupar para se proteger de um possível cenário futuro ruim. Essas explicações, embora distintas, sugerem que a renda corrente pode ser mais importante do que os modelos iniciais da abordagem intertemporal sugerem. Afinal, se os consumidores estão impedidos ou relutam em tomar empréstimos, a suavização do consumo ao longo do tempo é prejudicada.

9.6 CONSIDERAÇÕES FINAIS

A abordagem intertemporal permitiu à macroeconomia aprofundar a compreensão sobre o comportamento do consumidor. Se para Keynes o consumo era função apenas da renda corrente, outras teorias sugerem que o consumo também é influenciado por taxa de juros, renda futura e riscos associados a esta renda, além do desenvolvimento do mercado de crédito. De fato, na abordagem intertemporal três considerações merecem destaque.

A primeira diz respeito aos efeitos da política econômica sobre o consumo. Considerando a função consumo keynesiana, basta que a política atinja a renda corrente dos consumidores para que o consumo agregado sofra alterações. No entanto, se considerarmos o modelo de Friedman, somente políticas econômicas que atinjam a renda permanente alteram o consumo.

Em segundo lugar, enquanto no modelo keynesiano simplificado apenas a política fiscal tem destaque, na abordagem intertemporal resgata-se a importância da política monetária, uma vez que consumos presente e futuro dependem da taxa de juros.

Por último, os modelos de escolha intertemporal chamam a atenção para a importância da existência de mercados financeiros que permitem às pessoas suavizarem seu consumo ao longo do tempo. Neste arcabouço, fica evidente que o desenvolvimento do mercado de crédito tem potencial para aumentar o bem-estar dos consumidores. De fato, na ausência de crédito, os consumidores não conseguem tomar empréstimos e o consumo volta a depender da renda corrente. Naturalmente, nesse caso, políticas econômicas que afetam a renda corrente voltam a ter impacto sobre o consumo!

---

[7] Para ser preciso, é necessário assumir que a função utilidade tenha terceira derivada positiva. Se, por exemplo, a utilidade for quadrática, não há formação da poupança precaucional.

EXERCÍCIOS RESOLVIDOS

1. Empiricamente, tem-se verificado que no longo prazo a função consumo não se comporta como previsto pela teoria keynesiana, particularmente no que diz respeito à propensão média a consumir, que tende a ser estável ao longo do tempo. Que teoria poderia explicar essa evidência?

Solução

Considerando-se a função consumo keynesiana, $C = C_0 + cY$, com $C_0 > 0$ e $0 < c < 1$, tem-se que $d(C/Y)/dY = - (C_0/Y_2) < 0$, ou seja, quanto maior a renda, menor a propensão média a consumir.

Pode-se, no entanto, supor que o consumo seja uma função não apenas da renda mas também da riqueza, ou seja, $C = a \cdot W + c \cdot Y$, onde W representa a riqueza e a e c são parâmetros constantes. Neste caso, temos que $C/Y = a \cdot (W/Y) + c$. No curto prazo, W pode ser considerado como relativamente estável. Com Y crescendo e W constante, tem-se uma propensão média a consumir decrescente, como na função consumo keynesiana. É de se esperar, no entanto, que no longo prazo tanto W quanto C cresçam, tornando estável C/Y. Essa ideia estaria de acordo com o modelo do ciclo de vida: as pessoas acumulam riqueza ao longo dos anos para consumir nos anos de aposentadoria.

2. Considerando-se o modelo da renda permanente de Friedman, qual o efeito de uma política de restrição ao consumo sobre o produto (considerando o modelo keynesiano de determinação da renda)?

Solução

Depende. Segundo o modelo de renda permanente, uma política de restrição sobre o consumo só terá efeitos sobre o produto se não for transitória, isto é, se tiver efeitos permanentes. Assim, por exemplo, um corte nos impostos neste ano que implique aumento dos impostos no ano seguinte não tem, segundo o modelo em questão, efeito sobre o consumo: não há alteração na renda permanente, mas na transitória.

3. Como as famílias estimam a renda futura nos modelos de escolha intertemporal?

Solução

As famílias podem estimar a renda futura ou permanente de duas formas: utilizando expectativas adaptativas ou expectativas racionais. Se as expectativas são adaptativas, as informações sobre o passado servem de base para se estimar a renda permanente. Se as expectativas são racionais, as famílias conhecem e utilizam toda a informação disponível sobre a realidade econômica para formar suas expectativas futuras acerca do comportamento de suas rendas.

4. **(Exame ANPEC 2006)** Determine o valor da poupança de um consumidor dadas as seguintes informações: função utilidade: $U = ln(C_0) + ln(C_1)$, em que C_0 é o consumo presente e C_1, o consumo futuro; a renda é de \$ 100 no presente e de \$ 50, no futuro; a taxa de juros de mercado é 0%; e não há imperfeições no mercado de crédito.

Esta questão é uma aplicação do modelo de consumo intertemporal de Fisher discutido ao longo do capítulo. O indivíduo tem uma função utilidade que envolve o consumo nos instantes 0 e 1 (ou seja, assume-se um modelo de dois períodos) e uma restrição orçamentária que envolve rendas recebidas nos instantes 0 e 1. O objetivo do indivíduo é, portanto, maximizar sua utilidade sujeita à sua restrição orçamentária intertemporal, definida como $C_0 + C_1/(1 + r) = Y_0 - Y_1/(1 + r)$. Temos, então, o seguinte lagrangeano a ser resolvido:

$$\pounds = ln(C_0) + ln(C_1) - [C_0 + C_1/(1 + r) - Y_0 - Y_1/(1 + r)]$$

As condições de primeira ordem são dadas por:

$$\pounds/\pounds C_0 = 1/C_0 - \cdot 1 = 0 = 1/C_0$$

$$\pounds/\pounds C_1 = 1/C_1 - 1/(1 + r) = 0 = (1 + r)\cdot(1/C_1)$$

$$\pounds/\pounds = C_0 + C_1/(1 + r) - Y_0 - Y_1/(1 + r) = 0$$

Igualando o valor de com base nas duas primeiras condições de primeira ordem, tem-se:

$$1/C_0 = (1 + r)\cdot(1/C_1) \; C_1 = C_0\cdot(1 + r)$$

Substituindo esta igualdade na restrição orçamentária e considerando os valores das rendas e da taxa de juros apresentadas no enunciado:

$$C_0 + C_0\cdot(1 + 0)/(1 + 0) = 100 + 50/(1 + 0)$$

$$2\cdot C_0 = 150$$

$$C_0 = 75$$

Dado que a renda do primeiro período é 100, a poupança do primeiro período é dada pela renda do primeiro período menos o consumo do primeiro período, ou seja, $100 - 75 = 25$.

5. Classifique as sentenças a seguir como verdadeiras ou falsas:

a) **(Exame ANPEC 2010)** O modelo do ciclo de vida permite explicar as evidências empíricas segundo as quais a propensão média a consumir seria aproximadamente constante, no longo prazo, para a economia como um todo.

Verdadeira: conforme visto ao longo deste capítulo, de acordo com a teoria do ciclo de vida, o planejamento do consumo e poupança das famílias é feito considerando o horizonte de toda a vida, e não apenas a renda corrente. Isto explica por que, segundo a teoria em questão, a propensão média a consumir é aproximadamente constante no longo prazo.

b) **(Exame ANPEC 2013)** A hipótese do ciclo de vida enfatiza que a renda varia de maneira um tanto previsível ao longo da vida de uma pessoa, e que os consumidores usam a poupança e o empréstimo para manter o consumo estável ao longo da vida.

Verdadeira: conforme discutido ao longo deste capítulo, esta é exatamente a hipótese do modelo de ciclo de vida de Modigliani.

c) **(Exame ANPEC 2013)** Segundo a teoria da renda permanente, os consumidores gastam a renda transitória e poupam a maior parte da renda permanente.

Falsa: de acordo com a teoria da renda permanente, a renda transitória se destina a poupança/despoupança, ao passo que a renda permanente se destina ao consumo. Assim, apenas variações na renda permanente afetam as decisões de consumo dos agentes.

d) **(Exame ANPEC 2008 – modificado)** Com base na teoria da renda permanente, supondo ausência de imperfeições no mercado de crédito e tudo o mais constante, um aumento na renda futura esperada reduz a poupança corrente.

Verdadeira: um aumento da renda futura esperada aumenta o valor presente da renda de toda a vida (aumenta a renda permanente) e, portanto, o consumo corrente. Como a renda corrente não se alterou, o aumento do consumo corrente se dá via redução na poupança corrente.

e) Com base no modelo de consumo intertemporal de Fisher, um aumento não antecipado na taxa real de juros corrente reduz o consumo corrente e aumenta o consumo futuro.

Falsa: conforme discutido ao longo deste capítulo, o efeito do aumento dos juros sobre o consumo corrente é controverso. Para tomadores de crédito (ou seja, indivíduos com poupança negativa), com certeza o aumento da taxa de juros reduz o consumo corrente. No entanto, para indivíduos que emprestam sua poupança para outros indivíduos (ou seja, indivíduos com poupança positiva), o aumento dos juros pode gerar um efeito renda que pode inclusive provocar aumento do consumo corrente.

REFERÊNCIAS

BROWNING, M.; CROSSLEY, T. F. The life-cycle model of consumption and saving. *Journal of Economic Perspectives*, v. 15, n. 3, p. 3-22, 2001.

_____; LUSARDI, A. Household saving: micro theories and micro facts. *Journal of Economic literature*, v. 34, n. 4, p. 1797-1855, 1996.

FRIEDMAN, M. *A theory of the consumption function*. Princeton, N.J.; Princeton University Press, 1957.

MODIGLIANI, Franco. Life cycle, individual thrift, and the wealth of nations. *American Economic Review*, v. 76, n. 3, p. 297-313, 1986.

SACHS, J. D.; LARRAIN, B. F. *Macroeconomia*. São Paulo: Makron, 1995.

SIMONSEN, M. H.; CYSNE, R. P. *Macroeconomia*. 3. ed. São Paulo: Atlas; Rio de Janeiro: Fundação Getulio Vargas, 2007.

ROMER, D. *Advanced macroeconomics*. Boston: McGraw-Hill, 2012.

APÊNDICE

A solução do problema intertemporal do consumidor é obtida maximizando o bem-estar do consumidor sujeito a (*s.a.*) restrição orçamentária intertemporal. Matematicamente:

$$\max_{C_1, C_2} \left\{ ln\left(C_1\right) + \beta ln\left(C_2\right) \right\}$$
$$s.a.\ C_1 + \frac{C_2}{1+r} = Y_1 + \frac{Y_2}{1+r} \tag{A.1}$$

Para resolver esse problema de maximização, construímos a função lagrangeana:

$$\mathcal{L} = ln\left(C_1\right) + \beta ln\left(C_2\right) + \lambda \left(Y_1 + \frac{Y_2}{1+r} - C_1 - \frac{C_2}{1+r}\right) \tag{A.2}$$

em que λ é o multiplicador do lagrangeano. As condições de primeira ordem (CPO) são obtidas derivando-se $\mathcal{L}$ com respeito a C_1, C_2 e λ, e igualando cada derivada a zero, como segue:

$$\frac{\partial \mathcal{L}}{\partial C_1} = \frac{1}{C_1} - \lambda = 0 \tag{A.3}$$

$$\frac{\partial \mathcal{L}}{\partial C_2} = \frac{\beta}{C_2} - \frac{\lambda}{1+r} = 0 \tag{A.4}$$

$$\frac{\partial \mathcal{L}}{\partial \lambda} = Y_1 + \frac{Y_2}{1+r} - C_1 - \frac{C_2}{1+r} = 0 \tag{A.5}$$

Manipulando estas três equações, concluímos que:

$$C_1^* = \frac{1}{1+\beta}\left(Y_1 + \frac{Y_2}{1+r}\right) \tag{A.6}$$

$$C_2^* = \beta \frac{1+r}{1+\beta}\left(Y_1 + \frac{Y_2}{1+r}\right) \tag{A.7}$$

Para encontrar a poupança ótima lembramos que $S = Y_1 - C_1$. Substituindo a solução para o consumo no primeiro período, obtemos:

$$S^* = \frac{1}{1+\beta}\left(\beta Y_1 - \frac{Y_2}{1+r}\right) \tag{A.8}$$

O INVESTIMENTO

Márcio Bobik Braga

INTRODUÇÃO

Os investimentos têm duplo papel: além de representarem um importante componente da demanda, aumentam a capacidade produtiva da economia ao longo do tempo. Ao estimular os investimentos, o governo, além de aumentar o grau de utilização da capacidade produtiva (supondo o desemprego de curto prazo no modelo keynesiano), eleva a própria capacidade produtiva ao aumentar o estoque de capital da economia. Este capítulo tem como objetivo analisar os determinantes das decisões de empresas e famílias sobre investir.

10.1 CONCEITOS BÁSICOS

Como definido no Capítulo 1, investimento é o incremento do estoque de capital na economia, também chamado **taxa de acumulação de capital**. São consideradas investimentos, por exemplo, a compra de prédios por empresas ou a aquisição de máquinas e equipamentos, assim como a variação de estoques, seja de matérias-primas, de bens semielaborados ou mesmo de bens acabados.

Uma distinção importante diz respeito às definições de investimento bruto e investimento líquido. No processo produtivo, o estoque de capital sofre um desgaste natural conhecido como depreciação. O investimento pode estar incluindo a reposição do estoque de capital necessária para cobrir a depreciação. Nesse caso, estamos falando de **investimento bruto**. Quando excluímos a depreciação, temos o **investimento líquido**. Assim, temos a seguinte relação:

$$I_b = I_l + d \cdot K \tag{1}$$

onde: I_b = investimento bruto

I_l = investimento líquido

d = coeficiente de depreciação

K = estoque de capital

Em termos agregados, existe uma dificuldade de se estimar d já que esse coeficiente varia de máquina para máquina. Na elaboração das Contas Nacionais, é praxe fazer uma estimativa para a depreciação de 5% do PIB ao ano.

Cabe destacar ainda que, nas decisões de investimento, os agentes tomam suas decisões olhando para o futuro, já que só faz sentido aumentar o estoque de capital se esse aumento proporcionar um retorno futuro em termos de rendimento.

As decisões de investimento são feitas pelas empresas.[1] Como as empresas são, em última instância, propriedade das famílias, a decisão de investir pode ser considerada como parte das decisões das famílias sobre alocar os consumos presente e futuro. Podemos então analisar o investimento como parte das decisões das famílias.

10.2 DECISÃO DE INVESTIR

No capítulo anterior, as famílias escolhiam consumir mais ou menos no presente, de olho no futuro. Quando falávamos em poupança, na verdade estávamos referindo-nos à compra de ativos financeiros pelas famílias. Podemos, no entanto, considerar também a compra de bens de capital. A justificativa é a de que, como a decisão de investir é realizada pelas famílias e essa decisão implica maior possibilidade de consumo no futuro, a compra de bens de capital representa uma alternativa para as famílias em sua alocação intertemporal da renda.

Com base nesse raciocínio, vamos incluir a decisão da compra de bens de capital (ou seja, a decisão de investir) no modelo de dois períodos de alocação intertemporal de Fisher, analisado no capítulo anterior, e discutir as implicações.

A poupança no período 1 pode ser escrita como:

$$S_1 = Y_1 - C_1 \tag{2}$$

em que S_1, Y_1 e C_1 representam a poupança, a renda e o consumo no primeiro período, respectivamente.

Agora, a poupança no período 1 pode ser distribuída entre ativos financeiros (B_1) e investimento (I_1), ou seja:

$$S_1 = B_1 + I_1 \tag{3}$$

No período 2, o consumo é dado por:

$$C_2 = Y_2 + (1 + r) \cdot B_1 \tag{4}$$

Combinando as três equações, obtemos:

$$C_2 = Y_2 + (1 + r) \cdot (Y_1 - C_1 - I_1) \tag{5}$$

Isolando C_1 e C_2 e dividindo ambos os lados do resultado por $(1 + r)$, obtemos:

$$C_1 + C_2 / (1 + r) = (Y_1 - I_1) + Y_2/(1 + r) \tag{6}$$

que representa a restrição orçamentária intertemporal das famílias, considerando-se o investimento.

A família agora precisa escolher aplicar sua poupança em ativos financeiros ou em investimentos, de forma a maximizar sua riqueza. Considerando que a riqueza (W) é dada por:

$$W = (Y_1 - I_1) + Y_2/(1 + r) \tag{7}$$

---

[1] Vale lembrar que, nas Contas Nacionais, o investimento em moradias pelas famílias e as despesas de capital do setor público são lançados na conta das empresas (conta Produto Interno Bruto).

podemos escolher o nível de investimento que maximize W. Assim, derivando essa expressão em relação a I, chegamos a:

$$dW/dI = -1 + PmgK/(1 + r) \tag{8}$$

onde $PmgK$ representa a produtividade marginal do capital no período 2.

A riqueza da família é maximizada quando $dW/dI = 0$. Para que isso ocorra, deveremos ter:

$$PmgK = (1 + r) \tag{9}$$

ou seja, a riqueza da família é maximizada quando a produtividade marginal do capital é igual a 1 mais a taxa de juros. Considerando-se que as famílias se preocupam com a produção e o consumo em termos reais, a taxa de juros relevante para suas decisões de investimento é a taxa de juros real.

Pode-se estender essa ideia para o caso mais geral, considerando-se vários períodos bem como a depreciação. Vamos supor que o capital adquirido pela família sofre um desgaste igual a d. Na situação anterior, supomos $d = 1$, ou seja, que o capital adquirido era consumido totalmente no final do último período. Agora, consideremos $d < 1$ e que, no período 2, a família deseje vender o capital, cujo valor de venda, nesse período, é igual a $K \cdot (1 - d)$. Assim, podemos reescrever a riqueza da família como:

$$W = (Y_1 - I_1) + Y_2/(1 + r) + K \cdot (1 - d)/(1 + r) \tag{10}$$

Diferenciando essa expressão e considerando que no início do período a família não possuía capital, chegamos a:

$$dW = -dI + dI \cdot (PMgK)/(1 + r) + dI \cdot (1 - d)/(1 + r) \tag{11}$$

Rearranjando-se os termos, chegamos a:

$$dW = dI \cdot \{[PMgK - (r + d)]/(1 + r)\} \tag{12}$$

Assim, podemos concluir que a riqueza só será maximizada se

$$PMgK_2 = (r + d) \tag{13}$$

Generalizando-se, a escolha do nível de investimento que maximiza a riqueza da família deverá resultar na condição:

$$PMgK_{t+1} = r + d \tag{14}$$

onde $r + d$ pode ser considerado como o custo do capital.

10.3 TEORIA q DE TOBIN

Outra importante contribuição para o entendimento da decisão de investir deve-se a James Tobin, que desenvolveu, a partir do final dos anos 1960, a conhecida **Teoria q**. Segundo essa teoria, as empresas, em suas decisões de investimento, levam em consideração a razão entre o valor de mercado do capital instalado, avaliado pelo mercado de ações e o custo de reposição do capital instalado. Essa razão é denominada "variável q". Se o valor da empresa avaliado pelo mercado acionário é igual ao custo de reposição de seu capital instalado, temos que $q = 1$. Se $q > 1$, o mercado acionário está valorizando a empresa mais do que ela vale em termos de reposição do capital instalado.

Segundo a análise de Tobin, o investimento depende de q ser maior ou menor do que a unidade. Se $q > 1$, vale a pena investir, pois a valorização da empresa no mercado mais do que compensa o custo de se aumentar o estoque de capital. De forma análoga, se $q < 1$, não haverá incentivos ao investimento.

O modelo de Tobin destaca a importância do comportamento do mercado de ações como termômetro das intenções de investimentos produtivos na economia.

10.4 CONSIDERAÇÕES FINAIS

No modelo de escolha intertemporal das famílias de dois períodos, concluímos que a produtividade marginal do capital no segundo período deve ser igual ao custo do capital para que sua riqueza seja maximizada. Isso significa que as decisões de investimento dependem das expectativas com relação ao futuro. Esse futuro, no entanto, pode estar rodeado de incerteza, o que torna os investimentos na economia voláteis. Keynes foi um dos primeiros economistas a destacarem o papel das expectativas nas decisões de investimento na economia. Para Keynes, o "estado de confiança" seria responsável pelas alterações nos investimentos na economia.

A estabilidade econômica e a manutenção de regras de política econômica estáveis talvez sejam formas de se possibilitar um cálculo acerca das vantagens de investir. Esses momentos de estabilidade muitas vezes se refletem num comportamento positivo do mercado acionário, incentivando assim os investimentos, tal como previsto na Teoria q de Tobin.

EXERCÍCIOS RESOLVIDOS

1. Considere um indivíduo que deseja adquirir um computador no período t, tendo a opção de revendê-lo no período $t + 1$. Sob qual condição essa decisão valerá a pena?

Solução

Em sua decisão de "investir" comprando o computador, o indivíduo deverá levar em conta:

- custo do computador no período $t = \Delta I$;
- aumento da produção no período $t + 1 = \Delta I \cdot PmgK_{t+1}$;
- preço de revenda no período $t + 1 = \Delta I \cdot (1 - d)$,

em que d representa a taxa de depreciação.

Considerando o aumento da riqueza do indivíduo pela compra do computador, ou o Valor Atual Líquido do Investimento ($VALI$), tem-se:

$$VALI = -\Delta I + [\Delta I \cdot PmgK_{t+1}/(1 + r)] + [(1 - d)/(1 + r)]$$

Rearranjando-se os termos dessa expressão, chega-se a:

$$VALI = \Delta I \cdot \{-1 + [PmgK_{t+1} - (d + r)]/(1 + r)\}$$

Para que seja vantajoso comprar o computador, $VALI \geq 0$, que só ocorrerá na situação em que $PmgK_{t+1} \geq (r + d)$.

2. Resolva o exercício anterior supondo que o preço de revenda do computador seja igual a zero.

   Solução:

   Nesse caso, tem-se:

   - custo do computador no período $t = \Delta I$;
   - aumento da produção no período $t + 1 = \Delta I \cdot PmgK_{t+1}$;
   - preço de revenda no período $t + 1 = 0$.

   Calculando o *VALI*, chega-se a:

   $$VALI = \Delta I \cdot [-1 + PmgK_{t+1}/(1 + r)]$$

   Para que seja vantajoso comprar o computador, $VALI \geq 0$, que só ocorrerá na situação em que $PmgK_{t+1} \geq (1 + d)$. Pode-se notar o fato de o computador ter seu preço de revenda igual a zero; isso significa que sua taxa de depreciação é igual a 1 ($d = 1$).

3. Classifique as sentenças a seguir como verdadeiras ou falsas:

   a) Segundo o modelo de investimento das famílias visto ao longo deste capítulo, caso a produtividade marginal do capital se eleve haverá uma elevação do investimento.

   Verdadeira: de fato, conforme o modelo, as famílias alocam sua poupança entre bem de capital e ativo financeiro de forma a maximizar sua riqueza. Para tal, as famílias alocam sua poupança (na margem) na alternativa que provê a maior taxa de retorno. Se a produtividade marginal do capital se eleva, tem-se que o retorno do bem de capital se eleva frente o retorno do ativo financeiro. Isto faz com que uma parte maior da poupança dos indivíduos seja alocada em bens de capital, ou seja, eleva-se o investimento da economia.

   b) Ainda segundo o modelo de investimento das famílias, caso a taxa de juros se eleve, haverá uma redução do investimento.

   Verdadeira: seguindo o mesmo raciocínio da sentença anterior, se os juros se elevam, o retorno dos ativos financeiros se eleva frente ao retorno dos bens de capital, o que reduz a alocação da poupança em bens de capital e, portanto, diminui o investimento.

   c) **(Exame ANPEC 2014)** O q de Tobin é medido pela razão valor de mercado do capital instalado sobre o custo de substituição do capital instalado.

   Verdadeiro: de fato, o q de Tobin é dado por:

   $$q = \frac{Valor\ de\ mercado\ do\ capital\ instalado}{Custo\ de\ reposição\ do\ capital\ instalado}$$

   d) **(Exame ANPEC 2013)** Quanto maior é o q de Tobin, menor é o valor de mercado do capital instalado em relação ao custo de substituição do mesmo.

   Falsa: conforme visto anteriormente, quanto menor o valor de mercado do capital instalado, menor será o q de Tobin.

e) **(Exame ANPEC 2008)** O q de Tobin indica que uma empresa terá incentivo a investir quando o valor de mercado capital (medido pelo valor de suas ações em bolsa de valores) for menor que o custo de reposição do capital.

Falsa: pelo contrário. Segundo essa teoria, a empresa tem incentivos a ampliar seu investimento se o seu valor de mercado é maior que o custo de reposição do capital, ou seja, se $q > 1$.

REFERÊNCIAS

KEYNES, John Maynard. *A teoria geral do emprego, do juro e da moeda.* São Paulo: Atlas, 1992.

MANKIW, N. G. *Macroeconomia.* 8. ed. Rio de Janeiro: LTC, 2015.

SACHS, J. D.; LARRAIN, B. F. *Macroeconomia.* São Paulo: Makron, 1995.

TOBIN, J. A general equilibrium approach to monetary theory. *Journal of Money, Credit and Banking,* Feb. 1969.

O GOVERNO

Amaury Patrick Gremaud
Márcio Bobik Braga

INTRODUÇÃO

Nos últimos anos, tem crescido o debate em torno da atuação do governo na economia. Particularmente no Brasil, sucessivos déficits fiscais e a situação de endividamento público explosivo vêm impondo restrições a essa atuação. O objetivo deste capítulo consiste em avaliar as consequências da existência de déficits públicos com base na concepção da escolha intertemporal analisada nos capítulos anteriores.

11.1 CONCEITOS DE DÉFICIT E DÍVIDA PÚBLICA

A **carga tributária bruta** representa o total de impostos arrecadados no país. Se desse total subtraímos as transferências governamentais (juros da dívida pública, subsídios e gastos com assistência e previdência social), chegamos ao conceito de **carga tributária líquida**. Com base nessa carga é que o governo pode financiar seus gastos correntes (também chamados de **consumo do governo**). A diferença entre a receita líquida e o consumo do governo é definida como **poupança do governo em conta corrente**.

Existe uma importante categoria de gastos chamada de **investimento público**, que representa as despesas de capital de governo com construção de estradas, hospitais, escolas etc. **Déficit público** é a diferença entre o investimento público e a poupança do governo em conta-corrente.

O tamanho do déficit público, em última instância, dá a participação do governo na atividade econômica em termos de complementação da demanda privada. Quando esse déficit é menor do que zero, isto é, quando há um superávit, pode-se afirmar que o governo está com uma **política fiscal contracionista**, isto é, está restringindo a demanda. Se for maior do que zero, diz-se que o governo está com uma **política** fiscal **expansionista**, com impactos positivos sobre a demanda.

A existência de déficit implica que ele deve ser financiado de alguma forma. Como alternativa de financiamento do déficit público, podemos citar:

i. a venda de títulos públicos ao setor privado;
ii. a venda de títulos públicos ao Banco Central.

A primeira alternativa representa uma transferência de poupança do setor privado para o setor público. Na segunda, a aquisição de títulos pelo Banco Central é feita por meio de emissão de moeda. Ambas levam ao endividamento do setor público (mais precisamente do Tesouro Nacional, órgão responsável pela arrecadação e pelos gastos).

O **endividamento do setor público** representa nova categoria de gastos públicos: a rolagem e o pagamento dos serviços dessa dívida. Os juros sobre a dívida entram na categoria de gastos com transferências. Quanto maior for o estoque da dívida, maior será o gasto com juros e, consequentemente, maior será a diferença entre carga tributária bruta e líquida.

Uma dificuldade na definição de déficit e dívida diz respeito à definição de setor público. Na Contabilidade Nacional, consideram-se como governo apenas a administração direta e os órgãos que realizam as funções típicas do governo, cuja receita advém de dotações orçamentárias. As empresas estatais ou públicas, que produzem bens e serviços, são classificadas junto com as empresas privadas. Nos países subdesenvolvidos, por inúmeras razões, o Estado assumiu o papel principal na promoção do desenvolvimento econômico. A intervenção pública deu-se na forma de criação de empresas públicas encarregadas de atuar em setores estratégicos. Em muitos casos, foram também criados órgãos de desenvolvimento para atuar em setores específicos ou mesmo agências de financiamento, com o objetivo de captar recursos necessários aos investimentos. Em tais países, o conceito de governo como administração direta é bastante limitado para avaliar o papel do Estado na economia e, consequentemente, avaliar o déficit público.

Considerando o caso brasileiro, cujo Estado teve papel fundamental no processo de desenvolvimento, foram desenvolvidos alguns conceitos para se medir o déficit público. Entre esses conceitos, destaca-se o de **Necessidade de Financiamento do Setor Público (NFSP)**, utilizado pelo Fundo Monetário Internacional (FMI). Tal conceito começou a ser medido no início dos anos 1980, a partir da vinda do FMI ao país para acompanhar a condução da política econômica no contexto de renegociação da dívida externa a partir da crise de 1982.

O conceito NFSP contempla, como setor público, o governo central, os governos regionais (Estados e Municípios), a previdência social, as empresas estatais e as agências descentralizadas, englobando todo o tipo de gasto: consumo, investimento e rolagem da dívida. O objetivo desse conceito consiste em medir a pressão do setor público não financeiro sobre os recursos financeiros, tanto interno como externo, da economia, ou seja, sobre a poupança. Nesse sentido, consolidam-se os diversos orçamentos das entidades consideradas como governo. A partir das necessidades de financiamento de cada uma dessas entidades públicas, tem-se a NFSP. Como o que interessa é a pressão sobre os recursos financeiros, deduz-se dos orçamentos as amortizações de capital e os créditos concedidos pelo setor público ao setor privado.

Um ponto importante a destacar diz respeito ao fato de o conceito NFSP ser muito suscetível às variações nas taxas de inflação, já que os custos de rolagem da dívida pública são, em geral, indexados. Assim, as cláusulas de correção monetária e cambial sobre os títulos públicos fazem com que qualquer aumento da taxa de inflação eleve a NFSP sem que isto signifique maiores gastos. Para evitar essa distorção, tal medida passou a ser utilizada de duas formas:

i. a **NFSP conceito nominal (NFSPcn)**, que engloba qualquer demanda de recursos pelo setor público; e

ii. a **NFSP conceito operacional (NFSPco)**, que deduz as correções monetária e cambial pagas sobre a dívida.

Esse último conceito também é conhecido como **Déficit Operacional do Setor Público**. Podemos então ter as seguintes relações:

$$NFSPcn = G - T + iB \qquad (1)$$

onde: G = total dos gastos públicos não financeiros

T = total de arrecadação não financeira

B = estoque da dívida pública

i = taxa de juros nominal, que inclui a correção monetária

e

$$NFSPco \text{ (déficit operacional)} = G - T + rB \qquad (2)$$

onde r representa a taxa real de juros (exclui a correção monetária).

Outra medida bastante utilizada é o **déficit primário**, que se refere à diferença entre as receitas não financeiras e os pagamentos não financeiros. Tal conceito mostra efetivamente a condução da política fiscal do governo ao apurar somente a arrecadação de impostos e os gastos correntes e de investimento, independentemente da dívida pública. A importância desse conceito está no fato de separar o esforço fiscal do impacto das variações nas taxas de juros que, devido ao tamanho do estoque acumulado de dívida, tem grande influência sobre as necessidades de financiamento do governo.

O déficit primário pode ser obtido a partir da dedução das receitas e despesas financeiras da *NFSPco*. Podemos, então, obter as seguintes relações:

$$\text{Déficit Primário} = G - T \qquad (3)$$

ou

$$\text{Déficit Primário} = NFSPco - \text{receitas e despesas financeiras} \qquad (4)$$

Existem ainda algumas dificuldades na apuração do déficit público. Podemos considerar dois tipos de regimes para a contabilização do déficit público: o **regime de competência**, segundo o qual os fatos contábeis são registrados de acordo com o período em que ocorreu o fato gerador da despesa ou receita; e o **regime de caixa**, de acordo com o qual os fatos são registrados no momento em que se dá o pagamento ou o recebimento. De acordo com o regime utilizado, pode-se chegar a diferentes valores de déficit.

Quando medimos o déficit com base na execução orçamentária das entidades que o geram, isto é, diretamente das receitas e das despesas, usamos o método denominado "**acima da linha**". Em virtude dos vários problemas de controle dos gastos e de contabilização, tem-se um outro método de apuração que se denomina "**linha de baixo**". De acordo com este último método, medimos o tamanho do déficit pelo lado do financiamento, isto é, pela forma como foi financiado e não pela forma como foi gerado. Assim, toda a variação da dívida pública se deve à ocorrência de um déficit. Podemos então ter a seguinte medida do déficit:

$$\text{Déficit Público} = dB \qquad (5)$$

onde dB representa a variação da dívida pública.

Se considerarmos que uma parcela da dívida pública é adquirida pelo Bacen, teremos:

$$NFSPco = G - T + iB = dB + dM \qquad (6)$$

onde dB representa agora a variação da dívida pública nas mãos do setor privado, e dM a variação no estoque de moeda (emissão monetária).

11.2 DÉFICIT, DÍVIDA E ESCOLHA INTERTEMPORAL

Segundo o modelo keynesiano, uma política fiscal expansionista via corte dos impostos tem, via efeito multiplicador, importante efeito sobre o produto, já que eleva a renda disponível das famílias e, consequentemente, o consumo agregado. Se considerarmos, no entanto, que esse corte nos impostos é financiado via endividamento público, e que essa dívida deverá ser paga no futuro com a cobrança de mais impostos, o resultado do modelo keynesiano pode não ser válido. Isso porque as famílias, diante de sua restrição orçamentária intertemporal, poderão simplesmente economizar o corte para o pagamento nos impostos no futuro. Essa lógica pode ser mais bem entendida com base na **Restrição Orçamentária Intertemporal do Governo**.

De forma semelhante ao tratamento dado às famílias, consideremos o modelo de dois períodos. Vamos definir o déficit público (D) como sendo a diferença entre os gastos do governo no primeiro período (G_1) e os impostos nesse período (T_1), ou seja:

$$D = G_1 - T_1 \tag{7}$$

Considerando que o governo financia esse déficit por meio da venda de títulos, no segundo período a arrecadação de impostos deve ser suficiente para liquidar sua dívida e ainda cobrir seus gastos, ou seja:

$$T_2 = (1 + r) \cdot D + G_2 \tag{8}$$

onde r representa a taxa de juros pagos nos títulos públicos. Considerando essas duas equações, isolando T_1 e T_2 e dividindo por $(1 + r)$, chegamos a:

$$T_1 + T_2 / (1 + r) = G_1 + G_2/(1 + r) \tag{9}$$

que representa a restrição orçamentária intertemporal do governo. Essa restrição nos diz que um corte nos impostos no primeiro período em ΔT, sem que haja alterações nos padrões de gastos do governo, deverá ser compensado por uma elevação dos impostos no segundo período em

$$\Delta T \cdot (1 + r) \tag{10}$$

Consideremos agora a restrição orçamentária intertemporal das famílias para o modelo de dois períodos, modificada pela inclusão dos impostos:

$$C_1 + C_2 / (1 + r) = (Y_1 - T_1) + [(Y_2 - T_2)/(1 + r)] \tag{11}$$

Rearranjando os termos, chegamos a:

$$C_1 + C_2 / (1 + r) = Y_1 + Y_2 / (1 + r) - [T_1 + T_2 /(1 + r)] \tag{12}$$

ou seja, o consumo vitalício da família é igual ao valor atual da produção menos o valor atual dos impostos. Com base nessa restrição, chegamos a uma importante conclusão: se os impostos hoje são reduzidos em ΔT e se vale a restrição orçamentária intertemporal do governo, ou seja, os impostos deverão subir amanhã em $\Delta T \cdot (1 + r)$, não há variação no valor atual dos impostos e, consequentemente, não haverá alteração no consumo das famílias hoje. Nesse caso, as famílias irão economizar o valor da redução dos impostos para pagar o aumento futuro destes. Essa ideia é conhecida como **equivalência ricardiana** e é, sob certas circunstâncias, contrária ao modelo keynesiano, que diz que um corte nos impostos eleva o consumo por elevar a renda disponível. No modelo intertemporal, o corte nos impostos só tem efeito sobre o consumo se for acompanhado por uma mudança nos padrões de gastos do governo, de forma que não sejam necessários aumentos no futuro.

A simplificação do modelo de dois períodos traz uma complicação nessa nova concepção de déficit e dívida que pode invalidar a equivalência ricardiana. Se o governo financia o corte dos impostos hoje via endividamento a longo prazo, digamos 50 anos, as famílias poderão consumir mais, já que o corte dos impostos irá recair sobre as gerações futuras. Essa tese, no entanto, foi contestada nos anos 1970 pelo economista Robert Barro, por meio do argumento de que as famílias se preocupam com suas gerações futuras, deixando como herança para filhos ou netos poupança acumulada ao longo do tempo, parte decorrente de corte de impostos.

11.3 IMPOSTOS COMO FONTE DE RECEITA

Os impostos constituem-se na principal fonte de receita do governo. Essa importância, no entanto, tem sido criticada por vários economistas. A mais famosa crítica deve-se ao economista Arthur B. Lafer, criador da conhecida curva de Lafer. Essa curva mostra a relação entre receita tributária e taxa de impostos e se comporta conforme ilustrado na Figura 11.1.

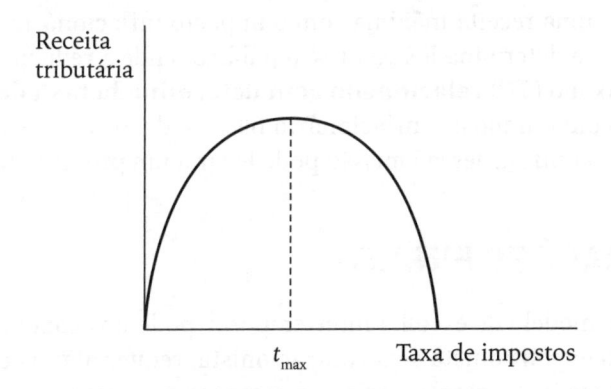

Figura 11.1 Curva de Lafer.

A curva de Lafer diz que um aumento na taxa de impostos eleva a receita tributária até determinado ponto (máximo). A partir daí, maiores taxas reduzem a receita tributária.

Pelo menos dois motivos podem explicar esse comportamento. Em primeiro lugar, um aumento nos impostos representa redução no retorno sobre cada hora adicional de trabalho. Isso pode, a partir de determinado ponto, levar as pessoas a trabalhar menos, buscando mais lazer. Em outras palavras, o imposto tem um efeito distorcido sobre a opção entre renda e lazer. Em segundo lugar, taxas de impostos muito altas podem criar incentivos à sonegação, ou levar as pessoas a procurar atividades cuja tributação seja menor.

Se vale a curva de Lafer, o grande desafio do governo consiste em descobrir em que ponto ele está na curva. Se estiver à esquerda de t_{max}, poderá aumentar sua receita com a elevação das taxas. Se estiver à direita, isso não é possível.

11.4 INFLAÇÃO COMO FONTE DE RECEITA PÚBLICA

Quando a economia cresce ou quando há inflação, o público tende a aumentar a demanda por encaixes reais. Se isso é verdade, o governo pode obter receita emitindo moeda para satisfazer a essa demanda. Os recursos provenientes dessa emissão são denominados **senhoriagem** (do inglês *seigniorage*).

Quando a emissão ou a variação nominal da base monetária representa a simples recomposição, pelo público, da perda do valor real de seus encaixes provocado pela inflação, a receita proveniente dessa emissão é denominada de **imposto inflacionário**. Assim, quando o governo financia seu déficit com emissão, a quantidade adicional de moeda é absorvida pelo público. À medida que os preços sobem em consequência de maior quantidade de moeda na economia, o poder de compra do estoque existente de saldos nominais cai. Nesse sentido, a inflação decorrente da emissão atua como um imposto, que representa a quantidade que o indivíduo deve juntar a seus encaixes, a cada período, a fim de manter o valor real de seus saldos constantes.

Formalmente, podemos representar o imposto inflacionário (Ti) com base na seguinte equação:

$$Ti = \pi^e \cdot (\Delta M/P)^d \tag{13}$$

onde: π^e = taxa esperada de inflação

$$(\Delta M/P)^d = \text{demanda por encaixes reais} \tag{14}$$

Existe, no entanto, uma receita máxima com o imposto inflacionário. Isto porque, quando a taxa de inflação ultrapassa determinados valores, o público tende a reduzir a demanda por moeda. Assim, existe um Ti máximo (Ti^*) **relacionado com determinada taxa de inflação π^***. A partir desse ponto, a receita com o imposto inflacionário passa a decrescer, tornando necessária mais emissão. No limite, o descontrole dessa emissão pode levar a um processo hiperinflacionário.

11.5 CONSIDERAÇÕES FINAIS

Se consideramos o modelo de escolha intertemporal, podemos concluir que a formulação de uma política fiscal, seja expansionista seja contracionista, requer alguns cuidados. Sob determinadas circunstâncias, esse instrumento pode não alcançar os objetivos desejáveis e sua eficácia está condicionada ao padrão de gastos do governo. Por outro lado, a existência de uma estrutura tributária exageradamente complexa pode vir a reduzir a receita tributária. Enfim, as referências teóricas analisadas neste capítulo colocam grandes desafios para os formuladores de política econômica, principalmente para aqueles que defendem maior intervenção do governo na economia.

EXERCÍCIOS RESOLVIDOS

1. Assumindo que $Y_1 = 1.000$, $Y_2 = 880$, $C_1 = 700$, $G_1 = 200$, $G_2 = 330$, $T_1 = 150$ e $r = 10\%$, calcule qual deve ser o valor máximo do consumo das famílias no segundo período de modo a não violar sua restrição orçamentária intertemporal.

Com base na restrição orçamentária intertemporal do governo, temos que:

$$T_1 + T_2 / (1 + r) = G_1 + G_2 / (1 + r)$$

Portanto, com base nos valores do enunciado da questão, temos que

$$150 + T_2/(1 + 0,1) = 200 + 330 / (1 + 0,1)$$

$$T_2 / (1 + 0,1) = 200 + 300 - 150$$

$$T_2 = 385$$

Esse valor se refere ao montante que o governo deve arrecadar no segundo período de modo a não violar sua restrição orçamentária intertemporal. Diante desta informação, as famílias devem decidir o montante de C_2 com base em sua restrição orçamentária intertemporal, dada por:

$$C_1 + C_2 / (1 + r) = Y_1 + Y_2 / (1 + r) - [T_1 + T_2 / (1 + r)]$$

Substituindo os valores mencionados no enunciado e o valor de T_2 obtido anteriormente:

$$700 + C_2 / (1 + 0,1) = 1.000 + 880 / (1 + 0,1) - [150 + 385 /(1 + 0,1)]$$
$$C_2 / (1 + 0,1) = 1.000 + 800 - 150 - 350 - 700$$
$$C_2 / (1 + 0,1) = 600$$
$$C_2 = 660$$

2. Classifique as sentenças a seguir como verdadeiras ou falsas:

a) **(Exame ANPEC 2014)** De acordo com o princípio da equivalência ricardiana, um aumento do déficit orçamentário corrente do governo promove elevação do nível de atividade econômica.

Falsa: se há um aumento do déficit orçamentário corrente (ou seja, do período atual), tudo o mais constante e valendo o princípio da equivalência ricardiana, então esse déficit deverá ser pago com impostos maiores em algum momento futuro. Dessa forma, os agentes aumentam a poupança privada corrente para arcar com o custo de tributação maior no futuro. Temos, então, o aumento dos gastos do governo de um lado, mas a redução do consumo privado de outro, causando efeito nulo sobre a renda agregada corrente.

b) **(Exame ANPEC 2014)** De acordo com o princípio da equivalência ricardiana, a forma pela qual o governo financia seus gastos (impostos ou empréstimos) não tem efeito na economia.

Verdadeira: segundo o princípio da equivalência ricardiana, os agentes consideram que o orçamento público deverá se equilibrar em algum momento, independentemente da forma de financiamento do governo. Os efeitos de uma mudança no déficit público sobre a economia independem da forma como o governo financiará esse déficit.

c) **(Exame ANPEC 2012)** A existência de indivíduos sem acesso ao mercado de crédito é um dos motivos apontados para a violação da hipótese da equivalência ricardiana.

Verdadeira: a ausência de acesso ao mercado de crédito pode violar a equivalência ricardiana. Suponha que em dado momento o governo aumente os impostos correntes e mantenha os gastos inalterados. Neste caso, o indivíduo infere que no futuro haverá uma redução nos impostos cobrados pelo governo. Para uniformizar consumo ao longo do tempo, o indivíduo precisaria tomar recursos emprestados hoje (dado que a elevação dos impostos correntes diminui sua renda corrente), o que não pode ser feito sem acesso ao mercado de crédito.

d) **(Exame ANPEC 2008)** Senhoriagem é a receita obtida por emissão de moeda para financiamento de gastos públicos e que, ao gerar inflação, funciona como imposto inflacionário.

Verdadeira: senhoriagem é o poder de compra que o governo obtém pela emissão de moeda. A emissão de moeda para financiamento dos gastos públicos pode dar origem a um processo inflacionário. Nessa situação, a senhoriagem é chamada de imposto inflacionário.

e) Se vale a curva de Lafer, é possível que o governo obtenha uma receita tributária mais alta diminuindo a alíquota de impostos.

Verdadeira: se a alíquota de impostos estiver acima daquela que maximiza a arrecadação (ou seja, se estivermos no trecho decrescente da curva de Lafer), então, uma redução da alíquota pode aumentar a arrecadação.

f) O déficit nominal inclui, nos gastos do governo, os gastos com os pagamentos de juros nominais da dívida pública, ao passo que o déficit operacional inclui os pagamentos com os juros reais da dívida pública.

Verdadeira: de fato, conforme discutido ao longo deste capítulo, essas são as diferenças entre os conceitos de déficit nominal e o déficit operacional.

REFERÊNCIAS

DALL'ACQUA, F. Imposto inflacionário: uma análise para a economia brasileira. *Revista de Economia Política*, São Paulo: Brasiliense, v. 9, n. 3, jul./set. 1989.

MANKIW, N. G. *Macroeconomia*. 8. ed. Rio de Janeiro: LTC, 2015.

SACHS, J. D.; LARRAIN B., F. *Macroeconomia*. São Paulo: Makron Books, 1995.

VASCONCELLOS, M. A. S.; GREMAUD, A. P.; TONETO JR., R. *Economia brasileira*. 8. ed. São Paulo: Atlas, 2017.

CRESCIMENTO A LONGO PRAZO

Márcio Bobik Braga

INTRODUÇÃO

No modelo keynesiano, os estímulos à demanda tinham como objetivo elevar o grau de utilização da capacidade produtiva na economia, levando-a em direção ao pleno emprego. Trata-se de um modelo de curto prazo, já que a capacidade produtiva é considerada como dada. Ou seja, o estoque de mão de obra e de capital e o nível de conhecimento tecnológico são fixados, variando apenas seu grau de utilização. Existem, no entanto, modelos que buscam explicar a elevação da capacidade produtiva ao longo do tempo. Tais modelos são tratados na literatura econômica como modelos de crescimento de longo prazo.

Crescimento é a expansão do produto real ao longo do tempo. Se, a curto prazo, agregados como consumo ou gastos do governo são importantes para a expansão do produto (considerando que o grau de utilização da capacidade produtiva está abaixo de seu máximo), a longo prazo o crescimento é dado, por exemplo, pela acumulação de capital, inovações tecnológicas ou elevação da eficiência do trabalho.

Este capítulo tem como objetivo analisar os fatores que determinam o crescimento no produto a longo prazo. Estudaremos dois dos principais modelos de crescimento: o modelo de Harrod-Domar, de inspiração keynesiana, e o modelo de Solow, também conhecido como modelo neoclássico de crescimento.

12.1 MODELO HARROD-DOMAR

O modelo de crescimento de Harrod-Domar considera que o desenvolvimento econômico é um processo gradual e equilibrado. Embora apresente visão excessivamente mecânica, ele destaca a importância de três variáveis básicas para o crescimento: a taxa de investimento, a taxa de poupança e a relação produto-capital.

O modelo Harrod-Domar parte do princípio de que o investimento agregado apresenta dois efeitos na economia:

1. efeito demanda: um aumento do investimento resulta em aumento da demanda pelo produto; e

2. efeito capacidade: os investimentos aumentam a capacidade da economia em elaborar o produto.

Vejam-se, no modelo, esses dois efeitos.

12.1.1 Efeito demanda do investimento

Consideremos o modelo keynesiano simples de determinação da renda para uma economia fechada sem governo:

$$Y_E = C + I$$
$$C = cY_E \tag{1}$$

onde: Y_E = produto efetivo

    C = consumo

    I = investimento

    c = propensão marginal a consumir

Podemos deduzir o multiplicador dos investimentos, como:

$$\frac{\Delta Y_E}{\Delta I} = \frac{1}{1-c} \tag{2}$$

Como o $1 - c = s$, onde s = propensão marginal a poupar,[1] temos:

$$\frac{\Delta Y_E}{\Delta I} = \frac{1}{s} \tag{3}$$

ou

$$\Delta Y_E = \frac{1}{s} \cdot \Delta I \tag{4}$$

que sintetiza o efeito demanda do investimento sobre a economia. Podemos verificar que, quanto menor s, maior o efeito do investimento sobre o produto efetivo.

12.1.2 Efeito capacidade produtiva do investimento

Podemos também determinar as variações do produto potencial Y_P como resultado das variações no estoque de capital da economia, ou seja:

$$\Delta Y_P = \sigma \Delta K \tag{5}$$

onde σ é definido como **produtividade média social potencial do capital**, $\left(\sigma = \frac{Y_P}{K} \right)$,[2] que representa quantas unidades do produto podem ser produzidas por uma unidade de capital. Nesse modelo, supõe-se que a produtividade do capital, ou relação produto-capital, é constante.

---

[1]   Também chamada de **taxa de poupança**. Em algumas versões, ela aparece como a **propensão média a poupar** (nesse caso, a função poupança deve ser linear, com intercepto nulo, quando então as propensões média e marginal a poupar são iguais).

[2]   Também chamada **relação incremental produto-capital**, ou simplesmente **relação produto-capital**.

Como, por definição, $\Delta = I$, temos:

$$\Delta Y_P = \sigma I \tag{6}$$

que sintetiza o efeito capacidade do investimento agregado.

Considerando esses dois efeitos, temos um problema: se a cada período ocorrem investimentos, no período seguinte tem-se um aumento da capacidade produtiva. Tal efeito pode resultar em aumento da capacidade ociosa. Para que isso não aconteça, deve ocorrer um equilíbrio entre os dois efeitos (crescimento equilibrado):

$$\Delta Y_E = \Delta Y_P \tag{7}$$

Como $\Delta Y_E = \dfrac{1}{s}\Delta I$ e $\Delta Y_P = \sigma \cdot I$, temos que:

$$\frac{1}{s} \cdot \Delta I = \sigma \cdot I \tag{8}$$

multiplicando ambos os termos dessa última equação por s, obtemos:

$$\Delta I = s \cdot \sigma \cdot I \tag{9}$$

ou

$$\frac{\Delta I}{I} = s \cdot \sigma \tag{10}$$

fazendo

$$\Delta Y_E = \Delta Y_P = \Delta Y = \sigma \cdot I \text{ e} \tag{11}$$

supondo, no produto de equilíbrio, $S = I$, onde $S = sY$, com que também $I = s \cdot Y$, no equilíbrio segue que

$$\Delta Y = s \cdot \sigma \cdot Y \tag{12}$$

ou

$$\frac{\Delta Y}{Y} = s \cdot \sigma \tag{13}$$

Assim, para que tenhamos um crescimento equilibrado, ou seja, para que o produto efetivo se eleve junto com o produto potencial, evitando-se assim elevação da capacidade ociosa na economia, devemos ter:

$$\frac{\Delta I}{I} = \frac{\Delta Y}{Y} = s \cdot \sigma \tag{14}$$

Ou seja, a taxa de crescimento do investimento líquido e a do crescimento do produto devem ser iguais à propensão marginal a poupar multiplicada pela produtividade do capital.

Por exemplo, supondo uma taxa de poupança (propensão a poupar) de 20%, e a relação produto-capital (produtividade do capital) igual a 0,3, a taxa de crescimento do investimento líquido e do produto ($\dot{y}$) será:

$$\dot{y} = 0,2 \cdot 0,30 = 0,06 \tag{15}$$

Isso significa que um crescimento de 6% é possível, a partir de uma taxa de poupança de 20% da renda e de uma relação produto-capital de 0,3.

Este modelo apresenta uma contradição básica, conhecida como **equilíbrio em fio de navalha**; se um país sair da trajetória de equilíbrio a longo prazo, ele não conseguirá voltar mais para a trajetória do crescimento equilibrado. Isso se deve à hipótese de relação produto-capital constante (ou coeficientes fixos de produção). Demonstra-se que, se o país tiver excesso de capital, ele precisa investir mais ainda: se tiver escassez de capital, precisa diminuir a taxa de investimento. Essa contradição explica por que, uma vez saindo da trajetória de equilíbrio, nunca se retornaria ao crescimento equilibrado.[3]

12.2 MODELO DE SOLOW

O modelo de Solow atribui o crescimento econômico à acumulação de capital, ao crescimento da força de trabalho e às alterações tecnológicas. Antes de analisarmos a lógica do modelo, vejamos o esquema contábil do crescimento no modelo neoclássico.

12.2.1 Esquema contábil do crescimento

Consideramos a seguinte função de produção:

$$Y = F(K, N, T) \tag{16}$$

onde: Y = produto

K = estoque de capital

N = mão de obra

T = tecnologia

Considerando que as mudanças tecnológicas (T) causam igual aumento no produto marginal de K e N, podemos reescrever a função de produção da seguinte forma:

$$Y = T \cdot F(K, N) \tag{17}$$

onde $F(K, N)$ representa a função de produção neoclássica. Diferenciando-a totalmente, obtemos:

$$dY = \frac{\partial Y}{\partial T} \cdot dT + \frac{\partial Y}{\partial K} \cdot dK + \frac{\partial Y}{\partial N} \cdot dN \tag{18}$$

ou

$$dY = F(K, N) \cdot dT + T \cdot \frac{\partial F}{\partial K} \cdot dK + T \cdot \frac{\partial F}{\partial N} \cdot dN \tag{19}$$

Simplificando a notação, vamos substituir d por Δ, $\frac{\partial F}{\partial K}$ por F_K e $\frac{\partial F}{\partial N}$ por F_N.

Temos:

$$\Delta Y = \Delta T \cdot F(K, N) + T \cdot F_K \cdot \Delta K + T \cdot F_N \cdot \Delta N \tag{20}$$

dividindo essa última expressão por Y e considerando:

$\dfrac{T \cdot F_N \cdot L}{Y} = S_N$ = participação dos custos com mão de obra no produto total; e

$\dfrac{T \cdot F_K \cdot K}{Y} = S_K$ = participação dos custos de capital no produto total;

---

[3] Para mais detalhes sobre esse ponto, ver Shapiro (1980).

onde $S_N + S_K = 1$ chega-se a:

$$\frac{\Delta Y}{Y} = \frac{\Delta T}{Y} + S_N \cdot \frac{\Delta L}{L} + S_K \cdot \frac{\Delta K}{K} \tag{21}$$

Com base nessa expressão, podemos concluir que a **taxa de crescimento da produção total** $\frac{\Delta Y}{Y}$ depende de:

1. da taxa de desenvolvimento tecnológico $\left(\frac{\Delta T}{T}\right)$;

2. da taxa de crescimento da mão de obra na produção $\left(\frac{\Delta L}{N}\right)$, ponderada pela participação da mão de obra na produção (S_N);

3. da taxa de crescimento do capital $\left(\frac{\Delta K}{K}\right)$, ponderada pela participação do capital na produção (S_K).

Vamos considerar que o crescimento do produto por unidade de mão de obra $\left(\frac{\Delta(Y/N)}{Y/N}\right)$ seja igual ao crescimento do produto *per capita*. Assim, é fácil provar que:

$$\frac{\Delta(Y/N)}{Y/N} = \frac{\Delta Y}{Y} - \frac{\Delta N}{N} \tag{22}$$

considerando que $\frac{\Delta Y}{Y} = \frac{\Delta T}{T} + S_N \cdot \frac{\Delta N}{N} + S_K \frac{\Delta K}{K}$ e $S_K + S_N = 1$, obtemos:

$$\frac{\Delta(Y/N)}{Y/N} = \frac{\Delta Y}{Y} + S_K \left(\frac{\Delta K}{K} - \frac{\Delta N}{N}\right) \tag{23}$$

Com base nessa expressão, podemos concluir que o crescimento do produto *per capita* depende:

1. do progresso tecnológico;
2. do crescimento do capital por trabalhador $\left(\frac{\Delta K}{K} - \frac{\Delta N}{N}\right)$ ponderado por S_K.

Como $\frac{\Delta T}{T}$ não pode ser observado diretamente, podemos estimá-lo a partir das variáveis observáveis, ou seja:

$$\frac{\Delta T}{T} = \frac{\Delta(Y/N)}{Y/N} - S_K \left(\frac{\Delta K}{K} - \frac{\Delta N}{N}\right) \tag{24}$$

sendo o termo $\frac{\Delta T}{T}$ também conhecido como **resíduo de Solow**.

12.2.2 O modelo

Consideremos inicialmente a função de produção neoclássica:

$$Y = F(K, N) \tag{25}$$

Considerando, por hipótese, que essa função possui retornos constantes de escala, podemos reescrevê-la da seguinte forma:

$$y = f(k) \tag{26}$$

onde $f(k) = F\left(\dfrac{K}{N}, 1\right)$; $y = \dfrac{Y}{K}$ = produto por trabalhador; e $k = \dfrac{K}{N}$ = capital por trabalhador.

Graficamente (Figura 12.1), podemos representar a função de produção $f(k)$ como:

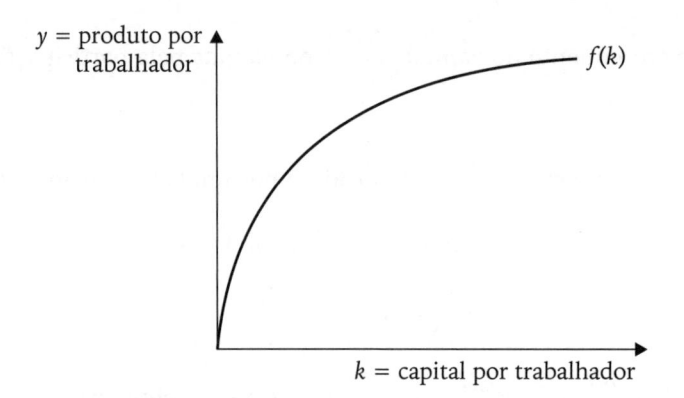

Figura 12.1 Função de produção neoclássica.

A declividade da curva decorre da existência de produtividade marginal do capital decrescente. Consideremos agora que:

$$y = c + i'$$
$$c = (1 - s) \cdot y \tag{27}$$

onde: c = consumo por trabalhador

i' = investimento por trabalhador[4]

s = propensão marginal a poupar

Combinando essas duas equações, obtemos:

$$i' = s \cdot y \text{ ou}$$
$$i' = s \cdot f(k) \tag{28}$$

Graficamente (Figura 12.2), temos:

---

[4] A apóstrofe foi colocado para diferenciar o investimento por trabalhador (i') da notação utilizada para a taxa nominal de juros (i) utilizada nos demais capítulos.

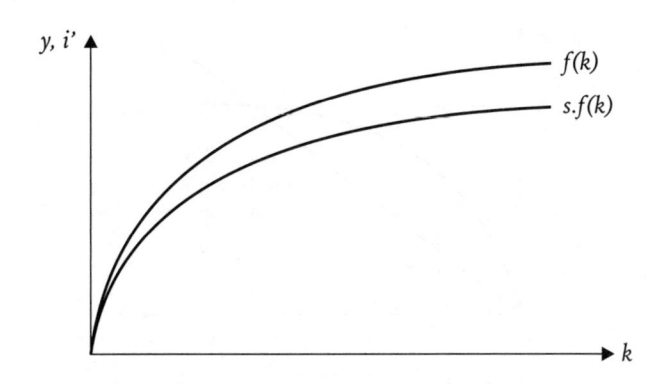

Figura 12.2 Modelo de Solow: relação entre propensão a poupar, capital e investimento, trabalhador e produto.

Vamos supor que o estoque de capital se deprecie a uma taxa constante igual a δ. Assim, δk representa a depreciação do capital. Graficamente (Figura 12.3), temos:

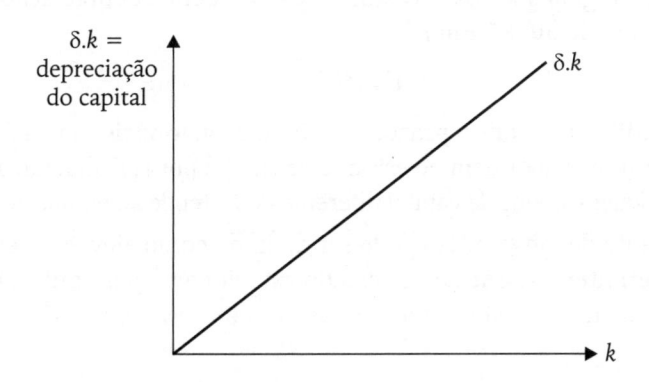

Figura 12.3 Modelo de Solow: relação entre taxa de depreciação e capital por trabalhador.

Por definição, temos que:

$$\Delta k = i' - \delta \cdot k \text{ ou}$$
$$\Delta k = s \cdot f(k) - \delta k \tag{29}$$

ou seja, a variação do estoque de capital *per capita* é igual ao investimento menos a depreciação do capital (que representa uma redução no estoque de capital). Fazendo $\Delta k = 0$, chegamos ao crescimento equilibrado ou estado estacionário de longo prazo, em que:

$$s \cdot f(k) = \delta k, \tag{30}$$

ou seja, o nível de investimento é igual à depreciação do capital. Para podermos entender melhor esse equilíbrio, combinemos os gráficos da função de produção e da depreciação do capital. Veja a Figura 12.4.

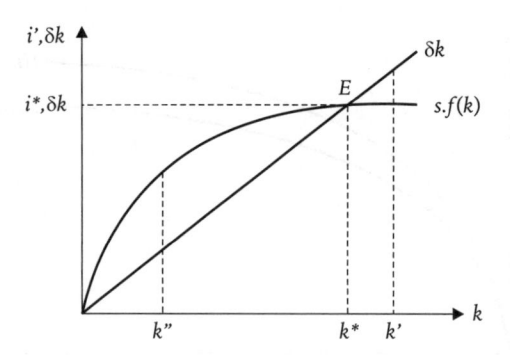

Figura 12.4 Equilíbrio no modelo de Solow.

Consideremos inicialmente que a economia esteja com um estoque de capital por mão de obra igual a k'. Nessa situação, a depreciação excede os investimentos na economia e, ao longo do tempo, ocorrerá uma redução do estoque de capital até k^*. Por outro lado, se a economia apresenta um estoque de capital igual a k'', os investimentos excedem a depreciação, elevando o estoque de capital ao longo do tempo até k^*. Em k^*,

$$i' = \delta k^* \tag{31}$$

constituindo-se no **equilíbrio de longo prazo**, ou **estado estacionário**, no qual não existe crescimento nem do produto por trabalhador nem do estoque de capital por trabalhador. Trata-se de um equilíbrio estável, já que qualquer estoque de capital diferente de k^* tende ao equilíbrio ao longo do tempo.

Como o crescimento de longo prazo pode ser definido como elevações em y, precisamos analisar os fatores que permitem passar de um estado estacionário para outro, em que o estoque de capital e, consequentemente, o produto por mão de obra (ou *per capita*) são maiores.

12.2.3 Taxa de poupança

Inicialmente, consideremos uma elevação na taxa de poupança de s_1 para s_2. Graficamente (Figura 12.5), temos:

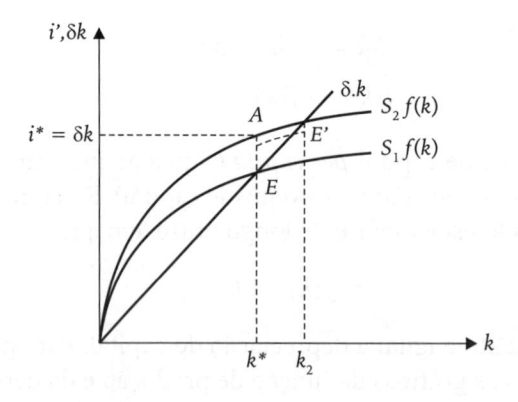

Figura 12.5 Efeito de um aumento da taxa de poupança.

Podemos verificar que um aumento na taxa de poupança (de s_1 para s_2) eleva os investimentos (ponto A). A curto prazo, tanto o estoque de capital por trabalhador como a depreciação do capital permanecem constantes. Ao longo do tempo, no entanto, o estoque de capital aumentará, já que os investimentos excedem a depreciação. Um novo estado estacionário é atingido (ponto E'). Assim, uma elevação na taxa de poupança de s_1 para s_2 resulta em crescimento de um estado estacionário para outro.

Concluindo, se a economia apresentar elevado nível de poupança, ela possuirá grande estoque de capital e, consequentemente, alto nível de produção *per capita*. Isso, no entanto, não significa que ela manterá um crescimento sustentado em y ao longo do tempo. Esse crescimento ocorrerá apenas na passagem de um estado estacionário para outro.

12.2.4 Crescimento populacional

Vamos agora analisar os efeitos do crescimento populacional no modelo de Solow. Consideremos que a população e a força de trabalho crescem a uma taxa constante igual a n. Nesse caso, as alterações no estoque de capital por trabalhador são dadas por:

$$\Delta k = i - \delta k - nk \tag{32}$$

ou

$$\Delta k = s \cdot f(k) - (\delta + n) \cdot k \tag{33}$$

Podemos então representar graficamente (Figura 12.6) o estado estacionário como:

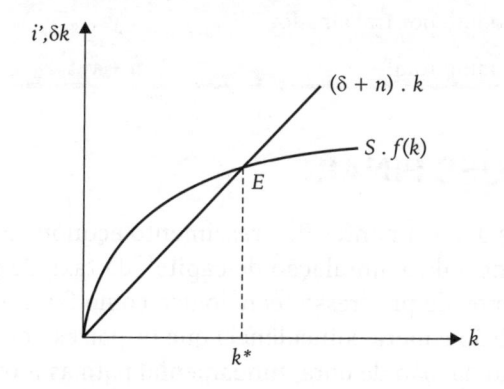

Figura 12.6 Equilíbrio em estado estacionário no modelo de Solow.

Assim, não obstante o crescimento populacional resulte em crescimento do produto total, não explica o crescimento do produto por trabalhador, que permanece constante no estado estacionário.

Vamos agora supor uma elevação da taxa de crescimento da população de n_1 para n_2.

Graficamente (Figura 12.7), temos:

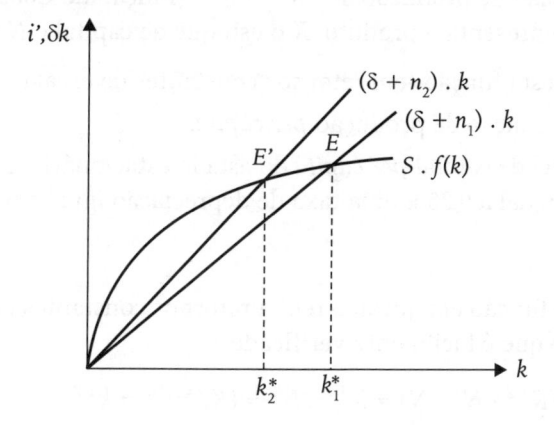

Figura 12.7 Efeito do aumento da taxa de crescimento demográfico.

Podemos verificar que o efeito da elevação da taxa de crescimento demográfico altera o estado estacionário (no caso de E para E'), reduzindo o estoque de capital por trabalhador de k^*_1 para k^*_2. Podemos então concluir que economias com altas taxas de crescimento populacional tendem a apresentar baixos níveis de capital por trabalhador e, portanto, produto e renda mais baixos.

12.2.5 Inovações tecnológicas

Considerando a análise desenvolvida até aqui, o que então explica a persistência do crescimento no produto *per capita* ao longo do tempo? Segundo o modelo de Solow, somente o progresso tecnológico, que permite sucessivos deslocamentos da função de produção para cima, pode explicar o crescimento do produto por trabalhador ao longo do tempo. Supondo que o progresso tecnológico se dá à taxa y, o quadro a seguir sintetiza as conclusões no modelo de Solow.

Quadro 12.1 Modelo de Solow com progresso tecnológico

Variável	Taxa de crescimento
Produto por trabalhador	y
Produto total	$n + y$

12.3 CONSIDERAÇÕES FINAIS

Longe de esgotarem os determinantes do crescimento econômico, os modelos aqui discutidos demonstram a importância da acumulação de capital, da taxa de poupança, do crescimento populacional e, principalmente, do progresso tecnológico como fatores que interferem nos níveis de bem-estar da sociedade. Não é mera coincidência que os países desenvolvidos são aqueles que possuem elevada qualificação da mão de obra, fundamental para as inovações tecnológicas.

EXERCÍCIOS RESOLVIDOS

1. Considere a função de produção $Y = K^{1/2} \cdot N^{1/2}$ (função de *Cobb-Douglas*), no modelo de Solow, onde Y representa o produto, K o estoque de capital e N a mão de obra.

   a) Prove que esta função tem retornos constantes de escala.

   b) Encontre a função de produção *per capita*.

   c) Ache o nível de capital *per capita* do estado estacionário, considerando uma taxa de poupança igual a 0,35 e uma taxa de depreciação igual a 0,10.

   Solução

   a) Para que a função em questão tenha retornos constantes de escala, $z \cdot Y = (z \cdot K^{1/2}) \cdot (z \cdot N^{1/2})$, o que é facilmente verificado.

   b) $Y/N = y = (K^{1/2} \cdot N^{1/2}/N) = K^{1/2}/N^{1/2} = (K/N)^{1/2} = k^{1/2}$.

c) $\Delta k = s \cdot f(k) - \delta k$. Fazendo $\Delta k = 0$ e substituindo os valores para s e δ, chegamos a $k^* = 12,25$. Podemos também calcular as outras variáveis. Considerando as equações do modelo, encontraremos $y^* = 3,5$, $i^* = 1,23$ e $c^* = 2,27$.

2. Suponha, dentro do modelo de Solow, as seguintes informações:

   - função de produção *per capita*: $y = k^{1/2}$;

   - taxa de depreciação = 0,1;

   - taxa de crescimento da população = zero;

   - taxa de inovações tecnológicas = zero.

   Considerando que o objetivo da autoridade pública consiste em maximizar o bem-estar da população (maximizando o consumo), que taxa de poupança ele escolheria para que tal objetivo fosse alcançado no estado estacionário?

   Solução

   Considerando os dados do problema, chega-se a $k^* = 100 \cdot s_2$.

   Suponha-se $c = y - i$, onde c representa o consumo *per capita*, y o produto *per capita* e i' o investimento *per capita*. Calculando c, chega-se a $c = s \cdot 10 - 10 \cdot S^2$. Derivando c em relação a s, $dc/ds = 10 - 20S$. Igualando este resultado a zero, chega-se a $s = 0,5$. Considerando esse valor para a taxa de poupança, $k^* = 25$. Considerando $k^* = 25$, temos então que $y^* = 5$, $s = 0,5^*$, $i = 2,5^*$ e $c^* = 2,5$. Esse equilíbrio é denominado na literatura econômica como nível ótimo de acumulação de capital, também conhecido como "Regra de Ouro". Ou seja, existe uma taxa de poupança que torna máximo o consumo, considerado no modelo como medida de bem-estar econômico. Note que este exercício difere do anterior exceto pelos valores de s, y^*, c^* e i^*.

3. Classifique as sentenças a seguir como verdadeiras ou falsas:

   a) **(Exame ANPEC 2014)** No modelo de Solow com crescimento da população e sem progresso técnico, o estoque de capital é constante no estado estacionário.

   Falsa: no estado estacionário desta versão do modelo de Solow, o estoque de capital agregado crescerá à mesma taxa do crescimento populacional. No estado estacionário, o que é constante é o estoque de capital por trabalhador.

   b) **(Exame ANPEC 2013)** No modelo de Solow, sem crescimento populacional e progresso tecnológico, o nível de renda *per capita* dos países no estado estacionário depende do nível inicial de capital por trabalhador da economia.

   Falsa: no modelo de Solow, o nível de renda per capita no estado estacionário depende do próprio estoque de capital no estado estacionário, e não do nível inicial de capital por trabalhador na economia. Conforme o modelo, independentemente do nível de estoque de capital inicial, o estoque de capital se comportará (aumentará ou diminuirá) ao longo do tempo, de forma a convergir para o estoque de capital de estado estacionário.

   c) **(Exame ANPEC 2013)** No modelo de Solow, sem crescimento populacional e progresso tecnológico, um aumento permanente na taxa de poupança levará a um aumento permanente na taxa de crescimento da renda *per capita*.

   Falsa: um aumento permanente na taxa de poupança (de s_1 para s_2) aumenta permanentemente a taxa de investimento. Dado o valor do estoque de capital k^*_1, o investimento por trabalhador é superior ao necessário para manter o estoque de capital por trabalhador constante. Assim, há um aumento do estoque de capital por trabalhador, de k^*_1 para k^*_2. Como $k^*_2 > k^*_1$, então $y^*_2 > y^*_1$. Durante a transição entre esses dois estados estacionários, há naturalmente crescimento do produto *per capita*. Porém, uma vez atingido o novo estado estacionário, o produto *per capita* para de crescer. Há assim um aumento permanente no nível da renda *per capita*, mas não na taxa de crescimento.

d) **(Exame ANPEC 2014)** No modelo básico de crescimento de Solow, a taxa de crescimento de equilíbrio de longo prazo independe da taxa de poupança.

   Verdadeira: no estado estacionário da versão básica do modelo de Solow (versão sem crescimento tecnológico), a taxa de crescimento do produto por trabalhador é zero. A taxa de poupança afeta o nível de produto por trabalhador, mas não a taxa de crescimento.

e) **(Exame ANPEC 2008)** De acordo com o modelo de Solow, quanto maior for o estoque de capital por trabalhador, k^*, no estado estacionário, maior será o nível de consumo no longo prazo.

   Falsa: o consumo no longo prazo será máximo quando o estoque de capital por trabalhador de estado estacionário for aquele estabelecido pela "regra de ouro". Para atingir este estoque de capital específico, não será preciso necessariamente elevar o estoque de capital da economia e, eventualmente, será até necessário reduzi-lo. Isso ocorre caso a economia tenha acumulado um estoque de capital acima daquele estabelecido pela regra de ouro, ou seja, caso tenha atingido uma situação denominada "ineficiência dinâmica". Nesse caso, é possível que a sociedade tenha um consumo mais alto tanto no curto como no longo prazo.

REFERÊNCIAS

MANKIW, N. G. *Macroeconomia*. 8. ed. Rio de Janeiro: LTC, 2015.

SACHS, J. D.; LARRAIN, B. F. *Macroeconomia*. São Paulo: Makron Books, 1995.

SHAPIRO, E. *Análise macroeconômica*. São Paulo: Atlas, 1980.

SIMONSEN, M. H.; CYSNE, R. P. *Macroeconomia*. 3. ed. São Paulo: Atlas; Rio de Janeiro: Fundação Getulio Vargas, 2007.

APÊNDICE – NOÇÕES DE MODELOS DINÂMICOS[5]

Celso Luiz Martone

INTRODUÇÃO

Nas últimas décadas, houve grande desenvolvimento de modelos dinâmicos aplicados aos problemas macroeconômicos. Esses modelos têm três características novas em relação aos modelos cobertos neste livro. Primeiro, eles adotam uma estrutura de equilíbrio geral explícita, em que o problema de otimização dos agentes fica bem definido. Segundo, são modelos intertemporais, em que o conceito de equilíbrio não é estático (num ponto do tempo), mas dinâmico, ou seja, determinam-se trajetórias temporais de equilíbrio. Terceiro, trata-se em geral de modelos estocásticos, em que as decisões dos agentes são tomadas num ambiente de incerteza quanto ao curso futuro de algumas variáveis relevantes.

Neste Apêndice, introduzimos quatro modelos dinâmicos simples, que já são do conhecimento do aluno em um contexto estático. O primeiro modelo coloca o problema da determinação do plano ótimo de consumo em um ambiente de incerteza. O segundo é o modelo de Ramsey-Cass-Koopmans para descrever a trajetória de longo prazo de uma economia. O terceiro é uma versão do modelo de oferta endógena de trabalho. Finalmente, o quarto modelo introduz moeda em um contexto de equilíbrio geral. Como as soluções são conhecidas intuitivamente, essa forma de introduzir modelos dinâmicos tem a vantagem de facilitar o entendimento das técnicas de otimização utilizadas – programação dinâmica no primeiro modelo e controle ótimo.

Plano ótimo de consumo em um ambiente de incerteza

Intuitivamente, o plano ótimo consiste em consumir uma quantidade constante de bens e serviços igual à "renda" gerada em cada período pelo estoque inicial de riqueza.

Um modelo simples de escolha intertemporal é construído no seguinte ambiente. Consideremos um consumidor representativo, que inicia sua vida em $t = 0$ e vive eternamente. Em $t = 0$, o consumidor possui estoque A_0 de um ativo que gera taxa de retorno, em termos do bem de consumo, de $100\,(R - 1)\%$ por período, sendo esta sua única fonte de renda. A incerteza é introduzida supondo-se que o retorno bruto R sobre o ativo seja um processo estocástico, com R_t conhecido pelo consumidor apenas no início do período $t + 1$, depois de sua decisão sobre o consumo (C_t) ter sido tomada. O problema do consumidor consiste em determinar, a partir de $t = 0$, um plano ótimo de consumo $\{C_0, C_1, C_2, ...\}$ e, em decorrência, um plano ótimo de carregamento do ativo A, que maximize a função utilidade esperada:

$$E_0 \sum_{t=0}^{\infty} \beta^t u(C_t), \quad u' > 0, u'' < 0 \tag{A.1}$$

---

[5] Os tópicos sobre o Modelo de Ramsey e sobre a oferta endógena de trabalho contaram com a colaboração dos Profs. Fernando Botelho, Mauro Rodrigues (FEA-USP/FIPE) e Vladimir Ponczek (EESP-FGV-SP).

sujeita à restrição orçamentária:

$$A_{t+1} = R_t(A_t - C_t) \tag{A.2}$$

onde: C = consumo agregado

$A > 0$ = estoque do ativo (com A_0 dado)

$0 < \beta < 1$ = fator subjetivo de desconto da utilidade futura pelo consumidor[6]

E_0 = esperança matemática da utilidade futura, formada com base no conjunto de informações disponível ao consumidor em $t = 0$.

Pode-se perceber que esse problema é a generalização do conhecido problema de escolha intertemporal em um ambiente determinístico envolvendo apenas dois períodos, em que o consumidor, dispondo de uma quantidade dada de recursos, tem que alocá-los entre "consumo presente" C_p e "consumo futuro" C_f. O critério de escolha que define o plano ótimo de consumo neste caso – e também no caso geral, como será visto – é intuitivo: o consumidor igualará a utilidade marginal do consumo presente $u'(Cp)$ à utilidade marginal descontada do consumo futuro $\beta u'(Cf)$, multiplicada pelo retorno bruto R sobre o ativo, isto é:

$$u'(C_p) = \beta R u'(C_f) \tag{A.3}$$

O estado dessa economia em qualquer período é totalmente caracterizado pelo par de variáveis de estado (A_t, R_{t-1}). Em cada período t, o conjunto de informações disponível ao consumidor compreende a história passada das variáveis de estado: os valores A_t e anteriores R_{t-1} e anteriores. Assumimos ainda que R_t segue um processo de Markov de primeira ordem, com transições governadas por:[7]

$$prob\{R_t < R'|R_{t-1} = R\} = F(R',R) \tag{A.4}$$

O problema do consumidor tem estrutura recursiva. Em $t = 0$, ele escolhe um plano ótimo de consumo e de carregamento do ativo, sabendo que poderá escolher um novo plano em $t = 1$, depois observar a realização de R e assim sucessivamente até o infinito. Esse é um contexto típico de aplicação de programação dinâmica, método que permite reduzir problemas de múltiplos períodos a problemas mais simples de dois períodos.[8] Para isso, definimos uma função valor:

$$Vt(A_t, R_{t-1}) = \max E_t\left[\sum_{s=t}^{\infty} \beta^{t-s} u(C_t)\right] \tag{A.5}$$

sendo s o intervalo de tempo, de t a ∞ sujeita às restrições (A.2) e (A.4). A função valor em cada período t é o valor presente descontado da utilidade esperada computada para o plano ótimo de consumo. Essa função depende das duas variáveis que descrevem o estado da economia em t, isto é, o estoque do ativo A_t e seu retorno bruto realizado R_{t-1}.

---

[6] Se θ é a taxa de preferência temporal do consumidor, então $\beta = 1/(1 + \theta)$.

[7] No caso contínuo, trata-se do processo autorregressivo de primeira ordem $R_t = \beta R_t + \varepsilon_t$, onde ε_t é um processo *white noise*. No caso discreto, suponhamos que R possa assumir apenas n valores $\{R_1, R_2, ..., R_n\}$, um para cada *estado da natureza*. Se a probabilidade de R_t assumir um valor particular depende apenas do valor assumido por R_{t-1}, diz-se que R é uma cadeia de Markov de primeira ordem, com: $prob\{R_t = j|R_{t-1} = i\} = p(i,j)$, onde $p(i,j)$ são probabilidade de transição, ou seja, dão a probabilidade de que o estado i seja seguido pelo estado j. No contexto do modelo, a hipótese de que R é governado por esse processo significa que o conhecimento de R_{t-1} é suficiente para formar a expectativa sobre R_t (LJUNGQUIST; SARGENT, 2000, Capítulo 1).

[8] Sobre programação dinâmica, ver Capítulo 2 do mesmo trabalho.

A função valor acima satisfaz a uma equação recursiva, conhecida como equação de Bellman,[9] expressa por:

$$Vt\left(A_t, R_{t-1}\right) = \max\left\{u\left(C_t\right) + \beta E_t\left[V_{t+1}\left(A_{t+1}, R_t\right)\right]\right\}$$ (A.6)

ou seja, a função valor em t é igual a quantidade do consumo em t mais o valor esperado da função valor descontada em $t + 1$. Esta equação reduz o problema de escolha do consumidor a dois períodos. Em qualquer período t, ele se vê diante de um *trade-off*: quanto maior o consumo em t, menor o estoque de riqueza carregado para $t + 1$ (portanto, menor o consumo futuro) e vice-versa. A solução consiste em maximizar o lado direito de (A.6) em relação à C_t e A_{t+1}, sujeito às equações de transição (A.2) e (A.4), que descrevem a evolução dessa economia no tempo. Usando (A.2) para substituir A_{t+1} em (A.6), a condição de primeira ordem de máximo é:

$$u'\left(C_t\right) = \beta E_t R_t V'_{t+1}\left(A_{t+1}, R_t\right)$$ (A.7)

Aplica-se ao presente problema o teorema de Benveniste-Scheinckman, que estabelece a seguinte igualdade:

$$V'_t\left(A_t, R_{t-1}\right) = \beta E_t R_t V'_{t+1}\left(A_{t+1}, R_t\right)$$ (A.8)

A interpretação do teorema é intuitiva quando se considera o efeito de um pequeno acréscimo em A_t na equação (A.6): o acréscimo no valor V_t é igual ao acréscimo no valor esperado de $R_t V_{t+1}$, trazido a valor presente pelo fator de desconto β. Combinando (A.7) e (A.8), vem finalmente:

$$u'\left(C_t\right) = \beta E_t R_t u'\left(C_{t+1}\right)$$ (A.9)

que representa a generalização da solução (A.3) para dois períodos e sem incerteza, para um modelo de escolha do consumidor com horizonte infinito e incerteza.

A solução para o problema de otimização do consumidor é uma regra de escolha definida por uma função $C_t = C(A_t, R_{t-1})$, que deve satisfazer à condição de ótimo (A.9), obtendo-se uma equação funcional na regra política:

$$u'\left[C\left(A, R_{t-1}\right)\right] = \beta E_t R_t u'\left\{C\left[R_t\left(A_t - C\left(A_t, R_{t-1}\right)\right), R_t\right]\right\}$$ (A.10)

Como exemplo, suponhamos uma função utilidade logarítmica $u(c_t) = \ln c_t$ e R_t constante e conhecida. Considere a regra $c_t = \gamma A_t$, onde γ é uma constante a ser determinada. Substituindo (A.9), vem:

$$1/\gamma A_t = \beta R/\gamma A_{t+1} = \beta/\gamma\left(1 - \gamma\right)A_t, \quad \gamma = 1 - \beta$$ (A.11)

ou seja, $C_t = (1 - \beta)A_t$ e o plano ótimo consiste em consumir uma fração constante da riqueza de cada período.[10]

É fácil mostrar que o estoque de riqueza evolui no tempo pela equação:

$$A_t = \beta^t R^t A_0$$ (A.12)

No caso particular em que a taxa de retorno sobre a riqueza é igual à taxa de preferência temporal do consumidor, isto é, $R = 1/\beta$, segue-se que $A_t = A_0$: o plano ótimo consiste em

---

[9]   Sobre o método de programação dinâmica, consulte Stokey e Lucas (1989).

[10]   Lembrando que $\beta = 1/(1 + \theta)$, onde θ é a taxa de preferência temporal do consumidor.

consumir uma quantidade constante igual à "renda" gerada em cada período pelo estoque inicial de riqueza, ou $C_t = A_0 (R - 1)/R$.

Modelo de Ramsey

Nesta seção, apresentamos o modelo de Ramsey-Cass-Koopmans para descrever a trajetória de longo prazo de uma economia. Embora a estrutura do modelo seja semelhante àquela formalizada no modelo de Solow visto anteriormente, o modelo de Ramsey apresenta a taxa de poupança endógena, ou seja, a decisão entre consumo e poupança resulta da maximização de uma função representativa das preferências do agente. No modelo de Solow, ao contrário, não há qualquer explicação a respeito da taxa de poupança.

O modelo

A economia é habitada por um agente representativo que vive infinitamente. Existe um único bem nesta economia. O agente deve escolher em cada instante de tempo a quantidade que irá consumir e poupar. Para analisarmos esse problema, assumiremos que o agente deriva utilidade do consumo, ou seja, seu bem-estar depende da quantidade consumida do bem (c_t). Portanto, a função utilidade instantânea (em cada momento de sua vida) assume a seguinte forma:

$$u_t = u(c_t) \tag{A.13}$$

Assumiremos também que (i) u seja contínua e diferenciável em todo seu domínio, (ii) a função utilidade seja crescente (derivada primeira positiva), ou seja, o agente sempre prefere mais consumo, e (iii) a utilidade marginal seja decrescente.

Contudo, como o agente vive vários (infinitos) períodos, em cada momento ele se preocupa não só com o seu consumo naquele instante como também com o seu consumo no futuro. Assim, a função objetivo relevante para o agente não é a instantânea e sim a intertemporal. No instante t, a função utilidade intertemporal é descrita por:

$$MaxU_s = \int_s^\infty u(c_t)e^{-\theta(t-s)}dt \tag{A.14}$$

Percebemos que a utilidade intertemporal é formada por uma "somatória" ponderada de utilidades instantâneas. Essa ponderação é feita por dois elementos: o intervalo decorrido desde o período $t(t - s)$ e um fator subjetivo de desconto θ denominado **taxa de desconto intertemporal**. O agente tende a dar menos importância para o consumo futuro em relação ao consumo presente.[11] Quanto maior a taxa de desconto intertemporal, menos peso é dado pelo consumo no futuro, ou seja, mais impaciente é o agente.

A tecnologia disponível para a produção do único bem da economia é dada pela seguinte função:

$$y_t = F(k_t) \tag{A.15}$$

em que y representa o nível de produção do bem e k o estoque de capital disponível.

---

[11] O termo exponencial da função intertemporal tem o apelo intuitivo da preferência pelo presente. Contudo, sua inclusão na função se faz necessária para convergência da integral imprópria.

Além disso, assumimos que a função F atende às condições de Inada, consideradas nos modelos cobertos neste livro.

Em cada instante do tempo, o bem final pode ser consumido (c_t) ou investido (i_t) – transformado em capital. Desta forma, a restrição orçamentária instantânea é:

$$y_t = c_t + i_t \tag{A.16}$$

sendo que

$$i_t = \dot{k}_t + \delta k_t \tag{A.17}$$

Ou seja, o acréscimo no estoque de capital $\dot{k}_t$ é igual à diferença entre o investimento bruto e a depreciação do capital existente (δk_t). Substituindo as equações (A.15) e (A.17) em (A.16), temos a restrição orçamentária instantânea escrita da seguinte forma:

$$\dot{k}_t = F(k_t) - c_t - \delta k_t \tag{A.18}$$

Assim, o problema do agente representativo consiste em:

$$Max\, U_s = \int_s^\infty u(c_t) e^{-\theta(t-s)} dt \tag{A.19}$$

sujeito a (A.18).

O ciclo hamiltoniano[12] para este problema, de cada instante de tempo, é:

$$H_t^c = \left\{ u\left(c_t\right) + \lambda_t \left[F\left(k_t\right) - c_t - \delta k_t \right] \right\} e^{-\theta t} \tag{A.20}$$

A variável de escolha é c_t e a variável de estado é k_t. Ou seja, em cada instante do tempo o indivíduo escolhe a quantidade do bem alocada para o consumo. Essa escolha, dado o estoque de capital existente, determina o investimento e, portanto, a variação no estoque de capital ($\dot{k}$).

Nesse caso, λ_t (o multiplicador de Lagrange associado à equação de movimento do capital) representa o preço implícito de uma unidade de capital no período t. Ou seja, este representa o custo (implícito) de investir. Como existe um único bem na economia e não há qualquer custo para transformar bem de capital em bem de consumo, o custo marginal de investir (λ_t) deve ser igual ao custo marginal do consumo ao longo da trajetória ótima de acumulação.

As condições de primeira ordem (CPOs) para este problema são:

$$\frac{\partial H_t^c}{\partial c_t} = 0 \Rightarrow u'(c_t) = \lambda_t \tag{A.21}$$

$$\frac{\partial H_t^c}{\partial k_t} = -\dot{\lambda}_t + \theta \lambda_t \Rightarrow F'(k_t) - \delta = -\frac{\dot{\lambda}_t}{\lambda_t} + \theta \tag{A.22}$$

$$\frac{\partial H_t^c}{\partial \lambda_t} = 0 \Rightarrow \dot{k}_t = F(k_t) - c_t - \delta k_t \tag{A.23}$$

$$\lim_{t \to +\infty} \lambda_t k_t e^{-\theta t} = 0 \tag{A.24}$$

---

[12] Sobre técnica do ciclo hamiltoniano, ver Barro e Sala-i-Martin (2004, p. 604-618).

A equação (A.21) mostra que, **em equilíbrio**, o agente iguala a utilidade marginal do consumo com o custo implícito de investir. A intuição desta CPO é simples: se a utilidade marginal do consumo ($u'(c_t)$) for maior que seu custo marginal implícito (λ_t), será vantajoso para o agente aumentar seu consumo no presente. Como, por hipótese, a utilidade marginal do consumo é decrescente, teríamos que esta iria reduzir-se até igualar o custo marginal do consumo. Caso $u'(c_t) < \lambda_t$, o raciocínio inverso seria válido. O lado direito da equação representa o custo marginal de se consumir mais (que é a redução no investimento), enquanto o lado esquerdo representa, em termos de utilidade, seu benefício marginal. Em equilíbrio, as dois lados devem se igualar.

Já a equação (A.22) pode ser rearranjada da seguinte forma:

$$F'(k_t) - \delta + \frac{\dot{\lambda}_t}{\lambda_t} = \theta \qquad \text{(A.22')}$$

Dessa forma, podemos interpretar a equação (A.22') como a condição que determina a trajetória ótima do investimento. O lado direito da igualdade é a taxa de desconto intertemporal, que representa a disposição do agente em trocar consumo presente por consumo futuro (em termos marginais). Já o lado esquerdo representa a possibilidade de trocar consumo presente por consumo futuro, ou seja, o acréscimo na produção mais o ganho de capital devido à variação de seu preço.[13] O primeiro termo ($F'(k_t)$) representa o aumento na produção devido a uma variação infinitesimal do estoque de capital, enquanto o segundo termo ($\dot{\lambda}_t/\lambda_t$) refere-se ao ganho de capital devido à variação no seu preço. Pelo mesmo argumento utilizado para a equação (A.21), em equilíbrio, os dois lados devem ser iguais.[14]

Diferenciando (A.21) com relação ao tempo, temos:

$$\dot{\lambda}_t = u''(c_t) . \dot{c}_t \qquad \text{(A.25)}$$

Substituindo (A.25) em (A.22), temos que:

$$F'(k_t) - \delta = -\frac{u''(c_t)}{u'(c_t)} \dot{c}_t + \theta \qquad \text{(A.26)}$$

De (A.22), (A.24) e (A.25) temos que:

$$\dot{k}_t = F(k_t) - c_t - \delta k_t$$
$$\dot{c}_t = -\left[F'(k_t) - \delta - \theta \right] \frac{u'(c_t)}{u''(c_t)} \qquad \text{(A.27)}$$

Para fins didáticos, assumiremos que a função utilidade instantânea tem a seguinte forma funcional:

$$u(c_t) = \frac{c^{1-\varepsilon}}{1 - \varepsilon} \qquad \text{(A.28)}$$

Calculando as derivadas necessárias e substituindo no sistema (A.26) temos:

---

[13] O lado esquerdo da igualdade representa a taxa de retorno do capital, ou seja, a taxa implícita de juros desta economia.

[14] Tal condição para este modelo dinâmico é análoga àquela encontrada nos modelos estáticos de equilíbrio geral com produção, ou seja, Taxa Marginal de Transformação = Taxa Marginal de Substituição.

$$\dot{k}_t = F(k_t) - c_t - \delta k_t$$

$$\dot{c}_t = \left[F\left(k_t\right) - \delta - \theta \right]\frac{c_t}{\varepsilon} \qquad \text{(A.27')}$$

Para resolvermos o sistema acima, linearizaremos as equações em torno do estado estacionário (c^*, k^*), onde as variáveis encontram-se constantes no tempo $\dot{k} = \dot{c} = 0$:

$$\dot{k}_t \cong (F'(k^*) - \delta)(k_t - k^*) - (c_t - c^*)$$

$$\dot{c}_t \cong F''(k^*) \cdot c^* \frac{1}{\varepsilon}(k_t - k^*) + \left[F'(k^*) - \delta - \theta \right]\frac{1}{\varepsilon}(c_t - c^*) \qquad \text{(A.29)}$$

Como em estado estacionário temos que $F'(K_t) = \theta + \delta$, o sistema acima reduz-se a:

$$\dot{k}_t \cong (\theta - \delta)(k_t - k^*) - (c_t - c^*)$$

$$\dot{c}_t = F''(k^*) \cdot c^* \frac{1}{\varepsilon}(k_t - k^*) \qquad \text{(A.30)}$$

Escrevendo o sistema acima de forma matricial, temos:

$$\begin{bmatrix} \dot{k} \\ \dot{c} \end{bmatrix} = \begin{bmatrix} \theta - \delta & -1 \\ F''(k^*)c^*/\varepsilon & 0 \end{bmatrix} \cdot \begin{bmatrix} k \\ c \end{bmatrix} + \vec{z} \qquad \text{(A.31)}$$

onde $\vec{z}$ é um vetor de constantes.

Para resolvermos esse sistema, utilizaremos o método dos autovalores.

Os autovalores são:

$$m_1 = \frac{(\theta - \delta) + \sqrt{(\theta - \delta)^2 - (4c^*/\varepsilon)F''(k^*)}}{2} ; m_2 = \frac{(\theta - \delta) - \sqrt{(\theta - \delta)^2 - (4c^*/\varepsilon)F''(k^*)}}{2} \qquad \text{(A.32)}$$

É fácil observarmos que, independemente do sinal de $(\theta - \delta)$, um dos autovalores será positivo, enquanto o outro será negativo. Nesse caso, o estado estacionário é um **ponto sela**.

Para encontrarmos analiticamente os valores das variáveis em estado estacionário (c^*, k^*), assumiremos uma forma funcional para a função de produção:

$$F(k) = k^\alpha, 0 < \alpha < 1 \qquad \text{(A.33)}[15]$$

Incorporando essa equação no sistema (A.26') e igualando $\dot{k} = \dot{c} = 0$, temos:

$$(k^*)^\alpha - c^* - \delta k^* = 0$$

$$\left[\alpha(k^*)^{\alpha-1} - \delta - \theta \right]\frac{c^*}{\varepsilon} = 0 \qquad \text{(A.34)}$$

Resolvendo esse sistema não linear, encontramos:

$$k^* = \left(\alpha/\theta + \delta \right)^{1/(1-\alpha)}$$

$$c^* = \left(\alpha/\theta + \delta \right)^{\alpha/(1-\alpha)} - \delta\left(\alpha/\theta + \delta \right)^{1/(1-\alpha)} = \left(\alpha/\theta + \delta \right)^{1/(1-\alpha)}\left[\left((\theta + \delta)/\alpha \right) - \delta \right] \qquad \text{(A.35)}$$

---

[15] Adicionalmente, assumiremos que $\alpha < \theta/\delta$.

Por fim, analisaremos o sistema (A.27') construindo o diagrama de fases associado. A curva $\dot{k} = 0$ é formada pelas combinações de (k, c) tais que $k^\alpha - c - \delta k = 0$. Em pontos sobre esta curva, o estoque de capital tende a permanecer constante. Estes pontos são da forma $(k, k\alpha - \delta k)$, cujo gráfico no plano $k \times c$ tem a forma de um U invertido. A curva $\dot{c} = 0$ é formada pelas combinações de (k, c) tais que $\left[\alpha k^{1-\alpha} - \theta - \delta\right]\dfrac{c}{\varepsilon} = 0$, ou seja, $\alpha k^{1-\alpha} - \theta - \delta = 0$. Percebemos que essa curva independe do valor de c, ou seja, é uma linha reta em $k = k^*$.

Percebemos que, para níveis de consumo menores (maiores) que os da curva $\dot{k} = 0$, temos que $\dot{k} > 0$ ($\dot{k} < 0$). Da mesma maneira para níveis de capital menores (maiores) que os da curva $\dot{c} = 0$, temos que $\dot{c} > 0$ ($\dot{c} < 0$). A Figura 1 ilustra o diagrama de fases (de capital e de consumo).

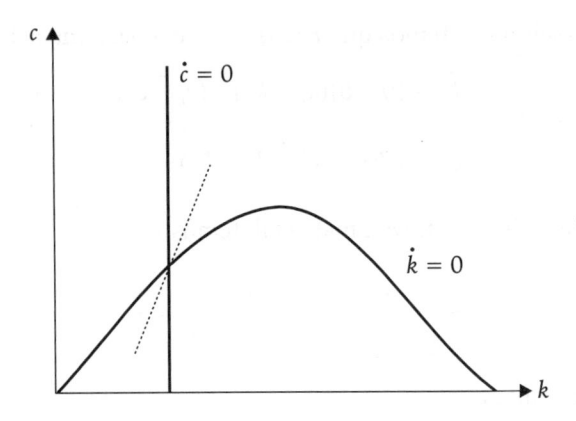

Figura 1 Diagrama de fase (de capital e de consumo).

Para caracterizarmos completamente a solução, resta impor duas condições adicionais: o estoque inicial de capital (k_0) e a chamada condição de transversalidade, representada pela equação (A.10). Essa condição implica que o valor presente do estoque de capital no infinito ($t \rightarrow +\infty$) é nulo. A intuição para esta condição também é trivial: se $\lim\limits_{t \rightarrow +\infty} \lambda_t k_t e^{-\theta t} > 0$, o agente não estaria maximizando sua utilidade intertemporal, pois poderia poupar menos no presente, consumindo mais e aumentando seu bem-estar (já que capital não gera utilidade); e $\lim\limits_{t \rightarrow +\infty} \lambda_t k_t e^{-\theta t} < 0$ não pode ocorrer porque $k_t \geq 0$ e $\lambda_t > 0$ para todo t.

Oferta endógena de trabalho

Nesta seção, apresentamos uma versão do modelo dinâmico em que os agentes escolhem a quantidade de horas de trabalho a serem ofertadas (h_t) no mercado. A maneira para resolvermos esse problema é assumirmos que o agente deriva utilidade do lazer, ou seja, a quantidade de horas alocadas ao lazer (l_t) é um dos argumentos da função utilidade, juntamente com o consumo (c_t). Portanto, a função utilidade instantânea assume a seguinte forma:

$$u_t = u(c_t, l_t) \tag{A.36}$$

Assumiremos também que a função utilidade seja crescente nos dois argumentos (derivada primeira positiva), ou seja, o agente sempre prefere mais consumo e mais lazer. Entretanto, as utilidades marginais dos dois argumentos da função são decrescentes.

Dado que o número de horas é fixo (o dia tem 24 horas!), temos que:

$$h_t + l_t = 1 \tag{A.37}$$

ou seja, o indivíduo aloca seu tempo disponível entre lazer e trabalho.[16] O trabalho ofertado pelo agente é utilizado como insumo, juntamente com o capital (k_t), na produção de um bem final (y_t). A tecnologia disponível para a produção do bem final é descrita pela seguinte função:

$$y_t = F(k_t, h_t) \tag{A.38}$$

homogênea de grau 1 e também satisfazendo as condições de Inada.

A restrição orçamentária instantânea é $y_t = c_t + i_t$ (A.39), sendo que $i = \dot{k}_t + \delta k_t$ (A.40). Ou seja, o acréscimo no estoque de capital ($\dot{k}_t$) é igual à diferença entre o investimento bruto e a depreciação do capital existente (δk_t). Substituindo as equações (A.38) e (A.40) em (A.39), temos que a restrição orçamentária instantânea pode ser escrita da seguinte forma:

$$\dot{k}_t = F(k_t, h) - c_t - \delta k_t \tag{A.41}$$

Dessa forma, o problema do agente representativo consiste em:

$$Max\, U_s = \int_s^\infty u(c_t, 1 - h_t) e^{-\theta(t-s)} dt \tag{A.42}$$

sujeito a (A.41).

O hamiltoniano é:

$$H_t^c = \left\{ u\left(c_t, 1 - h_t\right) + \lambda_t \left[F\left(k_t, h_t\right) - c_t - \delta k_t \right] \right\} e^{-\theta t} \tag{A.43}$$

As variáveis de escolha são c_t e h_t, e a variável de estado é k_t.

As condições de primeira ordem (CPOs) para este problema são:

$$\frac{\partial H_t^c}{\partial c_t} = 0 \Rightarrow \frac{\partial u(c_t, h_t)}{\partial c_t} = \lambda_t \tag{A.44}$$

$$\frac{\partial H_t^c}{\partial h_t} = 0 \Rightarrow \frac{\partial u(c_t, h_t)}{\partial h_t} = -\lambda_t \frac{\partial F(k_t, h_t)}{\partial h_t} \tag{A.45}$$

$$\frac{\partial H_t^c}{\partial k_t} = -\dot{\lambda}_t + \theta \lambda_t \Rightarrow \frac{\partial F(k_t, h_t)}{\partial k_t} - \delta = -\frac{\dot{\lambda}_t}{\lambda_t} + \theta \tag{A.46}$$

$$\frac{\partial H_t^c}{\partial \lambda_t} = 0 \Rightarrow \dot{k}_t = F(k_t, h_t) - c_t - \delta k_t \tag{A.47}$$

$$\lim_{t \to +\infty} \lambda_t k_t e^{-\theta t} = 0 \tag{A.48}$$

A interpretação da equação (A.44) é idêntica à da equação (A.21) da seção anterior.

A condição (A.45) ilustra que, **em equilíbrio**, a utilidade marginal do lazer ($\partial u_t / \partial l_t$), que é igual ao oposto da desutilidade marginal do trabalho ($-\partial u_t / \partial h_t$), deve igualar-se ao **valor** do produto marginal do trabalho ($\lambda_t \cdot \partial F(k_t, h_t)/\partial h_t$). Este, por sua vez, é igual ao preço do consumo (λ_t) vezes o produto marginal físico do trabalho ($\partial F(k_t, h_t)/\partial h_t$). Ou seja, o lado direito da equação representa o benefício marginal de trabalhar mais, enquanto o lado esquerdo representa, em termos de utilidade, seu custo marginal. Em equilíbrio, os dois lados devem se igualar.

---

[16] Esta equação está normalizada de forma que a dotação de horas seja igual a 1. Nesse caso, as variáveis h e l representam a proporção da dotação de tempo alocados em trabalho e lazer, respectivamente.

Substituindo (A.44) e (A.45), temos:

$$\frac{\partial u(c_t, h_t)}{\partial h_t} = -\frac{\partial u(c_t, h_t)}{\partial c_t} \frac{\partial F(k_t, h_t)}{\partial h_t} \tag{A.49}[17]$$

Essa equação apresenta uma relação entre h_t, c_t e k_t. Admitiremos que as condições necessárias para que seja possível expressar h_t como função de c_t e k_t sejam atendidas. Assim,

$$h_t = \psi(c_t, k_t) \tag{A.50}$$

Substituindo (A.50) em (A.44), e diferenciando com relação ao tempo, temos:

$$\dot{\lambda}_t = \left[\frac{\partial^2 u}{\partial c_t^2} + \frac{\partial^2 u}{\partial h_t \partial c_t} \cdot \frac{\partial \psi}{\partial c_t} \right] \dot{c}_t + \left[\frac{\partial^2 u}{\partial h_t \partial c_t} \cdot \frac{\partial \psi}{\partial k_t} \right] \dot{k}_t \tag{A.51}$$

Assumindo que a função u tenha a propriedade de separabilidade (aditiva)[18] entre seus argumentos, temos que (A.51) reduz-se a

$$\dot{\lambda}_t = \frac{\partial^2 u}{\partial c_t^2} \dot{c}_t \tag{A.51'}$$

Substituindo (A.50) e (A.51') em (A.46), temos que:

$$\left. \frac{\partial F(k_t, h_t)}{\partial k_t} \right|_{h_t = \psi(k_t, c_t)} - \delta = -\frac{\partial^2 u / \partial c_t^2}{\partial u / \partial c_t} \dot{c}_t + \theta \tag{A.52}$$

De (A.47) e (A.52), temos que:

$$\dot{k}_t = F(k_t, \psi(k_t, c_t)) - ct - \delta k_t$$

$$\dot{c}_t = \left[\left. \frac{\partial F(k_t, h_t)}{\partial k_t} \right|_{h_t = \psi(k_t, c_t)} - \delta - \theta \right] \sigma_t \tag{A.53}$$

em que $\sigma_t = -\left(\dfrac{\partial^2 u / \partial c_t^2}{\partial u / \partial c_t} \right)^{-1}$.

Resolvendo o sistema de equações diferenciais não lineares acima, é possível encontrar as trajetórias ótimas de consumo e capital. A trajetória do trabalho fica determinada pela equação (A.50).

É possível demonstrar que, assim como no modelo anterior, o estado estacionário é um ponto de sela, com a condição de transversalidade garantindo que a trajetória da economia estará situada sobre o ramo estável. Ou seja, endogeneizar a oferta de trabalho, no caso de função utilidade aditivamente separável, não altera as conclusões gerais do modelo de Ramsey apresentado na seção anterior.

---

[17] A relação pode ser escrita para as condições de equilíbrio entre salário, consumo e lazer:
$\partial u / \partial l_t = w \cdot \partial u / \partial c_t$, pois $\partial u / \partial l_t = -\partial u / \partial h_t$ e $\partial F / \partial h_t = w_t$.

[18] Uma função $f: \Re^2 \to \Re$ é (aditivamente) separável se $f(x_1, x_2) = g(x_1) + h(x_2)$, $g, h: \Re \to \Re$. Nesse caso, temos que $\partial^2 f / \partial x_1 \partial x_2 = 0$.

Moeda na função utilidade

O modelo de consumo ótimo da primeira seção pode ser ampliado para uma economia monetária. Uma forma simples de introduzir moeda neste contexto é incluir o estoque real de moeda diretamente na função utilidade, representando o fluxo de serviços de transação que o uso da moeda produz.[19]

O agente pode manter dois ativos: um ativo sem rendimento (moeda) e um ativo produtivo (capital), que gera uma taxa de retorno r por período. O capital não sofre depreciação. A moeda, apesar de não prover qualquer retorno monetário, gera um fluxo de serviços de transação que tem utilidade para o consumidor.

O problema do agente representativo é maximizar uma função utilidade descontada à taxa de preferência temporal θ, que inclui como argumentos o consumo do bem final c_t e o consumo de serviços monetários, representados pelo estoque real de moeda m_t:

$$\text{Max } U_s = \int_s^\infty u\left(c_t, m_t\right) e^{-\theta(t-s)} \, dt \tag{A.54}$$

O agente mantém riqueza a_t sob a forma de moeda e de capital, isto é, $a_t = M_t/p_t + k_t = m_t + k_t$, onde p_t é o preço do bem de consumo (e do bem de capital) em termos da unidade monetária. Além da renda do capital, o agente aufere renda pelo seu esforço de trabalho, sendo w_t seu salário real. Sob essas condições, a restrição orçamentária do agente (omitindo os subíndices) é dada por:

$$c + dk/dt + dm/dt + \pi.m = w + rk + x \tag{A.55}$$

O termo $x = dm/dt$ representa a transferência monetária feita pelo governo ao agente em cada período, que é o processo pelo qual a moeda é criada nesta economia.[20]

Utilizando a restrição (A.55), pode-se definir a variação no tempo do estoque de riqueza real $a = m + k$ como:

$$da/dt = [r.a + w + x] - [c + (r + \pi)m] \tag{A.56}$$

O primeiro termo do lado direito é a renda e o segundo é o consumo "pleno", que inclui o consumo dos serviços não pecuniários da moeda. A riqueza real aumenta pela diferença entre renda e consumo pleno, ou seja, pela poupança de cada período. Os serviços da moeda são aqui medidos pelo seu custo de oportunidade $(r + \pi)$, a renda sacrificada pelo agente ao manter moeda em vez de capital.

A maximização da função utilidade (A.54), sujeita à restrição (A.56) e à condição (A.57) pode ser feita usando-se o princípio de máximo da teoria do controle ótimo, já descrito nas seções anteriores. A variável de estado é a_t e as variáveis de controle são c_t e m_t. Definimos ainda λ_t como a variável auxiliar (ou de coestado) associada à restrição (A.56) no tempo t. O hamiltoniano desse problema é dado por:

$$H_t = \left\{ u(c_t, m_t) + \lambda_t \left[r \cdot a_t + w + x - c_t - (r + \pi)m_t\right] \right\} e^{-\theta t} \tag{A.57}$$

As condições necessárias de máximo são as seguintes:

---

[19]   Este modelo foi originalmente apresentado por Sidrauski (1976).

[20]   Esta maneira de introduzir moeda na economia é conhecida na literatura como o "helicóptero de Friedman".

(i) as derivadas parciais de H_t em relação às variáveis de controle são nulas:

$$\partial H_t/\partial c_t = 0, \; \partial H_t/\partial m_t = 0 \tag{A.58}$$

(ii) a equação de Euler para o sistema é satisfeita:

$$d(\lambda_t e^{-\theta t})/dt = \partial H_t /\partial a_t, r\,\lambda = -\frac{d\lambda}{dt} + \theta\lambda \tag{A.59}$$

(iii) a condição de transversalidade é atendida:

$$\lim_{t\to\infty} a_t \lambda \; e_t^{-\theta t} = 0 \tag{A.60}$$

Essa condição cobre duas situações. Primeiro, ela impede que o agente escolha um perfil de consumo que implique endividamento explosivo. Se existe um mercado de crédito privado, o agente poderá endividar-se temporariamente para "suavizar" seu consumo no tempo, mas não poderá envolver-se em jogo Ponzi, com dívida crescente e não sustentável ao longo do tempo. Segundo, como a utilidade marginal do consumo é positiva, o consumidor não desejará aumentar eternamente sua riqueza real à taxa (r).

As duas primeiras condições implicam:

$$u_c(c_t, m_t) = \lambda_t \tag{A.61}$$

$$u_m(c_t, m_t) = (r + \pi)\lambda \tag{A.62}$$

$$d\lambda/dt + \theta\lambda = r\lambda \tag{A.63}$$

Na equação (A.61), fica claro que a variável auxiliar λ_t é a utilidade marginal do consumo. Usando (A.61) e (A.62) para eliminar λ_t, obtém-se:

$$u_m(c_t, m_t) = (r + \pi) \; u_c(c_t, m_t) \tag{A.64}$$

Em cada ponto do tempo, sobre seu plano ótimo de consumo, o agente tem que determinar a composição ótima de sua riqueza em termos de moeda e capital. Dado um estoque de riqueza, manter uma unidade adicional de moeda (uma unidade a menos de capital) reduz o retorno sobre o portfólio de ($r + \pi$), que é a taxa de retorno nominal sobre o estoque de capital. Portanto, ($r + \pi$) é o custo de oportunidade de manter moeda. Em equilíbrio, o agente deve igualar a utilidade marginal (dos serviços) da moeda à utilidade marginal do consumo multiplicada por esse custo de oportunidade. Alternativamente, podemos reescrever (A.64) como:

$$u_c(c_t, m_t)/u_m(c_t, m_t) = 1/(r + \pi) \tag{A.64'}$$

ou seja, o agente deve igualar a taxa marginal de substituição entre consumo e (serviços da) moeda, dada pela razão entre as suas utilidades marginais, à taxa marginal de transformação entre consumo e moeda, dada pelo inverso do custo de oportunidade de manter moeda.

A equação (A.63) estabelece a relação de substituição de consumo entre dois pontos do tempo que deve prevalecer em qualquer trajetória ótima e pode ser escrita:

$$du_c(c_t, m_t)/dt = [\theta - r] \; u_c(c_t, m_t) \tag{A.63'}$$

Podemos agora completar o modelo para determinar o estado estacionário desta economia. Primeiro, suponha que as firmas tenham uma função de produção com retornos constantes de escala e operem em mercados competitivos. O produto y é função do capital k, isto é, $y = f(k)$. A remuneração dos fatores deve ser igual à sua produtividade marginal:

$$r = f'(k)$$
$$w = f(k) - kf'(k) \tag{A.65}$$

Segundo, como vimos acima, as transferências governamentais x são financiadas pela seigniorage sobre a moeda, isto é:

$$x = (1/p)\, dM/dt = \mu m \tag{A.66}$$

onde μ é a taxa de expansão monetária constante em cada período.

O estado estacionário é definido por duas condições: (a) a constância da riqueza, ou $da_t/dt = dm_t/dt = dk_t/dt = 0$, e (b) a constância da utilidade marginal do consumo, ou $d\lambda_t/dt = 0$. No estado estacionário, duas relações fundamentais se mantêm. Primeiro, $dm_t/dt = 0$ implica que:

$$\mu = \pi \tag{A.67}$$

e, segundo, usando (A.63) e a primeira equação de (A.65):

$$\theta = r \tag{A.68}$$

Em estado estacionário, a taxa de expansão monetária é igual à taxa de inflação, um princípio já conhecido pela teoria quantitativa da moeda. Além disso, a taxa de preferência temporal (taxa subjetiva de desconto) é igual à taxa de juros, um resultado similar ao equilíbrio macroeconômico entre poupança e investimento, que determina a taxa de juros de mercado. Ou seja, em equilíbrio, a taxa a que o agente desconta a utilidade futura tem que ser igual à produtividade do capital.

Essas duas condições permitem determinar os níveis de equilíbrio das variáveis de estoque. Indicando por uma apóstrofe os valores de estado estacionário, o estoque de capital será dado implicitamente por:

$$f'(k^*) = \theta \tag{A.69}$$

O consumo pode ser obtido a partir das equações (A.56), (A.65) e (A.69):

$$c^* = f(k^*) \tag{A.70}$$

E o estoque real de moeda é derivado das equações (A.64), (A.67) e (A.68) de forma implícita:

$$u_m(c^*,m^*) = (\theta + \mu)\, u_c\,(c^*,m^*) \tag{A.71}$$

Um resultado importante deste modelo é a neutralidade da moeda: o estoque de capital e o fluxo de consumo *per capita* no estado estacionário são independentes do estoque real de moeda, como pode ser visto nas equações (A.69) e (A.70). Ou seja, o estado estacionário da economia monetária é o mesmo do da economia sem moeda.

Se a moeda é apenas um "véu", tem um custo de produção nulo (é criada do nada pelo governo) e o agente representativo deriva utilidade pelo seu uso, a maximização do bem-estar do agente exige que a utilidade marginal da moeda seja zero, de tal forma que o uso da moeda seja levado ao ponto de saciedade. Pela equação (A.71), isso implica que o governo deve estabelecer $\mu = -\theta$, ou $\pi = -r$, isto é, o governo deve produzir uma taxa de deflação de preços igual à taxa real de juros ou, alternativamente, fazer a taxa nominal de juros (o custo de oportunidade de manter moeda) igual a zero. Este é um famoso resultado devido a Friedman (1969).

Comentários finais

Este Apêndice procurou dar ao aluno uma noção, ainda que superficial, de modelos macroeconômicos dinâmicos que constituem importantes instrumentos da teoria avançada atualmente. Esses modelos podem ser adaptados para analisar problemas de política econômica, de maneira similar aos modelos tradicionais do tipo *IS-LM* vistos neste livro. A diferença é que esses problemas são agora analisados num contexto dinâmico, mais próximo do mundo real. O uso de modelos dinâmicos é capaz de elucidar questões que ficam fora de alcance dos modelos estáticos tradicionais, constituindo um avanço fundamental da macroeconomia nas últimas décadas.

Referências

BARRO, R.; SALA-I-MARTIN, X. *Economic growth.* 2. ed. Cambridge: The MIT Press, 2004.

LJUNGQVIST, L.; SARGENT, T. J. *Recursive macroeconomic theory.* Cambridge: The MIT Press, 2000.

SIDRAUSKI, M. Rational choice and patterns of growth in monetary economy. *American Economic Review,* n. 57, 1976.

STOKEY, N. L.; LUCAS, T. E. *Recursive methods in economic dynamics.* Cambridge, MA: Harvard University Press, 1989.

TEORIA MACROECONÔMICA: EVOLUÇÃO E SITUAÇÃO ATUAL

13

Carlos Antonio Luque
Silvia Maria Schor

13.1 OBJETIVOS DA TEORIA MACROECONÔMICA

O principal objetivo da teoria econômica é analisar como são determinados os preços e as quantidades dos bens produzidos e dos fatores de produção existentes na economia. A partir da segunda metade do século XIX, os economistas da **escola neoclássica** estruturaram um método de análise que iria consagrar-se posteriormente. O princípio básico dessa escola era o da racionalidade dos agentes econômicos, ou seja, perante uma série de opções, os indivíduos, livremente, escolheriam a opção que fosse considerada mais vantajosa.

A fim de verificar como eram determinados os preços e as quantidades produzidas, esses economistas criaram duas entidades básicas: o consumidor e a firma. O consumidor é uma entidade abstrata que tem por objetivo maximizar alguma função; tradicionalmente, é objetivo básico a maximização da satisfação ou utilidade. As firmas, ao decidirem os preços a serem cobrados ou as quantidades a serem produzidas, tomam tais decisões procurando maximizar também alguma função objetivo. Nesse caso, tradicionalmente o lucro da firma é a variável a ser maximizada.

É conveniente destacar que, embora tais economistas tenham utilizado a denominação de firmas e consumidores, nomes que têm significado específico, na realidade não devemos entendê-los de tal forma, ou seja, que essas entidades deveriam ter uma contrapartida na realidade. Assim, se efetivamente firmas maximizam lucros e consumidores maximizam utilidade, inúmeras decisões não deveriam ser objeto de testes empíricos. Como é salientado por Machlup (1946), o interesse central da teoria econômica seria a busca de variáveis explicativas da determinação dos preços de mercado e não dos preços individuais praticados por cada firma. Assim, o julgamento da teoria econômica deveria ser por sua capacidade de realizar boas predições com base nessas entidades abstratas.[1]

---

[1] Machlup (1946) dá um exemplo elucidativo. Para ele, as proposições da teoria econômica deveriam ser julgadas de maneira semelhante à seguinte: imaginemos que em determinada rodovia, a princípio com tempo bom, subitamente despenque uma chuva bastante forte. Que previsão poderíamos fazer? Certamente, uma previsão seria a de que a velocidade média nessa rodovia diminuiria em face da mudança nas condições climáticas. Evidentemente, determinado motorista poderia aumentar sua velocidade com a chuva. Assim, se analisássemos o comportamento desse motorista, chegaríamos à conclusão de que a teoria não seria boa. Entretanto, se a velocidade média efetivamente diminui, o poder de previsão dessa teoria não pode ser desprezado.

Com o objetivo de analisar o processo de determinação de preços e quantidades, a teoria microeconômica preserva em sua análise as características individuais de cada bem e de cada fator de produção. Um produto é visto com suas características específicas, ou seja, laranjas distinguem-se na análise dos demais bens, como, por exemplo, abacates, automóveis etc. No tocante à produção, também são preservados os diferentes tipos de fatores, bem como, dentro de cada fator, suas diferentes características.

Na tentativa de definir como os preços e as quantidades são determinados, desenvolvemos dois métodos de análise básicos: a chamada abordagem de equilíbrio parcial e a de equilíbrio geral.

A **abordagem de equilíbrio parcial** analisa um mercado sem considerar os efeitos que ele pode ocasionar sobre os demais mercados existentes na economia. Admitimos que os demais mercados afetam o mercado analisado, mas julgamos que este não afeta os demais. Na **abordagem de equilíbrio geral**, acreditamos que tudo depende de tudo e, assim, se quiséssemos determinar como são formados os preços dos bens, deveríamos inicialmente listar todos os bens que são produzidos pela economia e todos os diferentes tipos de insumos que são utilizados, e considerar que, nas demandas e ofertas de cada um dos bens, todos os preços dos demais bens são importantes.

Evidentemente, a preservação de todas as características específicas de cada bem na análise impede que algumas considerações gerais a respeito da evolução da economia possam ser efetuadas. Imaginemos que estivéssemos interessados em saber como os preços de uma economia se têm comportado ao longo dos últimos meses. A resposta que a microeconomia daria seria individualizar cada um dos bens produzidos, respondendo: o preço relativo do bem x está aumentando, o do bem y diminuindo e assim sucessivamente.

Se houvesse interesse, por sua vez, em avaliar como se tem comportado a produção dos bens na economia, a microeconomia também forneceria respostas específicas para cada um dos bens produzidos.

Ainda que a observação de como evoluem os preços e a produção de cada bem individualmente seja extremamente elucidativa, podemos perceber de antemão a necessidade de obter respostas um pouco mais rápidas e abrangentes. Gostaríamos de saber coisas do tipo: como se tem comportado o nível de produção da economia ao longo dos últimos anos, como tem evoluído o nível de emprego, o nível geral de preços etc.

Dessa forma, percebemos a necessidade de um tratamento mais global e empírico da análise econômica. E aqui surge o espaço para a macroeconomia. Ela tem por objetivo fundamental analisar como são determinadas as variáveis econômicas de maneira agregada. Estamos interessados em saber se o nível de atividades tem crescido ou diminuído, se os preços têm crescido etc., em termos agregados. É claro que a microeconomia também analisa variáveis agregadas, como, por exemplo, o mercado de automóveis, que inclui milhões de consumidores, bem como uma série de tipos de automóveis fabricados; entretanto, a macroeconomia faz agregações absolutas, pois junta todos os tipos de bens produzidos.

A macroeconomia enfoca a economia como se ela fosse constituída por cinco mercados: o mercado de bens e serviços, o mercado de trabalho, o mercado monetário, o mercado de títulos e o mercado cambial.

Assim, ao tentarmos responder como se tem comportado o **mercado de bens e serviços**, efetuamos uma agregação de todos os bens produzidos pela economia durante certo período de tempo, e definimos o chamado **produto agregado**. Esse produto representa a agregação de todos os bens produzidos pela economia. O preço desse produto, uma média de todos os preços produzidos, é o chamado **nível geral de preços**. Observemos que o nível geral de preços e o produto agregado representam entidades abstratas criadas pelos economistas.

De maneira semelhante, o **mercado de trabalho** também representa uma agregação de todos os tipos de trabalhos existentes na economia. Nesse mercado, determinamos a **taxa salarial** e o **nível de emprego**.

Podemos observar que, com base nessa agregação, a teoria macroeconômica esquece as características individuais de cada produto, bem como de cada tipo de trabalho. Evidentemente, caso se queira efetuar alguma desagregação, isso é possível. Por exemplo, destacarmos a produção dos bens agrícolas frente aos bens industriais. Entretanto, a natureza básica da macroeconomia é a discussão da economia em termos globais.

Adicionalmente, discutimos o **mercado monetário**, pois a análise será desenvolvida em uma economia cujas trocas são efetuadas utilizando-se sempre um elemento comum. Esse elemento comum é conhecido por moeda. Ora, se as trocas utilizam sempre a moeda, ela deve ter alguma importância na determinação dos preços e quantidades produzidas. No mercado monetário, são determinadas as **taxas de juros** e a **quantidade de moeda** necessária para efetuar as transações econômicas.

Nas economias, existem agentes econômicos superavitários e agentes deficitários. Os agentes superavitários possuem nível de renda superior a seus gastos e os deficitários possuem nível de gastos superior ao de sua renda. Para tal, idealiza-se um mercado no qual os agentes superavitários emprestam para os deficitários. Em qualquer economia, existe uma série de títulos que fazem essa função (títulos do governo, ações, debêntures, duplicatas etc.). Entretanto, a macroeconomia, mais uma vez, agrega todos esses títulos e define um título (tradicionalmente, é representado por algum título do governo). No **mercado de títulos** procura-se determinar o **preço e a quantidade de títulos**.

Como a taxa de juros é determinada, na realidade, tanto no mercado monetário como no mercado de títulos, é bastante frequente analisar esses dois mercados, conjuntamente, constituindo o **mercado financeiro**.

Finalmente, um país realiza uma série de transações com o resto do mundo, envolvendo mercadorias, serviços e transações financeiras. Para torná-las viáveis, os preços dos diferentes países devem ser comparados, e a moeda de um país deve ser convertida nas moedas dos outros. A **taxa de câmbio** permite calcular a relação de troca, ou seja, o preço relativo entre diferentes moedas. Incorpora-se, então, no estudo macroeconômico o **mercado cambial**.

Assim, podemos resumir os objetivos da análise macroeconômica como sendo o de estudar como se determinam as seguintes variáveis agregadas: nível de produto, nível geral de preços, taxa de salários, nível de emprego, taxa de juros, quantidade de moeda, preço e quantidade de títulos, e taxa de câmbio.

13.2 EVOLUÇÃO DA TEORIA MACROECONÔMICA

A teoria macroeconômica ganhou impulso, a partir da década de 1930, com John Maynard Keynes, economista inglês que é considerado seu fundador. Evidentemente, os economistas anteriores a Keynes sempre tiveram preocupações a respeito do desempenho da economia em seu agregado. Entretanto, a linha predominante dos economistas acreditava que as economias de mercado tinham a capacidade de, sem a interferência do governo, utilizar de maneira eficiente todos os recursos disponíveis, de forma a sempre alcançar o chamado **nível de pleno emprego**, em que não existiria mão de obra voluntariamente desempregada.[2] Para chegar a esse resultado,

---

[2]   Na teoria macroeconômica, o conceito de pleno emprego refere-se ao equilíbrio no mercado de trabalho, em que, a uma taxa de salários, todos os trabalhadores dispostos e aptos a trabalhar estão empregados. Na microeconomia, normalmente o conceito de pleno emprego está associado à produção máxima da economia (a conhecida Fronteira ou Curva de Possibilidades de Produção), com os recursos plenamente empregados (ou seja, não existe mão de obra desempregada, nem capacidade ociosa).

os economistas supunham plena **flexibilidade de preços e salários**, com o que preços e salários sempre se ajustariam no mercado, garantindo o equilíbrio no mercado de trabalho, a pleno emprego. Por trás disso, estava a crença no **liberalismo**, ou seja, no poder autorregulador do mercado. Supunham ainda que tudo o que fosse produzido seria vendido, ideia conhecida como **Lei de Say** ("*a oferta cria sua própria procura*"), devida ao economista francês Jean Baptiste Say.

A partir do momento em que as economias se comportassem de acordo com as pressuposições acima, o nível de produto e o de emprego já estariam determinados, e representariam a efetiva disponibilidade de recursos. Assim, duas das principais variáveis que a teoria macroeconômica tinha por objetivo analisar já estariam determinadas. Com isso, a macroeconomia preocupava-se apenas com outras variáveis, especialmente a determinação da quantidade de moeda e do nível geral de preços e salários. Os economistas criaram, para tal, a chamada **Teoria Quantitativa da Moeda**. Analisando o mercado de títulos por meio dos esquemas de ofertas de poupança por parte dos agentes superavitários e da demanda de recursos por parte dos deficitários, determinava-se a taxa de juros.

Percebemos que as principais variáveis objeto da macroeconomia eram determinadas de maneira muito fácil. Assim, a preocupação dos economistas voltava-se fundamentalmente para o desenvolvimento da teoria microeconômica.

A partir dos anos 1930, passa a surgir grande insatisfação com os resultados que a macroeconomia oferecia, ou seja, a tendência automática ao pleno emprego e, consequentemente, a inexistência de desemprego e de capacidade ociosa. Isto porque a evidência empírica mostrava pessoas buscando constantemente emprego sem alcançar sucesso. Entretanto, a teoria macroeconômica prevalecente persistia, pois, como apontado por Hansen (1953), fatos não derrubam teorias, mas uma teoria só é derrubada por outra teoria.

Essa outra teoria surgiu com o aparecimento do livro *A teoria geral do emprego, do juro e da moeda*, escrito por Keynes e publicado em 1936.

Keynes mostrava que, contrariamente aos resultados apontados pela teoria neoclássica,[3] as economias capitalistas não tinham capacidade de promover automaticamente o pleno emprego. Assim, abria-se a oportunidade para a ação governamental por meio de seus instrumentos (política monetária ou fiscal) para direcionar a economia rumo à utilização total dos recursos. Enquanto para os economistas neoclássicos a ação governamental deveria restringir-se à produção dos chamados **bens públicos** (como, por exemplo, segurança, educação etc.), a partir de Keynes o governo tinha não apenas a oportunidade, mas também a necessidade de orientar sua política econômica para promover a plena utilização dos recursos disponíveis na economia.

Keynes procurava mostrar que o problema básico dos sistemas capitalistas é a não coordenação das atividades, gerando ineficiência de todas as ordens. Essas ineficiências podem ser alocativas ou do próprio nível de absorção dos fatores produtivos. Após o surgimento de seu livro, a teoria macroeconômica recebeu impulso considerável, passando a constituir-se em um campo fértil de análise da teoria econômica e propiciando um arcabouço teórico profícuo para a própria política econômica.

Fundamentalmente, Keynes buscou mostrar que, ao contrário da teoria prevalecente, os preços e os salários não são perfeitamente flexíveis, com o que o pleno emprego de recursos não

---

[3]   Na realidade, Keynes chamava de **clássicos** os economistas que acreditavam na teoria prevalecente. Entretanto, seguindo a tradição, estamos catalogando-os como **neoclássicos**, em função de basearem suas análises no racionalismo econômico, característica dessa corrente. Seus principais representantes foram Marshall, Walras, Pigou, Edgeworth. Rigorosamente, o termo *clássico* estaria mais adequado para Adam Smith, Ricardo, Stuart Mill, Say, que precederam os neoclássicos. Entretanto, em geral, na maioria dos livros-texto de macroeconomia, o termo *clássico*, na verdade, refere-se aos neoclássicos.

estaria garantido. Enfatizou principalmente o poder dos sindicatos de trabalhadores, que fazia com que os salários monetários fossem rígidos. Como veremos ao longo do livro, a rigidez salarial levava ao chamado **desemprego involuntário** (trabalhadores dispostos a trabalhar, mas que não encontram emprego), com o que a economia operaria abaixo do pleno emprego.

Para levar a economia novamente ao pleno emprego, Keynes defendeu a necessidade da intervenção do governo, por meio de políticas de estímulos ao aumento da demanda ou procura agregada por bens e serviços (principalmente gastos públicos), de sorte a diminuir a capacidade ociosa das empresas, com o consequente aumento do emprego de mão de obra.

Em 1937, J. Hicks lançou o artigo "Mr. Keynes and the classics: a suggested interpretation", que se tornou a versão oficial do livro de Keynes, de tal sorte que todas as análises posteriores foram efetuadas mais com base nesse artigo do que na própria leitura do livro.

Posteriormente a esse artigo, que introduz o aparato conhecido como *IS/LM*, foi estruturada a chamada **síntese neoclássica**.

A partir de então, as formulações de política econômica são realizadas com base nessa estrutura teórica que admitia, com base na observação de que preços e salários não eram totalmente flexíveis, a possibilidade de geração de desemprego na economia. Nesse caso, abria-se o espaço para a utilização de políticas monetárias e fiscais para a promoção do pleno emprego.

A síntese neoclássica gerou resultados razoáveis, em termos de previsões acerca do comportamento das variáveis agregadas, até a década de 1960. Nessa altura, havia correspondência direta entre a estrutura teórica e os modelos empíricos.

Não obstante essa correspondência, já durante a década de 1950 algumas questões começaram a ser apresentadas, originando posteriormente uma revolução na teoria macroeconômica. Nessa década, o modelo mais tradicional apresentava notável dicotomia entre o comportamento da economia no pleno emprego e abaixo dele. Abaixo do pleno emprego, era seguida a tradição keynesiana de que os preços eram rígidos e de que mudanças no sistema dadas exogenamente afetavam apenas as variáveis reais (nível de emprego, produção, salário real). Entretanto, no pleno emprego, as variáveis reais permaneciam inalteradas, e mudanças exógenas se traduziam apenas em um movimento dos preços.

A chamada **curva de Phillips** buscou remover essa dicotomia, como vimos ao longo do livro. A curva de Phillips expressava simplesmente uma curva de oferta agregada positivamente inclinada. Segundo Phillips, caso a taxa de desemprego fosse mais elevada, isto indicaria maior excesso de oferta e, consequentemente, haveria pressão para que a taxa de crescimento dos salários nominais fosse mais baixa. Essa taxa menor corresponderia a uma taxa de inflação menor. À medida que a taxa de inflação fosse maior, os salários reais seriam menores e, consequentemente, de acordo com a teoria neoclássica, as firmas teriam incentivo para contratar mais mão de obra. Assim, haveria o chamado *trade-off* entre inflação e desemprego, uma vez que, quanto maior o desemprego, menor seria a taxa de inflação, e quanto menor o desemprego, maior seria essa taxa.

Essa noção, ainda que antiga, e posteriormente refutada pelos fatos, é muito tradicional. Muitas vezes, ouvimos dizer que a adoção de um conjunto de medidas que combatem o processo inflacionário acaba gerando, pelo menos durante certo período de tempo, diminuição do nível de atividades e do desemprego.

Durante a primeira metade da década de 1960, tínhamos assim todo o instrumental *IS/LM* analisando os componentes da demanda agregada, acoplado com a curva de Phillips, que retratava as condições da oferta agregada.

Entretanto, essa noção de que a taxa de crescimento de uma variável nominal (inflação) afetava as variáveis reais (desemprego) não era aceita pela teoria neoclássica, que, ao basear-se na racionalidade econômica dos agentes, afirma que o nível de produto e de emprego devem depender das condições técnicas disponíveis para uma sociedade em determinado momento do tempo, além, evidentemente, da disponibilidade dos fatores de produção. Essa insatisfação com a curva de Phillips que representa as condições da oferta agregada foi consubstanciada na segunda metade da década de 1960, com os trabalhos de Phelps (1967) e Friedman (1968).

A principal crítica, exposta por Friedman, era de que, na formulação original de Phillips, se procurava analisar a influência das taxas de desemprego sobre a evolução dos salários nominais. Essa formulação desviava-se da tradição neoclássica em um ponto fundamental, isto é, o da racionalidade dos agentes econômicos. De acordo com a teoria neoclássica, os agentes preocupam-se com a evolução das variáveis reais e não simplesmente com a evolução das variáveis nominais. No caso da curva de Phillips, desconsiderava-se completamente a expectativa de crescimento dos preços. Friedman e Phelps propõem que, na equação explicativa das taxas de crescimento dos salários nominais, deveria ser introduzida, além da taxa de desemprego, a taxa esperada de inflação.

Quando introduzimos a taxa de inflação esperada, passamos a ter um resultado completamente diferente, porque, para cada taxa de inflação esperada, há uma curva de Phillips. Isso significava que, em termos de política econômica, já não existiria um *trade-off* estático entre inflação e desemprego. Em outras palavras, caso a taxa de inflação se elevasse, e com isso a economia apresentasse taxa de desemprego menor, em certo momento os trabalhadores perceberiam que, nessa economia, a taxa de inflação era maior do que a esperada. Os trabalhadores passariam então a negociar os salários com base nessa expectativa e, consequentemente, a taxa de desemprego voltaria a seu nível original, pois os salários reais que haviam diminuído voltariam a seu nível original.

Nesse caso, se o governo quisesse manter a economia com uma taxa de desemprego menor do que a que seria natural, haveria a necessidade, continuamente, de acelerar as taxas de inflação e esperar que os trabalhadores levassem algum tempo para perceber essa aceleração. É por isso que essa nova versão da curva de Phillips passou a ser conhecida como a **versão aceleracionista**.

Entretanto, à medida que houvesse correta percepção por parte dos agentes econômicos – no caso específico dos trabalhadores –, o nível de emprego ou a taxa de desemprego voltariam ao seu nível original.

A partir daí, fica evidenciado o papel que as expectativas têm no comportamento dos agentes econômicos e como isso se reflete no próprio desempenho da economia. Os economistas passaram a dar maior atenção sobre como os agentes econômicos formam suas expectativas. Começa a desenrolar-se a noção de que os agentes econômicos não podem ser ludibriados sistematicamente, ou seja, ser levados a cometer erros sistemáticos de previsão. E é justamente essa ideia que se constitui na base da **escola de expectativas racionais**, que viria a dar sustentação a toda uma revolução pela qual passou a macroeconomia durante as décadas de 1970 e 1980.

A escola das expectativas racionais, conhecida como os **novos clássicos** (*new classical economics*),[4] defende que os agentes econômicos, ao formarem suas expectativas sobre alguma variável econômica, acabam por tentar verificar como aquela variável se comportava no tempo. Admitindo que existe uma teoria econômica que explica o comportamento da variável, os agentes formam suas expectativas com base na própria teoria explicativa. Assim, seriam evitados erros sistemáticos.

À luz de todos esses movimentos, vão-se configurando quatro escolas principais no pensamento macroeconômico: keynesianos, neoclássicos, novos clássicos e pós-keynesianos. Frequentemente, tanto os neoclássicos como novos clássicos são denominados **monetaristas**.

---

[4]   Com base nos comentários feitos no rodapé anterior, rigorosamente os novos clássicos deveriam ser denominados **novos neoclássicos**.

A diferença fundamental entre os keynesianos e os neoclássicos, proveniente do livro de Keynes, refletiria o fato de que os neoclássicos admitem que as economias de mercado podem gerar equilíbrios em nível de pleno emprego, e o desemprego resultante deriva de certa rigidez. Os keynesianos, por sua vez, procuram mostrar que a característica fundamental das economias capitalistas é essa incapacidade de alcançar o nível de pleno emprego, em face de falhas estruturais do sistema de mercado.

A essência do pensamento keynesiano é de que movimentos nominais na demanda agregada não se traduzem apenas em alterações nos preços nominais (como tradicionalmente enfatizam os neoclássicos), mas afetam também o nível de atividade.

Mais especificamente, de acordo com os keynesianos (autores como James Tobin, Franco Modigliani etc.), a política monetária e a fiscal afetam o nível de produto e emprego de forma rápida, mas sem efeitos mais significativos sobre o nível de inflação. Para diminuir as taxas de inflação, não basta reduzir a demanda agregada, mas é necessário acoplar algumas políticas de renda.[5]

Por outro lado, os economistas neoclássicos (monetaristas) – Karl Brunner, Alan Meltzer, Milton Friedman – entendem que a inflação é essencialmente um fenômeno monetário. Nesse sentido, o combate à inflação passa por um controle efetivo do estoque de moeda. Adicionalmente, admitem que, a curto prazo, o nível de produto e o de emprego podem ser estimulados por políticas de demanda agregada, ou seja, confiam na curva de Phillips, pelo menos a curto prazo. Entretanto, a longo prazo, prevalece a noção de que o nível de emprego e o produto dependem das condições de produtividade e da disponibilidade dos fatores de produção. Em outras palavras, choques nominais de demanda são neutros com relação ao nível de atividades. Para a obtenção desse resultado, a evolução dos custos marginais acompanha a da demanda.

Os novos clássicos apresentam resultados ainda mais fortes, pois, pelo menos inicialmente, entendem que não há mecanismos pelos quais o governo possa aumentar ou diminuir de forma sistemática o nível de emprego relativamente a seu equilíbrio de longo prazo. Isto porque, baseados na hipótese de expectativas racionais, acreditam que, se os agentes percebem adequadamente o modelo estrutural que determina as variáveis em média, as expectativas não contêm erros sistemáticos e, por consequência, o nível de emprego não se altera nem a curto prazo.

De acordo com essa linha de pensamento, os indivíduos sempre otimizam, isto é, são sempre racionais, e os mercados sempre entram em equilíbrio.

Os novos clássicos, ao colocarem em evidência a questão das expectativas, levantaram um ponto nevrálgico existente em toda a teoria macroeconômica desde seu surgimento.

Como foi dito de início, os economistas criaram a noção de agentes representativos para analisar o processo de formação de preços. Essa noção é fundamental para o processo de agregação e para a própria sustentação da macroeconomia. A partir do momento em que os novos clássicos levantaram a questão da formação de expectativas, voltou-se a questionar a estabilidade dessas variáveis agregadas e, especificamente, a noção de agentes representativos. Tornou-se necessário dar fundamentos microeconômicos à teoria macroeconômica, o que significava que as variáveis agregadas deveriam estar bem apoiadas no comportamento dos agentes individuais.

Os keynesianos, com base na revolução das chamadas expectativas racionais, procuraram dar sustentação microeconômica à macroeconomia. Atualmente, essa corrente, denominada

---

[5] Por **política de renda**, também chamada de **controles de preços e salários**, entendemos sobretudo medidas que interferem diretamente na formação dos preços dos diversos fatores de produção e dos próprios bens. Assim, como exemplo de políticas de renda, há os esquemas de congelamento de preços e salários introduzidos na economia brasileira no período mais recente, e mesmo políticas salariais, que fixam as taxas e a periodicidade dos reajustes.

novos keynesianos, procura explicar por que existem certos preços rígidos na economia, que promovem desequilíbrio em alguns mercados, especialmente o mercado de trabalho. Assim, procura-se analisar, especialmente, as falhas existentes na movimentação de preços e salários, que evitam que haja equilíbrio entre demanda e oferta agregadas.

Outro grupo de economistas, denominados **pós-keynesianos**, seguiu trajetória teórica distinta. Igualmente insatisfeitos com os resultados que a macroeconomia vinha apresentando, procuraram, a partir da década de 1970, superar essas dificuldades com a volta ao pensamento de Keynes[6] e outros autores do passado. O suporte para essa releitura de Keynes era a convicção de que deficiências de demanda agregada constituem a questão mais importante das economias capitalistas, sendo responsável pelos níveis de desemprego verificados em muitos países, redução da atividade econômica e desaceleração das taxas de crescimento do produto.

O que, exatamente, devemos entender por deficiência da demanda agregada? Para esclarecer essa questão, é necessário retomar algumas das proposições mais importantes de Keynes.

Como já mencionado no início da presente seção, o nascimento da macroeconomia respondeu a um período de insatisfação com a teoria econômica da época, e resultou em um modelo da economia capitalista em que o desemprego era visto como decorrência de níveis inadequados de investimento em capital produtivo – máquinas e plantas industriais. Assim, a tarefa da teoria econômica era encontrar as razões pelas quais o investimento produtivo não se realiza em níveis compatíveis com o pleno emprego do fator trabalho e buscar mecanismos – políticas econômicas – para elevar as inversões. Quais as razões apresentadas por Keynes?

Entenda-se que a **demanda** ou **procura agregada de bens e serviços** é constituída por despesas com bens de consumo e gastos em investimentos; primeiramente, devemos esclarecer que o volume de gastos com bens de capital – o investimento – depende das expectativas dos empresários quanto à lucratividade do empreendimento e do retorno que o mercado financeiro está oferecendo aos aplicadores. Ou seja, se o rendimento com o investimento planejado for inferior ao esperado com papéis no mercado financeiro (a taxa de juros), o empresário irá preferir essa segunda alternativa. Como consequência, deixará de comprar máquinas, construir nova empresa, ou mesmo expandir a que já possui, e contratar trabalhadores. O volume de investimento depende, portanto, dos lucros esperados com o projeto de investimento, comparados ao rendimento proporcionado pelo mercado financeiro.

Assim agindo, o empresário estará sendo racional, pois escolherá a alternativa que lhe trará maiores vantagens pessoais e, afinal, esse é o objetivo dos agentes econômicos em uma economia capitalista.

Os gastos com consumo, por sua vez, dependem da renda que as pessoas auferem. Maiores rendimentos – provenientes de salários, ordenados, aluguéis, entre outras fontes – permitem maiores despesas com bens de consumo, elevando assim essa parcela da demanda agregada. Ocorre, entretanto, que os rendimentos recebidos – salários, por exemplo – dependem do emprego que as pessoas possuem. Ou seja, em períodos em que o nível de investimento se encontra elevado, novos postos de trabalho são criados, absorvendo novos trabalhadores, gerando massa salarial adicional e estimulando o gasto em bens de consumo; da mesma forma, nas empresas já instaladas, não há razão para demissões generalizadas, mantendo-se o rendimento dos trabalhadores que já se encontravam empregados.

---

[6]   A volta ao pensamento original de Keynes dá-se, principalmente, pela releitura da *Teoria geral*. Contudo, além de outras obras do autor – como o *Tratado sobre a moeda* –, também são importantes os rascunhos e cartas deixados pelo economista inglês.

O investimento, portanto, determina a renda que, por sua vez, determina os gastos de consumo. Deficiências de demanda agregada correspondem a níveis insuficientes de investimento, resultado da escolha que empresários privados realizam na busca dos maiores retornos possíveis dos recursos de que dispõem. O desemprego, assim, decorre de fatores permanentemente presentes na economia capitalista; não pode ser tributado a ocorrências eventuais, como, por exemplo, intransigência dos trabalhadores na fixação de seus salários.

Os economistas pós-keynesianos entendem que o princípio da demanda agregada é um dos elementos centrais na construção de um modelo de economia em que vivemos. Partindo desse denominador comum, entretanto, esses economistas podem ser agrupados em três distintos conjuntos, batizados como "fundamentalistas", "neorricardianos" e "regulacionistas".

Os **neorricardianos** entendem que o princípio da demanda agregada de Keynes deve ser complementado por uma análise da distribuição da renda e dos determinantes do valor das mercadorias. Para tanto, voltam a alguns autores do passado, principalmente Ricardo,[7] resgatando sua contribuição quanto ao processo de geração, distribuição e acumulação do excedente,[8] analisando a economia em sua perspectiva de longo prazo. Criticam a análise keynesiana por ser de curto prazo, argumentando que os elementos transitórios ou ocasionais que influenciam o nível de emprego e renda devem ser desprezados e conservados apenas os determinantes de longo prazo. Assim, as expectativas dos empresários, por exemplo, não devem ocupar maior lugar na análise, pois são bastante mutáveis e imprevisíveis. Entendem os neorricardianos que, a longo prazo, o estoque de máquinas, equipamentos e plantas industriais se ajustará à demanda agregada (também de longo prazo), tendo como resultado um nível de emprego que não levará necessariamente à plena utilização do fator trabalho. Como se vê, propõem um método de análise que privilegia o longo prazo, retendo o princípio da demanda agregada como fundamental.

Os fundamentalistas, por sua vez, se pretendem inteiramente fiéis à análise feita por Keynes (daí o nome do grupo). Privilegiam o papel das expectativas, reconhecendo que a natureza instável e pouco previsível dessa variável leva a teoria econômica a trabalhar com o conceito de incerteza, elemento de difícil formalização. Mesmo assim, julgam indispensável conservar esse conceito no centro da análise, pois entendem que o comportamento dos agentes econômicos é, em parte, condicionado por ela.

Segundo os **fundamentalistas**,[9] a moeda é uma das formas de que os agentes econômicos dispõem para se proteger da incerteza, pois permite adiar certas escolhas. Ou seja, diante da maior dificuldade em avaliar os retornos de projetos de investimento e das aplicações no mercado financeiro, a moeda permite que nenhuma das alternativas seja seguida, permanecendo o agente econômico com seus recursos líquidos à espera de condições que, julga ele, serão mais confiáveis. Dessa forma, incerteza e demanda agregada estão associadas por meio das decisões de investimento.

Novamente, nada garante que o nível de emprego resultante das escolhas entre moeda, papéis no mercado financeiro e investimento leve à plena utilização do fator trabalho.

---

[7] Ricardo publicou sua principal obra, *Princípios de economia política e tributação*, em 1821, também na Inglaterra. Os mais proeminentes membros da escola neorricardiana são Murray Milgate, John Eatwell e Piero Garegnani.

[8] O conceito de "excedente" foi desenvolvido pelos economistas da chamada escola "clássica": Smith, Ricardo e Marx. Foi formulado para esclarecer como é distribuído o montante de produto que "sobra" após serem ressarcidos todos os custos da produção.

[9] Os economistas aqui batizados como fundamentalistas encontram-se principalmente nos Estados Unidos. Entre eles, Hymann Minsky e Paul Davidson.

Os **regulacionistas** também complementam a análise de Keynes com ideias de outros economistas.[10] Entendem que se deve partir da questão da demanda agregada para entender o funcionamento atual da economia capitalista, mas torna-se necessário formular questões adicionais. Tais questões correspondem ao estágio atual do desenvolvimento capitalista e não poderiam, portanto, ter sido formuladas anteriormente. Ou seja, acreditam que a análise econômica não pode prescindir da dimensão histórica.

As questões formuladas pelos regulacionistas giram em torno das características atuais do processo de acumulação de capital, fortemente dependente de avanços tecnológicos peculiares a este final de século. Tais inovações modificam a participação do fator trabalho no processo de geração da renda, com efeitos correspondentes na distribuição do que é produzido. Como consequência, ajustes contínuos entre demanda agregada e capacidade produtiva provocam alterações importantes na organização econômica dos países industrializados, levando muitas vezes a crises de superprodução e/ou desemprego.

Outro elemento importante no pensamento desses economistas diz respeito ao papel que as instituições e as relações sociais desempenham no processo de ajuste da produção e demandas sociais. Procuram mostrar que os fatos econômicos, embora constituam eventos sociais específicos, não podem ser analisados sem referência às questões geradas pelos conflitos de classe e soluções políticas que cada país encontra em sua trajetória ao longo do tempo.

Em seu conjunto, os economistas pós-keynesianos não aceitam a hipótese de que desemprego e flutuações de renda e produto possam ser corrigidos por variações dos preços relativos induzidas por ajustes entre demanda e oferta no mercado de cada bem. Mais precisamente, entendem que o pleno emprego não está garantido, nem a curto nem a longo prazo, e que são necessárias políticas econômicas ativas para correção de desequilíbrios julgados inaceitáveis pela sociedade.

Finalmente, devem ser lembrados os **institucionalistas** que privilegiam o papel das instituições (o que os aproxima dos pós-keynesianos regulacionistas) e da tecnologia. Diferentemente dos regulacionistas, porém, não dão ênfase às questões de demanda efetiva, centrando sua análise no papel que as instituições desempenham no processo de formação de preços e, portanto, de alocação de recursos. Entendem eles que o mercado é uma das muitas instituições relevantes nesse processo, sendo necessário analisar a lógica da ação coletiva em outras estruturas organizacionais. Entendem, por exemplo, que a estrutura de poder e o controle das várias instâncias decisórias devem ser incorporados à análise econômica. Essa corrente desenvolveu-se principalmente nos Estados Unidos, e seus expoentes são Thorstein Veblen, John Kenneth Galbraith, Robert Solo e Paul Stassman, entre outros.

13.3 ESTÁGIO ATUAL DA MACROECONOMIA

A teoria macroeconômica encontra-se atualmente em uma espécie de dilema. De um lado, parte-se do princípio de que, sem sustentação microeconômica, todos os resultados macroeconômicos são altamente instáveis. E essa conclusão tem sido apoiada pelos fatos. De modo geral, quase sem exceção, as principais relações macroeconômicas têm-se mostrado altamente instáveis. Tomando-se, por exemplo, a própria relação entre moeda e preços, tão a gosto dos chamados monetaristas, como a própria curva de Phillips, todas essas relações têm-se mostrado instáveis.

Entretanto, dar sustentação à teoria macroeconômica com base na microeconomia é extremamente difícil e talvez nem seja possível. Os novos clássicos conseguiram alguns resultados,

---

[10]   Incorporam, principalmente, alguns resultados a que chegou Karl Marx. Os principais nomes dessa escola são Marc Lavoie, Robert Boyer e Michel Aglietta, todos franceses.

mas com base em hipóteses altamente restritivas. Os chamados novos keynesianos, partindo de hipóteses mais realistas, não têm conseguido avançar de maneira mais significativa, pelo menos até o momento. Na realidade, praticamente todos os resultados encontrados atualmente são mais destrutivos da macroeconomia tradicional, sem que, entretanto, se consigam operacionalizar alguns resultados de maneira sistemática.

É exatamente por estarmos nesta condição que Mankiw (1990) apresenta de maneira muito clara essa percepção. Assim, o que temos visto é uma distância muito grande entre o estado atual da teoria macroeconômica e os modelos macroeconométricos. Enquanto, na década de 1960, esses modelos empíricos estavam muito próximos da realidade teórica prevalecente, hoje eles ainda não incorporaram os desenvolvimentos recentes. Isto porque, na realidade, os avanços teóricos estão em uma fase em que são questionados os tradicionais resultados das décadas de 1960 e 1970, sem que sejam operacionalizados outros resultados.

Nesse sentido, as autoridades econômicas são obrigadas a conduzir a política econômica com base em resultados da teoria macroeconômica tradicional, ainda que colocados em dúvida pela teoria mais moderna. No entanto, a tentativa de agregação não tão restritiva, como a tradicionalmente efetuada pela macroeconomia, gera algumas questões se não insolúveis, pelo menos de difícil superação. Diferentes interesses individuais, diferentes expectativas acerca do comportamento futuro, a inter-relação dos comportamentos dos diversos agentes e a percepção dos agentes muito dificilmente podem ser agregados de maneira a produzir resultados sistemáticos. Cada agregação pode ser válida em apenas uma situação e, consequentemente, não pode ser utilizada em outras.

Nessa situação, o estágio atual da teoria macroeconômica é de tentar superar essas questões, a fim de que os novos conhecimentos possam ser sedimentados e operacionalizados para sua utilização na política econômica.

EXERCÍCIOS RESOLVIDOS

1. Como podemos dividir o estudo da Macroeconomia, considerando as várias abordagens?

   Resposta: Em geral, os livros-texto trabalham com os modelos: i) clássico; ii) keynesiano; iii) a Curva de Phillips e a oferta agregada; iv) o modelo de oferta e demanda agregada; e v) os modelos de crescimento econômico de longo prazo. Existem ainda as teorias de ciclo com suas várias abordagens, muitas não muito claras. Além disso, discutem-se determinadas hipóteses, como a flexibilidade ou não dos preços, o regime cambial, a formação de expectativas etc. Mais recentemente, foram incorporadas análises que tratam dos fundamentos microeconômicos para a macroeconomia.

2. Quais as implicações quando se busca considerar os fundamentos microeconômicos na análise macroeconômica?

   Resposta: As possibilidades são várias, mas pelo menos uma deve ser considerada: os fundamentos microeconômicos para o consumo agregado. Nesse caso, as conclusões mudam, principalmente em relação à política macroeconômica. Por exemplo, uma política fiscal expansionista hoje pode representar, para os consumidores, uma política fiscal contracionista no futuro. Isso pode alterar as decisões sobre poupança ou mesmo a eficácia da política.

3. Qual a relevância das expectativas para a macroeconomia? Como os agentes formam suas expectativas?

    Resposta: As decisões de consumo e investimento, por exemplo, envolvem expectativas sobre o futuro. Como exemplo, podemos considerar que, se o investidor tem expectativas negativas em relação ao crescimento futuro da economia, então provavelmente ele não realizará o investimento. Isso traz a ideia das expectativas auto-realizaveis: o pessimismo em relação ao futuro contamina o presente. Existem dois modelos principais de formação das expectativas: as adaptativas e as racionais. As expectativas adaptativas consideram o passado como fator de formação das expectativas em relação ao futuro. Já as expectativas racionais, defendidas pelos denominados novos-clássicos e consideram todas as informações disponíveis para a tomada de decisões. Neste caso os erros são possíveis, mas os agentes aprendem com eles. Isso tem implicações sobre a formulação de políticas macroeconômicas, já que os agentes podem antecipar os resultados dessas políticas. As expectativas também são importantes em vários modelos macroeconômicos, particularmente na construção da curva de oferta agregada.

4. Existe consenso sobre os modelos keynesianos?

    Resposta: Não. Os modelos keynesianos advogam a utilização das políticas monetárias e fiscal. Essa defesa não está presente em outros modelos. Também não há consenso entre os próprios keynesianos. Muitos criticam os modelos por deturparem as ideias contidas na Teoria Geral. Não consideram, por exemplo, a incerteza. Em geral, esses críticos são considerados como pós-keynesianos e dão maior atenção à incerteza não presente nesses modelos, dentre outras críticas.

REFERÊNCIAS

BOYER, R. *Capitalisme fin de siècle*. Paris: Presses Universitaires de France, 1987.

DAVIDSON, P. *Money and the real world*. Londres: Macmillan, 1985.

FRIEDMAN, M. The role of monetary policy. *American Economic Review*, Mar. 1968.

HANSEN, A. *A guide to Keynes*. Londres: McGraw-Hill, 1953.

KEYNES, J. M. *A teoria geral do emprego, do juro e da moeda*. São Paulo: Atlas, 1992. (Data do original em inglês: 1936.)

MACHLUP, F. Marginal analysis and empirical research. *American Economic Review*, Mar. 1946.

MANKIW, N. G. *A quick refresher course in macroeconomics*. NBER, Working Paper Series, Feb. 1990.

MINSKY, H. *Stabilizing an unstable economy*. New Haven: Yale University Press, 1986.

PHELPS, E. S. Phillips curve expectation of inflation and optimum unemployment over time. *Economica*, 1967.

ÍNDICE REMISSIVO

Impressão e acabamento:

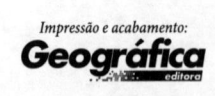